카지노 실무용어 해설

The Explanation of Casino Practical Terminology

고 택 운

백산출판사

머리말

1960년대 국내에 최초로 카지노가 도입된 이래, 카지노산업은 전국 17개 업체로 발전하였고, 현재는 부정적 요소보다 긍정적인 관광산업으로 인식되어 경제적인 논리로 주식시장까지 진출하는 성장과정을 거쳐왔다. 이와 수반하여 대학에까지 카지노를 연구하는 전공학과 또는 강좌개설을 통하여 전국에 20여 개가 넘는 교육기관 또는 연구소에서 카지노산업에 대한 관심과 이해를 고조(高潮)시키는 지식을 전수 또는 연구하고 있는 지는 이미 오래된 일이다.

이에 카지노 산업연구에 가장 기초가 되는 카지노 전문용어 해설에 대하여 카지노 관련도서에 간간히 기술된 적은 있지만, 자료출처근거를 바탕으로 한 언어학적(言語學的) 학술가치로 정립(定立)된 전문서적이 없으므로 그 동안 수집하였던 각종 자료, 해외전문 서적, 현대와 고대의 사전적 문헌을 통하여 취합한 지식을 집필자의 경험과 표현기법으로 기존의 인습적인 접근방식과는 다르게, 재주장을 피하고, 알기 쉽게 형식에 구애받지 않고 구성하여 보았다.

모든 산업에서 그렇듯이 그 분야에서 전문적으로 생각과 의사를 객관적으로 전달 또는 투영(投影)하는 수단은 사람과 함께 공유하는 언어(言語)이며, 이는 분야별 특성에 따라 같은 단어(單語)일지라도, 해석을 달리 한다. 따라서 '갬블링 용어(Gambling Term)'는 게임의 언어이며, 카지노의 통용어(通用語)이다. 이에 갬블링과 게이밍의 상황을 포함하여, 카지노실무자의 입장에서 사용하는 용어 또는 카지노의 각 부서별로, 또는 게임장비, 도구에 따라 어휘, 숙어, 구절로 용어를 해설(解說)하였다.

본 '카지노 실무용어 해설집'은 전체적으로 거의 미국을 무대로 실행되었던 현재와 과거의 용어로 구성되었으며, 국내 최초(最初)로 과감하게 시도하여 보았으나, 집필하면서 느낀 점은 관심있는 거의 모든 사람들은 갬블링과 게이밍을 통해서 용어를 알고 있고 마주치고 있다는 사실이다. 다만 모든 단어(어휘)를 목록화하기에는 자체가 불가능하고 생활언어는 계속 변화하기 때문에 구전(口傳)에 의존하였던 것이다. 이에 본 서는 용어의 범위와 언어의 수준을 사회적인 변화에 초점을 맞추었고, 근거가 확실한 형태, 학문의 배경에 정상적으로 현재 존재하고 있는 용어로 구성하여 편찬하였다.

본서를 집필하면서 항상 부족한 점이 많아 아쉬운 여운을 남기곤 하지만, 그렇게도 바라던 집필이었건만, 이번에도 최선을 다했지만 그 내용이 만족스럽지 못한 것은 매한가지인 것 같습니다. 다만 국내 최초로 카지노에 관련된 실무용어를 총망라하여 소개할 수 있었던 것으로 본인의 역할은 접어야 될 것 같습니다. 그러나 본서를 통하여 카지노를 연구하시는 분, 언어애호자, 카지노실무자 그리고 전공학생들과 카지노용어에 관심있는 독자들에게 도움이 되는 참고서가 될 수만 있다면 더할 나위없는 영광으로 알고 본서를 기꺼이 올리겠습니다.

그 동안 본서의 출판을 허락하고 성원하여 주신 출판사 관계자 여러분과 제자인 허솔잎 학생의 노고(勞苦)에 감사드리는 바입니다.

2007. 3.

집필자 고택운 배상

차례

카지노 실무관련 특정용어 찾아보기

서 론

갬블링과 게이밍용어의 이해

갬블링(Gambling)과 게이밍(Gaming) 언어는 17세기 이래 사전편찬상의 주제로 관심을 가져왔다. 이후 대부분의 용어는 카지노 게이밍에 주로 사용되고 있지만, 종종 거리의 갬블링에서 사용되고 있는 어구(語句)가 게임장으로 흘러들어가 게임용어로 생성되기도 하였다. '갬블링과 게이밍용어'는 게임의 언어(言語)이며, 카지노의 통용어(通用語)이기도 하다. 사전적 해석으로도 인류가 갬블링동물의 입장에서 단지 경험에 불과한 언어, 주문(呪文) 또는 저주(咀呪)하는 언어, 또는 풍자적이고 위선적인 말투의 집합적인 언어라고 정의(定義)하였다.

용어란, 계속적으로 일어나는 생각과 의사를 객관적으로 전달 또는 투영(投影)하는 수단의 도구로 사람과 함께 공유하며, 이는 인격적(人格的) 요소에 의해 때로는 차단되기도 하지만, 용어는 실제 모든 사람이 알고 있고 마주치는 언어이다. 특히, 갬블링과 게이밍용어는 사용하는 목적과 범위가 특별하므로, 용어 안에 모든 단어(單語)를 목록화하기에는 자체가 불가능한 과제를 가지고 있다. 왜냐하면, 게이밍(Gaming)에서는 같은 목적으로 취급하고, 같은 행동으로 반복되어 실행되었더라도 두 가지로 진전되는 어법(語法)을 가져오기 때문이다. 이는 모든 생활언어가 사회적인 변화추세에 동반하여 계속적으로 변화하는 데 기인(起因)한다고 볼 수 있다. 예를 들어 사회적인 시사포커스, 지방사투리(방언), 슬랭(속어), 용어범위의 표현기법 또는 카지노업무, 작업 등등이 최근의 범주 안에 있다고 볼 수 있다. 또한 '갬블링 스캠(Gambling Scams)'에 관한 용어는 갬블링의 속임수를 주제로 한 편취, 절도 또는 사기 등의 범죄행위를 언급하는 지하세계의 언어로서 일반적인 대중에게는 좀처럼 잘 알려지지 않은 은어(隱語)라고 볼 수 있으며, 그 밖에 직업적인 갬블러가 사용하는 전문어가 있다. 그러나 카지노 또는 게이밍시설에서는 통용어, 그 밖에 갬블링이 있는 장소는 어느 곳이라도 모범적인 용어이든, 부적절한 용어이든, 사용하게 될 것이고 게임운영, 게임장비, 게임종류, 게임의 진행상황 그리고 게임자들의 습관적인 언행 및 성격에 따라, 물론 표준이 되는 용어는 공식적으로 사용하지만, 부차적(副次的)으로 자연적인 발전결과와 함께 나타나는 어음(語音)의 와전(訛傳) 또는 기존의 인습적(因襲的)인 접근방식과는 다르게 반복(反復)을 피하여 형식에 구애받지 않고 자유롭게 표현하는 것이 게이밍용어이다.

註: 본서 '카지노 실무용어 해설집'은 거의 미국을 무대로 실행되었던 현재와 과거의 용어들을 '토마스 클락(Thomas Clark)'교수의 저서 '*Dictionary of Gambling and Gaming*'을 주로 인용·참조하여 편저자의 경험과 지식으로 재구성하였다.

▣ 카지노 실무용어 해설집 편찬배경

사람들은 갬블링이 있는 장소에는 어느 곳이던지 전문용어(Terminology)와 마주치게 되어있다. 그러나 갬블링의 사회적인 보급과정, 또는 신분의 경계, 언어수준의 정도에 따라 어휘, 숙어, 구절 등의 설명에 사전적 해석으로만은 한계가 있다. 물론 일정한 표준적인 용어는 문제가 없지만, 사회적인 경계를 가로질러 재단된 슬랭(Slang)을 포함한 용어의 구절(句節), 직업적인 전문어(Jargon), 암흑가(Underworld)의 은어(Argot)는 구어체(口語体)의 형식으로 갬블링 또는 게이밍의 상황에서만 그 근거를 찾을 수 있으므로 문헌의 사전적 해석으로만은 전혀 다른 내용이 될 수도 있다. 사전(Dictionary)은 기초적인 출처의 근거를 제시하는 요건을 채우는 데 필요하다. 그러므로 기초적인 학문의 지식(Science)과 갬블링 또는 게이밍에 있는 인위적인 특수한 기술을 포함시켜, 일반적 어의학(語義學)을 계통적으로 분류하여 단어(單語)를 단순하게 알파벳(Alphabet) 순으로 나열하거나 해설하는 것을 탈피하여 순수한 용어집으로 구성하여, 카지노를 연구하는 사람, 카지노운영자, 카지노실무자 또는 전문직업인, 게이머들에게 통용어(Common Vocabulary)로 특히, 카지노와 관련된 학문의 가치를 업-그레이드하는 데 그 배경이 있다.

▣ 카지노 실무용어 해설의 기재형식

본서의 구성은 총 2,800개의 단어, 숙어 또는 구절로 이루어졌으며, 구어체는 보통말로 통용되는 정통어(正統語), 특정사회의 통용어(通用語), 전문어(專門語) 또는 슬랭(Slang) 즉 정통어법으로 인정되지 않는 속어(俗語), 비어(卑語), 은어(隱語) 등을 해설하는 것으로, 다음과 같은 분류순서로 기재형식을 제시하였다.

1. 알파벳순서의 영문단어(English Word) 제시
2. 영문단어의 영어발음을 한국어로 표기하여 제시
3. 동의어(同義語)의 명칭을 한국어발음 및 영문으로 표기하여 제시
4. 사용목적과 범위를 구분하는 내용에서, 같은 단어가 2중 또는 3중 이상의 의미(意味)를 포함하였다면, 넘버링(①, ②, ③, …)하여 제시하였으며, 비교, 참조 단어를 표기
5. 본 단어와 연결된 구절에 관한 해설제시
6. 본 단어 우측에 자료출처 제시(연도, 저자명, 저서명, 페이지넘버를 이탤릭체로 표기)

대부분의 용어는 카지노실무에 사용되는 용어 중 게이밍용어를 중심으로 '웨이저링(Wagering)'상황(칩, 뱅크롤, 벳, 웨이저)을 포함하여, 게이밍장비, 도구, 기기의 명칭을 설명하는 용어 그리고 카드를 사용하는 바카라(Baccarat), 블랙잭(Blackjack), 포커(Poker)와 같은 게임에서 사용하는 용어를 설명하여 제시하였으며, 또한 크랩스(Craps), 백개먼(Backgamon), 척-어-럭(Chuck-a-luck) 등과 같은 주사위게임에 사용되는 용어 그리고 빙고(Bingo), 키노(Keno)와 같은 그룹게임, 룰렛(Roulette), 퍼천휠(Wheel of fortune), 빅식스(Bigsix)와 같은 휠(Wheel)게임과 슬롯머신(Slot machine)과 같은 릴(Reel)게임 등에 사용하는 용어를 설명하였다. 그 밖에 카지노 업무관련 매니지먼트, 마케팅, 회계관리 등의 용어와 문서 또는 기록에 관한 용어 특히, 각종 게임에서 일어나는 속임수행위에 관한 용어를 상세하게 다루었다.

■ 사례용어

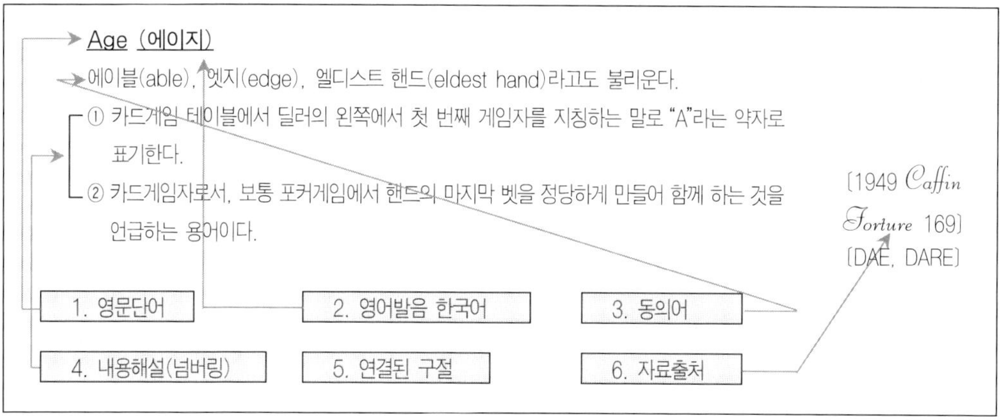

■ 자료출처의 약어

- BDC : *Barnhart Dictionary Companion* (반하트 딕셔너리 컴패니언)
- BDNE : *Barnhart Dictionary of New English* (반하트 딕셔너리 오브 뉴잉글리쉬)
- Ca. : *Circa* (설카)
- Coll : *Collection* (컬렉션)
- CGD : *Casino Gaming Dictionary* (카지노 게이밍 딕셔너리)
- DA : *Dictionary of Americanism* (딕셔너리 오브 어메리카니즘)
- DAE : *Dictionary of American English* (딕셔너리 오브 어메리칸 잉글리쉬)
- DARE : *Dictionary of American Regional English* (딕셔너리 오브 어메리칸 리전날 잉글리쉬)
- DAS : *Dictionary of American Slang* (딕셔너리 오브 어메리칸 슬랭)
- DSUE : *Dictionary of Slang and Unconventional English* (딕셔너리 오브 슬랭 앤 언컨벤셔날 잉글리쉬)
- OED : *Oxford English Dictionary* (옥스포드 잉글리쉬 딕셔너리)
- OEDS : *Oxford English Dictionary Supplement* (옥스포드 잉글리쉬 딕셔너리 서플러먼트)

카지노 실무용어 해설

The Explanation of Casino Practical Terminology

A

A (에이)

① 포커 게임 테이블에서 딜러의 왼쪽에서 첫 번째 위치를 말한다. [1949 Coffin Fourtune 4]
② 에이스(Ace)에 대한 약자(略字)이다. [1950 Morehead Culbertson 589]

A · B · C (에이 · 비 · 시)

포커 게임에서 하이-로우(high-low)가 분리된 것과 같은 얄궂은 카드 또는 첫 번째 3장의 카드가 A, 2, 3일 때를 말한다. [1978 Brunson How I.made 522]

Above (어버브)

카지노의 회계관리에 관련된 용어로 합법적인 카지노 수입의 총 금액 또는 부기원장에 기입된 게임 소득을 말한다. · 회계관리용어 [1977 Nev Int Ctrl.]

Aboveboard (어버브보드)

카드 게임에서 속임수 없는 카드 딜링으로 공명정대함을 말한다. [OED]

A-card (에이-카드)

① 카지노 종사원에 대하여 사법기관(경찰)이 발행한 신분증명서로 '50-카드' 또는 '세리프-카드'라고 하며, 이 카드 없이는 카지노에 취업할 수 없다. [1963 Taylor Lasvegas 100]
② 카지노가 지정한 게임용 카드의 명칭으로 A · B 카드를 교차하여 사용한다. [2002. 고택운 현대카지노 산업관리론]

Accumulator (어큐뮬레이터)

게이밍 테이블에서 어느 베트에서 이긴 금액을 이어서 일어나는 게임에 이용하는 것을 말한다. 또는 그 돈을 다시 거는 사람을 지칭하는 용어이다. · British [OEDS]

Ace (에이스)

①표면에 단일의 표시를 가진 게임 카드로 ※'버렛트'라고도 불리운다. 에이스 카드의 가치는 다양하여 포커 게임에서는 가장 높은 값과 가장 낮은 값으로 사용하기도 하고, 블랙잭 게임에서는 1점 또는 11점으로 사용한다.

②주사위의 단 한 개의 점(1점)을 말하기도 한다.

※버렛트(Bullet) : 주위를 끌기 위해 찍은 굵은 가운뎃점.

[OED]

Ace-Adjustment (에이스 어저스트멘트)

카드 카운팅에서 베팅하는 수준을 결정하기 위해 남은 '에이스스'의 비율을 조정(調停)하는 것을 말한다.

[1968 Thackery Gambling Seevets 118]

▣ **ace-and-picture countdown** : 블랙잭 게임에서 게임되어진 카드와 아직 딜링되지 않은 A와 P의 카드를 암기하는 시스템을 말한다.

[2006 고택운 카지노 서베일런스 시스템의 이해 301]

Ace adjustment factor (에이스 어저스트멘트 팩터)

카드 카운팅에서 베팅할 목적으로 '런닝 카운트'를 조절하기 위해 '에이스' 수를 늘이거나 줄여서 앞으로 나올 카드를 집계(集計)하는 시스템에 의해 도출되는 수치를 말한다.

[2006 고택운 카지노 서베일런스 시스템의 이해 302]

Ace-Deuce (에이스-듀스)

크랩스 게임에서 최초의 '롤'이 3점으로, 주사위 눈의 하나는 1점, 다른 주사위 눈은 2점으로 '스리크랩(three craps)'이라고 하며, 첫 번째 '롤(roll)'에서 '에이스-듀스'가 나오면 게임자가 지게 된다.

⚀⚁

[1987 Golad, Dral Coll]

Ace-High (에이스-하이)

포커 게임에서 에이스가 있는 포커 핸드의 등급으로, 핸드의 가치는 '페어 핸드(pair hand)'의 바로 아래의 등급을 말한다.

[DA, OEDS]

Aces (에이스스)

크랩스, 블랙잭, 포커 게임에서 각 1점을 나타내는 두 개의 주사위 또는 두 장의 카드로 합계 2점을 말한다.

[1970 Clack Oral Coll]

Ace-poor (에이스-푸얼)

카드카운팅에서 슈(shoe)에 남아 있는 '에이스'의 평균비율이 보다 낮게 진행되는 경우에는 하우스 측이 유리하다.

[2003 고택운 카지노 게임의 실무이론 Ⅰ 141]

Ace-Rich (에이스-리치)

카드 카운팅에서 슈(shoe)에 남아 있는 '에이스'의 평균 비율이 보다 높게 진행되는 경우에는 플레이어측이 유리하다.

[2003 고택운 카지노 게임의 실무이론 Ⅰ 141]

A Cheval (아 슈발)

룰렛 게임의 레이아웃에 한 단위의 베팅으로 2개의 넘버를 카버하는 베트로 '스플릿'베트를 말한다.

· French
[1891 Monte Carlo 197]

Acorn (이콘)

크랩스 딜러들에게 '팁'을 잘 주는 게임자에 대한 용어로 '조지(george)'라고도 한다.

[1984 Martinet Oral Coll]

Across (어크로스)

크랩스 게임에서 포인트를 제외한 모든 넘버(4, 5, 6, 8, 9, 10)에 게임자가 만드는 베트를 말한다.

· 크랩스 게임의 베팅 타입
[1961 Martinet, Oral Coll]

Action (액션)

일반적인 갬블링 활동 또는 카드 · 주사위 게임과 같은 게이밍 행위 또는 게임자가 진행하는 게임의 총액을 말한다.

[1953 Fairfield Lasvegas]

▣ **action spot** : '베터(bettor)'에 의해 놓여진 웨이저가 있는 갬블링 테이블 레이아웃 위의 공간.

[1968 Wallace Poker 209]

Active player (액티브 플레이어)

① 포커 게임에서 경쟁적으로 내기에 거는 총 금액.

② 바카라 게임에서 하우스를 상대하여 가장 큰 금액을 베팅하는 게임자.

[1964 Wykes Illustrated Guide 326]

Adjusted running count (어저스티드 런닝 카운트)

블랙잭 게임의 카드 카운팅에서 '에이스'의 수에 따라 조절되는 '런닝 카운트(running count)'의 수치의 값을 말한다.

[2003 고택운 카지노 게임의 실무이론 I 142]

Advantage (어드벤티지)

갬블링 게임에서 유리함(이익)을 인위적 또는 물리적으로 가지려는 것으로, 특히 카드 게임에서 속임수 행위를 하기 위한 기술을 말한다.

[1865 Evans Gamblers Win 3]

Advantage Card (어드벤티지 카드)

게임용 카드에 앞면의 내용을 확인할 수 있는 부호를 일관성 있게 뒷면에 표시한 카드를 말한다.

[1843 Green, Exposure]

Advantage Player (어드벤티지 플레이어)

통상적으로 카드 또는 주사위를 변조하여 사용하는 것으로 속임수를 행하는 사람을 지칭하는 용어이다.

[1890 Quinn Fools of Fortune 196]

Advantage Tool (어드벤티지 툴)

갬블링 게임에서 속임수 행위를 하기 위해 사용하는 장치로 통상적으로 변조한 카드, 주사위 또는 카드를 숨기기 위한 기계적인 장치를 말한다. 〔1938 Asbury Sucker's Progress 63〕

▣ **adversary** : 블랙잭 게임에 있어서 두 핸드로 게임하기로 되어 있는 상대자를 말한다. 〔1950 Morehead Culberson 589〕

Africans (아프리칸스)

카지노에서 각각 일백 달러의 가치가 있는 '블랙 칩스(black chips)'를 말한다. 대부분의 카지노에서 일백 달러 가치의 칩스는 '블랙칼러'를 채택하고 있다. 〔1983 Martinet Oral Coll〕

Against the house (어게인스트 더 하우스)

① 바카라와 같은 게임에서 '플레이어 핸드(player hand)' 보다는 '뱅커 핸드(Banker hand)'에 베팅하는 쪽을 묘사한 용어. 〔1972 Kofoed Meanderings 204〕

② 크랩스 게임에서 테이블 레이아웃의 '패스 라인(pass line)' 보다는 '돈 패스(dont's pass)' 지역에 베팅하는 쪽을 묘사한 용어.

A-game (에이-게임)

카지노 또는 포커룸에서 가장 높은 베팅 금액의 특징을 나타내는 테이블 또는 게임을 말하며 'Z-game'과 비교된다. 〔1949 Coffin Fortune 172〕

Age (에이지)

에이블(able), 엣지(edge), 엘디스트 핸드(eldest hand)라고도 불리운다. 〔DA. DARE〕

① 카드 게임 테이블에서 딜러의 왼쪽에서 첫 번째 게임자를 지칭하는 말로 'A'라는 약자로 표기한다. 〔1964 Reese & Watins Secrets 137〕

② 카드 플레이어로서 포커 게임에서 핸드의 마지막 베트를 정당하게 만들려는 행위를 말한다. 〔DAE. DARE〕

Agent (에젠트)

① 그의 시설에서 갬블을 시키려고 손님을 유혹하는 사람. 즉, 운영자의 대리인을 말한다. 또한 '로퍼(roper)'와 비교된다. 〔1961 Scarne Complete Guide 671〕

② 카지노 딜러 또는 종업원과 공모하여 속임수를 행하는 사람으로 이 경우 공모자의 대리인이 된다. 〔2006 고택운 카지노 서베일런스 시스템의 이해 302〕

③ 이득을 위해 고객을 유혹하여 부정한 게임을 하는 사람을 말한다. 〔1983 Martinez Gambling Scene 185〕

Ahead (어헤드)

갬블링 게임 또는 카지노 게임에서 '위닝 벳(winning bet)'의 결과로 보유한 돈(자금)이 증가된 것과 관계되는 말. 〔1961 Hotel Coll〕

Air bandit (에어 밴디트)

다양한 게임의 장소에서 속임수 행위가 능숙한 사람을 말한다. 이는 네바다신문에 기사화되었던 '공습강도'란 뜻으로, 100쌍의 부정한 주사위, 슬롯머신장비, 카드 속임수 도구 등을 가지고 '라스베가스'를 휩쓸었던 절도 행위에서 유래된 용어이다. [1969 Herwitz You can Win 112]

Ajax (아작스)

'홀뎀' 포커에서 게임자에게 딜링된 처음 두 장의 카드가 '에이스'와 '잭'인 경우, '포미 클린서(foamy cleanser)'라고도 불리운다. [1981 Golad Oral Coll]

Alameda straight (알러미더 스트레이트)

포커 게임에서 한 숫자가 빠진 순서로 가치가 없는 것을 말하며, 예를 들어, 5, 6, 7, 9, 10 카드의 핸드를 가진 것이다. 이는 8이 빠졌기 때문에 그 핸드는 가치가 없다는 뜻이다. [1981 Golad Oral Coll]

Alaska hand (알라스카 핸드)

'홀뎀' 포커 게임에서 게임자에게 딜링된 처음 두 장의 카드가 '킹'과 '3'으로서 '킹크랩(king crap)'이라고도 불리운다. [1981 Golad Oral Coll]

Aleator (알리터)

크랩스 게임에서 프로는 아니지만 조예가 깊고, 뛰어난 주사위 게임자를 지칭하는 말로, 이는 빈틈없는 주사위 게임자에 대한 전형적인 표현이다. [1976 Figgis Gamblers Handbook 127]

Alembert (알렘버트)

게이밍에서 '윈(win)' 한 후에 한 단위를 추가하거나, '로스(loss)'후에 기본 베트로부터 한 단위를 공제하는 등의 돈의 관리 시스템 [1971 McQuaid Gambler's Digest 298]

Alien (에일리언)

① 다른 지방 도시로부터 온 갬블링 운영자. [1983 Martinet Oral Coll]

② 다른 카지노로부터 들어온 칩스 또는 수표.

▣ **allien card** : 팩으로 사용되어진 것에 속하지 않은 카드.

All black / All blue (올 블랙 / 올 블루)

포커 게임에서 '스페이드(spade)' 또는 '클럽(club)'의 플러쉬. 이와는 반대로 '다이아(dia)' 또는 '하트(heart)'가 플러쉬인 경우는 '올 핑크(all pink)' 또는 '올 레드(all red)'라고 한다. [1981 Golad Oral Coll]

All down (올 다운)

크랩스 게임에서 게임자가 구두로 요청하는 말로 딜러가 옮겨, 레이아웃으로부터 게임자의 베트를 되돌려주는 것이다. [1975 Clark Oral Coll]

All in (올 인)

테이블스테크(stakes) 포커 게임에서 '팟(pot)' 안에 모든 돈을 밀어 넣는 게임자의 '멘트'로서, 이 경우 '팟(pot)' 안에 있는 금액에 대해서만 플레이하겠다는 뜻이다. [1973 Preston play Poker 166]

▣ **all jokes and no tokes.** : 뱅크 크랩스 게임에서 어떤 팁(tip)도 받지 못하고, 또는 게임자 스스로를 위해 베팅하여야 한다는 활기차고 격렬한 게임 주위(周圍)에 대하여 딜러가 표현하는 말이다. [1983 Martinet Oral Coll]

All night board (올 나이트 보드)

빙고 게임장에서 입장료를 지불했을 때 고객에게 주는 카드로 진행되는 모든 게임에 유용하게 사용할 수 있다. [1961 Hotel Coll]

All out (올 아웃)

갬블링 게임에서 '위닝'하려고 한도금액(limit) 전체를 베팅하는 것이다. [1996 CGD]

All rooters and no shooter (올 루터스 앤 노슈터)

크랩스 게임에서 주사위를 굴릴(roll) 게임자가 테이블에 없을 때, 스틱맨이 하는 '코멘트(comment)'. [1983 Martinet Oral Coll]

All set with a bet (올 셋 위즈 어 베트)

크랩스 게임에서 주사위를 굴릴 준비가 되었다는 스틱맨의 '어나운스멘트(announcement)'이다. [1983 Martinet Oral Coll]

All the tough guys (올더 토스 과이스)

크랩스 게임에서 모든 '하드웨이' 프로포지션 베트를 만들기 원하는 게임자가 스틱맨에게 알리는 말 [1983 Martinet Oral Coll]

All tie stand off (올 타이 스탠드 오프)

바카라 게임에서 뱅크와 플레이어가 똑같은 점수를 가지고 있으므로 비기게 되었을 때의 어나운스멘트이며 블랙잭 게임의 '푸쉬(push)'와 같다. [1970 Baccarat]

All you need is a buck and a truck (올 유 니드 이즈 어 박 앤 어 트럭)

크랩스 게임에서 많은 돈을 위닝한 게임자에게 건네는 스틱맨의 '코멘트(comment)'이다. [1983 Martinet Oral Coll]

▣ **All you need is an arm and an eye** : 크랩스 게임에서 혼잡한 테이블로 비집고 들어올 수 있는 게임자를 예견하여 스틱맨이 하는 '코멘트'이다. [1983 Martinet Oral Coll]

Alone player (얼론 플레이어)

카드 게임에서 파트너없이 또는 다른 게임자와 공모없이 속임수 행위를 하는 카드 전문가 [1961 Hotel Coll]

American Airlines (아메리칸 에어라인)

'홀뎀' 포커 게임에서 게임자가 받은 처음 두 장의 카드가 '하트(heart)'의 Ace와 '다이아(diamond)'의 Ace인 경우를 일컫는 말. [1981 Golad Oral Coll]

American Wheel (아메리칸 휠)

룰렛 게임에서 싱글제로와 더블제로 넘버가 포함되어 있는 '휠' 즉, 1번부터 36번 그리고 0과 00가 있으며, 주로 미국, 남미, 카리브 연안국, 국내에서 사용하고 있다. [1964 Lemmel Gambling 185]

Ancher man (앵커맨)

줄여서 '앵커(ancher)'라고 부르기도 한다. 블랙잭 게임에서 딜러의 바로 오른쪽에 있는 게임자로서 딜러핸드의 직전(直前) 마지막 핸드를 콘트롤 할 수 있어, 딜러 또는 다른 게임자에게 게임의 영향을 미칠 수 있는 중요한 위치에 있는 자를 말한다. [1961 Scarne Complete Guide 671]

Angle (앵글)

생각, 계획 또는 속이는 방법 또는 장치를 사용하여 그 베트를 쉽게 이기려는 수단. [1950 Morehead Culbertson 590]

Announced bet (어너운스드 베트)

게임자가 실제로 그의 돈을 놓기 전에 이루어진 베트로 선언한 금액으로, 구두로 하는 베트 또는 '콜베트(call bet)이라고 한다. [1971 Livingston Poker strategy 213]

Ante (앤티)

포커 게임에서 핸드(패)가 돌아가기 전에 '팟(pot)'에 칩스를 베팅하는 금액 또는 카드핸드를 시작하기 전에 '팟'에 추가하는 돈을 말한다. [DA, DAE OEDS]

Any craps (에니 크랩스)

줄임말로 '에니(any)'라고 부른다. 크랩스 게임에서 '프로포지션(proposition)' 베트의 명칭으로 주사위 '롤(roll)'이 2점, 3점, 12점이 나온 경우를 지칭한다. [1963 Taylor LasVegas 78]

Any seven (에니 세븐)

크랩스 게임에서, '프로포지션' 베트로 주사위 '롤'이 어떤 형태의 '7'점이 나오는 경우를 지칭한다. [1963 Taylor LasVegas 78]

Apron (에프론)

① 딜러의 주머니를 가리기 위해 허리에 두르는 보호대로서 통상적으로 카지노의 로고가 새겨져 있다. [1961 Hotel Coll]

② 테이블 레이아웃의 한 지역으로 지정된 베팅 지역의 바깥 주변을 말하며, 룰렛 테이블에서는 '헬퍼(helper)'가 작업하는 지역을 말한다. [1977 Anness Dummy Up]

Apron girl (에프론 걸)

슬롯머신 게임자에게 '코인(coin)'을 환전해주는 카지노의 여성 종업원. '체인지걸' 또는 '어텐던트(attendant)'라고도 한다. [1953 Lewis Sogebrush Casinos 79]

Army craps (아미 크랩스)

뱅커처럼 다른 게임자들로부터 베팅을 받아들이고, 어느 사람이 주사위를 던지게 하는 크랩스 게임. [1984 Martinet Oral Coll]

Around the wheel (어라운드 더 휠)

크랩스 게임에서 넘버 2, 3, 7 또는 12로 이어서 주사위 '롤(roll)'로 나타나는 '프로포지션' 베트를 말하며 '웨얼(whirl)' 베트 또는 '휠(wheel)' 베트라고도 한다. [1982 Young Oral Coll]

Artist (아티스트)

부정직하게 카드를 능숙하게 다루는 사람으로 '카드 메커닉(card mechanic)'이라고도 불리운다. [1938 Asbury Sucker's Progress 14]

Artist in coloring (아티스트 인 칼러링)

게임 카드의 뒷면에 표시를 노련하게 하는 사람으로 '페인터(painter)' 라고도 불리운다. [1890 Quinn Fools of Fortune 230]

Ascot (애스콧)

18세기 일부 갬블러들이 사용하였던 베팅 '패턴(pattern)' 시스템. 또한 '머니 매니지멘트(money management)' 용어에 비유된다. [1971 McQuzid Gambler's Digest 298]

Attract mode (어트랙트 모드)

머신 게임에서 머신에 고객 유인 메시지를 설정하여 기기가 비(非)게임 중에 있을 때, 고객을 끌어들이기 위한 시각적 혹은 청각적(음악) 옵션기능이 설정된 것을 말한다. [2002 고택운 카지노 게임의 실무이론 II 340]

Au carre (아 까르)

룰렛 게임에서 레이아웃 네모난 구획의 교차점에 한 단위의 베팅으로 4넘버를 카버하는 베팅의 명칭으로 '코너(corner)' 베트라고도 한다. · French [1891 Monte Carlo 198]

Auction (액션)

'시멩-디-퍼(chemin-de-fer)' 게임에서 다른 게임자에게 '뱅크'를 양도하는 행동에 관해 언급하는 말이다. [OEDS]

Audition (오디션)

카지노에서 딜러로서의 실무 능력을 시험하는 심사로서 카지노의 '오디션(audition)'의 테스트는 실제 카지노의 손님과 함께 가진다. [1977 Gambling Times Feb : 27]

A volente (어 볼렌트)

'시멩-디-퍼(chemin-de-fer)' 게임에서 첫 번째 두 장의 카드 합계가 5점으로 똑같은 경우, 다른 카드 한 장을 '플레이어(player)' 사이드에 옵션으로 주는 데 사용하는 용어.

· French
[1976 Figgis Gambler's Handbook 121]

Award schedule (어워드 스케쥴)

① 카지노에 의한 모든 지불금의 기록으로 보통 카지노 케이지에서 관리한다. [1982 Martin Casino Management]

② 카지노가 고시한 총 상금액의 목록이며, 카지노의 게임별로 다양하게 게시한 상금의 일람표이다. [1974 Clark Oral Coll]

Ax (액스)

① 통상적으로 포커 게임에서 겜블링 시설 유지비로 '팟(pot)'의 금액 비율로 하우스가 가져가는 수수료를 말한다. [1961 Scarne Complete Guide 672]

② 누군가가 카지노에서 감원이나 해고당했을 때 사용하는 말이다.

B

B (비)

'베이커(baker)'의 약자로 포커 게임에서 딜러의 왼쪽에서 두 번째 게임자를 지명하는 용어이다. 〔1949 Coffin Secrets 173〕

Babies (배비스)

① 주사위(dice) 〔1974 Scarne Dice 255〕

② 2부터 6점의 카드와 같이 작은 단위의 원하지 않는 카드를 말한다. 〔1973 Preston Play Poker 166〕

Baby (베이비)

'래즈(razz)' 또는 '하이-로우 스플릿포커'와 같은 카드 게임에서 '5' 또는 보다 적은 단위로 원했던 카드를 지칭하는 말이다. 〔1978 Brunston How I Made 522〕

▣ **baby grand** : 미화 500달러를 말한다. 〔1963 Drazazgo wheels 319〕

▣ **baby needs new shoe** : 크랩스 게임에서 '슈터(shooter)'가 게임이 재미있도록, 또는 이기기를 원하는 마음으로 외치는 소리이다. 〔1979 Clark Oral Coll〕

Baccarat (바카라)

바카라(baccara)라고 읽으며, 이는 프렌치어로 제로라는 뜻이나 현재는 '블루(blue)-블라드(blood)'의 대결이라는 게임의 이름이 되었다. 이 게임은 '플레이어 사이드(player side)'와 '뱅커 사이드(banker side)'가 각각 최소한 2장 이상의 카드를 가지고 '룰(rules)'에 따라 9점에 가깝게 만든 점수를 가지고 승부하는 게임으로 10점 가치의 카드는 0으로, 10점이 넘는 수치는 10점을 뺀 수치로 그 값을 정한다. 〔OED〕

Backboard (백보드)

① 크랩스 게임 테이블 안에 누비이불 같은 쿠션으로 벽이 되어 있어 주사위가 벽에 충돌하여 튀어나오게 함으로서 정당한 '롤(roll)'이 되도록 한 장치 [ca. 1961 Hotel Coll]

② 룰렛게임에서 게임을 수행하기 위해 필요한 칩스를 스텍으로 만들어, 칼러별로 정리하여 진열되어 있는 '휠(wheel)' 주변의 일정지역 [2002 고택운 카지노 게임의 실무이론 II 134]

Back counting (백 카운팅)

갬블링 게이밍에서 보통 고객의 뒤에 서 있으며, 게임에는 직접 참여하지 않으면서 '슈'의 카드덱이나 카드의 수치를 카운트하는 행위로 '쉐도우 카운팅(shadow counting)'이라고도 한다. [2006 고택운 카지노 서벨인런스 시스템의 이해 303]

Backer (백커)

갬블링 시설에서 갬블러에게 도박자금을 제공 또는 후원하는 사람을 말한다. [OED]

Back of the house (백 오브 더 하우스)

주방, 하우스키핑부서, 코인룸, 카운팅구역, 사무실 등의 영업 지원시설이 있는 카지노의 일정지역. [ca. 1961 Hotel Coll]

Backing up card (백킹 업 카드)

카드 게임, 보통 블랙잭에서 한 게임을 더 하거나, 한 핸드에서 다른 핸드로 카드의 순서를 뒤로 옮겨가는 행위 [2006 고택운 카지노 서베일런스 시스템의 이해 303]

Back to back (백 투 백)

① 연속적으로 두 번의 핸드에서 이기거나, 지는 플레이에 대한 용어 [1983 Martinet Oral Coll]

② 크랩스 게임에서 주사위가 같은 넘버가 나오는 연속적인 '롤(roll)'에 해당되는 용어

Bad rack (배드 락)

카지노 고객관리에 관한 용어로 신용불량 평가를 가진 카지노 고객의 명단을 말한다. [1974 Friedman Casino Management 66]

Badge (배지)

카지노 시큐리티(security)에 관한 용어로, 사법기관(경찰)을 지칭하거나 경찰업무를 수행할 수 있는 권한을 가진 상징을 뜻한다. [1996 CGD]

Baggage (배기지)

① 게임은 하지 않고 갬블러들의 행위를 관찰하는 사람

② 그 자신의 능력으로는 돈을 지불할 수 없는 사람

위 모두 '람버(lumber)'라고도 불리운다. [1981 Maurer Lang. of the Underworld 181]

Bagged (배그드)

속임수와 관련된 용어로 속이거나 훔치는 행위를 하여 적발되거나 체포된 속임수꾼임을 표현하는 말이다. [2006 고택운 카지노 서베일런스 시스템의 이해 303]

Bagman (배그맨)

불법갬블링 운영자로부터 상부 또는 정부관리에게 뇌물을 배달하는 자를 일컫는다. [1963 Drazazgo wheels 319]

Bait (베이트)

포커 게임에서 작은 베트를 만들어 상대방으로부터 베트를 크게 올리기를 조장(助長)하기를 기대하는 행위를 말한다. [1949 Coffin Secrets 172]

Ball (볼)

룰렛 게임에서 '휠(wheel)'의 보울(bowl) 안쪽에서 트랙 주위를 돌다가 위닝넘버와 칼러포켓 안으로 떨어지는 것을 목적으로 금속이 아닌 상아 또는 합성수지의 재질로 만들어진 아주 작은 공 모양의 물체. [2002 고택운 카지노 게임의 실무이론 II 135]

Ball stops (볼 스톱스)

룰렛 휠의 볼트랙 아래쪽 주변에 있는 타원형의 금속물체로 수직·수평 각 8개씩 16개가 부착되어 있어, 볼이 낙하할 때 예측하지 못하는 방향으로 떨어지도록 한 장치이다. '카누(canes)'라고도 불리운다. [2002 고택운 카지노 게임의 실무이론 II 135]

Ball out (볼 아웃)

룰렛 휠의 '볼아웃'은 '노-스핀(no-spin)'을 뜻하며, 이는 볼이 휠 밖으로 튕겨져 나가거나 그 밖에 '노-스핀' 되는 상황을 표현하는 용어 [2002 고택운 카지노 게임의 실무이론 II 135]

Ball team (볼 팀)

속임수 행위로 그들의 희생자를 카지노에서 작업하는 속임수꾼들의 그룹을 지칭하며 '베이스볼 팀(baseball team)'이라고 불리운다. [1983 Martinet Onall Coll]

Banco (방코)

카지노 게임의 바카라 게임과 '시멩-디-포(Chemin-de-fer)'에서 '뱅크(bank)'에 대해서 사용하는 용어로 전체 뱅크에 동등한 베트를 만들기를 원하는 게임자에 의한 멘트를 말한다. · French [OEDS]

- **banco suivi** : 바카라 게임에서 특히 플레이어의 사이드가 손실을 가진 후에 플레이어를 상대하여 오히려 뱅커에 베팅하는 행위를 말한다. [1964 Wykes Illustrated Guide 326]

Bang into (뱅 인투)

카지노 딜러의 일상 업무로 게임자의 베트스택의 바로 옆에 보다 큰 [1983 Martinet Oral Coll]

칩스의 스텍을 놓고 나서, 보다 큰 스텍으로부터 초과분을 제거하여, 오리지날벳과 동등한 가치의 스텍을 남기는 것을 말하며, '범프 인투(bump into)'와 '컷 인투(cut into)' 용어와 비교된다.

Bang up (뱅업)

카지노에서 테이블을 '클로즈(close)' 하려고, 이미 먼저 테이블에 있는 게임자에게만 플레이를 허용한다는 뜻의 용어 [1961 Scarne Complete Guide 672]

Bank (뱅크)

① 바카라 게임에서 레이아웃의 베팅 지역의 한 사이드. 반대의 베팅 지역을 '플레이어(player)'라고 한다. [OED, DAE]
② 카지노에서 게임을 위해 테이블의 '락(racks)'에 준비해 둔 최초의 영업준비금 [DAE]
③ 게임자 또는 딜러가 사용할 수 있는 돈의 총 금액 [OED]
④ 뱅킹 게임이나 도박장에서 운용되는 돈 [1996 CGD]
⑤ 머신 게임에서 고객에게 코인을 교환해주고 '잭팟(jackpat)'을 지불해주는 특정구역내의 현금 총액. [1963 Drazazgo Wheels 319]

Bank a game (뱅크 어 게임)

① 카지노에서 오픈되는 테이블 또는 새로운 게임에 나타나는 게임 용어 [OED]
② 불법 게임을 위해서 게임을 운영하기에 필요한 자금을 조달하려는 게임 용어 [ca. 1961 Hotel Coll]

Bank Craps (뱅크 크랩스)

크랩스 테이블에서 게임자가 접근할 수 없는 지역의 레이아웃으로, 하우스가 게임을 운영하기 위한 '웨이저(wager)'를 취급하는 장소 [1981 Maurer Lang, of the Underworld 181]

Banker (뱅커)

① 페로, 블랙잭, 바카라와 같은 게임에서 게임을 진행하는 사람으로 카드를 딜링하고, 루징 베트를 가져오고, 이긴 돈을 지불하는 사람을 지칭한다. [OED]
② 바카라 게임에서 '뱅크 핸드(bank hand)'에 대해 카드를 뽑은 게임자에게 주어진 명칭 [1968 Thackrey Nick the Greek]
③ 뱅킹 게임의 운영자 또는 개인적인 뱅킹 게임에서 다른 게임자로부터 베팅을 수용하는 사람. [2006 고택운 카지노 서베일런스 시스템의 이해 304]

Bank hand (뱅크 핸드)

바카라 게임에서 딜링되어진 두 핸드 중의 한 핸드를 말하며, 다른 핸드는 '플레이어스(players)' 핸드라고 불리운다. [1970 Baccarat Facts]

Bank hand bet box (뱅크 핸드 베트 박스)

바카라 게임에서 테이블 레이아웃 상의 지역으로 '뱅크 핸드(bank [ca. 1961 Hotel Call]

hand)'의 모든 돈을 베팅할 수 있는 장소. 뱅크 핸드와 상대하는 베팅 지역은 '플레이어 핸드 베트 박스(player hand bet box)'가 있다.

Bankroll (뱅크롤)

약자로 BR이라고 쓰며, 갬블링 시설 또는 카지노에서 게임의 자금으로 게임자의 착수금 또는 테이블의 딜러 바로 앞 트레이 안에 있는 카지노 머니도 포함된다. 〔1973 Binion Recollections 33〕

Bar (바)

① 테이블 게임에서 기술이 뛰어나 게임에 참여시킬 수 없거나, 문제를 발생시킬 소지가 있어 카지노에서 영원히 추방당한 게임자. 블랙잭 게임에는 이러한 사람이 종종 있다. 〔2006 고택운 카지노 서베일런스 시스템의 이해 304〕

② 크랩스 게임에서 '돈 패스(don't pass)' 플레이에 '2' 또는 '12'가 나오면 '돈 패스(don't pass)' 베트가 무승부가 되는 것을 '바(bar)'라고 한다. 〔1984 Martinet Oral Coll〕

Bar machine (바 머신)

머신 게임에서 '바(bar)'가 설정된 기기를 일컫는 집합 명사를 말한다. 〔2003 문찬호·송진영 슬롯머신 경영론 226〕

Barber Pole (바버 폴)

카지노 게이밍 테이블에서 칩스의 칼러로 믹스하여 액면가가 종류별로 서로 다르게 표시한 칩스의 스택모양을 언급하는 용어. 〔ca. 1961 Hotel Call〕

Barker (바커)

크랩스 게임에서 고함치며, 손님을 끄는 사람이라 하여 '스틱맨(stickman)'의 또다른 호칭이기도 하다. 〔1983 Martinet Oral Coll〕

Barn (반)

포커 게임에서의 '풀하우스(full house)'를 말하며, 3장의 카드가 같은 숫자이고, 다른 2장의 카드의 숫자가 같은 경우이다. 〔1968 Wallace Poker 209〕

Base (베이스)

① 블랙잭 게임 테이블에서는 게임자가 게임하는 위치를 말한다. 〔ca. 1961 Hotel Call〕
- 첫 번째 베이스 : 딜러의 왼쪽에서 가장 먼 곳
- 두 번째 베이스 : 딜러의 정면 중앙
- 세 번째 베이스 : 딜러의 오른쪽에서 가장 먼 곳

② 크랩스 게임 테이블에서는 '박스맨(boxman)'의 좌·우에 있는 딜러의 위치로 베이스를 정한다. 〔1983 Martinet Oral Coll〕

Baseball bum (베이스볼 범)

크랩스 게임에서 주사위 합의 넘버가 '9'가 되었을 때 사용하는 말. 〔1949 Blanche You can't Win 23〕

Baseball team (베이스볼 팀)

카지노 종사원이 만든 속임수 행위 동맹자(同盟者)를 말하며, '볼팀(ball team)'이라고도 부른다.

[1983 Martinet Oral Coll]

Base dealer (베이스 딜러)

카드 게임에서 카드 덱의 아래쪽으로부터 카드를 능숙하게 딜링하는 전문 기술자를 지칭하는 용어로 '셀러(cellar)' 딜러 또는 '서브웨이(subway)' 딜러라고도 한다.

[1977 Carroll Playboy's Illustrated 44]

Base payback percentage (베이스 페이백 퍼센티지)

슬롯머신 게임에서, 한 코인에 근거하는 시상(施賞) '퍼센티지(percentage)'를 말한다.

[2003 문찬호 · 송진영 슬롯머신 경영론 226]

Basket bet (배스킷 벳)

어메리칸 룰렛 게임의 레이아웃상에 0와 00, 넘버2를 카버하는 한 단위의 베트 명칭이며, 약칭하여 '배스킷(basket)'이라고 한다.

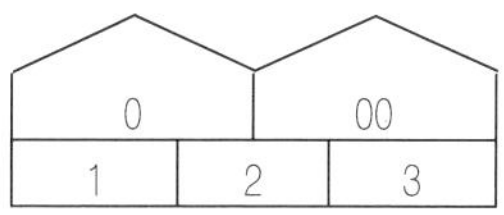

[1983 Martinet Oral Coll]

Basic Strategy (베이직 스트래티지)

카지노 또는 게이밍 하우스가 규정해 놓은 게임 룰을 사용하여 블랙잭 게임자가 최적(最適)의 조건으로 플레이하는 기본 전략

[2003 고택운 카지노 게임 실무이론 53]

Bay and a gray (베이앤드 어 그레이)

포커 게임에서 레드 칩스와 화이트 칩스의 베트를 말하며, 합의 6달러를 말한다. 6달러 베트는 카드룸의 공통적인 베팅으로 3달러의 최초의 베트가 있은 다음 '레이스(raise)' 베트로 6달러로 증액시킨 것이다.

[1978 Larson Vocabulary 159]

Bean (빈)

포커 칩스로서 통상적으로 1달러 가치의 '칩(chip)' 또는 1'달러(dollar)'를 호칭하는 통용어이다.

[DA]

Beard (베어드)

속임수꾼으로 자신은 잘 알려진 갬블러이기 때문에 제3자에게 베팅을 하도록 사키는 사람.

[1985 LasVegas Sun]

Beat (비트)

게임에서 갬블러가 돈의 액수를 속이는 행위로 '※트림(trim)' 행위와 같다.

※ 협잡 또는 속여서 빼앗는 행위

[1963 Steig Common Sense 181]

- ①**beat the board** : 스터드 포커에서 마지막 베팅 라운드 전에 테이블 위에 최고의 핸드를 펼쳐서 보여주는 핸드.

[1974 Scarne, Dice 254]

- ②**beat the house** : 카지노를 상대로 이기려는 행위를 말한다.

[1981 Maurer Lang. of the Underworld 203]

Bed roll (베드 롤)

크랩스 게임에서 주사위를 부드러운 표면 위에 던져 조정하는 주사위의 '롤링(rolling)' 기술을 묘사하는 용어이다. [1963 Drazago Wheel 320]

Bee (비)

게임용 카드의 뒷면에 일정한 디자인을 가진 카드덱(다이아몬드 모양)으로 카지노의 'B'카드의 대명사로 'U.S Playing Card'에서 제작된 카드를 말한다. [2003 고택운 카지노 게임의 실무이론 I 21]

Beef / Beefer (비프 / 비퍼)

카지노 게이밍 테이블에서, 게임의 재연을 요구하거나 또는 속임수의 목적으로 모든 시선을 다른 곳으로 돌리려고 게임에 대한 불평 · 언쟁을 일삼는 자를 말한다. [2006 고택운 카지노 서베일런스 시스템의 이해 303]

Behind the line odds (비하인드 더 라인 오즈)

크랩스 게임에서 약칭 '비하인드 더 라인(behind the line)'이라고 불리우며, 실제의 승산을 가진 '플래트 베트(flat bet)'으로 패스 라인 뒤에 놓는다. [1983 Martinet Oral Coll]

▣ **behind the log** : 포커 게임에서 위닝으로 진행되고 있음에도 불구하고 보수적으로 베팅하는 경우를 말한다. [1971 Livingston Poker Strategy 213]

Belly glass (벨리 글래스)

머신 게임에서 '도어(door)'의 하단부에 위치한 글라스로 화폐단위나 시상표 혹은 게임 테마 관련 그래픽을 보여준다. [1996 CGD]

Belly hit (벨리 히트)

포커 게임에서 가지고 있는 카드를 '스트레이트(straight)'로 성공적으로 채웠을 때 사용하는 말로 '갓드 셧(got shot)'이라고도 불리운다. [1968 Wallace Poker 210]

Belly strpper (벨리 스트립퍼)

'치터(cheater)'의 카드 속임수로 카드의 길이를 깎거나 다듬어서 카드를 좁게 만드는 작업 [1943 MacDougall Danger 124]

Below (빌로우)

카지노 또는 갬블링시설의 회계관리에 관한 용어로 합법적인 게임을 한 후에 운영 경비를 공제한 당기 순익을 말한다. [1977 Nev Int Ctrl]

Bend (벤드)

카드 게임에서 카드 속임수를 행할 목적으로, 카드를 가볍게 구부리거나, 접어서 표시를 만드는 작업을 말한다. [1983 Martinez Gambling Scene 188]

Bent (벤트)

카드 게임에서 카드 속임수를 할 목적으로, 카드를 '컷트(cut)'를 하는 사람이 쉽게 위치를 찾을 수 있도록 활 모양으로 휘어지게 만든 카드라고 정의하는 말이다. [1860 Cotton Compleat Gameter 94]

Best bet (베스트 베트)

크랩스 게임에서 넘버 6 또는 8의 베트로 정확한 승산으로 본다면 일반적으로 그 베트는 하우스에게 가장 낮은 어드벤티지를 제공하기에 넘버 6, 8에 베팅하는 것을 말한다. [1961 Scarne Camplete Guide 672]

Best of it (베스트 오브 잇)

갬블링 게이밍에서, 수학적인 계산, 숙련된 기술 또는 속임수 행위로 다른 게임보다 이길 가능성이 큰 상황을 말한다. [1966 CGD]

Bet (베트)

카지노의 게이밍에서 게임자에 의해 만들어진 판돈 또는 어떤 결과를 얻으려는 경쟁 목적물을 말한다. [OED]

- **bet blind** : 포커 게임에서 카드를 보기 전에 내기에 거는 돈을 말한다. [1949 Coffin Secrets 172]
- **bet both way** : 크랩스 게임에서 동시에 '패스 라인'과 '돈 패스' 또는 바카라 게임에서 '뱅크' 사이드와 '플레이어' 사이드를 동시에 베팅하는 것과 같은 베팅 시스템을 말한다. [1981 Maurer Lang, of the Underworld 182]
- **bet even stakes** : '페로' 또는 '21-게임'과 같은 게임의 모든 핸드의 베팅 금액에 대한 1배 지불을 말한다. [1868 Trumps Pocket Hoyle 208]
- **bet on muscle** : 내기에 거는 돈을 지출하지 않고 구두로 또는 신용으로 베팅하는 행위로 '콜베트(call bet)'라고도 한다. [1981 Maurer Lang, of the Underworld 203]
- **bet right** : 크랩스 게임에서 주사위를 '슈팅(shooting)'하려고 '패스(pass)'에 만드는 베트 '웨이저(wager)'를 말한다. [ca. 1961 Hotel Coll]
- **bet the dog** : '레드 독(red dog)' 카드 게임에서 '팟(pot)'에 대는 동등한 금액의 '웨이저'를 말한다. [1971 Smith Games 103]
- **bet the limit** : 하우스가 정한 게임 규칙이 허용하는 최소, 최고 단위의 베팅 금액을 말한다. [1961 Scarne Complete Guide 672]
- **bet the pot** : 무제한 포커 게임에서 '풀(pool)' 안에 이미 베팅한 총 금액과 동등한 금액의 '웨이저(wager)'를 말한다. [1949 Coffin Secrets 173]
- **bet the wrong** : 크랩스 게임에서 주사위를 슈팅하려는 자가 '패스(pass)'에 베트를 만들지 않은 경우를 말한다. [ca. 1961 Hotel Coll]

Bet back (베트 벡)

카지노에서 하우스가 정한 특별한 베팅 금액으로 게임자는 허용된 장소의 베트에 일정한 승률에 의해 지급 받는다. 만약 게임자가 이겼다 [1983 Martinet Oral Coll]

면 그는 오리지날 금액에 대하여 게임규칙과 하우스 승률에 의해 지불 받는 것을 말한다.

Bet box (베트 박스)

바카라 게임에서 '플레이어 베트(player bet)'와 '뱅커 베트(banker bet)'를 놓는 테이블 레이아웃의 지역 [ca. 1961 Hotel Coll]

Bet max (베트 맥스)

머신 게임에서 머신이 접수 가능한 최대의 크레딧을 베팅하게 해주는 스위치를 말한다. [1996 CGD]

Bet one (베트 원)

머신 게임에서 일회 누를 때마다 하나의 크레딧이 베팅되게 해주는 스위치를 말한다. [1996 CGD]

Betting Interval (베팅 인터발)

블랙잭이나 포커와 같은 카드 게임에서 게임하는 동안 게임자가 개인적으로 핸드로부터 돈을 걸거나, 물러나는 기회를 가지는 경우 [1949 Coffin Secrets 173]

Betting slip (베팅 슬립)

카지노에서 개인적으로 테이블에서 베팅한 금액을 메모하여 기록하는 장부 또는 전표를 말한다. [ca. 1961 Hotel Coll]

Bettor (베터)

갬블링 게이밍 종목에서 성과를 얻으려고 내기에 돈을 거는 사람을 지칭하는 말. [DAE]

Betting ratio (베팅 래지오)

카지노 또는 갬블링 시설에서 게임을 유리하게 가지려고 하우스 또는 게임자가 임의로 설정하는 최고와 최저 베팅 사이의 수학적 비율. [2003 고택운 카지노 게임의 실무이론 I 118]

Betting true count (베팅 투루 카운트)

카드 카운팅에서 '에이스(ace)' 카드의 수가 많고 적음에 따라 조절되는 실제 카드의 값 [2003 고택운 카지노 게임의 실무이론 I 156]

Bevel / Beveled shapes (비벌 / 비벌드 쉐이프)

주사위 게임의 속임수로 한두 면이 평평하지 않고 약간 둥글게 된 부정한 주사위로서 이는 표면이 둥글어서 평평한 것보다 잘 구른다. [1974 Scarne Dice 238]

Big con (빅컨)

불법게이밍 시설에서 게임자를 보호해주는 여러 명의 '허슬러(hustler)' [2006 고택운 카지노 서베일런스 시스들이 포함되어 여러 날에 걸쳐 진행되는 사기게임으로 조악한 사기 속임수와는 대조적으로 큰 시설을 이용한다. 〔텝의 이해 304〕

B-Game (비-게임)

카지노 또는 카드룸에서 두 번째로 높은 금액의 고객 게임을 일컫는다. 〔1949 Coffin Secrets 173〕

Bicycle (바이시클)

'로우볼(lowboll)' 포커 게임에서 '에이스(ace)'부터 '5'까지 연이어 카드가 나오는 형태로 '리틀 휠(little wheel)' 또는 '휠(wheel)'이라고도 불리운다. 〔1953 Crawford Consistent Winner〕

Bid (비드)

'하이-로우(high-low)' 카드 포커 게임에서 하이 핸드, 로우 핸드 또는 하이와 로우 핸드가 이기는 것을 취지로 언급하는 말이다. 〔1949 Coffin Secrets 173〕

Big cat (빅 캣)

포커 게임에서, '페어(pair)'가 없이 '플러쉬(flush)'로 8에서 K까지 다양한 카드 범위 단위를 가진 핸드로서 '빅 타이거(big tiger)'라고 불리운다. 〔1949 Coffin Secrets 173〕

Big dick (빅 딕)

크랩스 게임에서 10점이 위로 보이는 결과로 주사위를 던지는 것으로 포인트는 '10'이다.아마도 프렌치어의 'dis'가 어원(語源)인 것같다. 〔1949 Blanche You can't Win 23〕

Big dog (빅 도그)

포커 게임에서, '페어(pair)'없이 '플러쉬(flush)'로 9에서 A까지 다양한 카드 범위 단위를 가진 핸드로 '빅 캣(big cat)'과 비교된다. 〔1949 Coffin Secrets 173〕

Big draw (빅 드로우)

포커 게임에서 '팟(pot)'에서 이기기에 좋은 기회를 가진 마지막 베팅 라운드의 핸드 〔1978 Brunson How I made 524〕

Big duke (빅 듀크)

포커 게임에서 특히 '홀뎀(hole'em)' 게임의 강한 핸드로서 잠재적인 '위닝핸드(Winning hand)'를 말한다. 〔1981 Golad Oral Coll〕

Big full (빅 풀)

포커 게임에서 '3에이스'와 '2킹'으로 '풀하우스(pull house)' 중 가장 높은 등급을 말한다. 〔1978 Brunson How I made 524〕

Big game (빅 게임)

주사위 또는 카드 게임에서 고액으로 베팅되어지는 게임 활동을 말한다. 〔1974 Scarne Dice 151〕

Big hand (빅 핸드)

카드 속임수로 특별히 어렌지된 카드의 '팩킷(packet)'으로 '스텍드(stacked)'된 것을 말한다. 〔1859 Green Gam Tricks 21〕

Big Joe from Boston (빅 조 퍼럼 보스톤)

크랩스 게임에서 주사위가 굴려져 10점이 나온 경우로 '빅 딕(big dick)'이라고도 불리우는 멘트이다. 〔1968 Adoms Western Words〕

Big mitt (빅 미트)

스터드 포커 게임에서 '스텍드(stacked)' 카드덱을 사용하는 속임수 게임의 명칭. 희생자에게 높은 핸드를 주고, 속임수 행위자 자신은 더 높은 핸드를 가지는 행위를 말한다. 〔OED, DA〕

Big natural (빅 네츄럴)

크랩스 게임에서 첫 번째 롤 또는 '컴 아웃 롤(come out roll)'에서 '11'이 나온 경우 또는 21-게임에서 첫 번째 2장의 카드에서 '21점' 즉 '블랙잭(blackjack)'을 받은 경우를 말한다. 〔1968 Adams Western Words〕

Big nickel / Big one (빅 닉켈 / 빅 원)

미화 500달러와 1,000달러 짜리 지폐에 관한 또다른 언어이다. 〔1968 Thackrey Nick the Greek 238〕

Big plunger (빅 플렌저)

갬블링 게임에서 많은 금액으로 갬블하는 사람. '하이 롤러(high roller)', 'BP'와 같다. 〔1978 Gambling Times〕

- **big poker** : 고액 포커 게임으로 '노-리미트(no-limit)' 포커, '테이블 스테크(table stakes)' 포커 게임 또는 '팟 리미트(pot- limit)' 포커 게임이라고 한다. 〔1949 Coffin Secrets 173〕
- **big red** : 뱅크 크랩에서 '프로포지션(proposition)' 베트를 위한 레이아웃상의 공간으로 다음 '롤(roll)'의 7에 지게 된다. 〔1973 Chark Oral Coll〕

Big six wheel (빅 식스 휠)

54개 포지션과 함께 수직으로 세워져 있는 '행운의 휠(wheel of Fortune)'이라고 부르며, 원래는 6개 지역에 베팅할 수 있도록 되어 있었다. 약칭으로 '빅 식스(big six)' 또는 '빅 휠(big wheel)'이라고 부른다. 〔1968 Thackrey Nick the Greek 164〕

Big slick (빅 슬릭)

'홀뎀(holdem)' 포커에서 게임자에게 딜링된 처음 두 장의 카드가 '에이스(ace)'와 '킹(king)'일 때를 말하며 '산타 바바라(Santa Barbara)'라고도 불리운다. [1981 Golad Oral Coll]

▣ **big table** : 주사위 게임에서 '빅 게임(big game)'이 진행되어지는 게임 테이블로, 특히 베팅한도 금액(limit)이 높은 테이블을 말한다. [1981 Mavrer Lang of the Under-world]

▣ **Bilk** : 카드 게임에서 속임수를 행하는 사람을 말한다. [OEDS, DAE]

Bingo (빙고)

① 같은 명칭의 게임에서 '위너(winner)'를 큰 소리로 알리는 용어이다. [OEDS]

② '빙고 넘버'와 '빙고 카드'를 사용하는 것으로 '롯토(lotto)'와 비슷한 게임으로 때때로 '빙고 팔러(bingo parlor)'에서 자선기금을 만드는 데 이용하는 게임이다. [DA]

Bill acceptor / Bill validator (빌 액셉터 / 빌 밸리데터)

머신게임에서 옵션사양으로 현금지폐를 받아들이고, 검색하여 주는 기기의 명칭이다. [2002 고택운 카지노 게임의 실무이론 II 357]

Bingo blower (빙고 블로워)

빙고 게임(bingo game)에서 콜링하는 데 사용하는 75개의 볼을 담은 유리 실린더를 말한다. [1953 Lewis Sagebrush Casions 94]

Bingo card (빙고 카드)

빙고 게임에서 사용되는 카드로 가로・세로 5넘버씩 24넘버가 프린트 되어 있는(한가운데 한 곳은 빈칸으로 되어 있음) 카드. [1978 Harrah Recollections 58]

▣ **Bingo parlor** : 카지노내, 교회홀 또는 지하실, 별관 또는 어떤 빌딩을 지적하는 말로 빙고 게임을 진행할 수 있는 커다란 공간을 말한다. [1978 Harrah Recollections 60]

Bingo war (빙고 워)

빙고 게임에서 소유권자 또는 인접한 '빙고 팔러(bingo parlors)'의 운영자에 의해 같은 고객에 대한 유치 경쟁을 말한다. [1978 Harrah Recollections 73]

Bird (버드)

① 속기 쉬운 사람, 어리석은 사람, 돈을 잃은 사람을 묘사하는 말로 그의 돈을 낭비하는 것을 즐기는 어떤 사람을 비유한 용어이다. [1974 Scarne Dice 461]

② 25센트짜리 칩스의 또다른 호칭이다.

Bird dog (버드 독)

속임수 행위로 계획적인 불법게임의 희생 대상자를 발견하였을 때, 사기 도박꾼에게 안내 또는 정보를 제공하여 주는 사람 〔1949 Coffin Secrets 173〕

Bitch (비치)

게임 카드에서 '슈트(suit)'와 관계없이 '퀸(queen)' 카드를 지칭하는 말이다. 〔DAS〕

BJ (비제이)

카지노에서 블랙잭 테이블 바로 밑에 있는 '드롭 박스(drop box)'에 쓰여진 글자체로 통상 룰렛은 'RW', 바카라는 'BC'로 표기한다. 〔1979 Newman Dealer's Special 12〕

Black (블랙)

① '블랙 첵(black check)'에 대한 줄임말로 백달러짜리 칩스를 말한다. 〔1977 Anness Dummy Up〕

② 룰렛 게임에서 테이블 레이아웃의 '이븐 머니 베트(even money bet)'의 칼러로 볼이 블랙 넘버에 들어간 경우를 말한다. 〔ca. 1961 Hotel Coll〕

Black book (블랙 북)

카지노 또는 갬블링 시설에서 사회적으로 바람직하지 못한 사람의 이름이 들어가 있는 배제 대상자의 목록 또는 바람직하지 못한 사람의 목록을 보존하여 소유권자에 의해 겜블링 시설로부터 추방된다. 〔1963 Taylor Las Vegas 4〕

■ **black box** : 블랙잭 게임에서 다양한 카드 결합의 확률을 계산하려고 1960년대 기간 동안 유행하였던 작은 계산기를 말한다. 〔1965 Wilson The Casino〕

Blackjack (블랙잭)

① 게임자가 카드를 21점이 초과하지 않고 가깝게 만드는 게임. '21-게임'이라고도 한다. 〔OEDS〕

② 게임자에게 처음 딜링된 2장의 카드가 '에이스'와 '10가치'의 카드로 구성된 핸드로 '스냅퍼(snapper)'라고도 불리운다. 이는 프랑스의 'vingt-et-un'을 미국식 버전에 대한 명칭이다. 〔1951 Jones Wilbur Clark's 2〕

Black line work (블랙 라인 워크)

카드 속임수 행위로 각 카드의 테두리의 검은 선을 따라 미세한 자국(흔적)을 만들어 확률을 위해 카드에 표시하는 기술. 속임수꾼은 패를 모을 때, 손가락으로 표시를 감지(感知)한다. 〔2006 고택운 카지노 서베일런스 시스템의 이해 304〕

Blanket roll (블랭킷 롤)

크랩스 게임에서 부드러운 표면으로 주사위를 던져 콘트롤하는 행위로 '소프트 패드 롤(soft pad roll)'이라고도 한다. 〔1981 Maurer Lang. of the Underworld 182〕

Blaze (블레이즈)

① '페이스 카드(face card)' 즉, J, Q, K카드를 말한다. [1830 Anon Hoyle's Improved 138]

② 5장의 페이스 카드를 가진 핸드로 어떤 포커 게임에서 확실한 조건으로 '윈(win)'하기에 특별한 의미를 가진 핸드를 말한다.

Blaze full (블레이즈 풀)

포커 게임에서 '풀하우스(fullhouse)'가 5장의 페이스 카드로 구성된 것으로, 예를 들면 '킹(king)' 3장과 '퀸(queen)' 2장으로 구성된 것을 말한다. [1968 Wallace Poker 210]

Blazing (블레어징)

카드 게임에서의 속임수 행위로 '핀(pin)' 또는 엄지손톱으로 뒷면을 긁어 카드에 표시하는 행위를 말한다. [1938 Asbury Sucker's Progress 37]

Bleed (블리드)

① 갬블링에 의해 큰 금액의 돈을 잃었을 때 표현하는 단어. [OED]

② 게임 또는 게임자로부터 서서히 계속하여 돈을 끌어내는 행위. [OED, DAE]

Bleeder (블리더)

① 카지노에서 핏보스 또는 플로어맨과 같은 실무자가 게임시설에 의하여 돈을 잃어 초조해 하는 행위의 표현 [1974 Friedman Caino Management 46]

② 넋두리하는 투의 방법으로 돈을 잃은 불평을 하는 게임자 또는 '베터(bettor)'. [1968 Wallace Poker 210]

위 모두 '스웨터(sweater)'라고도 불리운다.

Blind (블라인드)

① 포커 게임에서 게임자가 카드를 집는 것을 허용하기 전에 딜러의 왼쪽에서 첫 번째 게임자에게 요구되는 베트(bet)에 대한 용어 [1983 Martinez Gambling Scene 189]

② 카드 게임에서 '거짓 셔플(false shuffle)'과 일정한 카드를 콘트롤하는 행위를 수반하는 속임수 행동을 일컫는 말.

Blind hand (블라인드 핸드)

'블라인드-베트(blind-bet)'을 제공하는 특징을 가지는 포커 게임에서 딜러의 왼쪽에서 첫 번째 위치의 핸드. [OEDS, OED, DA, DAE]

Blind hookey (블라인드 후키)

일반적인 카드 게임에서 누가 딜링할 것인지를 결정하려고 팩으로부터 각 게임자가 카드 한 장을 뽑는 절차를 말한다. 그 딜링은 가장 높은 카드를 드로윙하는 사람에 의해 행해진다. [OEDS]

Blind money (블라인드 머니)

'블라인드-베트(blind-bet)'을 제공하는 특징을 가진 포커 게임에서 딜러의 왼쪽에서 첫 번째 게임자에게 요구되는 베팅의 금액으로 이는 게임자가 그의 카드를 보기 전에 만들어진다. 〔OEDS〕

Blind shuffle (블라인드 셔플)

'스텍드 덱(stacked deck)'을 유지하는 동시에 카드의 팩을 믹스하기 위해 나타내는 절차를 말한다. 〔1968 Wallace Poker 210〕

Blind spot (블라인드 스팟)

① 룰렛 게임에서 레이아웃의 세 번째 '칼럼(column)' 베트의 장소를 말한다. 그 세 번째 '칼럼'은 딜러의 왼쪽 맨 끝 위치에 있고, 동시에 그의 오른쪽에 '휠(wheel)'이 있기 때문에, 그렇게 부른다. 〔1973 Clark Oral Coll〕

② 크랩스 게임에서 레이아웃의 '필드(field)' 베팅지역을 말한다. 그 '필드'는 딜러의 정면 앞쪽에 있지만, 종종 '패스 라인(pass line)' 베트를 지불하는 바쁜 행동으로 못보고 지나치게 되는 경우를 지칭한다. 〔1983 Martinet Oral Coll〕

Blister (블리스터)

카드 속임수 행위로 카드 뒷면에 '핀(pin)'과 같은 예리한 물체를 도구로 사용하여 표시를 하는 기술. 이는 속임수꾼이 손가락으로 표시한 카드를 만져 내용을 감지한다. 〔1935 Newman Esquire's Book 53〕

Block (블락)

카드 게임에서 '윈(win)'하려는 게임자에 의해 필요한 높은 등급의 카드를 보유하여 '위닝(winning)'하려고 상대게임자를 저지시키는 것을 말한다. 〔1950 Morehead Cullbertson 595〕

Blocker (블락커)

카지노에서 보안요원과 CCTV 카메라로부터 속임수꾼의 활동에 후원자가 되는 것으로 '슬롯치터(slot cheater)'를 도와주는 공범자(共犯者)를 말한다. 〔1984 Martinet Oral Coll〕

Blockout work (블락아웃 워크)

카드 속임수 행위로 카드 뒷면의 칼러와 조화를 이루는 '잉크(ink)'를 가지고 뒷면 무늬의 작은 부분에 부호를 표시한 카드. '블록 시스템(block system)'과 유사하다. 〔1961 Scarne Complete Guide 673〕

Blow (블로우)

① 유별나게 빠르게 또는 어리석게 갬블링에 의해 잃은 돈. 〔OEDS, DA〕

② 특히, 주사위 갬블링의 희생자가 속임수 행위에 당한 경우에 사용하는 단어 [1981 Maurer Lang, of the underworld 182]

■ **blow back** : 포커 게임에서, 베트를 올리려고 특히 '콜(call)' 또는 '첵(check)'을 가진 후에 또는 상대방에 베트를 올린 후에 가지는 행위를 말한다. [1968 Wallace Poker 210]

Blue (블루)

① 포커 게임에서 검은 표시에 속하는 카드로 특별히 '스페이드(spade)'를 지칭한다. [DA]

② 갬블링 칩스의 특정한 단위, 주로 5달러 짜리 칩스를 말한다. [1973 Clark Oral Coll]

Bluff (블라프)

① '포커(poker)' 게임의 다른 명칭 [OED]

② 어느 사람의 핸드가 부정확하게 전달되어, 그 핸드가 상대방에게 실제보다 가치가 많거나 또는 적게 생각하도록 한다는 뜻의 단어 [1859 Green Gam Tricks 77]

Board (보드)

① 카드와 다이스 게임을 위해 만들어진 게임용 판자. [OED]

② 카드 게임에서 일정한 핸드에 대하여 테이블에 돈을 건 금액의 총액 [DA, DAE]

③ 크랩스 게임에서 크랩스 테이블의 양쪽 끝에 있으며, 쿠션을 수직으로 패드를 댄곳을 말하며 '월(wall)'이라고 한다. [1983 Martinez Gambling Scene 190]

④ 게임용 카드 또는 '페로(faro)' 게임의 레이아웃을 말한다. [DAS, DSUE]

Boat (보트)

크랩스 게임에서 사용하지 않은 주사위를 보관하는 '콘테이너(corrtainer)'. [1996 C.G.D.]

■ **bobtail** : 포커 게임에서 4장의 카드가 플러쉬 또는 스트레이트가 된 것을 말한다. [DA, OEDS, DAE]

Bone (본)

① '도미노(dominoes)'의 한 세트. [1976 Figgis Gambler's Handbook 78]

② 주사위(die) 또는 주사위 한 쌍(dice). [DAS]

③ 1 달러 가치의 화이트(white) 칼러의 칩스 또는 '체크(check)' [1964 Reese and Watkins Secrets 138]

Bonnet (보닛트)

① 부정한 카드 게임 또는 주사위 게임 희생자를 꾀어들이는 행위. [OED]

② 딜러의 머리 위에 담요나 코트를 덮어 싸우고 나서 테이블로부터 돈을 훔치는 행위 [1938 Ausbury Sucker's Progress]

③ '하우스 머니(house money)'를 가지고 게임을 하는 갬블링 시설의 종사원으로, 이는 게임에 참여하여 시설을 방문한 고객을 격려코자 함이다. [OED]

Bonus (보너스)

포커 게임에서 확정된 카드를 잡고 있는 게임자에게 지불하는 장려금 또는 포상금을 말한다. [1964 Reese and Watkins Secrets 138]

Bonus jackpot (보너스 잭팟)

슬롯머신 게임에서, 잭팟을 산출하는 배수의 코인으로 지불하는 금액이 있을 때와 게임자가 게임을 시작하려고 머신을 당기거나 또는 버튼을 누르기 전에 머신 속에 승인된 코인의 최대수량을 가진 것을 말한다. [1973 Clark Oral Coll]

Bonus payment (보너스 페이멘트)

슬롯머신 게임에서 결정되는 '잭팟(jackpot)'에 대하여 '오너(owner)'에 의해 추가된 돈 또는 상품. 머신 상에 증가하도록 설계되어 있다. [1972 Kofoed Meanderings 201]

Book (북)

① 여러 사람이 갖가지로 만들어진 '웨이저(wager)'의 기록 [OED]
② 여러 가지 색다른 사람과 함께 베팅을 만드는 사람으로 직업적인 '베터(bettor)'를 말한다. [OED]
③ 하우스를 위하여 '베트(bet)'를 지불하고, 수거를 하는 사람으로 주로 게임장 밖에서 업무를 담당한다. [OED]

Bookie / Bookmaker (부키 / 북메이커)

카지노 또는 갬블링 게이밍에서 한 게임에 여러 가지 베트를 가지는 사람, 손실의 수치와 동등한 이기는 금액의 수치를 다양한 총 금액으로 균형을 시도하는 사람을 말한다. [OEDS, DAS, OED]

Booster (부스터)

부정한 행위로 카드 속임수꾼의 공모, 부정한 카드 게임을 하려고 피해대상자를 직접 끌어들이는 사람. '로퍼(roper)'라고도 한다. [1968 Adams Western Words]

Bop (밥)

부정한 행위로 게임자에게 유리한 카드-덱이나 '슈(shoe)'가 있는 경우 테이블과 테이블로 정보가 전달되어 각 테이블에 있는 카운터에게 유리한 덱임을 신호한다. [2006 고택운 카지노 서베일런스 시스템의 이해 305]

Border work (볼더 워크)

카드 속임수 행위로 카드의 끝 가장자리를 따라 '인디아(india)' 잉크를 사용하여 카드에 표시하는 작업. [1968 Wallace Poker 210]

Bottom deal (바텀 딜)

속임수 목적으로 덱의 밑바닥으로부터 카드를 분배하는 행위, 속임수를 행하는 동작 [1890 Quinn Fools of Fortune 270P

Bottom dealer (바텀 딜러)

속임수 목적으로 덱의 맨 위쪽이 아닌 아래쪽에서 카드를 분배하는 속임수를 행하는 딜러를 말하며, '베이스 딜러(base dealer)', '셀러 딜러(cellar dealer)', '서브웨이 딜러(subway dealer)'라고도 불리운다. [1961 Scarne Complete Guide 673]

Bottom stock (바텀 스탁)

속임수 목적으로 카드덱의 순서를 미리 결정하여 정리된 카드의 작은 묶음으로 덱의 아래쪽에 놓여 있는 것을 말하며, '톱 스탁(top stock)'과 비교된다. [1865 Evans Gambler Win 20]

Bounce (바운스)

크랩스 게임에서 주사위를 던지는 형식의 용어로 '베터(bettor)'가 한 번에 던져(one-roll) 이기려 할 때 사용하며 '합(hop)'이라고도 부른다. [1983 Martinet Oral Coll]

Bounce shot (바운스 샷)

크랩스 게임에서 주사위가 굴러가거나 또는 뒤집어지는 것을 방지하려고, 회전시키거나 미끄러트리는 동작으로 주사위를 던지는 행동. [ca.1961 Hotel Coll]

Bowl (보울)

① 룰렛 테이블의 한 부분에 설치된 오목한 모양의 나무로 된 휠의 받침대. [1961 Scarne Complete Guide 672]

② 크랩스 게임에서, '슈터(shooter)'가 다이스를 선택하기 위한 5개의 주사위를 보관 또는 담아넣는 용기. 이는 스틱맨에 의해 슈터에게 건네지고, 슈터가 2개의 주사위를 선택하면 나머지는 회수하여 '보울(bowl)' 안에 보관한다. [ca.1961 Hotel Coll]

Box (박스)

① 주사위를 던지기 전에 어떤 위치에 있게 하거나, 흔들게 하기 위한 어떤 물체. [OED]

② 블랙잭 게임 테이블의 베팅하는 위치 · 장소 [ca.1961 Hotel Coll]

③ 블랙잭 또는 '페로(fero)' 게임에서 딜링하기 위해 준비한 '셔플-덱'을 지칭한다. [1950 Morehead Cullbertson 596]

④ '드롭 박스(drop box)'의 준말로, 카지노에서 칩스와 교환한 현금을 넣는 곳으로 딜러가 위치한 게임 테이블의 아래쪽에 부착한 철제 용기. [OED]

⑤ 크랩스 게임에서 게임을 관리하는 사람에 의해 점유하고 잇는 위치로 '박스맨(boxman)'에 대한 위치를 말한다. [1938 Asbury Sucker's Progress 41]

Boxcars (박스카)

크랩스 게임에서 한 쌍의 주사위로 2개의 '6'으로 던져져 12점이 된 것을 말한다. 〔1949 Blanche You can't Win 23〕

Boxed card (박스드 카드)

게임용 카드 덱 안에 잘못된 방향으로 놓여있는 앞면 카드. 뒷면으로 있어야 하는 카드 다발 안에 잘못하여 앞면으로 뒤집어진 카드를 말한다. 〔1968 Wallce Poker 211〕

▣ **boxes** : 크랩스 게임에서 8의 숫자로 던져진 것으로 각 주사위가 4점으로 된 것을 말하며, 이는 '하드 에잇(hard eight)'이라고 부른다. 〔1983 Martinet Oral Coll〕

Boxman (박스맨)

크랩스 게임에서 모든 금전거래, 게임진행, 테이블 보조 등의 감독 업무를 책임지는 카지노 직원. 〔1953 Fairfield LasVegas 15〕

Box meter (박스 미터)

슬롯머신 게임에서 게임된 '코인(coin)'의 수치를 기록하는 슬롯머신 안의 계산장치로 '드롭 미터(dorp meter)'라고도 불리운다. 〔1978 Alexander Glossary 2〕

Box money (박스 머니)

갬블링 테이블에 있는 내기 대상 '머니(money)'의 수수료로 게임의 운영자에 의해 관리되며, '레이크(rake)'와 뜻이 같다. 〔OED〕

Box number (박스 넘버)

크랩스 게임에서 포인트 넘버가 4, 5, 6, 8, 9와 10으로 표시한 테이블 레이아웃 뒤쪽 공간의 6넘버로 '플레이스 넘버(place number)'라고도 한다. 〔1981 Maurer Long of the Underworld 183〕

Boy (보이)

① 게임 카드에서 '잭(jack)' 또는 '네이브(knave)'의 명칭. '카우보이(cowboy)'라고도 한다. 〔1968 Wallace Poker 211〕

② 룰렛 또는 크랩스 게임에서 딜러에 대한 호칭.

BP (비피)

'빅 플런저(big plunger)' 또는 '빅 플레이어(big player)'의 약자(略字)이며, 커다란 금액의 베팅을 만드는 사람으로 '하이 롤러(high roller)'의 뜻과 같다. 〔1973 Clark Oral Coll〕

Brace a game (브레이스 어 게임)

불법적으로 정직하지 못한 갬블링 게임을 운영하는 것을 말하며, 특히 정직하지 못한 카드 게임을 지칭한다. [DA, DAE, OEDS]

- **brace dealer**: 카드 사기꾼, 카드 속임수꾼의 명칭 [1890 Quinn Fools of Fortune 196]
- **brace house**: '브레이스 룸(brace room)'을 말하며, 정직하지 못한 갬블링을 운영하는 시설을 지칭한다. [1938 Asbury Sucker's Progress 182]
- **brace work**: 카드 속임수꾼이 대번에 알 수 있어 거절하는 카드 모양으로, 부정한 게임자가 카드의 뒷면에 만든 표시를 말한다. [ca. 1961 Hoter Coll]

Brag (브래그)

18세기 대중적인 카드 게임으로 후에 포커 게임으로 발전되었지만, 이 게임은 허세를 부려 패가 센 것처럼 상대를 속이는 것이 중요하다. [OED, DA, DAE]

Break (브레이크)

21-게임에서 카드 핸드의 합이 21점이 초과한 경우의 용어로, '버스트(bust)'라고도 한다. [1973 Friedman Casino Games 29]

- **break a game**: 테이블에 있는 모든 돈이 위닝에 의하여 종료를 가져온 게임 또는 카지노에서 테이블의 딜러가 교대가 있는 경우를 말한다. [1981 Maurer Lang, of the Underworld 183]
- **break down a bet**: 카지노 게임 딜링에서 각각의 종류로 스텍을 분리하여 여러 가지 칼러의 칩스 스텍을 분리하는 경우를 말한다. [ca. 1961 Hoter Coll]
- **break down a game**: 카지노에서 테이블을 클로스하는 경우 [1983 Martinet, Oral Coll]
- **break even**: 어느 것을 잃은 만큼 이겨 균형을 이룬 경우 [1938 Asbury Sucker's Progress 15]
- **break in**: 카지노에서 딜러가 되도록 훈련을 받는 경우 [1979 Newman Dealer's Special 7]
- **break the bank**: 카지노에서 어느 한 테이블에서 모든 칩스를 '윈(win)'한 경우로 한 테이블에 배당된 돈의 할당량이 고갈된 상태를 말한다. [OED]

Breast work (브레스트 워크)

'베스트 홀드-아웃(vest hold-out)'이라고 한다. 이는 옷 속에 그가 사용하기를 원할 때까지 카드를 숨겨 사용하는 것으로 가슴쪽 부근에서 나오도록 장치되어 있는 것을 말한다. [1938 Asbury Sucker's Progress 66]

- **break the deck**: 카드덱의 '셔플(shuffle)'을 하려는 것. [1965 Wilson Casino 15]
- **break the table**: 카지노에서 테이블에 있는 모든 돈을 '윈(win)'을 하였기 때문에, 칩스로 그 테이블을 다시 채워 관리하는 것. [1983 Martinet Oral Coll]

Breakage (브리키지)

크랩스 게임에서 다양한 칼라를 피하고, 게임자의 속임수를 방지하기 위해 '플래트 베트(flat bet)'로 홀수 계산을 지향(指向)하는 것을 말한다. [1968 Thackrey Nick the Greek 219]

Breaking hand (브레이킹 핸드)

21-게임에서 2장의 카드 합이 12, 13, 14, 15 또는 16점으로 추가 카드 한 장을 더 받으면 '브레이크(bust)' 될 수 있는 핸드로 '스티프 핸드(stiff hand)'라고도 한다. [1982 Martin Casino Management 12]

Breeder (브리더)

게이밍 자금관리에 관한 용어로, 가축의 어미 또는 암컷의 소유자로 특히 당나귀 또는 짐승이 새끼를 낳을 때 쓰는 용어이다. '사육자'라는 뜻으로 국내에서는 황금알을 낳는 거위라는 말에 비유된다. [OED, DAE]

Brelan carre (브렐랑 까르)

카드 게임에서, 같은 숫자-종류의 카드 4장을 말한다. '퍼 카드(four cards)', 또는 '퍼 오브 어 카인드(four of a kind)'라고 한다. · French [1968 Wallace Poker 211]

Bricks (브리크)

속임수에 사용할 목적으로 주사위의 한 면이 깎여져 다른 면보다 그 면이 아래로 지면에 도달하도록 한 것이다. [1981 Maurer Lang, of the Underworld 183]

Bridge (브리지)

① '컷트(cut)'를 만든 사람에 의해 알아보려고 구부리는 방식으로 만든 카드로, 그 표시한 카드로 '컷트(cut)'하려는 것이다. [OED]

② '브리지(bridge)'는 카드 게임의 명칭으로 이 카드 게임은, '위스트(whist)' 또는 '위스크(whisk)로부터 유래한 것으로, 2팀으로 나누어 52장의 카드를 가지고 게임을 한다. 게임자들은 딜러로부터 각각 13장의 카드를 받으며, 이는 남(南)과 북(北)에 대항하여 동(東)과 서(西)가 대결하는 양상의 게임이다. [OED]

Brief (브리프)

'브리프(breef)'라고 읽으며,

① 카드의 가장자리(degas)를 원래의 '팩(pack)'에 있는 카드보다 좁게 또는 짧게 만드는 작업으로 다듬어낸 카드를 말한다. [OED]

② 세로가 되었던지, 측면이 되었던지 어느 쪽이던, '팩(pack)'에 있었던 것보다 사이즈에 차이(差異)가 있는 일부분의 카드. [OED]

Bring down (보링 다운)

크랩스 게임에서 어느 '플레이스 베트(place bets)'를 이동하려고, 딜러에게 요청하는 말로 이는 조건으로 지정하는 베트를 말하며, '테이 [1983 Martinet Oral Coll]

크 다운(take down)'이라고도 한다.

Bristle dice (브리슬 다이스)

주사위 속임수로 주사위의 구석 자리에 가늘게 비어져 나오게 하여 끼워 넣은 돼지의 억센 털 또는 작은 핀과 함께 장식한 주사위를 일컬으며, 이는 일정한 숫자로 굴려지는 것을 방지하기 위함이다. [OED]

Broadway (브로드웨이)

'홀뎀' 포커 게임에서 연속적으로 5장의 카드가 순서대로 A에서 10으로 나와 '에이스 하이 스트레이트(ace-high straight)'를 만든 경우이다. [1981 Gold Oral Coll]

Broke money (브로크 머니)

게이밍 시설 또는 카지노에서 돈을 모두 잃은 게임자에게 주는 작은 금액으로, 이는 게이밍 시설(하우스)이 집에까지 가는 교통비 또는 항공료를 말하며, '딩(ding)'이라고도 한다. [1981 Maurer Long of the Underworld 183]

Brush (브러시)

① 카지노의 21-게임자들 중에 딜러로부터 추가 카드에 대한 요구를 표시하려고 테이블 표면을 카드로 긁는 행위를 말한다. [1971 McQuaid Gambler's Digest 301]

② 게이밍 테이블에서 다른 게임자의 카드를 옆으로 밀어주는 행위로 공범의 핸드에 있는 한 장의 카드와 자신의 카드 한장과 바꿔치기하는 속임수꾼의 행위 [2006 고택운 카지노 서베일런스 시스템의 이해 307]

③ 크랩스 게임에서 테이블 위에 있는 주사위를 옆으로 밀어, 주사위 한쌍을 다른 주사위와 바꿔치기하는 주사위 속임수꾼의 행위

Brushman (브러시맨)

카지노에서 포커 피트의 입구 부근에 서 있는 종업원으로 게임에 참여할 것을 통행인에게 초청하는 사람. 다른 임무로는 딜러를 도와 카드와 칩스를 배달하며, 테이블 청소를 담당한다. [1979 Hilton Hotel Procedure 3]

BS (비에스)

카지노에서 '빅 식스 휠(big six wheel)' 또는 테이블에 대한 약자이다 BS는 '퍼천 휠(wheel of fortune)'이라고도 한다. [ca. 1961 Hotel Coll]

Bubble (버블)

① 불법 갬블링 게임에서 속임수를 당하였거나 잘 속는 사람 [OED]

② 속임수를 행하는 자 또는 사기 행위를 하려는 자

Bubble peek (버블 피크)

속임수의 목적으로 카드의 앞 끝부분을 엄지손가락으로 살짝 구부려서 카드의 내용을 감지(感知)함으로써, 카드-덱의 '톱-카드(top-card)'를 엿보는 딜러의 행위 [1973 Clark Oral Coll]

Buck (버크)

① 하우스 종업원이 실제로 모든 핸드에 딜링할 때, 딜러의 위치를 나타내려고 사용되는 '마커(marker)'를 말한다. [1876 Heater Cards 59]

② 내기에 거는 돈 또는 갬블링에서 잃은 돈을 말한다. [DAE, OEDS]

▣ **buck it** : 크랩스 게임에서 주사위의 다음 '롤(roll)'이 같은 넘버가 반복하여 나온 경우 [1974 Scarne Dice 462]

▣ **buck the game** : 카지노에서 카드 게임자 또는 주사위 '슈터(shooter)'가 하우스를 상대하여 가지는 베트인 경우. [ca.1961 Hotel Coll]

Buddy poker (바디 포커)

파트너로서 두 명이 하는 포커 게임을 말하며, 이 용어는 공모 또는 속임수 행위의 뜻을 가진 것이 아니다. [1968 Wallace Poker 211]

Bug (버그)

① 카드를 보유하기 위한 기계적인 장치로, 통상 카드 테이블의 아래쪽에 부착 되어 있다. [DA]

② 카드 게임의 덱 안에 포함되는 '조커(joker)'를 말한다. 어느 포커 게임은 '버그(bug)'를 포함시켜 한 덱을 53장으로, 와일드 카드로 사용한다. [1949 Coffin Secrets 173]

③ 머신 게임에서 '힛팅(heating)'으로부터 정확한 일치를 방지하기 위해 슬롯머신에 장치한 비밀장치 [1996 C.G.D.]

Build Up (빌드 업)

속임수 행위를 하기 전에 희생대상자에게 신용을 얻는다는 뜻의 용어. '그리프러(grifter)'라고도 한다. [1961 Scarne Guide 477]

Bulking (벌킹)

서베일런스와 관련된 용어로 속임수 행위의 움직임을 관찰하려는 다른 게임자를 혼란시키는 행동으로 '블락커(blocker)'와 뜻이 같다. [2006 고택운 카지노 서베일런스 시스템의 이해 304]

Bull (벌)

① '블레트(bullet)'에 대한 준말로, 게임 카드의 '에이스(ace)'를 지칭한다. [1949 Coffin Secrets 173]

② 포커 게임에서 공격적인 베팅을 하고, 자주 허세를 부리며, 빈번히 베트를 '레이스(raise)'하는 게임자를 말하며, 이러한 게임자를 '불도저(bulldozer)'라고도 부른다. [1949 Coffin Secrets 173]

③ 함정, 형사, 경찰을 일컫는 말. [OED]

Bumble puppy (밤블 파피)

결단력이 없고, 경험이 없거나 또는 부주의한 카드 게임자를 말한다. '휘스트(whist)' 게임자를 지칭하기도 한다. [OED]

Bum move (범 무브)

갬블링 게이밍에서 서투르고 터무니없이 어리석은 속임수 행위의 움직임을 말한다. [1981 Maurer Long of the Underworld 183]

Bump (범프)

포커 게임에서 이전의 베팅 금액을 증가시키려는 경우를 말한다. [DAS]

- **bump into** : 카지노 딜러들 사이에, 위닝 스텍을 상대하여 더 크게 칩스의 스텍을 준비하여 양쪽 스텍을 같은 사이즈로 맞춘 다음 초과되는 것은 다시 가져가는 행위. [1977 Anness Dummy UP]

Bunching (번칭)

룰렛 게임의 레이아웃에 식스 넘버와 제로 위에 놓는 게임자의 베트로 룰렛 게임의 베팅시스템을 말한다. [1953 Woon The why, How and where 44]

Bundle (반들)

① 게이밍 테이블에서 특별한 베팅을 위해 사용하였던 금액으로 넓은 의미의 총액. [DAS]

② 베팅 조건상의 금액으로 '웨이저(wager)'로 간주한 총액 [OED]

Bunko (방코)

속임수 행위의 음모, 사취, 사기 등을 포현하는 용어로 'banco', 'bunco'로도 표기(表記)한다. [1890 Quinn Fools of Fortune 326]

- **bunko artist** : 사기꾼 또는 신용사칭 사기꾼, 속임수를 행하는 자. [1953 Lewis Sagebrush 72]
- **bunko steerer** : 부정직한 게임을 하려고 조심성 없는 희생 대상자를 데려오는 사람 [DAE, DA, OEDS]

Buride card (베리드 카드)

카드 게임에서 덱 안에 일정치 않게 집어 넣은 게임용 카드를 말한다. [1949 Coffin, Secrets 174]

Burn (번)

① 21-게임에서 게임을 시작하기 전에 덱으로부터 '톱-카드(top-card)'를 게임에 사용하지 않고 제거하는 딜링 절차를 말한다. [1949 Coffin Secrets 174]

② 갬블링에 의해 손실된 큰 금액의 총액. [1983 Martinet Oral Coll]

- **burn the dice** : 크랩스 게임에서 그들이 '롤링(rolling)'과 동시에 주사위를 멈추게 하는 행위. [1981 Maurer Lang, of the Underworld 183]
- **burn out** : 피해자들 사이에 너무 알려져 있어 더 이상 쓸모가 없어진 속임수 방법. [2006 고택운 카지노 서베일런스 시스템의 이해 308]
- **burn up** : 많은 게임자가 '패스 라인(pass line)'을 만들려는 경우, 그 주사위를 지칭하는 말 또는 화가 난 사람을 지칭 [1996 C.G.D]

하기도 한다.

▣ **burnt card** : 싱글덱 블랙잭 게임에서 카드덱의 아래쪽에 감추어진 반대로 된(앞면) 카드 또는 멀티덱 게임에서 딜러가 딜링 시작 전에 게임에서 사용하지 않고 뒷면으로 버려진 카드. [2003 고택운 카지노 게임의 실무이론 I 84]

Burn and turn (번 앤 턴)

'홀뎀' 포커 게임에서 첫 번째, 세 번째, 여섯 번째, 일곱 번째 카드를 딜링하기 전에 팩으로부터 톱-카드를 제거하는 관행을 말한다. [1978 Brunson How I made 525]

▣ **burn card** : ① 포커 또는 21-게임에서 덱 위의 톱 카드를 팩에 있는 카드를 딜링하기 전에 옆으로 놓는 카드 [1968 Wallace Poker 211]

② 블랙잭 게임에서 덱으로부터 톱-카드를 그 딜링이 시작하기 전에 덱의 아래쪽에 두는 카드로 게임 진행 중 실수로 카드가 노출되었을 때도 카드를 '번(burn)'한다. [2003 고택운 카지노 게임의 실무이론 I 84]

Burr-out (벌 아웃)

크랩스 게임에서 주사위의 가장자리를 거칠거칠하게 깎아 레이아웃의 표면에 주사위를 굴릴 때 어떤 면이 잘 나오게 하는 방법. [1996 George Casino Gaming Dictionary]

Burst (버스트)

블랙잭 게임에서 21점의 계산이 초과한 경우로 요즈음은 정식으로 '버스트(bust)'라고 표기한다. [1865 Evans Ganblers Win 68]

Business (비지니스)

카드를 손으로 교묘하게 다루는 사람의 동작 또는 행동을 말하며, 이는 카드의 팩으로부터 뽑는 것을 주목하지 않도록 의도된 것 또는 카드를 조작(造作)하는 행위를 말한다. [OEDS]

Bust (버스트)

① 블랙잭 게임에서 21의 점수 계산이 초과된 핸드 또는 카드에 있어서 가치없는 핸드로 '버스트(burst)', '브레이크(break)'라고 한다. [1953 Crawford Consistant Winner 2]

② 블랙잭 게임에서 원하였던 카드를 뽑는 것에 실패한 경우와 가치없는 핸드를 가지고 마친 경우를 말하기도 한다. [OEDS]

Busters (바스터)

크랩스에서 '탑스(tops)'의 한 쌍, 속임수에 사용하려고 불법으로 조작(操作)한 주사위로 '바스터 브라운(buster brown)'이라고도 부른다. [1981 Maurer Lang, of the Under-world 183]

Bust-out joint (버스트 아웃 조인트)

갬블링 시설 안에 커다란 규모의 속임수 행위를 가지는 하우스 또는 카지노를 일컫는다. [DAS]

Bust-out man (버스트 아웃 맨)

요구 되어지는 어떤 속임수 행위를 능숙하게 하는 속임수 행위자(行爲者)로서 다이스 또는 카드 딜러를 지칭(指稱)한다.

[1981 Maurer Lang of the Underworld 183]

Bustouts (버스트아웃스)

크랩스에서 주사위가 다른 넘버보다 '7'넘버가 더 많이 나오도록 조작한 주사위로, 통상 이 것은 2개의 5가 또는 2개의 2가 있는 주사위일 것이다.

[1939 Macdougall Gambler's Don't]

Busy card (비즈 카드)

포커 게임에서 드로우(draw)된 카드로 '플러쉬(flush)' 또는 '스트레이트(straight)'를 완성시킨 카드

[1949 Coffin Secrets 174]

Butterfly cup (버터플라이 컵)

다이사이 게임에서 이전에 '롤링(rolling)'되어 있는 결과를 섞는 과정에서 주사위를 바꿔치기하는 속임수를 사용하려고 고안한 주사위 칩

[1996 C.G.D.]

Botton (버튼)

① 크랩스 테이블에서 같지 않은 종류의 베트를 증명하려고 사용되는 작은 토큰을 말한다.

② 현금 또는 그 밖의 칩스에 대하여 지불되지 않은 테이블로부터 가져간 칩스의 금액을 기록하려고 사용되는 작은 도구

③ 룰렛 게임에서 게임자의 칩스에 임시로 가치를 인정하는 것을 증명하려고 사용하는 작은 도구

위 모두 사용되는 도구를 '라머(lammers)'라고 부른다.

[1983 Martinez Gambling Scene 192]

Buy bet (바이 베트)

크랩스 게임에서 '7'이 나오기 전에 만들어진 포인트 넘버(4, 5, 6, 8, 9, 10)의 베트를 말하며, 이 베트는 실제 승률보다 베팅 금액의 5%를 지불하고, 베트를 매수(買受)하였다는 의미도 된다.

[1964 Lammel Gambling 59]

Buy-in (바이 인)

카드 또는 주사위 게임에서 게임을 시작하기 전에 칩스와 교환된 돈의 총액

[1968 Wallace Poker 211]

Buy off slip (바이오프 슬립)

머신에 의해 방출된 금액이 초과되어 게임자에게 지불하려 할 때, 슬롯머신상의 '잭팟(jackpot)'에 대하여 지불하는 금액의 기록.

[1977 Nevada Gaming Control Internal Control 19]

By bet (바이베트)

게이밍 테이블에서 '사이드 베트(side bet)'라고 하며, 하나의 주제보다 다르게 나타난 어떤 모양의 '웨이저(wager)'를 말한다.

[OED, DAE]

C

C (씨)

①'찰리(charlie)'에 대한 약자(略字). 포커 게임에서 딜러의 왼쪽에서 세 번째 게임자를 지칭한다. [1949 Coffin Secrets 174]

②크랩스(craps)에 대한 약자로 : [ca. 1961 Hotel Coll]

a. 크랩스 테이블의 바로 밑에 있는 드롭 박스에 표기하는 문자

b. 프로포지션 베트인 '애니 크랩스(any craps)'에 대한 약자로, 이 다이스가 나오면 슈터는 지게 된다.

Cabinet (캐비넷)

슬롯머신의 금속 부분을 둘러싸고 있는 목재로서, 라미네이팅(laminate)된 외관(外觀)의 명칭을 말한다. [2002 고택운 카지노 게임의 실무이론 II 344]

Cacle (캐클)

크랩스에서 주사위를 섞는 척하며 덜컥덜컥 소리를 내면서, 사실은 교묘하게 손가락으로 잡아 손 안에 넣는 행위 [1981 Maurer Lang of the Underworld 183]

Cage (케이지)

카지노 케이지를 지칭하는 말로, 카지노 구내의 중심으로 칩스에 대한 환전, 돈의 계산 및 관리, 거래의 기록 등이 이루어지는 부서이다. [1974 Friedman Casino Management 15]

Cage credit (케이지 크레딧)

카지노에서 캐시 또는 칩스에 대하여 '마커(marker)' 또는 '크레딧 슬립(credit slip)'에 서명하는 게임자에게 허용하는 조건을 말한다. [1978 Alexander Glossary 2]

Calamity jane (컬라미티 제인)

포커 게임에서 카드덱 스페이드 슈트의 '퀸(queen)'을 말한다 [OEDS]

California bet (캘리포니아 베트)

'캘리포니아'라고 줄여 부르며, 크랩스 게임에서 넘버 4, 5, 6, 8, 9, 10 위에 동시에 거는 베트를 말한다. 넘버 중의 하나가 이겼을때 게임자는 오리지날 베트는 그 넘버에 남기고 이긴 몫만 가져간다.

[1982 Maurer Lang of the Underworld 183]

Calipers (캘리퍼스)

크랩스 게임과 관련된 장비로서, 10,000분의 1의 인치의 오차 범위를 요구하는 면적의 주사위를 재는 측경양각기(測徑兩脚器).

[1981 Maurer Lang of the Underworld 183]

Call (콜)

① 카드에 대한 의사를 묻는 경우의 말 [OED]

② 포커 게임에서 앞전의 베팅금액과 동등하게 하고, 카드를 보기 위한 요구의 말 [OED]

③ 크랩스 게임에서 주사위의 '롤'이 있은 후에 그 점수를 알려주는 말. [1983 Martinet Oral Coll]

■ **call all bets** : 포커 게임에서 시종일관 '루징(losing)'하는 동안 베팅의 금액은 증가시키려는 경우. [1978 Silberstang Winning Poker 140]

■ **call a raise cold** : 줄임말로 '콜 콜드(call cold)'라고 한다. 포커 게임에서 이전의 베트와 이전의 레이스와 동등하게 '팟(pot)' 안에 금액을 대며 사용하는 어법. [1981 Golad Oral Coll]

Call bet (콜 베트)

게임자가 현금이나 칩스로 베팅하지 않고, 카지노 신용거래 또는 케이지에 보증금을 맡기고 베팅하는 것(이하 마커 게임)으로 이는 단골게임자에게만 허락한다.

[1973 Clack Oral Coll]

Caller (콜러)

① 바카라 게임의 '스쿠퍼(scooper)', 빙고 게임의 '팔러(parlor)' 또는 키노라운지의 '어나운스(announcer)' [1981 Maurer Lang of the Underworld 205]

② 포커 게임에서 이전의 베트를 따라가는 게임자. [1973 Clark Oral Coll]

Call for insurance (콜 퍼 인슈런스)

카지노의 21-게임에서 딜러가 첫 번째 두 장의 카드가 딜링된 후에 '페이스-업(face-up)' 카드가 '에이스(ace)'일 때, 딜러에 의해 공표되는 말로서 이 경우 게임자는 오리지날 베트 금액의 반을 인슈런스 베트를 만들 수 있다.

[ca. 1961 Hotel Coll]

Calling station (콜링 스테이션)

포커 게임에서 어떤 베트를 대충 '콜(call)'을 하는 게임자. 이러한 게임자는 허세를 부리므로 대부분의 게임에 환영받지 못하는 어려움이 있다. 이 단어는 '텔레폰 부스(telephone booth)'라고도 부른다.

[1996 Kendal/Hunt Casino Gaming Dictionary]

Callman (콜맨)

바카라 게임에서 카드 또는 슈의 콘트롤에 대해 책임이 있는 카지노의 종업원으로, 그는 딜링되는 카드에 대해 묻고, 뱅커와 플레이어 사이드에 대한 넘버를 발표하는 사람을 말한다. 〔1968 Wallace Poker 211〕

Call-in number (콜인 넘버)

21-게임의 카드 카운팅에서 진행되고 있는 카운트를 예상하여 미리 결정한 숫자 카운트에서 '에이스(ace)'를 조절하고 '카운터(counter)'가 BP를 유도하는 데 사용된다. 〔2003 고택운 카지노 게임의 실무이론 I 175〕

Call plays (콜 플레이)

블랙잭 게임에서 게임자가 얼마를 베팅하고 어떻게 플레이 하는지를 카운트하고 신호하는 행위. 이렇게 전달하는 기술을 한 사람이 '카운트(count)'하고 다른 사람은 게임을 하는 '카드 카운팅팀(counting team)'에 의해 사용된다. 〔2003 고택운 카지노 게임의 실무이론 I 176〕

Can (캔)

카지노의 '드롭 박스(drop box)'를 지칭한다. 모든 돈과 테이블의 슬롯을 통하여 떨어진 칩스를 저장하려고 테이블 하단에 부착한 '컨테이너(container)'를 말한다. 〔1983 Martinet Oral Coll〕

C and E (씨 앤 이)

'크랩스-일레븐(craps-eleven)'의 약자. 주사위 합의 점수가 2, 3, 11 또는 12점이 나온 '프로포지션 베트(proposition bet)'를 말한다. 〔ca. 1961 Hotel Coll〕

Candle / Tower light (캔들 / 타워 라이트)

머신 게임에서 기기의 상단에 장착되어 있는 다층으로 이루어진 조명등. 각각의 칼라는 화폐 단위를 지칭하여 주며, 반짝거리는 패턴의 종류에 따라 기기의 오작동, 잭팟 또는 '어텐던트(관리자)' 호출이 표시된다. 〔2002 고택운 카지노 게임의 실무이론 II 365〕

Candy wrapper (캔디 랩퍼)

① 카지노 케이지에서 종이밴드로 고가의 종류별로 현금을 분류하여 포장하는 것으로 백·천 달러의 단위로 한다. 〔1983 Martinet Oral Coll〕
② 백달러 짜리 지폐

Cane (케인)

크랩스 게임에서 주사위가 던져진 후에 그 주사위를 회수하려고 스틱맨에 의해 사용되는 버드나무, 등나무 또는 호두나무로 만든 도구로 '스틱(stick)'이라고 부른다. 〔1981 Maurer Lang of the Underworld 183〕

Canoe (카누)

룰렛 게임에서 볼이 회전하면서 마지막에 도착하기 전에 예측할 수 없는 번호에 떨어지도록 '휠(wheel)' 안에 장치한 금속메달로 '스톱스(stops)'라고도 한다. [1961 Scarne Complete Guide 674]

Cantaloups (캔타롭스)

크랩스 게임에서 4, 5, 6점만 나오도록 디자인하여 변조된 중량을 가진 주사위. 또한 '스노우볼(snowballs)'이라고도 한다. [1983 Martinet Oral Coll]

Cap (캡)

① 같은 종류가 있는 칩스의 스텍 꼭대기에 차이가 있는 액면 금액의 칩스 [ca. 1961 Hotel Coll]

② 21-게임과 크랩스 게임에서 굴려진 주사위 또는 딜링되어진 카드가 있은 후에 하는 베트 또는 추가 베트를 하는 행위. [1983 Martinet Oral Coll]

③ 카지노 딜러들 사이에서 옆에다 지불하기보다 위닝 베트 꼭대기에 지불하는 행위. 이러한 행동은 딜러가 초과 또는 부족하게 지불하였더라도 오리지날 베트의 금액을 단정(端正)하기 어렵기 때문에 중대한 실수로 간주된다. [1973 Clark Oral Coll]

Capped die (캡프드 다이)

① 크랩스 게임에서 특수한 표면으로 굴려져 도착하는 것을 보호하려고 한 면을 인위적으로 처리한 주사위. [ca. 1961 Hotel Coll]

② 주사위 게임에서, 좀더 활발한 종류의 '바운스(bounce)'가 있도록 변조하여 만든 주사위 [1981 Maurer Lang of the Underworld 183]

Capper (캡퍼)

카드 속임수(야바위)꾼들의 공모, 부정직한 카드 게임을 하려고 희생 대상자를 직접 유인하는 자. '로퍼(roper)'라는 뜻과 같다. [DA, DAE, OEDS]

Capping liquid (캡핑 리퀴드)

크랩스에서 주사위가 아랫면으로 도착하도록 만들려고 주사위의 면에 사용하는 둘러붙는 물체를 말한다. [1974 Scarne Dice 261]

Capping the deck (캡핑 더 덱)

카드 게임에서 손바닥 안에 감추었던 카드를 덱의 맨 위에 추가시키는 행위 [2006 고택운 카지노 서베일런스 시스템의 이해 309]

Captain hicks (캡틴 힉스)

크랩스 게임에서 넘버 6가 나왔을 경우의 멘트 또는 속어. '시스터 힉스(sister hicks)'라고도 부른다. [1983 Martinetz Gambling Scene 193]

Card (카드)

크기와 모양이 같은 도안과 값의 수치를 지닌 플락스틱 또는 견고한 종이의 작은 직사각형 세트의 한 장. 그 세트 또는 팩은 기술과 찬스의 게임에 사용되어진다. 대부분 널리 사용되는 팩 또는 카드의 덱은 4가지 도안의 '슈트(suits)'가 있고 그 슈트는 클럽(clubs), 다이아몬드(diamonds), 하트(heart), 스페이드(spade)로 나누며, 각 슈트는 13장이고 연이은 숫자 A~10과 J, Q, K의 그림카드로 구성되어 있다. 〔OED〕

Card cheat (카드 치트)

카드 속임수 행위로 부정직하다는 뜻으로 다른 사람으로부터 돈을 훔치려고 표시한 카드 또는 교묘히 속이려는 카드 게임의 게임자. 〔OED〕

Card count (카드 카운트)

21-게임과 진러미(ginrummy) 같은 게임에서 핸드가 가지고 있는 카드의 수치 합계를 말한다. 〔1982 Martin Introduction 12〕

Card counter (카드 카운터)

21-게임의 카드카운팅에서 게임되어진 모든 카드를 계산하여 외우는 것을 유지하는 게임자로 그 승산(勝算)이 그에게 절대적으로 유리할 때 고액 베팅을 하는 게임자를 말한다. 〔2003 고택운 카지노 게임의 실무이론 I 141〕

Card counting (카드 카운팅)

21-게임에서 베팅패턴 또는 전략을 변화하려고 순서대로 게임된 카드의 기록을 외는 절차를 말한다. 이는 카운트의 이점을 가지고 게임을 조절하며, 베팅 패턴을 가지기 위함이다. 〔ca. 1961 Hotel Coll〕

Card-douber (카드-더버)

카드 속임수를 행할 목적으로 '인디아(india)' 잉크 또는 '애니린(aniline)' 연필을 가지고 카드의 뒷면에 표시하는 사람 〔1965 Fraiken Inside Nevada 75〕

Card down (카드 다운)

카지노에서 테이블로부터 떨어진 카드가 있을 때 딜러가 핏보스에게 전달하는 말. 딜러는 고개를 숙이는 행동과 칩스락을 노출 시키고 자리를 뜨는 것을 허용하지 않는다. 그러므로 핏보스는 딜러가 떨어뜨린 어떤 것도 회수하여야 한다. 〔1977 Anness Dummy Up〕

Carder (카더)

카드 게임에 참여하여 게임하는 사람 또는 특별한 직업적인 갬블러를 지칭한다. 〔OED〕

Card for the bank (카드 퍼 더 뱅크)

바카라 게임에서 요구되는 룰에 의해 카드를 '뱅크 핸드(banker hand)'에 딜링할 때, 게임을 진행하는 고용인에 의해 만들어지는 말. 이는 핸드를 위해 드로우(draw)되는 카드를 모든 게임자에게 말로 표현하는 것이다. [1977 Anness Dummy Up]

Card for the player (카드 퍼 더 플레이어)

바카라에서 요구되는 룰에 의해 카드를 '플레이어 핸드(player hand)'에 딜링할 때 게임진행을 하는 딜러에 의해 만들어지는 말 [1977 Anness Dummy Up]

Card-holder (카드-홀더)

① 목재, 플라스틱 또는 카드의 팩을 보호하기 위한 판지(板紙) [OED]
② 게임 장소에서 단골손님을 위하여 그 카드를 잡고 있는 봉사자.

Card mechanic (카드 메커닉)

카드 게임에서, 다른 사람을 속일 목적으로 카드를 변조하는 기술을 가진 사람. '카드 샤크(card shark)', '카드 샤프(card sharp)'와 같다. [1961 Scarne Complete Guide 675]

Card mob (카드 맙)

카드 게임이 있는 장소에서 2명 또는 이상의 속임수꾼들이 속임수를 사용하려고 공모하여 작업하는 자를 말한다. [1961 Scarne Complete Guide 675]

Card-money (카드 머니)

카드 게임에 참여하여 게이밍에 사용하려고 갬블러의 의해 가지고 있는 '머니(money)'. [OED]

Card mucker (카드 먹커)

블랙잭 게임에서 게임의 외부에서 카드를 들여와 바꿔치기하는 카드 속임수꾼. [1965 Fraiken Inside Nevada]

Card punch (카드 펀치)

속임수 행위를 할 목적으로 게임용 카드의 뒷면에 표시를 만들 수 있는 도구(道具). [1890 Quinn Fool of Fortune 204]

Card room (카드 룸)

게이밍 시설 또는 오로지 카드 게임만을 하는 부속건조물의 구역. [OEDS, DAE, OED]

Cards (카드)

바카라 게임에서 게임에 나타내는 행동을 하는 사람에 의해 전달되는 말. 뱅크에 베팅한 사람이 슈로부터 카드를 딜링하는 경우에 사용하는 말. [ca. 1961 Hotel Coll]

Card sense (카드 센스)

카드 게임을 잘하는 능력. 즉, 특별한 포커 게임에서의 카드 게임 확률의 지식. [OEDS]

Card table (카드 테이블)

카드 게임을 하기 위하여 디자인된 테이블. 브리지(bride), 포커(poker), 바카라(baccarat), 블랙잭(blackjack) 등 게임을 위하여 사용되는 여러 가지 스타일의 테이블. [OED, DAE]

Carolina (캐롤라이나)

주사위 게임에서, 넘버 '9'점이 나온 경우의 비어(卑語). '캐롤라이나 니나(carolina nina)' 또는 '나이너 퍼럼 캐롤라이너(niner from carolina)'라고 불리운다. [1950 Morehead Cullbertson 599]

Carousel (캐러셀)

① 카지노에서 게임된 것보다 더 많은 코인을 증액하여 지불을 가진 슬롯머신. 이는 '프로그레시브(progressive)' 잭팟이 있는 슬롯머신을 말한다. [1973 Clark Oral Coll]

② 카지노에서 원형 또는 타원형의 플랫폼 위에 정리된 코인의 같은 종류를 가지고 있는 슬롯머신의 그룹을 말한다. [1973 Clark Oral Coll]

Carousel attendant (캐러셀 어텐던트)

카지노에서 슬롯머신의 그룹을 담당하고 있는 종업원. 그 종업원은 고객에 대하여 코인을 현금과 바꿔주기도 하고, 만약 정확하게 작동되지 않은 슬롯머신이 있다면 기술자를 부르기도 하고, 큰 금액의 지불이 있는 것을 알려주기도 한다. [1973 Clark Oral Coll]

Carpet joint (카펫 조인트)

다양하고 광범위한 베팅의 기회. 엔터테인먼트, 식음료 등을 제공하는 안락하고 호화로운 시설의 카지노. '러그 조인트(rog joint)'라고도 불리운다. [1961 Scarne Complete Guide 675]

Carryover (캐리오버)

카지노 딜러들 사이에 '팁(tip)'의 몫을 공평하게 나누기에는 너무 적은 금액이므로 다음날에 있을 '팁'을 선불하여 추가시킬 때 사용하는 단어 [1984 Martinet Oral Coll]

Carry a slug (캐리어 슬러그)

카드 게임에서 속임수 행위를 할 목적으로 미리 준비된 특별한 카드의 그룹을 방해하지 않고 '셔플(shuffle)'하려는 행위 [2006 고택운 카지노 서베일런스 시스템의 이해 309]

Carte blanche

'페이스(face)' 또는 코트(court)' 카드가 없는 게임용 카드의 핸드의 명칭 [French, OED]

Cartwheel (카트휠)

실버달러(1불) 또는 메달(metal) 게이밍의 1불 가치의 '토큰(token)'을 말한다. [DA, DAE, OED]

Case (케이스)

① 아직 딜링되지 않은 한 단위의 4장 카드의 마지막 카드. '케이스 카드(case card)'의 줄임말. [OED, DAE, DA]

② 관용구로

- **case the deck** : 21-게임에서 유리함의 승산을 가지는 베팅 전략으로 바꾸려고 순서대로 게임된 각 카드를 마음 속으로 기록하는 것. [1961 Scarne Complete Guide 675]
- **case the rack** : 카지노에서 게이밍 테이블상의 칩스 컨테이너 안에 있는 돈의 금액을 계산하는 것. 핏보스들은 즉석에서 그 금액을 측정할 수 있도록 숙련되어 있고, 게임을 중단하지 않고 테이블의 칩스를 구분할 수 있다. [1975 Clark Oral Coll]

Case bet (케이스 베트)

갬블링 게임에서 커다란 금액의 손실을 가진 갬블러에 의해 베팅되는 그의 마지막 금액. [1983 Martinet Oral Coll]

Caser (케이저)

21-게임에서 게임되어진 모든 카드를 기억하는 데 정통한 게임자로 '카드 카운터(card counter)'라고도 한다. [1983 Martinet Oral Coll]

Case stuff (케이스 스타프)

직업적인 속임수꾼들 간에도 거의 잘 알려지지 않은 속임수 기술에 대한 정보로 '타이트(tight)'라고도 한다. [2006 고택운 카지노 서베일런스 시스템의 이해 310]

Cash out (캐시 아웃)

① 카지노에서 돈에 대해 칩스로 환전하거나, 갬블링 게임으로부터 돈을 회수하는 것. [DA, OEDS, DAE]

② 머신 게임에서 크레딧을 현금화시켜 주며, 캐시 아웃(cash out) 버튼은 이 기능을 수행해 준다. [1949 Coffin Secrets 174]

Cash point (캐시 포인트)

카지노에서 '에이스(ace)' 또는 'Cassino(다이아의 10, 스페이드의 [1950 Morehead Cullbertson 599]

2)'에 대한 당첨 점수.

Casino (카지노)

① 게임에서 다양하게 베팅(웨이저링)을 하는 갬블링 게임을 수용하고 있는 건물 또는 대규모의 룸 〔OEDS〕

② 스펠링이 'Casino'인 게임의 명칭으로, 카드의 다이아몬드 '10' 또는 스페이드의 '2'를 말한다. 또한 빅 카지노, 그레이트 카지노, 리틀 카지노, 스몰 카지노로 각자 규모에 따라 불려진다. 〔OED〕

Casino cage (카지노 케이지)

게이밍 시설 내의 안전한 지역에서, 거래의 기록, 현금 또는 칩스 등을 관리하는 장소로 약칭 '케이지(cage)'라고 한다. 〔1979 Hilton Hotel Procedures 24〕

Casino cage bank (카지노 케이지 뱅크)

게이밍 시설의 여러 부서에서 사용하는 모든 칩스의 통화(通貨)에 대한 목록이며, 칩스 거래는 현금과 같이 카지노 안에서의 돈의 거래이다. 〔1982 Martin Introduction〕

Casino cage cashier (카지노 케이지 캐셔)

① 통상적으로 회계업무를 수행하는 카지노의 종업원으로 카지노의 고객 및 카지노의 여러 부서를 위해서 크레딧, 현금, 칩스에 관한 모든 거래의 기록을 담당한다. 〔1979 Hilton Hotel Procedures 22〕

② 카지노에서 일반적으로 환전 및 거래의 기록에 관한 업무를 수행하는 종업원으로 약칭 '카지노 캐셔(casino cashier)'라고 부른다. 〔1978 Alexander Glossary〕

Casino Clerk (카지노 클럭)

카지노 '케이지 캐셔(cage cashier)'의 감독 아래 케이지 안에서 근무하는 카지노 종업원 〔1979 Newman Dealer's Special 6〕

Casino gambling (카지노 갬블링)

합법적이고 인가된 규정에 의한 갬블링으로 통상적으로 인가받지 않았고 규정에 따르지 않는 불법 갬블링과는 대비(對比)된다. 〔1978 Harrah Recollections 13〕

Casino gambling industry (카지노 갬블링 인더스트리)

법적인 갬블링 시설을 운영하는 합법적인 갬블링 사업에 관계되는 모든 활동을 하는 산업체를 말한다. 〔1978 Harrah Recollections 6〕

Casino host (카지노 호스트)

카지노 종사원으로 통상적으로 잘 알려진 갬블러 또는 전직 스포츠 스타로서, 공적인 신분으로 카지노 안에서 정규적인 게임자들과 교분을 맺으며 무료로 식음료, 엔터테인먼트, 크레딧을 알선해 주는 접객(接客) 역할을 하는 사람 〔ca. 1961 Hotel Coll〕

Casino manager (카지노 매니저)

복합 카지노 호텔에서 갬블링에 관계되는 모든 활동(영업)의 매일 운영에 책임이 있는 카지노 인사조직의 구성원. 카지노매니저는 또한 궁극적으로 전체 리조트(resort)의 운영에 대해 책임이 있다. 리조트는 여러 명의 매니저들을 두고 있다. 사례를 들면 식음료 매니저, 리셉션 매니저, 엔터테인먼트 이사, 인사 담당 매니저 등등이다.

〔1961 Scarne Complete Guide 675〕

Casino Operations (카지노 오퍼레이션)

합법적으로 인가된 갬블링 카지노로서 중앙정부 또는 지방 정부의 감독 기구의 법적인 제도하에 통제권이 있음을 전제로 한다. 카지노 운영자는 한정된 면허를 가진 게이밍 허가를 통하여 인가를 가진 사람이다. 딜러와 다른 카지노 고용인은 라스베가스 스트립에 종사하려면 '세리프 카드(sheriff's card)'가 필요하다. 카지노에는 하우스가 게이밍하는 방식으로 '러그 조인트(rug joint)'에서 '소우다스트(saw-dust)'로 '헬스(hells)' 또는 '쥬스 조인트(juice joint)', '클립 조인트(clip joint)'까지 특별한 종류가 있다. 대부분의 카지노는 '라이트 조인트(right joint)'로 적어도 '글리터 걸츠(glitter gulch)' 안에 있다.

빅카지노를 포함하여 그 곳에는 카드룸 또는 피트와 같은 영업장이 있으며, 이와 같은 장소는 '다이스 피트' 또는 '빙고 팔러'를 말한다. 그 밖의 게이밍 룸, 키노 라운지 또한 호텔 안에서 찾을 수 있다. 게이밍 운영에 하우스의 업무지원실로 '코인룸', '카운트룸', '딜러룸'과 '메인 뱅크'가 있다.

칩스(chips)는 '케이지(cage)'에서 손님의 현금에 대해 환전되어지며, 코인(coin)은 '체인지 부스' 또는 '체인지 퍼슨'에 의해 교환된다. 안전관리는 '서베일런스 룸'과 보안요원에 의해 제공된다.

'정킷터(junketer)'는 통상 '하이 롤러'로 선택된 손님에게 실무 패키지를 직접 제공하는 업무를 수행하는 사람으로 'RFB콤프' 형태 또는 다른 스타일의 어떤 콤프를 제공하기도 한다.

'그리터(greeters)'는 카지노 '호스트(host)'로 활동하도록 자주 고용되며 '크레딧라인', '프리게임'을 제공하는 업무를 하며, 그 밖에 무료사인 권한이 있다.

카지노 운영자(cosino operator)는 교대하는 '시프트 보스(shift boss)'로서 감독업무를 하는 '핏보스(pit bosses)'와 '플로어맨(floormen)'을 '카지노 매니저'로 고용하여 감시의 책임을 둔다. 최후의 관찰대상자는 '딜러(dealer)'로서 룰렛 또는 페로 게임에서는 '그루피어(croupiers)', 바카라 게임에서는 '콜멘(callmaen)', 롯데리에서는 '키노 라이터(keno writers)', 룰렛의 '먹커(mucker)', '21-게임 딜러' 그리고 크랩스 게임에서는 '크랩스 딜러', '박스맨'과 '래더맨(laddermen)' 등이 있다. 또한, '키노 런너(keno runner)', '체크

〔1987 Thomas L. Clark The Dictionary of Gambling and Gaming 39〕

※ 본 용어 해설은 미국의 네바다 주법 'Nevada Gaming Control Act'를 근거로 '라스베가스' 카지노들의 운영실태를 기술하였다.

러너(check runner)', '에프론 걸(apron girls)' 그리고 '슬롯메커닉(slotmichanic)' 등은 패키지 관광객, 외부의 갬블러, 외국인(aliens), 잠재 고객(rim customers), 장려 고객(premium customers), '그린드 고객(grind customers)' 조차 그들을 위하여 한층 원활하게 운영을 도와주는 역할을 한다. '슬롯부스(slot booth)' 안의 사람은 '첵커(checkers)' 뿐만 아니라 '캐셔(casheirs)', '크레딧 매니저(credit manager)', '컷터(cutters)' 등이 있고 카운트 팀(count team)은 책임질 수 있는 '웨이 카운트(weigh caunt)'로 돈을 간수할 수 있도록 한다.

이러한 운영에 필요한 상세기록은 교대가 이루어지는 곳을 포함하여, '필슬립(fillslip)', '피트 필 레코드(pit fill record)', 게이밍 크레딧 문서로 - 발행전표 마커스, 크레딧전표, 림카드(rimcards), 또 IOU 증서 등 - 이 있고 이에 일치하는 지불전표, 바이 오프 슬립(by off slips), 인사이드 티켓, 키노 티켓, 아웃사이드 티켓, 슬롯카운트시트, '슬롯지오레티칼 칼크레이션 시트(slot theoretical calculation sheets)', '마스터 게임 리포트(master game reports)', 유통어음 기록(stiff sheets)과 테이블 재고조사 양식이 있다. 이러한 것들은 모두 카지노 엔터테인먼트 세금과 테이블 세금과 같은 각종 세금 때문에 필요하기도 하다. 그리고 간접비용으로 산출되는 종류로는 갬블러를 데려온 '라거(lugger)'와 그들을 게임에 참여시키는 '플라거(plugger)' 또는 '쉴스(shills)'에게 지불하는 방식으로부터 그들의 수금으로 미납 채무의 퍼센티지를 가지는 '콜렉터(collector)'에게 까지 간접비용으로 정산된다. 그 밖에 추가되는 경상 비용으로 테이블에 손실을 줄 수 있는 특별한 '카드 카운터(card counter)'와 '반코 아티스트(bunko artists)', '논프로듀서(nonproducers)' 및 '스키퍼(skipper)'로부터 누손(漏損)되는 경비도 감안한다.

이름난 속임수꾼은 '블랙북(black book)' 또는 출입금지 명단에 올려놓고 차단하고, '베터(bettor)'가 그들의 돈을 모두 잃어 빈털터리가 되었을 경우 '워킹 머니(walking money)'로 특별한 대우를 해줄 수도 있으며 '세븐-일레븐(seven-eleven)'이라고도 불리운다.

Casino operator (카지노 오퍼레이터)

게이밍 하우스의 경영에 참여한 사람. '카지노 오퍼레이터'는 통상적으로 자신의 시설지분과 정규적인 매일 운영에 관계하지 않더라도 다른 카지노 소유권자와 함께 출자하여 시설의 자기지분을 가지고 있는 사람

[1953 Lewis Sagebrush Casinos 39]

Cast (캐스트)

크랩스 게임에서 다이스 박스 또는 손으로부터 둘 중의 어느쪽 이던 주사위를 던지는 행위

[OED]

Catalog man (카탈로그 맨)

카타로그, 책자, 물품 등의 우편 주문으로만 정보를 습득하려는 속임수꾼. [1945 Scarne Dice]

Catbird seat (캐트버드 시트)

포커 게임에서, 딜러의 왼쪽에서 마지막 위치를 말하며, 우세하고 유리하다는 뜻을 가진 장소를 언급하는 용어이다. [1981 Golad Oral Coll]

Catch (캣치)

① 키노(keno) 게임에서, 게임자에 의해 선택되어진 숫자로 그 게임의 '어나운서(announcer)' 또는 '콜러(caller)'에 의해 당첨된 것이다. [ca. 1961 Hotel Coll]

② 포커 게임에서 원했던 카드 또는 가치있는 카드를 뽑은 경우를 말한다. [1949 Cottin Secrets 174]

■ **catch a point**: 크랩스에서 '슈터(shooter)'에 의한 첫 번째로 '롤(roll)'에 4, 5, 6, 8, 9 또는 10점의 포인트가 정해진 경우. [1973 Binion Recolletions 8]

Catcher (캣처)

크랩스 게임에서 정직한 주사위 대신 사용하여 속임수꾼이 이긴 후에 그 부정한 주사위를 회수하는 주사위 속임수 행위의 공범자 [1938 Asbury Sucker's Progress 58]

Cat and dogs (캐트 앤 도그)

포커 게임에서 특별한 핸드가 있는 곳에 변화를 주어 위닝 결합의 랭킹(순위)으로 가치있는 핸드로 조화(調和)시킨다는 언어. [1971 Livingston Poker Strategy 215]

Center bet (센터 베트)

크랩스 게임에서 주사위의 다음에 나오는 '롤(roll)'에 어떤 조건을 제시하는 베트로 지정한 넘버가 결과가 될 것이다. 베팅 지역은 '하드웨이(hard way)' 베트와 2, 3, 7, 11과 12넘버에 대한 공간의 레이아웃의 중앙에 위치한다. [1982 Clark Oral Coll]

Center dealing (센터 딜링)

카드 게임에서, 덱의 꼭대기에서 딜링하는 척하면서 덱의 중간으로부터 카드를 딜링하는 행위 [2006 고택운 카지노 서베일런스 시스템의 이해 311]

Century (센추리)

'씨-노트(C-note)'라고 불리우며, 일백불 짜리 지폐를 말한다. [DA, OEDS]

Chain dice (체인 다이스)

속임수 행위에 사용하는 주사위 한쌍으로 보이지 않는 선(線)으로 연 [DA, OEDS]

결되었으며, 다른 넘버보다 자주 나오도록 특별히 구성한 주사위이다.

Chance (챤스)

게임에 이기려고 베팅할 때, '위닝(winning)'의 확률 또는 가능성(可能性). 또는 베팅하여 이기는 기회를 말한다. [OED]

Change (체인지)

게이밍 테이블에서 칩스에 대해 현금으로 환전하려는 경우에 사용되는 언어 [1843 Green Exposure 64]

Change booth (체인지 부스)

카지노 안의 슬롯머신이 있는 곳에 고객을 위하여 지폐와 코인을 환전해주는 부대시설을 말한다. [ca. 1961 Hotel Coll]

Change girl (체인지 걸)

카지노 안에서 이동하며 다니는 통상 여성종사원이고, 코인에 대해 지폐로 교환해주는 슬롯머신 지역에 있는 사람으로 커다란 주머니가 달린 에프론에 담아 공급해준다 하여 '에프론 걸(apron girl)' 또는 '체인지 퍼슨(change person)'이라고도 불리운다. [1953 Lewis Sogebrush Casinos 17]

Change-in (체인지-인)

포커 게임에서 게임에 참가하기에 충분한 칩스의 구매가 요구되는 돈의 총액 [1949 Coffin Secrets 174]

Change space (체인지 스페이스)

21-게임 게임 테이블 위에 칩스와 교환된 현금이 놓여 있는 딜러 정면의 '레이아웃(layout)'의 지역 [ca. 1961 Hotel Coll]

Charlie (찰리)

약자로 'C'로 표기하며, 포커 게임에서 딜러의 왼쪽에서 세 번째 위치를 지칭한다. [1949 Coffin Secrets 174]

Cheat (치트)

갬블링 게이밍에서 다른 게임자를 상대하여 유리함을 달성하려고 속임수를 사용하거나 어떤 장치 또는 부정한 카드, 주사위를 사용하는 행위 [OED]

Cheater (치터)

갬블링 게이밍 장소에서 어떤 부정직한 의도에 의해 이기려고 고안된 장치를 사용하거나, 게임의 룰을 위반하는 게임자. [OED, labeled Obsolete]

Check (체크)

① 일반적으로 현금 대신 게임 테이블에서 사용하는 '칩스(chips)'를 일컫는다. 그 칩스는 칼러와 크기에 따라 액면가가 다르며 카지노에서 공통적으로 사용하는 칩스의 칼러 및 액면가는 다음과 같다. [1985 Kuriscak Casino talk 13]

> 화이트(whites) - 에이스스, 싱글스 - $1
> 핑크스(pinks) - 투퍼스 - $2.50 - 'mickey mouse'
> 레드(reds) - 니켈스, 파이브스 - 5%
> 옐로우(yellows) - $20 - 'bananas'
> 그린(greens) - 쿼터스 - $25
> 블랙(blacks) - $100
> 퍼플(purples) - $500
> 오렌지(oranges) - $1,000
> 그레이(grey) - $5,000

② 포커 게임에서 핸드에 나중에 베트하려고 곧바로 다음으로 넘긴다는 표현이지만, 첫 번째 '베터(bettor)'로 활동할 때만 추가 웨이저 없이 만들려는 경우를 말한다. [1949 Coffin Secrets 174]

Check change (체크 체인지)

카지노 게임 테이블에서, 다른 액면가의 금액을 어느 단위로 보통 저액의 칩스로 바꾸어주는 동안 '핏보스(pit boss)'에게 딜러에 의해 만들어지는 '어나운스멘트' [ca. 1961 Hotel Coll]

Check cop (체크 캅)

칩스 스텍의 맨 위쪽으로부터 칩스를 훔치기 쉽게 하려고 손바닥에 들러붙는 물질을 바르는 행위 [1961 Scarne Complete Guide 675]

Check copper (체크 캅퍼)

'칩스 캅퍼(chips copper)'라고도 불리우며, '팟(pot)' 또는 다른 게임자 둘 중의 어느 한쪽에서든지 테이블로부터 칩스를 훔치는 사람 [ca. 1961 Hotel Coll]

Check down (체크 다운)

카지노에서 테이블로부터 떨어진 칩스가 있을 때 '핏보스(pit boss)'에게 딜러가 전달하는 말. 딜러는 서있거나 앉아 있는 동안 그 위치에서 고개를 숙이는 행동을 허용하지 않으므로, 핏보스가 떨어진 칩스를 회수해야 한다. [1977 Anness Dummy Up]

Checker (체커)

① 카지노 업장에서, 키노 또는 슬롯머신에 큰 금액의 지불이 있는 경우 사실 행위를 확인하는 종사원 [ca. 1961 Hotel Coll]

② 불법적인 갬블링 시설에서, 초보자와 같은 손님을 공급하는 사람에 의해 데려온 손님의 민원을 확인하는 종사원. 손님을 데려오는 자를 '라거(luggers)' 도는 '로퍼(ropers)'라고 부르며, 그들이 시설에 데려온 손님에 대하여 일정한 금액의 보수를 지불받는 자. [1981 Maurer Language of the Underworld]

Check jacket envelope (췍 자켓 엔벨로프)

카지노 케이지에 은행으로부터 카지노에 반환된 어느 사람의 개인 수표를 '파일(file)' 해놓은 것을 말하며, 그 '폴더(folder)'에는 수표 상에 나타난 이름을 가진 개인의 신용에 대하여 모든 정보가 담겨져 있어, 그 수표를 다시 제출하여 회복하려는 시도에 관한 은행정보도 함께 보유하고 있다. [1978 Alexander Glossary 3]

Check rack (체크 랙)

'칩스 랙(chips rack)'과 같은 말로, 카지노 테이블 위의 패인 홈에 칩스를 수용하고, 액면가 별로 분리하여 보전하는 '트레이(tray)'가 놓여있는 장소 [1890 Quinn Fools of Fortune 194]

Check-rack (체크-랙)

은행에 돈이 없거나, 속임수 행위의 용의가 있는 게임자이기 때문에 지불을 거절당한 경우에 사용하는 용어 [1968 Adoms Western Words]

Check-raise (체크-레이스)

포커 게임에서, 실행하는 처음 게임자로서는 베팅을 자제하고 '콜(call)' 또는 '베트 어게인(bet again)'의 기회가 주어졌을 때 베팅 금액을 올리는 것을 말한다. [1968 Wallace Poker 212]

Check run (체크 런)

① 카지노에서 테이블에 있는 여분의 칩스를 케이지로 이송(移送)하는 경우 [1979 Newman Dealer's Special 11]

② 회수(상환)하려는 칩스를 여러 카지노에 보내는 행위. 한 카지노에서 교환된 칩스를 또다른 테이블에서 사용하도록 하고 다른 카지노로 보내는 업무를 하는 종업원을 말한다. [1983 Martinet Oral Coll]

Check runner (체크 런너)

카지노 케이지에서 테이블로 또는 다른 카지노에서 칩스를 운반하는 카지노 종업원으로 통상, 보안요원(security guard)를 지칭한다. [1979 Newman Dealer's Special 11]

Chemin de fer (시멩 디 퍼)

바카라 게임과 비슷하지만 베팅의 방식에는 차이가 있는 게임이다. 바카라 게임에서 '뱅크(bank)' 구성요소가 주도적인 게임 또는 모든 웨이저를 커버하는 독립체로 '뱅크(bank)'의 베팅을 가진 게임자만 '커 [OEDS]

미션(commission)'의 부담을 가진다.
'시멩 디 퍼(chemin-de-fer)'에서는 게임자 중의 한 사람이 그의 베팅을 잃거나 또는 뱅크를 넘길 때까지 '뱅커(banker)'로서 활동하는 방식의 게임이다. 이러한 방식은 '네바다스타일' 바카라의 오리지날 형태이며 '쉐미(shemmy)'라고도 한다.

Chinese lottery (차이니스 로터리)

'키노(keno)'에 대한 또 하나의 이름. 80년대 미국의 서부에 일찍이 '키노(keno)' 버전으로 게임 표시를 중국식 기질로 활용한 적이 있으며, 샌프란시스코(SanFrancisco)'에서 락 스프링스(Rock Springs), 와이오밍(Wyoming) 지역까지 중국노동자들에 의해 처음으로 소개되어 왔다. [1977 Cahill Recallections 581]

Chink ink (칭크 잉크)

게임용 카드의 뒷면에 표시하기 위하여 속임수꾼에 의해 사용되는 '인디아(India)' 잉크 [1968 Wallace Poker 212]

Chip (칩)

① 체크(check), 토큰(token) 또는 현금 대신 사용되는 통화를 말한다.한때는 칩스를 상아 또는 뼈로 만들었으나, 지금은 일반적으로 합성수지 또는 플라스틱으로 만들어진다. [DAE, OED]

② 칩스는 현금 대용 통화(通貨)로 게임이 시작되는 곳에 게임자들에 의해 결정될 수 있는 어떤 가치 [1976 Larson Vocabulary 97]

③ 많은 돈을 가지고 있는 갬블러에게 인용되는 용어(用語). [DA, DAE]

Chip fill (칩 필)

카지노에서 테이블에 칩스를 다시 보충하는 것으로, 핏보스는 카지노 케이지의 양식에 의거 칩스를 요청하면 요구되어진 칩스가 어느 종업원에 의해 보내온다. 그 서류 또는 '칩 슬립(chip slip)'은 칩스를 받은 테이블에서 운반한 자와 딜러에 의해 서명된다. [1979 Hilton Hotel Procedures 22]

Chip float (칩 플로트)

카지노 고객에 의해 점유하고 있는 모든 칩스의 달러(dollar) 값어치로 줄여서 '플로트(float)'라고 한다. [1982 Martin Introduction 24]

Chip game (칩 게임)

다양한 저액(low-stake) 게임을 말하며, 보통 '빅 휠/포천 휠'의 변화 차이를 말한다. [1978 Harrah Recollections 126]

Chip hustler (칩 허슬러)

일반적으로 크랩스 게임에서 '라지 베트(large bet)'를 만드는 사람의 [1974 Powell Verbal Dexterity]

바로 옆에 서 있는 게임자. 그는 감언이설로 칩스를 빼앗거나 그의 옆에 있는 게임자로부터 칩스를 훔치는 자.

Chip shuffler (칩 셔플러)

큰 금액의 칩스를 한움큼 쥐고 덜컥덜컥 소리를 내며 테이블 주위를 돌아다니며 핏보스로부터 호의(好意)를 가지기를 바라는 게임자. 이 게임자는 무료숙식 또는 쇼우티켓을 원한다. [ca. 1961 Hotel Coll]

Chippy (칩피)

갬블링 게임 또는 카지노에서 속기 쉬운 어리석은 사람 또는 게임에 경험이 없는 게임자 [1996 C.G.D.]

Chiseler (치즐러)

① 다이스 게임에서 성공의 최고 확률을 가지고 오로지 작은 베트만 만드는 게임자 [1981 Maurer Language of the Underworld 183]
② 뱅킹 게임에서 다른 게임자의 베팅을 가로채는 속임수꾼 또는 개인 게임에서 돈을 빌려 갚지 않는 도박꾼 [2006 고택운 카지노 서베일런스 시스템의 이해 310]

Chop (찹)

크랩스 게임의 주사위 중에 위닝 또는 루징을 식별할 수 없는 모양을 가진 '롤(roll)'의 시리즈로 만들어지는 경우를 말한다. [1983 Martinet Oral Coll]

Chopper (찹퍼)

하우스를 위하여 '슈터'의 위닝 퍼센티지를 가지는 불법 갬블링 시설 안에 크랩스 게임의 고용인으로, '캇터(cutter)'와 동의어이다. [1981 Maurer Language of the Underworld 184]

Chouse (차우스)

① 속임수꾼 또는 사기꾼을 칭하는 말 [OED]
② 용이하게 속임수 또는 사기행위를 하는 사람을 칭한다.
③ 속임수, 책략 또는 피해 사기행위를 말한다.

Church of England (처치 오브 잉글랜드)

'크랩-일레븐' 베트와 같은 뜻으로, 크랩스 게임에서 베팅하고 이어서 굴려진 넘버가 2, 3, 11 또는 12가 나온 경우의 속어 [1983 Martinet Oral Coll

Chute (슈트)

카지노 안에서 딜러가 칩스로 교환해준 지폐를 넣는 게이밍 테이블 위의 드롭 박스의 홈(slot)을 말한다. [1983 Martinet Oral Coll

Chunk (천크)

카지노 게임에서 베트의 규모를 크게 하려는 행위로 때로는 '오버-베 [1996 C.G.D.]

트(over-bet)' 또는 너무 큰 베트도 적용된다.

Chunking (천킹)

카지노 게임에서 일시에 대규모의 많은 체크를 집어올리는 행동을 말하며 또한 스택 안에 체크의 칼라를 믹스하는 것도 포함된다. [1996 C.G.D.]

Claim / Claimer (클레임 / 클레이머)

뱅킹 게임에서 내기에 걸지 않았으면서도 이기는 내기에 베팅하였다고 우겨서 지불을 받으려는 행위 또는 행위를 하는 자 또는 부정한 슬롯 속임수 행위에 참여하여 실제로 '잭팟(jackpot)'이라고 주장하는 것을 직업으로 여기는 자로 '콜렉터(collector)'라고도 부른다. [2006 고택운 카지노 서베일런스 시스템의 이해 310]

Class (클래스)

포커 게임에서 '파트(pot)'의 요구에 대한 가치있는 핸드의 등급(rank)으로 일반적인 순서로 나열하면 하이카드, 원페어, 투페어, 스리 오브 카인드, 스트레이트, 플러쉬, 로얄 플러쉬를 말한다. [1949 Coffin Secrets 157]

Clean (클린)

① 갬블링 전과 기록을 갖지 않은 깨끗한 사람을 지칭하는 긍정적인 용어

② 어느 게임에서 한 사람이 모두 이겨 웨이저를 모두 가져갈 때 사용하는 용어

③ 카지노에서 현혹시키면서도 설득력있는 속임수 행위의 움직임을 가진 손재주를 일컫는 말

[2006 고택운 카지노 서베일런스 시스템의 이해 311]

Clean dealer (클린 딜러)

카지노에서 유능한 카드 또는 다이스 딜러를 호칭하는 말로, 게임자에게 편안하고 분명하게 계산하는 딜링을 하는 사람으로, 그 지불은 핏 보스가 쉽게 읽을 수 있도록 한다. [1984 Martinet Oral Coll]

Clean hand (클린 핸드)

카지노 게이밍 테이블에서 딜러가 칩스 또는 현금을 만졌을 경우에 손바닥 부분에 카드, 칩스, 현금, 또는 주사위가 없음을 공개적으로 보여주는 '제스츄어'. 이 경우 손뼉을 가볍게 치면서 손을 펴 앞뒤를 보여준다. [2006 고택운 카지노 서베일런스 시스템의 이해 311]

Clean money (클린머니)

게이밍으로 정당하게 취득한 돈(money)을 말한다. 카지노의 매니저들간에 사용하는 이 용어는 불법적으로 취득한 것이 아닌 돈으로 알려진 '베터(bettor)'의 자금 출처를 지적하는 데 사용하는 용어이다. 또는 딜러가 지불목적으로 테이블의 '칩스-랙(chips-rack)'에서 방금 꺼낸 칩스도 적용된다. [1978 Skolnick House of Cards 4]

Clerk (클러크)

카지노 게이밍 테이블의 유연하고 실력있는 카드 딜러. 또한 비범한 (exceptional) 딜러에 대한 용어이기도 하며 '클린 딜러(clean dealer)'와 같다. 〔1977 Anness Dummy Up〕

Clip (클립)

① 속임수 목적으로 소매 또는 테이블 아래쪽에 카드를 고정시켜 보유하기 위한 장치 〔1968 Adams Western Words〕

② 카지노 케이지 안에서 지폐 다발을 종이의 가늘고 긴 조각 또는 고무밴드를 가지고 함께 꾸리는 것.

Clip joint (클립 조인트)

부정직한 갬블링 시설 또는 카지노로 속임수꾼의 활동을 인정하는 불법 게이밍 시설을 운영하는 하우스를 말한다. 〔OEDS〕

Clock (클락)

회계 관련 용어로, 카지노에서 케이지의 업무 시작과 마감시 모든 현금을 카운트하는 것을 말한다. 〔1961 Scarne Complete Guide 675〕

Clocking (클락킹)

① 딜링되어진 카드 핸드의 수량, 주어진 시간의 구도에서 '롤링(rolling)'된 주사위 핸드 또는 룰렛 휠에서 가진 '스핀(spin)'을 말한다. 〔1996 George Casino Gaming Dictionary〕

② 룰렛 휠의 연구 측면에서 본 용어로서 특정한 넘버 또는 섹션이 다른 어떤 곳보다 자주 나오는 현상으로 이는 게임자에 의해 그 특징이 간파되어진 특유한 성질의 '휠(wheel)'을 말한다. 〔2002 고택운 카지노 게임의 실무이론 II 137〕

Closed game (클로스드 게임)

카지노에서 새로운 게임자를 수용하지 않는 테이블을 말한다. 이는 큰 베팅을 하는 게임자가 '클로스드 게임(closed game)'을 요구하여 그가 허용한 고객만 게임하는 테이블의 경우를 말한다. 〔1949 Coffin Secrets 175〕

Clubs (클럽스)

카드팩의 4슈트 중의 하나. 각 점에 대해 검은 색의 삼엽형(三葉)이 있어 구별할 수 있도록 되어 있으며, '클로버(clover)'라고도 한다. 〔OED〕

Coat card (코트 카드)

준말로 '코트(coat)'라고 하고, 스펠링은 'coate'로 표기하며, '킹(king)' 또는 '퀸(queen)' 카드를 지칭한다. 이는 또한 '페이스(face)'와 '픽쳐(picture)' 카드라고도 한다. 〔OED〕

Coaxer (코웍서)

포커 게임에서 상대방이 이미 가진 '레이스(raise)'에 계속되는 작은 레이스를 말한다. 작은 레이스를 만드는 목적은 처음의 '레이저(raiser)'를 부추겨 다시 베트를 올리는 행위로 어느 지점에서, '코웍서(coaxer)'를 만든 게임자는 대단히 크게 레이스할 것이다. [1865 Evans Gamblers Win 19]

Coffeehouse (커피하우스)

포커 게임에서 도움을 주는 듯한 태도와 말로 상대방을 갈피를 못잡게 하는 행위의 용어. [1949 Coffin Secrets 175]

Cog (커그)

주사위 게임에서,

① 위로 향한 면이 나타내려고 기획된 숫자를 근거로, 이같은 종류의 주사위를 던지는 것을 말한다. [OED]

② 손가락을 가지고 주사위를 회전시킨 뒤에 던지는 행위 [1950 Morehead culbertson 602]

Cogged dice (커그드 다이스)

크랩스 게임에서 정상적인 것보다 자주 나오는 특별한 점수가 나오도록 변조한 '다이스(dice)'를 지칭하는 말 [1949 Blanche You Can't Win 23]

Coin acceptor (코인 액셉터)

머신 게임에서 코인 또는 토큰을 받아들이는 기기 안의 기계적 부속장치 [2002 고택운 카지노 게임의 실무이론 II 365]

Coin comparator (코인 컴퍼레이터)

머신 게임에서 '코인(coin)'을 받아들이고 판별하는 전자코인 접수기 '메커니즘(Mechanism)' [2002 고택운 카지노 게임의 실무이론 II 365]

- **Coin Tray** : 코인이 나오는 기기에 부속되어 있으며 스테인레스의 재질로 된 트레이 [2002 고택운 카지노 게임의 실무이론 II 365]
- **Coin in** : 베팅되는 코인을 말하며, 코인인 '어셈블리(assembly)'는 기기의 코인을 받아들이고, 확인하고 계수하며, 미터기의 코인은 총 투입수를 축적한다. [2002 고택운 카지노 게임의 실무이론 II 365]
- **Coin out** : 시상 및 지불되는 코인 혹은 크레딧의 수, 코인 아웃 미터기는 총 코인-아웃 넘버를 축적한다. [2002 고택운 카지노 게임의 실무이론 II 365]

Coin operated gaming device (코인 오퍼레이티드 게이밍 디바이스)

코인을 받아들이고, 일정한 조건하에 지불을 하려고 설치된 기계적 또는 전자식 기계장치로, 특별히 슬롯머신, 핀볼, 비디오포커 또는 홀스 레이스 머신 등에 장치되었다. [1982 Martin Introduction 3]

Coin room (코인룸)

카지노 내부에 코인의 무게를 달고 계산하고, 그것을 종이로 튜부형으로 포장하기 위하여 케이지 안의 별도의 지역을 말한다. 〔1979 Hitton Hotel Procedures 2〕

Cold (콜드)

① 게임에서 베팅이 루스하는 기간에 속하는 시기를 말하며, '콜드 핸드(cold hand)', '콜드 플레이어(cold player)'와 동의어이다. 〔1996 C.G.D.〕

② 크랩스 게임에서 주사위가 통과(지지 않음)되는 것보다 '아웃(out)'되는 상황을 더 많이 만드는 경우로 '아이스 다이스(ice dice)'라고도 한다. 〔1981 Maurer Lang, of the Under-world 184〕

Cold bluff (콜드 블라프)

포커 게임에서 대단히 약한 핸드를 가진 게임자에 의해 만들어진 고액의 베트를 말한다. 〔1980 Clark Oral Coll〕

Cold deck (콜드덱)

① 특별한 순서로 정리된 카드의 팩으로 어느 핸드를 진행하는 동안 속임수를 행하기를 원하는 딜러에 의해 사용된다. 〔OEDS, DA, DAE〕

② '하이 카운트(high count)'를 가지고 게임자에게 불리하도록 만든 슈 또는 카드덱. 그 밖에 게임자의 속임수 행위로 게임 중에 순서대로 미리 정리된 카드를 집어넣은 슈 또는 카드덱을 말한다. 〔1889 Famer Americanisms 158〕

③ 포커 게임에서 라운드가 시작하는 곳에서 좋은 핸드가 딜링 되어졌으므로 추가 카드를 뽑을 필요가 없는 덱. 〔DARE〕

위 공히 '쿨러(cooler)'라고도 불리우며, 카드 게임에서 '스텍드 덱(stacked deck)'으로 소개되기도 한다.

▣ **Cold-decker** : 카드 속임수꾼으로 싱글덱 게임에 대하여 특별한 순서로 카드의 덱을 준비하는 사람 〔DA, OEDS〕

▣ **Cold dice** : 크랩스 게임에서 여러 가지 결과를 나타내는 '롤'에 슈터에 대해 '루스'하는 주사위로 포인트를 만드는 것보다 포인트를 만들지 못하는 결과를 가지는 것을 말한다. 〔ca. 1961 Hotel Coll〕

▣ **Cold game** : 부정직한 카드 또는 주사위 게임 〔1943 Maurer Argot〕

Cold hand (콜드 핸드)

① 포커 게임에서 때때로 베팅에 개입하는 일 없이 앞면으로 딜링되어진 카드를 가진 핸드 〔1949 Coffin Secrets 175〕

② 포커 게임에서 부족하거나 가치가 없는 핸드 〔1983 Martinet Oral Coll〕

③ 크랩스 게임에서 많은 돈을 '윈(win)'한 게임자가 한 사람도 없는 곳의 '슈터(shooter)'의 롤 시리즈.

▣ **Cold player** : 줄이어 '루징(losing)'하는 갬블러를 말한다.

Cold turkey (콜드 터키)

스터드 5-카드 게임에서 핸드가 시작되는 곳에 한 장은 앞면, 다른 한 장은 뒷면으로 딜링되어진 두 장의 '킹(king)' 카드인 경우를 말한다. [1968 Wallace Poker 212]

Coll (콜)

'존(John)' 또는 '마크(mark)'라고도 불리워지며, 전문적인 속임꾼의 희생자(犧牲者)로 '걸(gull)'을 말한다. [OED]

Collector (콜렉터)

① 포커 게임 클럽에서, 통상적으로 매 30분마다 클럽의 게임에 참가한 각 게임자로부터 수수료(fee)를 수금하려고 테이블을 통하여 계산하는 사람. [1968 Wallace Poker 212]

② 카지노에 대하여 미수의 채무를 지닌 게임자들을 추적하는 카지노의 대리인으로 채무의 퍼센티지에 대하여 환전된 채무금액을 수금하는 사람을 말한다. [ca. 1961 Hotel Coll]

Color (칼러)

① 카지노에서 1불보다 높은 칩스의 단위명으로 1불짜리 가치의 칩스는 통상적으로 '화이트(white)이고, 동시에 다른 종류는 레드($5), 그린($25), 블랙($100) 등의 칼러로 되어 있다. [1977 Anness Dummy Up]

② 카지노에서 고액의 칩스에서 저액으로 또는 저액에서 고액의 단위로 칩스를 교환할 때 사용하는 단어로 '칼러 체인지(color change)'와 '칼러 커밍 인(color coming in)'의 줄임말이다. [1977 Anness Dummy Up]

Color for color (칼러 퍼 칼러)

카지노에서 오리지날 베트와 똑같이 만드는 것으로 같은 단위로 게임자의 베트를 지불하는 교육을 받은 딜러의 지불 방식을 말한다. [1978 Clark Oral Coll]

Column (칼럼)

룰렛 게임에서 레이아웃상에 세로로 12개의 넘버를 가지고 있는 3열(列) 중의 하나. 윈(win)에 대한 지불 배수는 2배이다. [1964 Wykes Illustrated Guide 326]

Combination strippers (콤비네이션 스트립퍼)

카드 게임에서 약간보다 짧게 또는 보다 좁게 자른 카드의 덱. '엔드 스트립퍼(end stripper)' 및 '스트립퍼 덱(stripper deck)'과 같은 용어와 그 의미가 같다. [ca. 1961 Hotel Coll]

Come (컴)

① 포커 게임에서 한 장 또는 더 많은 카드를 '드로우(draw)'하여 핸드를 개선하려는 바램 또는 기대치를 표현하는 단어 [1981 Golad Oral Coll]

② 크랩스 게임에서 새로운 슈터로 시작하는 '롤(roll)' 또는 새로운 핸드로 시작할 때 테이블 레이아웃 어느 지역에 만들어진 '웨이저(wager)'. 그 웨이저가 놓여진 곳을 '컴베트(come bet)'라고 불리운다. [1953 Lewis Sogebrush Casinos 101]

Come bet (컴베트)

크랩스 게임에서 이어지는 주사위 '롤(roll)'에 대한 웨이저로 이기거나 포인트를 정하게 될 것이다. 슈터는 '7'의 숫자가 나오기 전에는 다시 롤할 것이며, 넘버가 정해지기 전에 크랩스가 나오면 그 '컴베터(come bettor)'는 루스한다. 포인트가 정해진 후에 '7넘버'가 롤링되면 '컴베트(come bet)'는 루스하게 된다. [1981 Maurer Language of the Underworld 184]

Come-out roll (컴아웃 롤)

크랩스 게임에서 '핸드(hand)'에 대하여 주사위를 첫 번째 던지는 것을 말한다. [1974 Scarne Dice 76]

Coming in one high (커밍 인 원 하이)

게임자에게 적게 지불하기 위해 게임자의 오리지날 칩스에서 지불할 칩스로 은밀히 이동시키는 카지노 딜러가 사용하는 방법 [1996 C.G.D.]

Coming out (커밍 아웃)

크랩스 게임에서 새로운 핸드에 롤링된 주사위가 있기 전에 '스틱맨(stickman)'의 어나운스멘트에 의해 그들의 베트를 만들고 테이블 위에 그들의 핸드를 유지하는 게임자에게 안내하고자 함이다. [1978 Clark Oral Coll]

Commission (커미션)

① 바카라와 크랩스 게임에서, 일정한 베트를 만들기 위해서 카지노에 지불되는 '베트(bet)'의 퍼센티지. 예를 들면, 바카라 게임에서 뱅크 핸드에 1불에 95센트를 지불하는 대신, 그 베트를 '이븐 머니(even money)'로 지불하고 나서 딜러는 5센트를 수거하는 것이다. 그 5센트가 '커미션(commission)'이라고 부른다. [2002 고택운 카지노 게임의 실무이론 II 214]

② 카드룸에서, 게임의 운영자 또는 하우스에 의해 유지되고 있는 베팅의 몫으로 수수료를 일컬으며 '비고리쉬(vigorish)'라고 한다. [1973 Preston Play Poker 166]

Commission bet (커미션 베트)

크랩스 게임에서 일정한 베트에 대하여 게임자에게 부담을 지우는 퍼센티지가 있으며, 이와 같은 베트는 '바이 베트(buy bet)' 또는 '레이 베트(lay bet)'라고 한다. [1964 Lemmel Gombling 59]

Commission marker (커미션 마커)

바카라 게임에서 플레이어 핸드보다 뱅커 핸드에 위닝한 게임의 '베터 [ca. 1961 Hotel Coll]

(better)'로부터 수거하는 하우스 웨이저(5%)의 퍼센티지를 표시하려고 딜러에 의해 사용되는 '토큰(token)' 또는 '버튼(button)'을 말한다.

Common card (커몬 카드)

'커뮤날 카드(communal card)' 및 '커뮤니티 카드(community)'라고 부르며, 모든 게임자들에 의해 사용하기 위하여 테이블의 중간에 앞면으로 놓아진 게임용 카드. [1949 Coffin Secrets 175]

Common Vocabulary (커몬 보캐벌러리)

카지노 일상(日常)에서 우리가 사용하는 많은 단어와 표현들로 '카드 테이블'에서부터 '노다이스!'라는 말까지의 언어를 갬블러와 게이밍 산업의 은어(隱語)로부터 유래된 말을 함께 공유하는 것이다. [1987 Clark Dictionary of Gambling and Gaming 49]

Communication system (커뮤니케이션 시스템)

머신 게임에서 기기와 콘트롤 장비를 중앙 컴퓨터에 연결하여 중요한 회계관련 장비와 기타 관리상에 필요한 데이터를 공급받게 해주는 시스템 구성을 말한다. [2002 고택운 카지노 게임의 실무이론 II 365]

Comp (컴프)

① 카지노에서 고객에게 호의를 베풀려는 매니저에 의해 식음료, 룸 또는 쇼 예약 등을 선물로 제공하는 것을 말한다. '컴플리멘타리 플레이(complimentary play)' 비교 참조. [1977 Cahill Recollections 1397]

② 카지노에서 평가된 고객에 대하여 무료로 식음료, 숙박, 교통편 등의 호의를 제공하는 것을 말한다. [1983 Martinert Oral Coll]

Complete bluff (컴플레이드 블라프)

포커 게임에서 고액의 큰 베트를 가치없는 핸드를 가지고 만들어 '팟(pot)'에서 이긴 특이한 베트 [1978 Brunson How I Made 527]

Complementary play (컴플리멘타리 플레이)

'커테시 플레이(courtesy play)'라고도 불리운다. 이는 오너(owner) 또는 갬블링 시설의 운영실무자의 활동으로 다른 갬블링 시설을 방문하여 잠깐 동안 게임을 하여주는 것으로 친목(親睦)을 도모하는 플레이를 말한다. [1974 Scarne Dice 464[

Con artist (컨 아티스트)

갬블링 시설에서 달콤한 이야기를 펼치며 돈을 빌리려고 애쓰는 저속한 갬블러를 지칭하는 속어이다. [2006 고택운 카지노 서베일런스 시스템의 이해 311]

Concave card (컨케이브 카드)

줄인 말로 '컨케이브(concave)'라고 한다. 이는 카드 속임수에 사용하려고 가위로 다듬어낸 카드로서 중간이 좁고, 끝쪽이 넓게 만든 카드이다. 〔OED〕

Concealed hand (컨실드 핸드)

줄인 말로 '컨실드(concealed)'라고 하며, 드로우 포커와 같은 게임에서 '쇼우 다운(show down)' 또는 베팅이 끝날 때까지 노출시키지 않은 카드가 있는 핸드 〔1973 Preston said Play Poker 167〕

Condone (컨돈)

포커 또는 브리지(bridge) 같은 카드 게임에서 딜링 또는 플레이의 반칙 행위에 대하여 벌칙을 포기하는 것을 말한다. 〔1949 Coffin Secrets 175〕

Confederate (컨페더레이트)

갬블링 게이밍 속임수 행위꾼들의 일원. 특별한 카드 속임수꾼의 연주자로 '캡퍼(capper)'와 같다. 〔1953 Ralli Viva Vegas 94〕

Console (컨솔)

머신 게임의 한 종류로 한 사람 이상 또는 여러 사람이 동시에 즐길 수 있는 전자식 슬롯머신 또는 비디오머신게임을 말한다. 〔2002 고택운 카지노 게임의 실무이론 II 365〕

Contract (컨트랙트)

하이-로우 포커 게임에서 하이 핸드로 게임하기로 하거나, 로우 핸드로 하기로 하거나 또는 '하이'와 '로우' 양쪽 다하기로 선언하는 것을 말한다. 〔1968 Wallace Poker 212〕

- **contract bet** : 크랩스 게임에서 한 번 베팅하면 옮기거나, 크기와 수량을 줄일 수 없는 베트로 '패스 라인(pass line)'과 '컴 베트(come bet)'가 계약된 베팅이다. 〔2006 고택운 카지노 서베일런스 시스템의 이해 311〕

Control (컨트롤)

① 갬블링 시설의 운영상 법적 제한의 주체. 〔1977 Cahill Recollection 421〕
② 카지노의 안전관리 시스템

Conversion (컨버전)

카지노 게임에서 총 지불을 전환(轉換)하기 위해 고액의 칩스로 지불하고, 게임자의 저가 칩스를 가져오는 것을 말한다. 〔1983 Martinet Oral Coll〕

Convert (컨버트)

카지노 게임에서 오로지 지불수단으로 동등한 가치의 다른 칼러의 웨 〔1996 C.G.D.〕

이저에 대하여 싱글 칼러로 지불하는 것을 말한다.

Convex (컨벡스)

반사경(reflector)을 말하며, 고도로 반짝이는 코인을 테이블 위에 놓아 딜러의 카드가 통과하도록 하여, 그것에 의해 상대방의 카드를 추적하려는 것이다. [OED]

Convex card (컨벡스 카드)

줄임말로 '컨벡스(convex)'로 표시하며, 카드의 가장 넓은 부분은 중앙에 남고, 끝은 점점 좁아지는 것으로, 안쪽에서 끝쪽으로 가늘어지는 카드를 만드려는 모양으로 가위로 정리한 카드를 말한다. [OED]

Cooler (쿨러)

① 미리 정리하여 놓은 카드의 팩. 즉, '스택드 덱(stacted deck)'이라 한다. [1968 Adams Western Words]
② 미리 준비된 또는 스택드 덱의 카드를 보전하는 박스 또는 케이스
③ 미리 준비한 스택드 덱은 게임에 사용하는 덱과 은밀히 바꿔치려는 것이다.
■ **cooler move** : 게임 중에 사용하는 덱과 미리 정리된 덱과 교환하기 위한 교묘한 손기술 [2006 고택운 카지노 서베일런스 시스템의 이해 312]

Cool-off man (쿨-오프 맨)

사기 행위를 하고 나서, 피해자와 함께 머무르는 사람으로 대화와 연민으로 피해자가 경찰을 부르지 않는다는 확인이 있을 때까지 견디는 사람의 명칭. [1977 Carroll Playboy's Illustrated 44]

Cop (캅)

① 베팅된 스택 또는 포커 팟으로부터 칩스를 훔치려는 단어 [1961 Scarne Complete Guide 676]
② 베트에 이기려 하거나, 어떤 것을 손에 감추거나 또는 훔치는 행위에 대한 용어.

Corner-bend (코너-벤드)

카드 게임의 속임수 방법으로 다른 부분과 구분하기 위해서 카드의 구석을 구부리는(crimp) 행위를 말한다. [2006 고택운 카지노 서베일런스 시스템의 이해 312]

Corner bet (코너 베트)

룰렛 게임에서 4넘버를 묶은 접합점이 있는 곳에 만들어진 웨이저로 '퍼 넘버 베트(four number bet)'이라고 하며 위닝 지불은 8 to 1이다. [1971 McQuaid Gambler's Digest 303]

Corner flash (코너 플래쉬)

카드 게임에서 카드의 앞면의 구석을 고의로 보여주는 것을 말한다. '코너 플래쉬(corner flash)'는 속임수 일원에게 정보를 주려고 종종 사용하며, 때로는 포커 테이블에서 상대방을 오도(悟道)시키려고 계획되기도 한다. [1968 Wallace Poker 212]

Corret bet (커렉트 베트)

크랩스 게임에서 하우스에 의해 제공된 승산(勝算)의 적절한 유리함을 가지는 크기가 있는 '웨이저(wager)'를 말한다. [1983 Martine Oral Coll]

Cosmetics (커스메티스)

카드 속임수꾼에 의해 특정한 부분의 카드덱의 뒷면에 표시하는 것으로 통상 '인디아 잉크(india ink)' 또는 '아닐린 펜슬(aniline pencil)'을 가지고 만든다. [1968 Wallace Poker 213]

Count (카운트)

① 많은 카드 게임에서 게임자 한 명의 핸드가 보유하고 있는 카드상의 점수의 가치 [1951 Jones Wilbur Clark's 2]

② 카지노에서 제공된 장소 또는 주어진 시간대의 돈 또는 칩스의 총금액. [1977 Anness Dummy Up]

③ 21-게임에서 사용되는 카드-카운팅 시스템, 게임을 하는 동안 덱에 주어진 어떤 값(point)의 실제 가치. [ca. 1961 Hotel Coll]

④ 21-게임에서 승산이 유의할 때 큰 베트(large bets)를 만들려는 순서로 핸드 안에 게임된 모든 카드의 등급(rank)을 암산하는 것. [1953 Crawford Consistent Winner 344]

▣ **count down**: 카지노 게임 테이블에서 카운팅을 쉽게 하기 위하여 가장 작은 스텍 상태의 칩스의 스텍으로 높이를 맞추어 분리하는 것. 또는 블랙잭 게임에서 그들이 게임한 카드의 가치를 암기하는 것을 말한다. [1968 Thackrey Gambling Secrets 117]

▣ **count card**: 블랙잭 게임에서 잭(jack), 퀸(queen) 또는 킹(king)과 같은 '페이스 카드(face card)'와 '카운트 카드(count card)'를 말한다. [1968 Wallace Poker 213]

Counter (카운터)

① '카드 카운터(card counter)'라고 부르며, 블랙잭 게임에서 승산의 이동에 따라 베팅 형태를 바꾸며, 게임에 사용된 모든 카드를 암산(暗算)하는 게임자. [1974 Powell Vervall Dexterity 4]

② 카드 게임에서 카드의 앞면 카드와 차별화된 점수(point)를 가진 카드. 예를 들면 스페이드의 '퀸(queen)'은 다른 퀸과는 차이가 있는 가치를 가지는 것이다. [1953 Crawford Consister Winner 344]

③ '칩(chip)' 또는 '첵(check)'이라고 부르며, 베팅을 목적으로 사용 [OED]

된 대체통화 가치의 '토큰(token)'을 말한다.

Counter game (카운터 게임)

키노(keno), 빙고(bingo)와 같은 갬블링 게임 또는 '스포츠 북(sports book), 레이스 북(race book)과 같은 장소에서 그들의 웨이저를 가져와 고객이 요구하는 베팅을 창구 또는 카운터를 통해서 이루어지는 게임

[1957 Nevada Gaming Regulations 33]

Counting device (카운팅 디바이스)

슬롯머신 내부의 기계식 또는 전자식 기록기로 슬롯 안으로 드롭된 코인의 수량, 당겨지는 핸들의 시간대별 횟수 그리고 지불코인의 금액을 계산하는 기기(器機).

[1978 Alexander Glossary 4]

Count room (카운트 룸)

카지노에서 테이블에 있는 '드롭 박스(drop box)'들을 가져와 돈이 계산되는 어느 지역을 말한다. 이 '카운트룸(countroom)'은 슬롯머신으로 코인이 카운트되는 '코인룸(coinroom)'과는 분리된 지역에 있다.

[1961 Scarne Complete Guide 676]

Country straight (카운트리 스트레이트)

'오픈-엔디드 스트레이트(open-ended straight)'라고도 부른다. 포커 게임에서 연속적인 숫자를 가진 사람의 카드가 5장의 연속적인 넘버가 되는 카드가 되려면 이어지는 카드가 보다 높은 숫자이거나 보다 낮은 숫자를 드로우하는 것에 의해 '스트레이트(straight)'가 성공될 수 있다.

[1978 Brunson How I Made 527]

Count team (카운트 팀)

카지노에서 각 드롭 박스로부터 돈을 카운트하고, 각각 분리하여 내용을 기록하는 종업원의 그룹을 말한다. '카운트 팀(count team)'은 케이지 업무를 대리하는 정상적인 계산하는 부서이며, 카지노 안에 다른 부서로부터 온 외부요원으로 구성된다.

[1977 Nevada Gaming Control Internal]

Cover (카버)

① 웨이저를 수용하여 갬블링 레이아웃에 베팅을 하는 것 [OED]

② 다른 게임자에 의해 제안된 돈의 총액을 맞추어 수용하는 베트

③ 카지노 직원으로부터 그들의 활동을 위장하려는 '카운트(count)'에 의해 사용되는 판단 기준 [2006 고택운 카지노 서베일런스 시스템의 이해 312]

④ 카지노 직원이 '카운터(counter)'로 변장하여 카운팅하는 수단

▣ **cover play** : 카지노 게임에서 변장한 카지노 직원이 하우스가 유리하도록 전략상 실수를 만들어내는 속임수 게임.

[2006 고택운 카지노 서베일런스 시스템의 이해 312]

Cowboy (카우보이)

① 카드 중에 슈트와 관계없이 '킹(king)' 카드를 지칭하는 말 [1949 Coffin Secrets 175]

② 무모하게 베트를 하고 게임을 빠르게 진행하여 종종 간단치 않은 실수를 만드는 갬블러 [1981 Maurer Language of the Underworld 184]

Crabs (크랩스)

① 크랩스(craps) 게임에서 넘버 2, 3 또는 12를 던지는 것 [1938 Asbury Sucker's Progress 40]

② 게임용 카드에서 슈트와 관계없이 '3'을 지칭한다. [1981 Golad Oral Coll]

Crack the nut (크랙 더 나트)

직업적인 갬블러와 카지노 매니저들의 사이에서 서로 충분한 금액을 이기려는 적당한 일일 경비에 대하여 언급하는 용어이다. [1961 Smith & Noble Quit Winners 53]

Crackle the dice (크래클 더 다이스)

크랩스 게임에서 주사위를 섞는 것처럼 함께 덜커덕 소리를 내면서 적어도 위로 향한 면을 특별히 가진 주사위 한 개를 갖고 있는 것을 말한다. [ca. 1961 Hotel Coll]

Crank game (크랭크 게임)

퍼천 휠, 룰렛 또는 빅 식스 휠과 같은 게임으로, 휠의 회전 또는 주사위의 던지기처럼 한 게임이 일어난 후에 변화되는 게임을 말한다. 이러한 게임을 빠르게 움직이는 것으로 웨이저를 급히 서두르고 단순하게 변하도록 설계되었다. [ca. 1961 Hotel Coll]

▣ **crank-store** : '그린드 스토어(grind store)'라고 부르기도 한다. 단지 슬롯머신만 가지고 있는 갬블링 시설로 딜러 또는 다른 사람을 요구하는 게임이 없는 곳을 말한다. [1973 Clark Oral Coll]

Crap dealer (크랩 딜러)

크랩스 게임에서 루징한 웨이저를 수거하고, 승자에게 지불하며 '롤링(rolling)'된 주사위 점수를 알려주는 종업원 [1961 Sdarne Complete Guide 672]

Crap hustler (크랩 허슬러)

① 실제 승률보다 적게 게임자에게 웨이저를 제공하는 크랩스 게임의 운영자 [1981 Maurer Lang. of the Underworld 185]

② 감언이설로 다른 곳으로부터 크랩스 게임자 또는 게임에 게임자를 데려오는 사람으로, 그들의 돈을 가지고 플레이하고 위닝의 모든 몫을 관리한다. [1983 Martinet Oral Coll]

Crap layout (크랩 레이아웃)

크랩스 게임에서 다양하게 웨이저를 베팅하도록 표시하기 위한 공간이 있는 테이블의 표면을 덮은 천(felt). 게임자가 그의 돈 또는 칩스 [1953 Lewis Sogebrush Casinos 11]

를 베팅하는 장소를 특별히 만들기를 바라는 게임자의 전용으로 표시된 공간을 말한다.

Craps (크랩스)

① 세계에서 가장 주류를 이루고 있는 주사위 게임으로 일찍이 1768년 'crabs'라는 명칭에서 유래되었다. 이 용어는 '하자드(hazard)' 게임의 형태에 속하는 것으로, 'creps', 'crebs'로 사용된 프렌치에서 전래되었다. 이러한 프렌치 게임의 형태는 1840년경 뉴올린스(New Orleans)에 소개되어졌고, 1843년 DA, DAE, OEDS에 의해 '크랩스(craps)'로 미국식 영어로 표기되었다. [DA, DAE, OEDS]
② 크랩스 게임에서 넘버7 또는 11점이 굴려진 경우 불리워지는 명칭.
③ 크랩스 게임에서 2, 3 또는 12점이 굴려진 경우 불리워지는 명칭.
게임의 형태, 방식에 따라 알리 크랩스(alley craps), 아미 크랩스(army craps), 뱅크 크랩스(bank craps), 블랭키트 크랩스(blanket craps), 카지노 크랩스(casino craps), 스테이지 크랩스(stage craps)등의 종류가 있다.

Crap shooting (크랩 슈팅)

① 크랩스의 게임이 있는 곳의 '플레잉(playing)'을 말한다. [ODES]
② 어떤 모험적인 활동을 떠맡은 일. 특별한 사업 또는 정책.

Credit line (크레딧 라인)

카지노에서 카지노 케이지에 보관한 게임자 돈의 총 금액 또는 카지노 매니저가 게임자에게 자진하여 빌려주는 돈의 총 금액을 말한다. [1983 Martinet Oral Coll]

Credit play memorandum (크레딧 플레이 메모랜덤)

'마커(marker)'라고도 불리우며, 카지노에서 핏보스가 그에게 돈을 빌려줄 때 게임자에 의해 서명하여 써넣는 슬립(slip)을 말한다. 그 '크레딧 플레이 메모랜덤(credit play memorandum)'은 카지노 케이지에 보관되고 채무가 변제되면 게임자에게 되돌려준다. [1957 Nevada Gaming Regulations 33]

Credit limit (크레딧 리미트)

머신 게임에서 기기가 호퍼페이, 핸드페이 또는 캐시아웃 상황을 유발하게 될 수 있기 전까지 축적하게 될 최대의 크레딧 수치 [2002 고택운 카지노 게임의 실무이론 II 365]

Credit play (크레딧 플레이)

머신 게임에서 '호퍼(hopper)'로부터 지불이 일어나는 것이 아니라 모든 시상이 크레딧 디스플레이에 축적되도록 해주는 기능 [2002 고택운 카지노 게임의 실무이론 II 365]

Credit slip (크레딧 슬립)

카지노에서 테이블과 케이지 간에 수송하는 칩스의 기록으로 핏보스 [1957 Nevada Gaming Regulations

와 카지노 케이지 종업원이 사용하는 프린트된 서류 양식을 말한다. 31]

Crimp (크림프)

① 카드 속임수로 뒤쪽에서도 알아볼 수 있도록 게임용 카드를 구부려 만드는 것 [1961 Scarne Complete Guide 676]

② 게임용 카드의 구석을 구부리거나 주름을 잡아 나중에 그것을 뒷면에서도 인지할 수 있도록 만든 것을 말한다.

Crimp artist (크림프 알티스트)

'크림퍼(crimper)'라고도 불리우며, 카드가 뒷면으로 향해 있을 때 그들이 인지(認知)할 수 있도록 일정하게 카드의 구석을 구부리는 카드 속임수꾼(cheater)을 말한다. [1968 Adams Western Words]

Crooked-honest system (크루크드-허니스트 시스템)

'크로스리프트(crosslift)' 또는 '크로스화이어(crossfire)'라고도 불리운다. 포커 게임에서 속임수 행위의 방법으로 두 명의 게임자가 공모(共謀)하여 그들과 정직한 게임자 사이에서 정직한 게임자가 핸드에서 물러날 때까지 '베트(bet)'를 각각 올리는 방법을 말한다. [1968 Wallace Poker 213]

Cross (크로스)

① 속임수꾼의 속임수 행위의 활동 [DAS, DAUE]

② 속임수 행위를 하는 속임수꾼을 상대하여 이기려는 행위

③ 카드나 주사위 게임에서 속임수 행위를 하여 피해자가 자신의 파트너임을 믿도록 유도하는 이중적인 속임수 [2006 고택운 카지노 서베일런스 시스템의 이해 313]

Cross fill (크로스 필)

카지노에서 케이지로부터 칩스를 공급받지 아니하고 다른 어떤 게이밍 테이블로부터 칩스를 이동하여 채우는 활동을 말한다. [1978 Alexander Glossary 5]

※ 네바다주는 '크로스 필(cross fill)'을 불법행위로 간주하지만, 뉴저지주는 불법통화로 간주하지 않는다.

Crossroader (크로스로더)

하우스를 속이려는 기회를 찾아 여기저기 갬블링 시설을 돌아다니는 카드 속임수 기술자. 지금은 주로 카지노에서 전문가의 입장으로 고용하기도 한다. [1961 Smith & Noble Quit Winners 20]

Croupe (크로우프)

게임 또는 지불에서 실수를 예방하려고 관찰하는 자로 카드 게임 또는 여러 가지 게임을 감독하는 사람을 말한다. 못보고 지나치는 카드 또는 잘못 계산한 현금 등 어느 쪽이든지 딜러에 의해 만들어지는 실수가 없도록 보호하려는 데 그 임무가 있다. [OED]

Croupier (크루피어)

Crouper, Croupee, Crowpee로 표기하며,

① 갬블러의 베트를 관리하고 충고와 도움을 주려고 갬블러의 뒤에 서 있는 공모자를 지칭하는 용어이었으나 현재는 안 쓰이는 내용 [OED]

② 원래는 '버들가지로 만든 갈퀴'라는 뜻으로 룰렛 게임 테이블에서 루징베트를 끌어모으는 게이밍 하우스의 종업원을 말한다. [OED]

③ 딜러를 뜻하는 프렌치어로서 룰렛, 바카라, 쉬멘디포 등의 게임에서 핸드를 나누어주는 카지노 고용인을 말한다. [2002 고택운 카지노 게임의 실무이론 II 138]

Crying call (크라잉 콜)

포커 게임에서 이전 베터와 동등한 웨이저 만들기 또는 콜링, 동시에 베트의 크기에 대한 불평을 제시하는 '콜(call)'을 말한다. [1978 Brunson How I Made 528]

Cucumber (커컴버)

갬블링 게이밍 또는 카지노에서 유별나게 고지식하거나 전혀 경험이 없는 갬블러를 지칭하는 말 [1974 Scarne Dice 465]

Cull (칼)

카드 게임에서 나중에 비밀리에 사용할 목적으로 하는 어떤 카드를 선별하는 기술로, 같은 종류의 그룹으로 함께 카드를 골라내는 행위를 말한다. [1968 Wallace Poker 213]

Cup (컵)

주사위 게임에서 사용하는 가죽으로 덮은 용기로서 게임에서 주사위를 던지는 것과 섞으려고 사용되는 다이스 컵을 말한다. [1981 Maurer Lang, of the Underworld 184]

Cup and wire worker (컵 앤 와이어 워커)

머신 게임에서 짧은 튜브조각과 스픈 또는 철사줄을 사용하여 슬롯머신의 문을 열어 모든 코인을 떨어뜨리는 슬롯머신 속임수꾼. [1941 Fair Spill the Jackpot 38]

※ 1940년 후반기 이후 이러한 방법을 수용하는 슬롯머신은 제작하지 않는다.

Curator (큐레이터)

바카라 게임에서 딜링을 하려고 지정된 게임자의 호칭 [1996 C.G.D.]

■ **curse of Mexico** : 카드덱의 스페이드(spade)의 '2' [1949 Coffin Secrets 175]

■ **curse of Scotland** : 카드덱의 다이아몬드(diamond)의 '9' [OED]

Curve (커브)

뱅크 크랩스 테이블에서 테이블의 박스맨 쪽의 구석, 후크의 반대쪽으로 테이블의 스틱맨 쪽에 있는 레이아웃의 구석을 말한다. [1983 Martinet Orall Coll]

Cushion (큐션)

카지노 크랩스 테이블에서 테이블의 양쪽 끝쪽에 누벼놓은 벽. 그 벽에 의하여 굴려진 주사위는 불규칙하게 튀게 되었으므로 '콘트롤드 셧(controlled shot)'에 대하여 기회를 줄이자는 목적이 있다. [1983 Martinet Orall Coll]

Cut (컷트)

① 게임용 카드덱을 이등분하거나 게임의 종료를 표시하는 카드. [OED]

② 하우스 차지(charge), 포커나바카라 게임에서 베팅한 게임자의 금액에서 2% ~ 5%를 딜러가 공제하는 것. [1981 Maurer Lang of the Underworld 184]

▣ **cut checks** : 카운팅을 쉽게 하기 위하여 가장 작은 스텍으로 칩스 스텍을 다시 만드는 것을 말한다. [ca. 1961 Hotel Coll]

▣ **cut in** : 카드 게임에 참가하는 사전절차로 '휘스트(whist)'와 같이 게임에서 물러나는 게임자의 자리를 차지하는 것을 말한다. [OED]

▣ **cut into** : 카지노 딜러에 의해 사이즈를 맞추는 것으로, 길이가 짧은 스텍에 다음 칩스의 스텍 높이에 놓고, 같은 크기의 양쪽 스텍을 남기고 초과한 부분은 제거하는 것이다. [1977 Anness Dummy Up]

▣ **cut out work** : 카드 속임수 행위로, 잉크를 지우는 액체를 가지고 카드 뒷면의 정한 부분을 조금 넓게 표시한 카드 [2006 고택운 카지노 서베일런스 시스템의 이해 313]

▣ **cut the pot** : 포커 게임에서 새로운 공급에 대한 지불 또는 시설을 사용하는 데 대한 게임의 경영자에게 지불하려 '팟(pot)'으로부터 돈을 거두어들이는 것을 말한다. [1949 Coffin Secrets 175]

▣ **cut tokes** : 카지노에서 딜러들이 고객으로 받은 팁 또는 선물을 분배하는 것을 말한다. [1977 Anness Dummy Up]

▣ **cut up a touch** : 컷 업 어 스코어(cut up a score) 구절과 같은 뜻으로, 속임수 행위 고리의 멤버의 사이에서 속임수 행위에 의해 얻어진 돈을 분배하는 것을 말한다. [2006 고택운 카지노 서베일런스 시스템의 이해 313]

▣ **cut up jackpots** : 지나간 게임에 대한 아쉬움을 표현하는 말로 특히 돈의 커다란 금액을 뜻한다. [ca. 1961 Hotel Coll]

Cut card (컷 카드)

'스웨트 카드(sweat card)'라고도 불리운다. 카지노 21-게임 테이블에서 팩을 이등분하기 위하여 손님에 의해 사용되는 직사각형 플라스틱 카드. 딜러는 높은 쪽의 덱보다 낮은 쪽의 꼭대기에 꽂고 나서 딜링을 시작한다. [1977 Anness Dummy Up]

Cut dice (컷 다이스)

주사위를 깎거나 구멍을 뚫는 것으로 변형을 가졌거나 또는 그 밖에 물리적으로 형태 또는 중량을 변조한 주사위를 말한다. [OED]

Cutter (캇터)

갬블링 운영의 소유자를 위해 위닝의 몫을 가져가는 책임을 가진 갬블링 게임을 담당한 사람. 포커 게임에서 갬블링 시설의 수수료를 '팟(pot)'에서 일정비율로 떼어내는 종업원. [1981 Clark Orall Coll]

Cutting for the deal (컷팅 퍼 더 딜)

카드 게임에서 첫 번째 카드를 딜링하는 사람을 결정하려고 가장 높은 카드 또는 가장 낮은 카드를 뽑아 결정하는 행위 [1836 Eidrah Hoyle Famil 3]

Cycle (사이클)

머신 게임에서 기기가 할 수 있는 가능한 총 조합(組合)의 수 또는 포커 머신에서 결합될 수 있는 가능한 총 카드 조합의 수를 말한다. [2002 고택운 카지노 게임의 실무이론 II 366]

D

D (디)

'도그(dog)'라고도 불리운다. 포커 게임에서 딜러의 왼쪽에서 네 번째 게임자를 지칭한다. 또한 포커 게임의 종류를 문자로 표기하는 데 사용되고, 말로 표현하는 데는 사용하지 않는다.

〔1949 Coffin Secrets 176〕

Dame (댐)

포커 게임에서 슈트와 관계없이 '퀸(queen)' 카드에 대한 명칭을 말한다.

〔1949 Coffin Secrets 176〕

Damnation alley (댐네이션 엘리)

룰렛 게임에서 레이아웃의 왼쪽핸드 측면의 12넘버를 칼럼을 지칭하는 용어. 이는 게임자가 볼이 떨어진 후에도 그 지역을 알아차리고 베트를 미끄러트리기도 하고, 딜러의 주변 시선을 놓칠 수 있는 칼럼이기 때문에 그렇게 부른다.

〔1979 Newman Dealer's Special 69〕

Dark bet (다크 베트)

포커 게임에서 카드를 보기 전에 웨이저를 만드는 베트. '블라인드 베트(blind bet)'라고도 한다.

〔1968 Wallace Poker 213〕

Daub (더브)

속임수 행위를 할 목적으로 카드의 뒷면에 표시하려고 사용된 연고 또는 액체로 커즈메틱(cosmetics), 페인트(paint), 루즈(rouge)가 있다.

〔1949 Coffin Secrets 176〕

Dauber (더버)

잉크 또는 다른 어떤 액체를 가지고 게임용 카드의 뒷면에 모양을 알 수 있도록 표시를 하는 카드 속임수꾼을 말한다.

〔1953 Fairfield the Sucker 15〕

Dead card (데드 카드)

포커 및 블랙잭과 같은 게임에서 게임에 사용된 또는 부주의하여 노출된 카드 〔DA〕

Dead fish (데드 피쉬)

갬블링 게이밍 테이블에서 가장 긴 시간대에 게임을 시도하면서, 작은 웨이저를 만드는 게임자를 비유하는 용어이다. 〔1963 Steig Common Sense 183〕

Dead hand (데드 핸드)

카드 게임에서 엉망으로 되어져 게임을 할 수 없도록 만들어진 핸드. 카드가 너무 많이 또는 너무 적게 딜링되었거나 또는 다른 잘못이 발생한 상황을 말한다. 〔1963 Steig Common Sense 183〕

Dead head (데드 헤드)

갬블링 게이밍 또는 카지노에서 그가 가진 모든 돈을 잃었기 때문에 게임을 할 수 없어 게임을 구경만 할 수 밖에 없는 게임자. 또는 많은 돈을 베트를 하고 싶어하지 않은 사람으로 희생자로 가망이 없는 사람을 일컫는다. 〔1981 Maurer Lang of the Underworld 185〕

Dead man's hand (데드 맨스 핸드)

포커 게임에서 '에이스스(aces)'페어와 '에잇(eights)'페어를 가진 핸드를 말한다. 〔DA〕

Dead money (데드 머니)

뱅크 크랩스 게임에서 베트를 한 후에 잃어버렸거나 바뀌어 만들어져 못보고 지나친 레이아웃상에 남겨진 칩스 또는 현금을 말한다. 〔1983 Martinet Oral Coll〕

Dead table (데드 테이블)

카지노에서 오픈된 게이밍 테이블에 딜러는 준비하고 있지만 게임자가 없는 테이블을 말한다. 〔1983 Martinet Oral Coll〕

Deal (딜)

① 게임이 시작하는 곳에 게임자에게 카드 또는 '도미노 타일(domino tiles)'을 분배하는 것 〔OED〕

② 카지노에서 여러 가지 게임의 어떤 운영을 말하며, 카드 게임으로 한정하지 않는다. 〔1979 Clark Orall Coll〕

▣ **deal from the bottom** : 덱(팩)의 밑바닥에서부터 카드를 분배하는 경우로 이는 부정직한 행위가 된다. 〔1943 Conboie Lincoln Slim 205〕

▣ **deal off** : 포커 게임에서 일정한 시기 동안의 마지막 핸드에 대하여 분배를 마친 경우. 〔1949 Coffin Secrets 176〕

▣ **deal out** : 포커 또는 블랙잭 게임에서 어느 라운드에 대한 핸드에서 게임자를 빠뜨린 경우에 사용되는 말 〔1949 Coffin Secrets 176〕

Dealer (딜러)

카지노 또는 게이밍 시설 즉, 카드 또는 주사위 또는 빅 식스, 포천 휠, 룰렛과 같은 게임 테이블이 있는 곳에서 게임을 운영을 하는 사람의 명칭 〔OED〕

Dealer's advantage (딜러스 어드벤티지)

딜러의 '엣지(edge)'라고도 부른다. 21-게임에서, 게임자는 딜러가 드로우하여 21점이 초과되기 전에 21점을 초과하게 드로우할 수 있다는 사실이 대조적이다. 둘다 루징 핸드를 가졌음에도 불구하고, 게임자는 먼저 지게 되므로 그의 웨이저를 루스한다는 것이다. 〔ca. 1961 Hotel Coll〕

Dealer's choice (딜러스 초이스)

게이밍 테이블에서 플레이될 수 있는 무슨 게임이라도 딜러에 의해 득점이 발표된다. 〔1949 Coffin Secrets 176〕

Dealer's hitting rule (딜러스 히팅 룰)

카지노 블랙잭 게임에서, 딜러는 만약 그의 카드 가치 합이 16점 이하면 드로우 해야하고, 만약 17점 이상이면 다른 카드를 드로우해서는 안 된다는 필요 조건이 있다. 일부 카지노에서는 딜러의 카드가 만약 첫 번째 두 장의 카드에서 6과 A라면 이는 '소프트 세븐틴(soft seventeen)'으로 드로우하기도 한다. 〔ca. 1961 Hotel Coll〕

Dealer's room (딜러스 룸)

카지노의 한 지역으로 손님과 차단된 곳이며, 딜러들을 위해 별도로 준비한 장소로 짧은 기간 동안 그들이 머물면서 근무교대를 가지는 곳이다. 〔ca. 1961 Hotel Coll〕

Dealing (딜링)

카드 게임에서 각 게임자에게 카드를 분배하는 행동을 말한다. 딜링은 카드를 분배하는 것으로 연속적으로 각 게임자에게 제공하여 카드를 소모하는 것이며, 이는 덱의 맨 위에서 한 장, 두 장 또는 세 장을 동시에 플레이되어진 게임에 따라 딜러는 그의 왼쪽에 있는 핸드의 게임자부터 시작하여 규칙적으로 라운드를 진행시키는 것을 말한다. 〔OED〕

Dealing box (딜링 박스)

'페로(faro)' 또는 블랙잭 및 바카라 게임에서 딜링되어지는 카드를 담는 용기로 '슈(shoe)'라고 불리운다. 그 딜링 박스는 페로 게임에서는 한 덱을 넣어 사용하지만, 블랙잭 게임에서는 카드 6덱까지 넣어 사용하기도 한다. 〔DA〕

Dealing a blister (딜링 어 블리스터)

카드 속임수에서 표시된 카드를 촉감으로 알아내어 카드 핸드와 관련된 사기도박을 하는 사람은 그 카드가 덱의 맨 위에 있을 때 그 카드를 감지(感知)할 수 있도록 자신이나 파트너를 위해 마크한 카드로 딜링하는 것을 말한다. [2006 고택운 카지노 서베일런스 시스템의 이해 306]

Dean (딘)

갬블링 게임에 뛰어난 직업적인 갬블러로서, 특별히 승률 계산에 빠르고 정확하게 할 수 있는 어떤 사람을 지칭한다. '프로페서(professor)'라고 부르기도 한다. [1961 Scarne Complete Guide 677]

Debone (데븐)

카드 속임수 작업으로 나중에 뒷면에서 인지할 수 있도록 카드를 구부려놓는 행위로 카드를 '크림프(crimp)'한다고도 한다. [1968 Wallace Poker 213]

Deck (덱)

게임용 카드의 팩(pack)을 말한다. 대부분의 갬블링 게임에서 사용되는 4 디자인 또는 슈트로 구성된 한 덱은 52장으로 이루어졌으며 슈트(suit)는 클럽, 다이아몬드, 하트, 스패이드이며, 각 슈트는 13장을 가지고 있고, 그 한 조(組)는 킹, 퀸, 잭, 10, 9 등등의 아래숫자로부터 A까지 행렬의 계수(繼數)로 되어 있다. [OED, DAE]

Defensive bet (디펜시브 베트)

포커 게임에서 잠재 손실의 사이즈를 제한하려고 의도(意圖)한 웨이저. 보통 커다란 레이스를 저지하려고 작은 금액의 베팅을 올리는 것으로 행해진다. [1968 Wallace Poker 213]

Degenerate (디제너레이트)

정규적으로 갬블하는 게임자를 말하며, 통상 작은 금액을 베팅 하는 것을 말한다. 이러한 용어는 공통적인 표현 기법이지 어느 사람을 지칭하여 무시하는 용어(用語)는 아니다. [1981 Golad Oral Coll]

Deliver (델리버)

카드 게임에서 핸드가 시작하는 곳에 게임자에게 카드를 분배하는 것을 말한다. [1979 Newman Dealer's Special 7]

Denomination (디노미네이션)

① 게임에 사용하는 카드의 등급(rank)을 말한다. 통상 그 등급은 '2'에서 위로 가치가 에이스까지 증가된다. 때로는 '1(A)'에서 시작하여 '킹(king)'까지 등급의 가치를 증가시키기도 한다. [1949 Coffin Secrets 176]

② 머신 게임에서 코인(coin) 또는 토큰(token)에 특별히 지정된 액면 단위를 말한다. [2002 고택운 카지노 게임의 실무이론 II 366]

③ 카드 또는 칩스, 현금의 명칭 및 종류 또는 액면가를 말한다. [1996 C.G.D.]

Dent (덴트)

카드의 속임수 행위의 하나로, 엄지손톱으로 눌러 카드의 뒷면에 표시를 만들거나 살짝 카드의 구석을 구부려 놓는 행위를 말하며 '라운딩(rounding)'이라고도 한다. [1968 Wallace Poker 213]

Desperate money (데스퍼레이트 머니)

이는 생활비를 위한 의도된 '머니(money)'로서 갬블링을 위한 것이 아니다. 직업적인 갬블러들에게도 당연히 요구되는 이러한 머니는 보수적이고 무모함이 번갈아 일어나는 베팅 전략에 판단이 손상된 게임을 한 사람에게는 쉽게 질 수 밖에 없기 때문이다. 이러한 머니를 '스캐얼드 머니(scared money)'라고도 한다. [1978 Silberstang Winning Poker 13]

Deuce (듀스)

① 2점을 가진 게임용 카드, '옥스포드 영어사전(OED)'에는 deux, dewse, dwce, dewce, deuce, dews, deus, duce 등 여러 가지 철자법으로 수록되어 있으나 '듀스(deuce)'는 1775년 이래, 주로 사용되고 있다. [OED]

② 2불(two dollars) [1981 Maurer Lang. of the Underworld 185]

③ 2점을 가진 주사위면 [OED]

④ 주사위 한 번을 가지고 2점을 던진 경우 [OED]

Deuce-ace (듀스-에이스)

크랩스 게임에서 3점의 결과가 주사위 하나는 2점을 지닌 것을 보여주었고, 다른 하나는 1점을 보여준 주사위를 말한다. [OED]

Deuce dealing (듀스 딜링)

카드 게임에서 덱의 밑바닥으로부터 통상 두 번째 카드를 분배하는 것으로 '바텀딜(bottom deal)'이라고도 한다. [1965 Fraiken Inside Nevada 69]

Device (디바이스)

① 슬롯머신 게임에서 코인으로 운영되는 갬블링 머신장치. [1957 Nevada Gaming Regulations 4]

② 갬블링 게임에서 다양하게 속임수꾼에 의해 사용되는 기구 또는 장비의 부속품을 말한다. [1973 Clark Oral Coll]

Dice (다이스)

① 각 면에 1점에서 6점이 찍힌 2개의 정육면체의 주사위. 이는 36까 [2006 고택운 카지노 서베일런스 시스

지 숫자의 결합이 이루어질 수 있으며, 모든 승산과 확률은 이 숫자에서 계산된다. [템의 이해 314]

②'본스(bones)'라고도 불리우며, 크랩스 또는 해저드(hazard)와 같은 여러 가지 게임의 명칭이 주어진다. [OED, DAE]

③'다이스 피트(dice pit)'의 줄임말로 크랩스 테이블이 위치한 카지노 지역을 지칭한다. [1984 Martinet Oral Coll]

※ 주사위가 활동 중에는 '다이싱(dicing)'이라고 불리우며, 고대 그리스의 도기류(陶器類)에 묘사된 적이 있다. 많은 명칭에 의해 입방체의 수가 정해지며, '애스트리겔(astragals)'은 'astragalus'로부터 유래(由來)되었고, 양의 발목 뼈의 위쪽 부분의 명칭으로 'Greek astragalos'의 단어에서 전래된 것 같다. 다른 명칭은 좀 더 공통적으로 마주치는 것을 포함하여 babies, bones, ivories 그리고 marbles 등이 있다. [1987 Thomas L. Clark The Dictionary of Gambling and Gaming 62]

그 밖의 명칭은 주사위의 형태, 모양, 사용방법, 게임에 따라 가지각색으로 다양하게 불리워진다.

▣ **dice are off** : 주사위 게임에서 부정한 주사위로 변경하였거나, 품질이 안 좋기 때문에 어느 쪽도 순수한 입방체가 아닌 것을 말한다. [1996 C.G.D.]

▣ **dice bite** : 뱅크 크랩tm 게임에서 던져진 주사위에 의해 부딪힌 손등에 남은 작은 상처를 말한다. 카지노 주사위는 모서리가 예리하여 때로는 피가 나기도 한다. [1983 Martinet Oral Coll]

Dice bowl (다이스 보울)

뱅크 크랩스 게임에서 사용하지 않는 주사위를 담아 박스맨의 정면에 놓은 접시로 '슈터(shooter)'가 루스한 후, 스틱맨은 다이스 보울에서 모든 주사위를 쏟아 '뉴 슈터(new shooter)'에게 두 개를 고르도록 모든 주사위를 제공한다. [1973 Friedman Casino Games 44]

Dice cheat (다이스 치트)

크랩스 게임에서 한쪽으로 치우친 주사위를 사용하는 게임자 또는 갬블러로부터 돈을 훔치려고 주사위를 잘못 표시하는 속임수 행위를 말한다. [1961 Scarne Complete Guide 18]

Dice cogging (다이스 코깅)

크랩스 게임에서 '코깅 다이스(cogging dice)'라고도 부르며, 주사위를 던지는 동안 또는 던진 후에 교묘한 재주로 조작시키는 행위, 즉 주사위가 던져진 뒤에 손가락을 가지고 주사위 하나를 회전시키거나 인위적으로 주사위 모양을 만드는 것을 말한다. [OED]

Dice degenerate (다이스 디제네레이트)

주사위 게임에서 강박관념에 사로잡힌 사람 또는 습관적인 게임자. 통 [ca. 1961 Hotel Coll]

상적으로 'dice degenerate plays'는 가능한 한 오랫동안 게임에 머물려고 작은 베팅을 하는 행위에 속한다.

Dice gospeller (다이스 거스펠러)

주사위 게임을 상습적으로 하는 게임자의 명칭으로, 다이스 게임의 속임수꾼으로 알려졌으며, 다이스 게임이 있는 장소를 돌아다니며 순회하는 갬블러를 말한다. 〔OED〕

Dice hustler (다이스 허슬러)

직업적인 크랩스 게임자 또는 크랩스를 완성시키는 슈터를 말하며, 이 용어는 공통적인 표현 기법의 범위 안의 'hustler'로 관련시켜 함축된 하나의 통용어로서 무시하거나 품위를 떨어뜨리는 말은 아니다. 〔ca. 1961 Hotel Coll〕

- **dice maker** : 통상 진짜의 주사위를 만드는 사람을 말한다. 〔OED〕
- **dice-man** : '다이스 메커닉(dice mechanic)'이라고도 불리우는 사람의 호칭으로, 종종 크랩스 딜러, 다이스 속임수꾼 또는 외부에서 가져온 부정한 주사위와 쉽게 바꿔치기 할 수 있는 사람을 일컫는다. 〔OED〕
- **dice mob** : 2명 또는 그 이상의 주사위 속임수꾼이 게임에 공모하여 작업하는 일단의 패거리 〔1961 Scarne Complete Guide 677〕
- **dice pit** : 카지노에서 크랩스 테이블이 설치된 지역. 만약 그 곳에 2대 이상의 테이블이 있다면, 그 지역의 중간 사이에 고객이 서 있는 것을 허용하지 않는 곳이 '피트(pit)'이다. 〔1983 Martinet Orall Coll〕
- **dice-play** : 주사위를 가지고 행하는 '플레이(play)' 또는 갬블링 게임을 말한다. 〔OED〕
- **dice-player** : '다이서(dicer)'라고도 불리우는 다이스 게임에 갬블을 하는 사람 〔OED〕
- **dice shark** : 조작(造作)된 주사위에 의해 또는 한쪽으로 치우치게 또는 오류를 가진 주사위를 게임에 사용하여 속임수 행위를 하는 사람 〔1943 Conboie Lincoln Slim〕
- **dice switch** : 부정한 주사위와 정직한 주사위를 다이스 게임 진행 동안 다시 제자리로 돌려놓으려 이동시키는 행위 〔1961 Scarne Complete Guide 18〕
- **dice table** : 크랩스 게임을 위하여 사용된 14인치 높이의 벽으로 둘러싸여진 슬레이트 외면 또는 목재로 고정시켰고 레이아웃 천(felt)으로 특별히 디자인되었다. 벽쪽의 끝부분의 인테리어는 주사위가 빗나가게 하려고 물결모양으로 누벼 놓았다. 〔1983 Martinet Orall Coll〕
- **dice-top** : 각 면에 표시된 넘버를 지닌 정다각형 형태로 회전을 시켜 만든 맨 윗면 〔OED〕

Dicing (다이싱)

주사위를 가지고 '플레잉(playing)' 또는 '갬블링(gambling)'을 하는 실무 또는 활동을 말한다. 〔OED〕

■ **dicing-house** : 주사위로 게임 또는 갬블링만을 하도록 되어 있는 시설. 일반적으로 '갬블링 하우스(gambling house)'라고 한다. [OED]

Die (다이)

6면에 각각 넘버를 가지고 있는 입방체로 각 면에는 반복되는 넘버 없이 1부터 6까지의 숫자를 가지고 있다. 1의 반대쪽에는 6, 2의 반대쪽에는 5, 3의 반대쪽에는 4가 있다. [OED]

※ 복수(두 개) 형태에서는 'dice'라 하고, 한 개의 주사위에 대해서는 'die'라고 한다.

■ **die down** : 크랩스 게임에서 테이블을 지나 끝쪽에 던져진 주사위가 있는 경우 '스틱맨(stick man)'에 의해 불려지는 '콜링(calling)'. [1983 Martinet Orall Coll]

■ **die on the floor / seven at the door** : '온 더 플로어(on the floor)', '히트 더 도어(hit the door)'라고도 불려진다. 크랩스 게임에서 테이블을 지나 끝쪽으로 던져진 주사위가 게임에 인정되지 않았을 때, 다음의 주사위 롤은 '7'이 될 것이라는 공통적인 확신 또는 미신적인 습관 행위를 지적하는 게임자들이 자주 사용하는 구절(句節)을 말한다. [1983 Martinet Orall Coll]

Dig (디그)

핸드에 게임을 진행하는 동안 그 웨이저를 주머니로부터 돈을 꺼내야 되는 상황을 말한다. 블랙잭 게임에서 게임자는 '더블 다운(double down)'에 '디그(dig)'할 수도 있다. 이 경우 그의 첫 번째 두 장의 카드를 앞면으로 펼쳐놓고, 한 장의 카드를 받으려고 테이블에 그의 오리지날 웨이저와 동등한 금액을 놓거나 또는 게임자가 핸드를 진행하는 동안 '인슈런스(insurance)'를 가지려고 '디그(dig)'를 할 수도 있다. 이것은 그의 오리지날 웨이저의 반(半) 가치금액을 놓는 것으로, 딜러의 앞면 카드가 '에이스(ace)'일 때에 해당된다. [1973 Clark Oral Coll]

Dildock (딜덕)

카드 게임에서 표시된 또는 스텍드덱(stack deck)을 사용하는 카드 속임수꾼 [1968 Adams Western Words]

Dime store (다임 스토어)

규모가 작은 갬블링 시설로 통상 슬롯머신과 적은 한도금액의 갬블링 게임으로 설치된 카지노를 말한다. 이는 그때그때의 통과 여객 또는 관광객에게 오락을 제공하는 수준으로 직업적인 갬블러 또는 큰 금액의 베터에게 흥미를 끌어들이는 시도를 하지 않는다. [1953 Lewis Sagebrush Casinos 157]

Dirty stack (더티 스텍)

'더티머니(dirty money)'라고도 불리운다. 카지노에서 함께 믹스된 서로 다른 종류 및 단위를 가진 칩스의 스텍을 말한다. [1983 Martinet Oral Coll]

Discard (디스카드)

① 핸드에 게임이 진행하는 곳에서 게임에 사용하기를 원하지 않는 카드를 제거하는 것. 이는 테이블의 중앙에 놓여진 핸드로부터 한 핸드 또는 이상의 핸드 카드를 가지고 앞면을 아래로 향하게 하여 가져간 카드를 말한다. [OED, DAE]

② 게임에 사용되어진 게임용 카드에 속하며, 그 팩은 '리셔플(re-shuffle)'될 때까지 옆에 준비해 둔다. 바카라 게임, 블랙잭과 다른 게임에서 부수적으로 카드를 담는 용기의 명칭은 다양하게 사용되며, 이는 'discard bowl' 또는 'discard holder', 'discard rack', 'discard tray' 등이 있다. 포커와 같은 게임에서는 이와 같은 용기는 없으나, 사용된 카드를 놓는 자리를 'discard pile'이라고 한다. [1890 Quinn Fools of Fortune 218]

Dispatchers (디스팻처스)

스펠링은 'dispatches'로서 거짓(가짜) 주사위를 말하며, 속이 비었거나, 무게를 조절하였거나 또는 숫자가 틀린 주사위를 말한다. [OED]

Diverter (다이버터)

머신 게임에서 코인을 호퍼나 드롭 박스로 이동시키는 '코인-인(coin-in)' 어셈블리의 한 부분. [2002 고택운 카지노 게임의 실무이론 II 366]

Do bettor (두 베터)

'프론트-라인 베터(front-line bettor)'라고 불리우며, 뱅크 크랩스 게임에서 패스 라인 위에만 베팅하는 게임자를 지칭한다. [1974 Scarne Dice 113]

Doctor (닥터)

① 특별한 넘버를 굴리기 위해 한쪽으로 기울거나, 점수를 잘못 표기하는 것으로 변형한 주사위. [OED]

② 주사위의 내부 또는 외부에 게임용 카드의 뒷면을 변조 또는 변경을 시키는 행위. [1902 Andrews Artifice 16]

Dolly (덜리)

룰렛 게임에서 위닝 넘버를 지적하는 데 사용할 목적으로 만든 원통 모양의 유리제품으로, 일종의 '마커(marker)'로 호칭한다. [2002 고택운 카지노 게임의 실무이론 II 138]

Doped cards (돕프드 카드)

인디아 잉크, 표백제 또는 물과 같은 액체를 가지고 뒷면에 표시한 게 [1968 Adams Western Words]

임용 카드를 말한다.

Double (더블)

① 포커 게임에서 이전의 베터에 의해 베팅된 금액을 올리는 것 [1964 Reese and Watkins Secrets 139]

② 페로 게임에서 같은 단위의 카드 상에 두 가지 베트를 하는 것 [1938 Asbury Sucker's Progress 9]

③ 접미사의 구성으로 보면 :

- **double down** : 블랙잭 게임에서 오리지날 베트의 금액만큼 베트를 증가시켜 카드 한 장을 받음 [1961 Scarne Complete Guide 677]
- **double through** : 포커 게임에서 2명의 다른 게임자로부터 이기려는 것으로 두 배의 사이즈로 '팟(pot)'에 대하여 수익을 만드는 것으로 만약에 한 명의 다른 게임자만 상대할지라도 마찬가지이다. [1973 Preston Play Poker 167]
- **double up** : 윈 또는 루스 후에 정기적으로 베트의 사이즈를 '더블(double)'로 만드는 것. [1971 McQuaid Gambler's Digest 305]

Double apron (더블 에프론)

카지노 딜러가 칩스를 스틸(steal)하려는 목적으로 사용하는 앞치마. 보통 에프론 안쪽에 주머니를 만들어 칩스를 그 주머니 안에 감춘다. [2006 고택운 카지노 서베일런스 시스템의 이해 314]

Double center (더블 센터)

교환할 수 있는 '휠(wheel)'을 가진 룰렛 테이블로, 정확하고 틀림없는 것, 균형이 맞지 않는 부정직한 것, '카누(canoes)'가 좁거나 미끄러지는 것을 가진 것, 어떤 넘버가 배열된 것 또는 어떤 다른 모양으로 속임수를 장치할 수 있는 테이블을 말한다. [1890 Quinn Fool of Fortune 250]

Double cut (더블 컷)

컷트를 한 후에 상단에 여러 장의 카드를 위치하여 보존하는 컷팅 카드에 대한 방법 [1865 Evans Gamblers Win 38]

Double dealing (더블 딜링)

포커 게임에서 속임수 행위의 행동으로 다른 게임자들 보다 공모한 자에게 카드를 더 주는 것을 말한다. [ca. 1961 Hotel Coll]

Double duke (더블 듀크)

카드 게임에서 상대방에 좋은 핸드를 제공하고, 자신이나 파트너에게는 더 좋은 핸드를 가질 수 있는 카드 기술자. [2006 고택운 카지노 서베일런스 시스템의 이해 314]

Double exposure (더블 익스포저)

블랙잭 게임에서 게임자들이 게임을 시작하기 전에 딜러의 카드가 노출된 상황. 이 경우 하우스에 의해 모든 규칙이 다시 정해진다. [2003 고택운 카지노 게임의 실무이론 I 89]

Double odds (더블 오즈)

뱅크 크랩스 게임에서 '플래트 베트(flat bet)', 정규적인 '패스 라인 베트(pass line bet)'에 허용된 정상적인 추가 금액을 두 번 올리는 게임자에게 허락하는 룰(rule)을 말한다. [ca. 1961 Hotel Coll]

Double shuffle (더블 셔플)

카드 게임에서의 속임수 행위로, 카드덱의 오리지날 순서를 방해하지 않고 카드덱의 셔플을 보여주기 위한 방법을 말한다. [DSUE, DAS]

Double-side (더블-사이드)

테이블 양쪽이 끝나는 곳에 같은 레이아웃이 반복되어져 있는 카지노 테이블로 크랩스 테이블은 공통적이고, 한층 적은 룰렛 테이블은 있지만, 카드 테이블 상에는 존재하지 않는다. [1973 Clark Oral Coll]

Double steer (더블 스티어)

카드나 주사위 게임에서 속임수를 행하는 자가 피해자에 대하여 자신이 파트너임을 믿게 하는 속임수 행위를 말한다. [2006 고택운 카지노 서베일런스 시스템의 이해 314]

Double-zero (더블-제로)

룰렛 게임 테이블에서 0와 00의 그린 칼라를 포함한 38개의 넘버를 가진 '아메리칸 휠(American wheel)'을 말한다. [1968 Thackery Nick the Greek 22]

Down (다운)

뱅크 크랩에서 뒤이어 나오는 주사위의 롤이 무시되도록 레이아웃에 있는 일정한 베트를 말로 전달하는 단어로 'down'은 게임자의 체크가 'No bet'임을 뜻한다. [1983 Martinet Oral Coll]

- **down-card**: 앞면이 아래쪽으로 향하여 딜링되어진 어떤 게임용 카드를 말한다. 이러한 카드 분배는 싱글덱 블랙잭, 바카라, 스터드포커, 홀뎀 포커 게임 등에서 행해진다. [1963 Steig Common Sense 183]
- **down hills**: 주사위 게임에서 '로우 넘버(low number)'가 굴려지는 결과가 되도록 변조한 주사위. [OED]
- **down inside / down outside**: 뱅크 크랩 게임에서 주사위가 테이블에서 벗어나 '피트(pit)'안으로 들어가면 '다운 인사이드(down inside)'이고, 게임자쪽으로 가면 '다운 아웃사이드(down outside)'라고 스틱맨에 의해 멘트되는 콜링(calling)을 말한다. [1983 Martinet Oral Coll]
- **down the river**: 세븐 카드 스터드와 홀뎀 포커와 같은 포커 게임에서 7번째 또는 마지막으로 딜링된 카드를 말한다. [1949 Coffin Secrets 176]

Doyle Brunson (도일 브런손)

홀뎀 포커 게임에서 첫 번째 두 장의 카드 중 한 장은 '10'이고 다른 한 장이 '2'인 경우의 핸드. 이 핸드는 '도일 브런손(Doyle Brunson)' 또는 '덜리 브런손(Dolly Brunson)'이라고 불리운다. 왜냐하면 '브런손'의 애칭은 '텍사스 덜리(Texas Dolly)'로 월드시리즈 포커대회에서 2년 연속 우승한 바 있어 그 명성에서 유래되었다. [1982 Golad Oral Coll]

Dozen (다즌)

룰렛 게임에서 12개 넘버를 하나로 포함시킨 베트로 1~12, 13~24, 25~36으로 지불은 2배이다. [2002 고택운 카지노 게임의 실무이론 II 139]

Drag (드래그)

① 카드룸에서 시설의 운영자를 위해 떼어가진 각 '팟(pot)'의 수수료 [1968 Wallace Poker 214]
② 포커 게임에서 남모르게 '팟(pot)'으로부터 칩스를 가지려는 행위
▣ **Dragging** : 게임의 결과가 판정된 후에 오리지날 베트의 칩스를 불법적으로 제거하는 행위

Draw (드로우)

카드 게임에서 추가 카드가 요구되는 행동 또는 테이블 위에 저장되어 있는 곳에서 카드를 가지는 것 또는 뽑는 것, 받는 것 등의 활동을 말한다. [DA, DAE]

Driller (드릴러)

머신 게임에서 머신에 구멍을 전문적으로 뚫는 슬롯머신 속임수꾼을 말한다. [2006 고택운 카지노 서베일런스 시스템의 이해 315]

Driver seat (드라이버 시트)

스터드 포커 게임에서 게임자들 대부분이 이겨서 돈을 가져오거나, 좋은 핸드를 가지는 자리를 말한다. [1996 C.G.D.]

Drop (드롭)

① 갬블링 시설(시설)에서, 한 시프트 또는 일일 동안의 일정한 기간 게임자들로부터 가진 총 금액. [1957 Nevada Gaming Regulations 32]
② 포커 게임에서 '팟'에 대하여 겨루거나, 베팅을 계속하는 핸드로부터 물러나는 것으로 '폴드(fold)' 하려는 것이다. [1949 Coffin Secrets 177]
③ 카지노에서 테이블에 저장되어 있는 칩스에 대하여 교환된 돈이 넣어진 곳. 그 돈은 테이블의 아래쪽에 부착된 박스에 모아지게 된다. [1974 Friedman Casino Management 15]

Drop box (드롭 박스)

① 카지노에서 테이블의 하단에 부착된 용기로서, 이는 돈을 수집하는 [1957 Nevada Gaming Regulation

데 사용되며, 테이블의 홈(구멍)을 통하여 저장된다. 32]

② 카지노에서 돈을 위한 어떤 용기(容器), 이 용기는 슬롯머신 아래에 있는 금속 또는 플라스틱 버커(bucker)를 말한다. [2006 고택운 카지노 서베일런스 시스템의 이해 315]

Drop bucket (드롭 버켓)

머신 안으로 보낸 코인이 가득 차면 받아내려고 슬롯머신 아래의 기구 안에 있는 용기세트를 말한다. [1978 Alexander Glossary 2]

Drop cut (드롭 컷)

카지노에서 특히 크랩스 게임의 딜러가 사용하는 칩스 컷팅 방법이다. 이는 게임자의 스텍을 상대하여 새로운 칩스 스텍으로 지불하는 절차로서, 딜러의 손 안에 커다란 스텍인 새로운 칩스를 잡고, 게임자의 스텍 높이에 맞추어질 때까지 빠르게 연속으로 떼어 놓는 방법으로, 여분의 칩스는 집게손가락으로 보유한다. [1984 Martinet Oral Coll]

Drop meter (드롭 미터)

머신 게임에서 게임에 사용된 코인의 수량을 기록하는 슬롯머신 안의 '카운팅 장치'로 핸들이 당겨진 시간대의 총 수와 지불 코인의 수량이 기록된다. [1978 Alexander Glossary 2]

Drugstore dice (드럭스토어 다이스)

'캔디 스토어 다이스(candy store dice)'라고도 불리우며, 이는 불완전하게 대량 제작된 주사위로 갬블링을 할 목적으로 쓰고자 한 것이 아닌 제품으로 무게와 크기가 통일되지 않은 주사위를 말한다. [1974 Scarne Dice 23]

Drummer (드러머)

포커 게임에서 대단히 강한 핸드를 잡았을 때만 커다란 베팅을 만드는 보수적인 게임자를 지칭(指稱)한다. [1981 Clark Oral Coll]

Drunken mitt (드렁큰 미트)

포커 게임에서 사용하는 간단한 사기게임으로 속임수를 행하는 사람이 핸드를 노출시킴으로서 이길 수 없다는 것을 보여주는 행위 [2006 고택운 카지노 서베일런스 시스템의 이해 314]

Dummy up (더미 업)

카지노에서 딜러에게 핏보스(pit boss)에 의해 주어진 구두로 명하는 것으로, 고객과 함께 수다를 떠는 것을 멈추게 하려고 딜러에게 전달하는 말. [ca. 1961 Hotel Coll]

Dump (덤프)

어법(語法) 또는 어구(語句)의 구성(構成)으로

▣ **dumping off** : 카지노 딜러가 속임수 행위로 자신의 대리인 [2006 고택운 카지노 서베일런스 시스

을 이용하여 베팅을 시켜 하우스로부터 돈을 따게 하는 행위 텝의 이해 315]

- dump out : 카지노 딜러가 루징한 웨이저를 가진 공범자에게 지불하거나, 게임된 것보다 더 높은 단위의 칩스로 지불하는 행위로 하우스를 속이는 것을 말한다. [ca. 1961 Hotel Coll]
- dump the bowl : 뱅크 크랩에서 게임에 사용된 주사위를 회수하여 스틱맨에서 박스맨으로 건네주고, 슈터에게는 다른 주사위를 제공함과 동시에 박스맨은 회수한 주사위를 검사하는 절차를 말한다. [1983 Martinet Oral Coll]

Dust (더스트)

카지노 딜러들이 손바닥 안에 잡고 있는 칩스가 없다는 것을 보여주려고 테이블을 떠나기 전에 손을 두드리는 행위로 '클리어 핸드(clear hand)'라고도 한다. [1977 Anness Dummy Up]

딜러는 양손을 함께 펼쳐 앞뒤 손바닥을 보여 머리 위의 카메라 또는 관찰자가 딜러의 손에 아무것도 없다는 사실을 인지(認知)할 수 있도록 하는 것이다.

Dutch straight (더치 스트레이트)

'얼터네이트 스트레이트(arternate straight)' 또는 '스킾 스트레이트(skip straight)'라고도 불리운다. 포커 게임에서 2점 건너 등급이 매겨진 모든 카드들의 핸드로서, 예를 들면 2, 4, ,6, 8, 10의 순서를 말한다. [1949 Coffin Secrets 177]

E

E (이)

'이지(easy)'라고도 불리운다. 포커 게임에서 딜러의 왼쪽에서 5번째에 있는 게임자를 지칭한다. [1949 Coffin Secrets 177]

Eagles (이글스)

표준 52장 카드 한 덱을 65장 카드 한 팩으로 만들려고, 때로는 추가하여 5슈트로 만드는 것을 말한다. [DA]

E and T (이 앤드 티)

'E · T'라고 불리우며 'eleven and twelve'에 대한 약자이다. 크랩스 게임에서 프로포지션 베트로 넘버 11 또는 12로 던져진 주사위의 '롤(roll)'을 말한다. [1983 Martinet Oral Coll]

Ear (이어)

① 나중에 뒷면으로부터 인지할 수 있으므로 게임용 카드의 구석을 구부리는 행위 [1961 Scarne Complete Guide 678]

② 드롭 박스 속에 넣으려고, 테이블 위에 있는 슬롯을 통해 끝까지 투입되지 않으려고, 현금의 구석을 접는 행위 [OED]

Early out (얼리 아웃)

카지노에서 딜러에 대한 시프트의 말미(末尾)에 가진 마지막 휴식 시간으로, 그 딜러는 시프트와 함께 끝나는 다른 딜러들보다 먼저 카지노를 떠나는 것을 허용되는 용어를 '얼리 아웃(early out)'이라고 한다. [1977 Anness Dummy Up]

Early surrender (얼리 서렌더)

블랙잭 게임에서 딜러가 블랙잭을 가졌는지, 아닌지 결정하려고 체크하기 전에 베팅한 금액의 반을 포기하는 게임자의 옵션(option) [2003 고택운 카지노 게임의 실무이론 I 29]

Earnest money (어네스트 머니)

갬블링 게임의 확실한 사기 게임에서, 성의의 표시로 피해자(victim)가 요구한 금액을 말한다. [2006 고택운 카지노 서베일런스 시스템의 이해 315]

Easy (이지)

뱅크 크랩스 게임에서 '이지웨이(easy way)'에 대한 준말이다. [1949 Coffin Secrets 177]
각 주사위상에 홀수 넘버 또는 페이 넘버 없이 결합하여 만들어진 2, 4, 6 또는 10의 넘버를 말한다. 예를 들면, 주사위 하나의 점수가 3이고, 다른 하나는 1점이라면 'easy way 4'이고 주사위 하나의 점수가 6이고, 다른 하나가 4점이라면 'easy way 10'이라고 한다.

■ **easy money** : 경험이 없는 게임자들로부터 가진 위닝 또는 갬블하는 어떤 사람이 자유롭게 낭비하는 돈. [1981 Golad Oral Coll]

Edge (엣지)

① 갬블링 상태에서 게임자 또는 하우스에 의해 보유하는 유리한 승산 또는 확률 [1974 Scarne Dice 54]

② '에이지(age)' 또는 '엘데스트 핸드(eldest hand)'라고 불리우며, 포커 게임에서 딜러의 왼쪽에서 첫 번째 위치에 습관적으로 베트(bet)가 이용된다. 이는 첫 번째 위치가 유리함을 가졌기 때문이다. [DARE]

■ **edge work** : 카드 속임수로 각 카드의 모서리와 무늬의 경계에 정확한 점을 약간 비스듬히 하여 표시한 카드-덱으로 뒷면의 모서리에 표시한 것은 'ace'이고, 그 아래 표시한 것은 'king'을 나타낸다. 또한, 주사위 속임에서는 주사위의 모서리를 갈거나 깎아내어 변형시키는 작업을 말한다. [1981 Maurer Lang of the Underworld 185]

Eighty-six (에이티-식스)

카지노에서 부적절한 행동 또는 속임수 행위에 대하여 카지노에서 손님을 추방하는 속어 [ca. 1961 Hotel Coll]

Eldest hand (엘데스트 핸드)

딜러의 왼쪽으로 카드 테이블의 첫 번째 위치에서 비딩(bidding) 또는 베팅하는 행동을 첫 번째로 하는 사람의 핸드를 말한다. 만약 그 게임이 포커이고 블라인드 방식이라면, 첫 번째 베팅 라운드 행동에서 마지막 사람이, 그때는 딜러의 왼쪽에서 첫 번째 게임자이므로 유리한 곳이 된다. [OED, DA, DAE]

Electric dice (일렉트릭 다이스)

금속성 재질을 속에 넣어 변형한 주사위로 전자기로 콘트롤될 수 있다. '로디드 다이스(loaded dice)'와 동의어이다. [1961 Scarne Complete Guide 678]

Elevator (엘리베이터)

카드 셔플링에서의 속임수 행동으로, 딜러의 위치에서 컷트를 위해 적절한 게임자에게 팩을 제공하면서 그것을 처음의 순서대로 덱을 복원하는 행위를 말한다. [1982 Martin Introduction 24]

Establish a line (어스타빌리시 어 라인)

카지노에서 고객에게 주어질 수 있는 크레딧 금액을 결정하는 것을 말한다. [ca. 1961 Hotel Coll]

Enchre (엔커)

카드 게임에서 어떤 사람이 유리함을 가지려는 행위로 기본적으로 카드 속임수 행위로 이루어진다. [OED]

E · R man (이 · 알 맨)

블랙잭 게임에서, '익스트림 라이트(extreme right)'의 약자로 딜러의 바로 옆 오른쪽에 앉은 게임자를 지칭(指稱)한다. 그는 딜러 앞에서 그의 핸드를 행동하는 마지막 게임자로서 이런 경우, 그는 딜러의 공모자로서 히팅과 스탠딩을 만들어 딜러가 유리한 카드를 받을 수 있도록 결정해 주는 역할을 한다. [1984 Darwin Gambling Scams 252]

End (앤드)

① 공모자에게 주어지는 속임수꾼들의 위닝(winning)의 몫. [DA. OEDS]
② 포커 팟 또는 다른 위닝의 어떤 할당 몫.

End stripper (엔드 스트립퍼)

게임용 카드를 길이를 짧게 만들려고 끝쪽을 깎은 것으로, 딜러는 컷팅과 딜링하는 과정에 속임수 행위로 다양하게 그 카드를 사용할 수 있다. [1890 Quinn Fool of Fortune 197]

English (잉글리쉬)

다이스 게임에서 손목 또는 손의 독특한 움직임으로 주사위를 던지는 것으로 만들어지는 주사위의 회전모션 또는 다양하게 미끄러트리는 방법을 말한다. [DA, DAE, OEDS]

E. O (이. 오)

룰렛 게임에서, '이븐-아드(even-odd)'의 약자(약자)로 테이블에서 넘버로 사용되지 않는 지역이지만 '볼(ball)'이 짝수 넘버가 매겨진 슬롯 또는 홀수 넘버가 매겨진 슬롯 안으로 들어갈 것인지, 아닌지 만을 게임자에게 허용하는 베팅을 말한다. [OED]

Eprom (이프럼)

머신 게임에서 소거(消去) 기능 또는 프로그램 가능한 판독전용 메모리. 필요에 따라 재프로그래밍이 가능한 전자 장비로 기기의 플레이를 결정하게 되는 프로그램 정보를 저장한다. [2002 고택운 카지노 게임의 실무이론 II 366]

Escalator (에스컬레이터)

머신 게임에서 '슬랜트 탑(slant top)'과 '바-탑(bar-top)'의 경우에 있어 호퍼로부터 상단의 트레이로 코인을 이동시켜 주는 호퍼의 일부분을 말한다. [2002 고택운 카지노 게임의 실무이론 II 366]

European wheel (유럽피언 휠)

룰렛 게임에서 37개의 슬롯을 가진 룰렛 휠로서 0부터 36번까지의 넘버가 있으며 주로 유럽의 카지노에서 이용되는 게임 시설이다. [1964 Lemmel Gambling 188]

Even (이븐)

① 룰렛 게임에서 볼이 짝수 넘버로 매겨진 슬롯 안으로 떨어질 것으로 예측한 베팅으로 2, 4, 6, 8 등과 같은 넘버를 말한다. [ca. 1961 Hotel Coll]

② 갬블링을 하는 중에 또는 결정이 있는 곳에, 손실된 금액을 동등하게 획득하려는 이유로 같은 돈의 금액으로 시작하는 것을 말한다. [1973 Clark Oral Coll]

▣ **even break** : '이븐 찬스(even chance)'라고도 불리우며, 통계학상의 대등한 기회의 결과가 일어나거나, 나타나지 않을 수도 있는 50대 50의 확률을 말한다. [OEDS]

▣ **even money** : ① 카지노의 21-게임에서 딜러가 가진 앞면 카드가 '에이스(ace)'이고, 게임자의 첫 번째 2장의 카드가 '블랙잭(blackjack)'일 때, 딜러가 다운 카드를 보지 않은 상황에서 게임자의 요구에 의해 1.5배가 아닌 1배를 지불하는 것을 말한다. [1973 Clark Oral Coll]

② 그 베트에 동등한 금액으로 위닝하는 기회를 베터에게 제공하는 베팅상의 확률을 말한다. [1981 Golad Oral Coll]

▣ **even money transfer** : 동등한 가치의 칩스를 현금으로 환전하는 것을 말한다. [1978 Alexander Glossary 4]

▣ **even splitters** : 주사위 게임에서 어떤 짝수 넘버(4, 6, 8, 10)를 던지려는 슈터를 위해 가능하도록 만든 것으로 부정한 주사위를 말한다. [1996 George Casino Gaming Dictionary]

▣ **even-up** : 대등한 기회가 일어나거나, 일어나지 않는 게임을 지칭하는 말 [1961 Searne Complete Guide 678]

Executive package (이그젝큐티브 팩키지)

카지노에서 경영자(운영자)에 의해 카지노에 초청된 고객에게 베푸는 호의를 말한다. 'executive package'는 하이 롤러 또는 BP에게 카지노 케이지에 보관하는 돈의 금액 규모에 따라 항공료와 객실을 무료로 [1980 Clark Oral Coll]

제공하고, 카지노에서 갬블을 하려고 돈을 인출하도록 하는 것이다.

Expected value (익스펙티드 밸류)

카지노의 통계상에 이익 또는 손실과 정확히 일치하여 우연히 일어나는 게임자의 윈/로스(win/loss) 수치의 거래값을 말한다. 〔1996 C.G.D.〕

Exposed card (익스포지드 카드)

게임용 카드가 앞면으로 노출되어 모든 게임자가 그것의 가치를 보게 된 카드. 게임에서 그 노출된 카드는 핸드에 무효로 간주하기도 한다. 〔1949 Coffin Secrets 177〕

Exposed pair (익스포지드 페어)

스터드 포커 게임에서 어느 게임자의 핸드에 앞면으로 돌려놓은 동등한 등급의 두 장의 카드를 말한다. 〔1949 Coffin Secrets 177〕

Extra board (엑스트라 보드)

카지노에서 단신(短信)으로 고시(告示)하는 임무에 대한 기록으로, 딜러들이 활용할 수 있는 목록을 말한다. 〔1977 Anness Dummy Up〕

Eye-in-the-sky (아이-인-더-스카이)

'아이(eye)'라고 줄여서 부르며, '왓처(watcher)'라고도 한다. 카지노에서, 천장(ceiling)에 설치된 2중 거울 뒤에서 게임을 감시 하는 데 사용되는 CCTV 카메라 또는 서베일런스 요원을 말한다. 〔1963 Toylor LasVegas 13〕

Eyes (아이스)

'eyes of Texas'라고도 부른다. '홀뎀' 포커 게임에서 에이스의 페어로 특별히 게임자에게 딜링되어진 첫 번째 두 장의 카드일 경우의 용어이다. 〔1981 Golad Oral Coll〕

- **eyes down** : 게임의 '콜러(caller)'에 의해 만들어지는 빙고 게임이 시작되는 곳에서의 '어나운서멘트(announcement)'. 즉, 빙고 게임의 시작을 알리는 것이다. 〔OEDS〕

F

F (에프)

'폭스(fox)'에 대한 약자이다. 포커 게임에서 딜러의 왼쪽에서 여섯 번째 게임자. 〔1949 Coffin Secrets 177〕

Face (페이스)

게임용 카드의 앞면, 즉 카드내용을 나타내는 가치를 가진 면(面)을 지칭한다. 〔OED〕

- **face card** : '코트 카드(court card)' 또는 '카운트 카드(count card)'라고도 불리운다. 게임용 카드에서 어떤 슈트와 관계없이 잭(jack), 퀸(queen), 킹(king) 카드를 말한다. 〔2006 고택운 카지노 서베일런스 시스템의 이해 316〕
- **faced card** : 뒷면으로 딜링되어질 카드가 앞면으로 딜링되어진 잘못된 카드. '페이스드 카드(faced card)'는 앞면으로 팩 안에 있는 카드로 딜링에서 보여진 것이므로 대부분의 게임에서는 새로운 딜링이 필요하게 된다. 〔OED〕
- **face value** : 앞면에 보여준 게임용 카드의 등급으로, 2, 3, 4로부터 10, J, Q, K까지의 한 슈트 안의 13장의 카드의 등급 가치를 말한다. A는 게임에 따라 가장 낮은 카드 또는 가장 높은 카드로 계산되기도 한다. 〔1951 Jones Wilbur Clark's 2〕

Fade (페이드)

크랩스 게임에서 웨이저를 제공한 주사위 슈터가 어느 곳에 전부 또는 부분적으로 돈의 금액을 조화시키려는 것이다. 카지노 또는 뱅크 크랩 게임에서 모든 베트에 대해 또는 슈터를 상대하여 게임의 운영자는 루저(loser)의 수거(收去)와 위너에게 지불하는 것이다. 이에 게임자들은 그들 사이에 또는 서로 거래를 하는 웨이저를 만드는 행위는 허용되지 않는다. 〔1981 Maurer Lang of the Underworld 185〕

Fader (페이더)

크랩스 또는 하자드와 같은 다이스 게임에서, 주사위를 던지는 사람에 의해 베팅 금액에 동등한 웨이저를 놓으려는 사람을 말한다. [1981 Maurer Lang of the Underworld 185]

Fading craps (페이딩 크랩스)

'페이딩 게임(fading game)'이라고도 부른다. '뱅커(banker)'로서 슈터가 행동하는 크랩스 게임으로 게임자들의 나머지 베트를 가지는 게임 방식을 말한다. [1950 Morehead Cullbeston 612]

Fair bank (페어 뱅크)

갬블링 게임에서 피해자에게 속임수 행위를 하기 전에 일시적으로 이기도록 시키는 행위 [1961 Scarne Complete Guide 678]

Fan tan (판 탄)

중국식 갬블링 게임으로 20세기로 접어드는 시기에 미국의 서부 지역에서 대중에게 보급되었으며, 소량의 코인을 보울(bowl) 아래에 넣고 나서, 게임자를 코인이 숫자에 베팅하는 것으로, 4로 나누어진 파일(pile)이 있을 때는 스테이(stay)한다. [OED]

Fast company (패스트 컴퍼니)

경험이 많고 노련한 직업적인 갬블러로 어떠한 방법의 속임수로 감지하는 능력이 있어 속이기 어려운 게임자를 일컫는다. [2006 고택운 카지노 서베일런스 시스템의 이해 316]

Fast game (패스트 게임)

커다란 베트를 자주 그리고 신속하게 만드는 게임자들이 있는 포커 게임을 말한다. [1968 Wallace Poker 215]

Fast player (패스트 플레이어)

포커 게임에서 커다란 금액의 베트와 핸드로부터 보수적인 게임자들을 몰아내려 자주 베트를 올리는 게임자를 말한다. [1973 Preston Play Poker 167]

Fast seven (패스트 세븐)

크랩스 게임 테이블에 '넘버 7'이 정상적인 것보다 더 자주 나타나도록 손질한 주사위를 말한다. [1974 Scarne Dice 236]

Fast shuffle (패스트 셔플)

'더블 셔플(double shuffle)'이라고 불리우며, 딜러가 카드의 두 다발을 섞는 것을 보이면서 하는 카드 딜링의 속임수 행위 움직임으로, 한 다발을 다른 다발을 통하여 당기는 것에 의해 오리지날 순서로 계속 유지하는 것이다. [1983 Martinet Oral Coll]

Fat (패트)

카지노 또는 게이밍 시설에서 커다란 '뱅크롤(bankroll)'을 가진 갬블러 또는 게임자를 지칭하는 용어 [1981 Maurer Lang, of the Underworld 185]

Fat deck (패트 덱)

블랙잭 게임에서 10점 가치의 카드 수량이 많이 있는 덱으로 사용된 덱이 거의 반이 된 후에 딜링 안 된 부분을 말한다. [1973 Clark Oral Coll]

Feature glass (피쳐 글래스)

머신 게임에서 기기의 상단부에 일반적으로 위치해 있는 글라스로 시상표, 게임의 특징 즉, '멀티플라이어(multipliers)', '라인(line)'게임 또는 '옵션(option)'게임인지를 표시해주는 글래스이다. [2002 고택운 카지노 게임의 실무이론 II 366]

Fee-bee (피-비)

주사위 게임에서 넘버 5가 '롤링(rolling)' 되었을 경우 사용하는 말 [ca. 1968 Adams Western Words]

Feed (피드)

'페튼(fatten)' 또는 '스위튼(sweeten)'이라고 부른다. 포커 게임에서 팟 안에 넣은 칩스를 말한다. [1950 Morehead Culbertson 612]

Fair shake (페어 쉐이크)

주사위 게임에서 주사위를 자유롭게 다루는 손 안에서의 행동 또는 다이스 컵 안에서 안전하게 두 개의 주사위가 모두 6면으로 위쪽으로 롤링되어지는 기회를 가지려는 행위 [ca. 1961 Hotel Coll]

Faked box (페이크드 박스)

딜링되어지려고 보유한 카드를 위한 케이스 또는 슈(shoe)를 말하며, 이는 딜러가 게임자에게 속임수를 사용하려고 짜맞춘 것일 수도 있다. [1890 Quinn Fool of Fortune 245]

Fall (폴)

뱅크 크랩에서 '하드웨이 베트(hardway bet)'라고 불리워지는 특별한 프로포지션 베트의 루스로, 예를 들면 게임자가 4, 6, 8, 10의 넘버에 웨이저를 하였다면 '7'이 나오기 전에 또는 각 주사위가 다른 넘버를 가진 넘버(3과 1의 4, 2와 4의 6 등)가 굴려진 넘버 전에 (2와 2, 3과 3 등) 주사위가 '페어(pair)'로 굴려진 것을 말한다. 만약 하드웨이 베트로 루스하였다면, 그 웨이저는 '폴(fall)'이라고 말한다. [1983 Martinet Oral Coll]

- **fall guy** : 속임수 행위의 동맹자(同盟者)로 '다이스 맙(dice mob)' 또는 '카드 맙(card mob)'으로 만약 발각된다면, 체포될 수 있는 패거리들이 서로 관계있는 동의로 구성된 일단의 멤버를 말한다. [1983 Martinet Oral Coll]

▣ **fall money** : 속임수꾼 또는 사기꾼 또는 보석(保釋)을 위한 속임수 행위 연결고리 또는 구속사건의 수회(bribery)를 위해 준비한 자금(資金)을 말한다. [DAE]

False cut (펄즈 컷)

카드 게임에서 팩을 분리하여 카드의 덱을 나누려고 하는 경우, 게임용 카드에 속임수 움직임으로 순서를 바꾸는 행위를 보여주는 동시에 오리지날 순서 상태로 되돌려놓는 행위를 말한다. [1953 Crauford Consistent Winner 346]

False shuffle (펄즈 셔플)

카드 게임에서 '펄즈 리플(false riffle)'이라고도 하며, 카드덱에 오리지날 순서는 남아 있도록 하면서 카드의 팩을 섞는 것을 보여주는 딜러에 의한 속임수 행위의 다양한 움직임을 말한다. [1890 Quinn Fool of Fortune 219]

Family pot (패밀리 팟)

포커 게임에서 핸드의 끝까지 그대로 경합하는 것으로, 거의 모든 게임자 또는 전부 내기에 진 판돈을 말한다. [1949 Coffing Secrets 177]

Fan (펜)

카드 게임에서 카드의 '팩(pack)'을 섞는 행위 또는 카드의 '덱(deck)'을 셔플하는 행위를 말한다. [1950 Morehead Culbertson 612]

Feeler (필러)

① 포커 게임에서 그 베트를 증가시켜 보이려는 사람이 만들은 작은 웨이저를 말한다. [OED]

② 속임수꾼과의 공모(共謀). 주로 주사위 속임수꾼들의 보조자로, 희생자를 알아내어 도움을 주는 자로 그들을 속이는 최선의 방법을 보좌한다. [OED]

Feet (피트)

뱅크 크랩 게임에서 이미 만들어진 베트 위에 추가하는 웨이저로 '플래트 베트(flat bet)'에 가지는 추가 금액. [1983 Martinet Oral Coll]

Fever (피버)

① 통제되지 않는 갬블링 습관

② 넘버 5의 주사위 또는 게임용 카드 [1981 Maurer Lang. of the Underworld 185]

③ 5불 가치의 칩스 또는 화폐 [ca. 1961 Hotel Coll]

Field (필드)

뱅크 크랩 테이블에서 이어서 던진 넘버가 2, 3, 4, 9, 10, 11 또는 12로 굴려지는 베팅을 위한 레이아웃의 섹션(section)을 말한다. [1981 Maurer Lang of the Underworld 185]

▣ **field bet** : 뱅크 크랩에서 이어지는 주사위의 롤에 2, 3, 4, 9, 10, 11 또는 12 넘버에 거는 웨이저 [1981 Maurer Lang, of the Underworld 185]

▣ **field roll** : 뱅크 크랩에서 2, 3, 4, 9, 10, 11 또는 12 넘버로 결과를 가진 주사위의 어떤 '롤(roll)'을 말한다. [1974 Powell Verbal Dexterity 8]

Fifth street (피프스 스트리트)

'스터드(stud)'와 '홀뎀(holdem)' 포커 게임에서 핸드에 앞면으로 딜링되어진 마지막 카드. [1976 Sklansky Hold'em Poker]

Fifty card (피프티 카드)

카지노 종업원에 대한 보안 허가를 증명하는 사법기관이 발행한 증명서로 'A' 카드 또는 '세리프스(sheriff's)' 카드라고 한다. [1963 Taylor LasVegas 100]

Fifty-fifty (피프티-피프티)

승산에 관한 용어로 베팅이 윈(win) 또는 루스(lose)하는 동등한 찬스에 속한다는 뜻이다. [1974 Scarne Dice 52]

Fifty-five (피프티-파이브)

크랩스 게임에서 두 개의 주사위가 각각 5점을 보여주는 '롤링(rolling)'으로 '하드 텐(hard ten)'이라고 불리운다. [1974 Powell Verbai Dexterity 8]

Figure (피규어)

게임용 카드에서 잭(jack), 퀸(queen) 또는 킹(king) 카드 즉, 페이스 카드(face card) 또는 코트 카드(court card)를 말한다. [1950 Morehead Culbertson 613]

Fill (필)

① 위닝을 위하여 찬스를 개선하려는 곳의 핸드에 뒤늦게 카드를 받으려는 것을 말한다. [DA]

② 자연스러운 '롤(roll)'을 변경하려고 주사위 안에 무게를 두는 것을 말한다. [1974 Scarne Dice 218]

③ 카지노에서 카지노 케이지로부터 칩스를 가지고 테이블에 공급하는 것. [1963 Taylor Lasπegas 11]

▣ **fill slip** : 카지노에서, 게이밍 테이블에서 카지노 케이지로부터 가진 칩스의 가치를 기록한 영수증 또는 넘버가 매겨진 양식으로 인도(引渡)된 칩스가 있는 곳의 '딜러'와 '핏보스', '케이지' 내의 종업원에 의해 서명되는 서류를 말한다. [1960 Cook Gambling, Ins 300]

▣ **filly** : 포커 게임에서 '풀 하우스(full house)'를 말하며 한 등급의 3장 카드와 또 다른 등급의 2장 카드를 말한다. [1978 Larson Vocabulary 98]

▣ **final credit** : '파이날 필(final fill)'이라고도 한다. 카지노에서 시프트를 시작하면서 가진 테이블의 총 금액과 동등한 금액으로 시프트를 종료하는 게임 테이블에 칩스를 공급하는 [1982 Martin Introduction 24]

활동을 말한다.

Finger (핑거)

머신 게임에서 슬롯머신의 릴(reel) 사이에 있는 막대 또는 평평한 금속 가로장 중의 하나로, 회전을 멈추게 하거나 릴의 톱니를 붙잡는 역할을 하는 기기의 명칭 〔1941 Fair Spill the Jackpot 47〕

- **finger bet** : 카지노에서, 특별한 금액의 웨이저를 만들기 원하는 게임자가 '핏보스(pit boss)'에게 보내는 신호로 그 게임자가 2~3백 달러의 베팅을 원하는 표시로 2~3개의 손가락을 펴는 것이다. 만약 핏보스가 거부하면 그 게임자는 테이블 레이아웃에 웨이저에 대한 돈을 놓을 필요가 없다. 〔1974 Friedman Casino Management 90〕
- **fingering** : 게임용 카드에서의 속임수 행위 움직임으로, 그것은 아주 조금 구부리는 것으로 게임 카드를 표시하여 만들어진다. 〔1978 Larson Vocabulary 98〕

First base (훨스트 베이스)

블랙잭 게임에서 딜러의 왼쪽에서 첫 번째 위치한 게임자의 좌석을 지칭하지만, 크랩스 테이블에서는 '스틱맨(stickman)', 바카라 게임 테이블에서는 '콜러(caller)'를 지칭한다. 〔2003 고택운 카지노 게임의 실무이론 I 88〕

First break (훨스트 브레이크)

카지노에서 '시프트(shift)'가 시작하여 처음 교대하는 시기를 말한다. 〔1983 Ma1rtinet Oral Coll〕

First dozen (훨스트 다즌)

룰렛 게임에서 1번부터 12번까지 12넘버를 카버(cover)하는 베트로 위닝 지불은 2배수가 된다. 〔2002 고택운 카지노 게임의 실무이론 II 140〕

Fish (피쉬)

1불짜리 지폐 또는 속기 쉬운 사람, 웨이저링 게임에서 사용되는 현금 대용 칩스 또는 카운터(점수계산용)를 말한다. 〔OED〕

- **fish or cut bait** : 포커 게임자 중에 베팅하기 전에 너무 오랫동안 머뭇거리지 않게 하거나 또는 핸드에서 탈락시키는 행위를 말한다. 〔1949 Coffin Secrets 177〕
- **fishback** : 카드 게임에서 뒷면으로부터 카드를 읽을 수 있도록 속임수꾼이 카드에 표시한 덱 〔1968 Adams Western Words〕
- **fishhook** : 게임용 카드에서 '잭(jack)' 또는 '7'에 대한 또 하나의 다른 명칭 〔1968 Wallace Poker 209〕

Fix (픽스)

불법적인 갬블링 게임을 모른체하도록 관리(공무원)에게 주는 상납으로, 이는 주사위의 불법 개조, 카드의 표시, 경주에 지도록 경기자에 〔1949 Coffin Secrets 177〕

게 주는 뇌물, 복싱 경기 또는 게임 등이 포함된다.

- **fixed deck** : 각 앞면의 카드 가치를 속임수꾼이 정보를 알 수 있도록 카드의 뒷면에 표시를 하였거나, 특별한 순서로 배열된 게임용 카드의 팩(pack)을 말한다. [1953 Lewis Sogebrush Casino 72]
- **fixed limit** : 많은 갬블링 게임이 있지만, 특히 포커 게임에서는 최고 한도 금액으로 미리 결정된 돈의 금액을 허용한다. [1968 Wallace Poker 215]
- **fixer** : 부정직한 행위를 준비하거나, 관리에게 뇌물을 상납하는 활동 또는 경쟁상대자로서 표시되었거나 미리 정리된 카드 또는 변조된 주사위를 제공하는 사람을 말한다. [1981 Maurer Lang. of the Underworld 185]

Flag (플래그)

갬블링 게임에서 속임수 행동을 하는 동안 공모자에게 신호를 하는 행위 [1981 Maurer Lang. of the Underworld 185]

Flash (플래쉬)

카드 게임 특히 포커 게임에서 고의가 되었던, 사고였던 간에 게임자가 서로 카드를 보여주려는 행위로 '플롭(flop)'과 '텔(tell)'이라는 용어와 같다. [1981 Golad Oral Coll]

- **flash cash** : 타인들에게 영향을 주려고 사용한 돈의 흐름으로, 특별히 이기려는 유리함을 시도하는 것을 말한다. [1983 Martinet Oral Coll]
- **flasher** : 게이밍 테이블에서의 안내원 또는 수행원 [OED]
- **flash work** : 게임용 카드의 속임수로, 어느 부분의 한 곳을 희게 남겨두고 각 카드의 뒷부분 전체를 그늘지게 표시하는 카드를 말한다. [2006 고택운 카지노 서베일런스 시스템의 이해 317]

Flat (플렛)

① '듀프(dupe)' 또는 속임수에 쉽게 속는 사람을 말한다. [OED]

② 통상적으로 '플랫 다이스(flat dice)'를 표현하는 말로, 위조하는 주사위 중의 하나로 한 부분을 깎거나 면의 폭이 넓고 좁게 만드는 경우를 말한다. [OED]

- **flat bet** : '스트레이트 베트(straight bet)'라고 부르기도 한다. 베팅과 동등한 금액으로 이겼을 때 지불되는 웨이저 또는 다른 게임자 또는 업저버와 함께 만들어진 베트를 말한다. [1973 Friedman Casino Games 46]
- **flat call** : 포커 게임에서 이미 게임자에 의해 만들어진 베트의 경쟁에 금액을 올리지 않는 '콜 베트(call bet)'를 말한다. [1978 Brunson How I Made 531]
- **flat catcher** : 속기 쉬운 경험이 없는 사람의 이익을 가로채는 자. 즉, '치터(cheater)'를 말한다. [OED]
- **flat joint** : '플렛 스토어(flat store)'라고도 하며, 게임자들에게 제공하는 갬블링 시설이 정규적인 속임수 시설로 된 하우스 [1961 Scarne Complete Guide 679]
- **flat limit** : 포커 게임에서 베팅을 위한 준비금과 이전의 베 [1968 Wallace Poker 215]

팅을 올리는 금액에 대하여 제한하는 한도(限度)를 말한다.

▣ **flat play** : 같은 금액의 웨이저를 연속적으로 만드는 방법 〔1983 Martinet Oral Coll〕

Flick (플리크)

카드 게임에서 부정 행위를 하는 사람이 카드 패를 분배할 때 카드의 내용을 보기 위해 숨겨둔 작은 거울로 '글림(Glim)', '라이트(light)', '트윈클(twinkle)'과 똑같은 의미이다. 〔2006 고택운 카지노 서베일런스 시스템의 이해 317〕

Float (플로트)

'칩 플로트(chip float)'라고 불리운다. 카지노에서 게임자들에 의해 보유하고 있는 모든 칩스의 가치를 말한다. 〔1973 Clark Orall Coll〕

▣ **floating game** : 불법적인 게임으로, 통상 크랩스 게임에서 관계자에 의해 간파되는 것을 피하려고 이곳저곳으로 장소를 이동하는 것을 말한다. 〔1981 Maurer Lang, of the Underworld 185〕

Floorman (플로어맨)

카지노에서 어느 사람 또는 게임을 지켜보거나 관리하는 임무를 가진 경영자의 대리인으로서 '플로어맨'은 '시프트 보스' 또는 '핏보스'에게 보고한다. 〔1983 Martinet Oral Coll〕

Flop (플랖)

'홀뎀(hold'em)' 포커 게임에서, 각 게임자가 앞면으로 두 장의 카드를 받은 후에, 테이블의 중앙에 있는 세 장의 '커몬카드(common cards)'를 회전하여 오픈시키는 행위 〔1968 Wallace Poker 215〕

▣ **floping the deck** : 딜러에 의해 맨 밑에 있는 '바텀 카드(bottom card)'를 뒷면으로 돌려, 다시 핸드에 사용하는 속임수 행위 방법. 〔2006 고택운 카지노 서베일런스 시스템의 이해 317〕

Flying (플라잉)

포커 게임에서 '풀 하우스(full house)' 안에 같은 등급의 세 장의 카드를 지칭하는 것으로, 이는 어느 등급의 3장 카드와 다른 등급의 2장 카드를 가진 핸드를 말한다. 〔1949 Coffin Fortune 178〕

Foamy cleanser (포미 클린서)

'아잭스(Ajax)'라고도 불리운다. '홀뎀' 포커 게임에서 게임자에게 딜링된 처음 두 장의 카드가 에이스(ace)와 잭(jack)인 경우를 말한다. 〔1981 Golad Oral Coll〕

Fold (폴드)

포커 게임에서 핸드로부터 물러나거나 핸드를 포기하는 행위를 말한다. 〔1949 Coffin Secrets 178〕

Force (퍼스)

포커 게임에서 이전의 게임자에 의해 베팅되는 금액을 증가(raise)시키려는 것을 말한다. [1949 Coffin Secrets 178]

- **force a card** : 팩으로부터 약간 카드가 돌출되어 있으므로, 카드를 드로우(draw)하려고 말로 표현할 때 게임자가 돌출되어 있는 카드를 적당하게 집어내는 것이다. [ca. 1961 Hotel Call]

Foreign check (퍼린 첵)

'퍼린 칩스(foreign chips)'라고도 한다. 카지노에서 다른 카지노에서 들어온 칩스를 말한다. [1979 Hughes Dealing 53]

- **foreigners in action** : 카지노에서 테이블에서 사용되는 것이 다른 카지노에서 온 칩스라는 것을 '플로어맨(floorman)'에게 알리려고 딜러에 의해 사용되는 문구 [1983 Martinet Oral Coll]
- **foreign words** : 갬블링 은어(argot)의 많은 용어는 영어(English) 표현 기법의 범위가 일반적이고, 프렌치(French)와 스패니쉬(Spanish)와 같은 언어에서 특별히 인용되어 있다. [1987 Clark The Dictionary of Gambling and Gaming 84]

Four eyed (퍼 아이드)

갬블링 게임에서 안경 또는 유리종류(투명유리컵 포함)를 전문적으로 사용하는 속임수꾼을 묘사하는 용어 [2006 고택운 카지노 서베일런스 시스템의 이해 317]

Four number bet (퍼 넘버 베트)

룰렛 게임에서 4개의 넘버가 교차되는 지점에 칩스를 놓는 것에 의해 4넘버를 카버하는 베트로 '코너 베트(corner bet)'라고도 하며, 위닝 시 8배를 지불한다. [1968 Thackrey Nick the Greek 157]

Four of a kind (퍼 오브 어 카인드)

포커 게임에서 같은 등급의 카드 4장을 가진 경우를 말한다. [OED, DAE]

Fourth street (퍼스 스트리트)

'홀뎀(heldem)' 포커 게임에서 세 번째 베팅 라운드를 위해 테이블의 중앙에 앞면으로 놓여져 있는 네 번째 카드를 지칭한다. [1976 Sklanky Hold'em Poker]

Fox (팍스)

약자로 'F'로 표기한다. 포커 게임에서 딜러의 왼쪽에서 여섯 번째 게임자를 지칭한다. [1949 Coffin Secrets 177]

Frame (프레임)

포커 게임에서 딜(deal)의 시작과 마지막 베팅 라운드 사이의 게임 [1961 Scarne Complete Guide

간격으로 한 핸드를 말한다. 679]

Freak (프리크)

포커 게임에서 '조커(joker)' 또는 '와일드 카드(wild card)와 같은 카드의 또다른 명칭 [1949 Coffin Secrets 178]

Free bet (프리 베트)

뱅크 크랩스 게임에서 자신의 뱅크롤로부터 추가로 돈을 제공하지 않고 다음 베트에 '오즈 베트(odds bet)'를 가지는 것을 게임자에게 허용하는 베트를 말한다. '오즈(odds)'를 가진다는 것은 '프리 베트(free bet)'로 간주한다. 왜냐하면 '오즈 베트'는 카지노에 유리함이 없기 때문이다. [ca. 1961 Hotel Coll]

Free play (프리 플레이)

카지노에서 광고 효과를 촉진시키려 하우스 머니와 함께 웨이저를 만드는 게임자를 허용하는 것을 말한다. 그 뜻은 게임자가 카지노에서 그것을 사용하여 윈(win) 또는 루스(lose)하였던 간에 다음의 추가 베팅을 그 자신의 돈을 사용하게 된 것이라는 것이다. [1977 Regulations 361]

- **free ride** : 포커 게임에서 베트를 만드는 게임자가 없는 베팅 라운드이므로 모든 게임자들이 '팟(pot)'에 돈을 추가하지 않고 다음 카드를 받는 것을 말한다. [1949 Coffin Secrets 178]
- **free wheeler** : 포커 게임에서 그가 '팟(pot)'에 윈(win)할 때까지 크레딧 게임으로 허용되었지만 그의 돈을 모두 손실한 포커 게임자를 말한다. [1968 Wallace Poker 215]

Freeze (프리즈)

드로우 포커 게임에서 디스 카드를 가지는 기회를 거부하며 새로운 카드를 가지고 거부하였던 카드로 되돌려놓는 것이다. [1971 Livingston Poker strategy 218]

- **freezer** : 포커 게임에서 '레이스(raise)'의 진행을 멈추게 하려고 이전의 베트를 순서대로 가지는 작은 레이스를 말한다. [1968 Wallace Poker 215]
- **freeze out proposition wager** : 갬블링 게임에서 게임이 시작되기 전에 갬블러끼리 담합하여 가진 돈을 모두 걸고 베팅 조건을 상호 합의하여 진행하는 긴 갬블링 [1996 C.G.D.]

Frenchy (프렌치)

가끔식 속임수 행위를 하는 비교적 정직한 직업적인 갬블러를 말한다. [ca. 1961 Hotel Coll]

Fret (프레트)

룰렛 게임에서 넘버가 매겨진 포켓을 넘버별로 분리하는 메달 칸막이로 '세파레이터(separator)'라고도 한다. [2002 고택운 카지노 게임의 실무이론 II 120]

Friendly game (프렌들리 게임)

사교적 행사로 개최되는 카드 또는 주사위 게임으로 그 게임에는 작은 웨이저만 허용된다. [1949 Coffin Secrets 178]

Frisk room (프리스크 룸)

무기 수색을 위하여 입장하는 게임자들을 조사하는 데 사용되는 불법 갬블링 시설 입구의 작은 방을 말한다. [1981 Maurer Lang of the Underworld 186]

Front line (프론트 라인)

'패스라인(pass line)'과 같다. 뱅크 크랩스 게임에서 슈터가 새로운 순서의 롤을 시작하기 전에 최초의 베트를 만드는 테이블 레이아웃 지역을 말한다. [1981 Maurer Lang. of the Underworld 185]

- **front-line bettor** : 뱅크 크랩에서 '패스 라인(pass line)'에만 베팅하는 게임자 [1983 Martinet Oral Coll]
- **front line odds** : 뱅크 크랩에서 슈터에 의해 설정된 포인트 (4, 5, 6, 8, 9, 10) 후에 '패스 라인(pass line)'의 오리지날 웨이저 뒤에 놓여지는 추가 웨이저를 말한다. [1961 Scarne Complete Guide 680]

Front Loader (프론트 로더)

블랙잭 게임의 카드 딜링 과정에서 고의적으로 또는 실수로 '홀-카드(hole-card)'의 내용을 노출시키는 부주의한 딜러 [2006 고택운 카지노 서베일런스 시스템의 이해 317]

Front man (프론트맨)

준말로 '프론트(front)'라고 하며, 이는 다른 사람에 대한 대리인으로 활동 기록에 범죄 사실이 없는 남부끄럽지 않은 사람으로 특히 눈에 보이는 운영자 또는 합법적인 갬블링 운영 시설의 소유자를 말한다. [DA]

Front money (프론트 머니)

① 카지노에서 게임 테이블에서 필요한 만큼 인출한 돈과 카지노 케이지에 게임자가 예치한 돈을 말한다. [ca. 1961 Hotel Coll]

② 일정 기간의 갬블링 후에 상환하기로 약정하고 갬블러에게 대여한 돈 [1983 Martinet Oral Coll]

③ 속임수꾼의 잠재 희생자에 영향을 미치려고 사용된 돈의 회전을 말한다.

Front peek (프론트 피크)

덱의 맨 위에 있는 카드의 가치를 보려고 카드 딜러에 의한 속임수 행위로 딜러는 엄지와 약지 사이에 덱을 끼우고 나서 톱-카드를 약간 활 모양으로 만들어 아래쪽 구석을 보는 것이다. [ca. 1961 Hotel Coll]

Full house (풀 하우스)

'풀 반(full barn)' 또는 '풀 보트(full boat)', '풀 핸드(full hand)' 라고도 불리운다. 포커 게임에서 한 등급의 3장 카드와 다른 등급의 2장 카드를 가진 핸드를 말한다. 〔OEDS, DAE, DA〕

Full odds (풀 오즈)

뱅크 크랩스에서 슈터가 포인트가 결정된 후에 추가하는 웨이저에 허용된 최대의 베트를 말하며, 이는 넘버 4, 5, 6, 8, 9, 10이 굴려진 것으로 반드시 '7'이 굴려지기 전에 다시 굴려져야 한다. 〔ca. 1961 Hotel Coll〕

Full pencil (풀 펜슬)

무료 서비스를 결재하는 권한을 가진 카지노 실무자를 지칭하며, 결재 내용은 객실, 식음료, 쇼티켓, 운임 등등이 있다. 〔ca. 1961 Hotel Coll〕

Full table (풀 테이블)

카지노에서 게이밍 테이블에 손님이 붐비는 상태로 특히 수많은 사람이 게임을 하는 크랩스 테이블에서 레이아웃 위에 웨이저를 놓으려고 앞쪽으로 사람들이 상체를 굽히고 있는 테이블 상황을 말한다. 〔1981 Maurer Lang of the Underworld 186〕

Fun pack (판 팩)

① 카지노에서 백불짜리 지폐를 칩스로 교환해주는 방식으로 한개에 25불 가치의 칩스 2개, 하나에 5불가치 칩스 6개 그리고 1불 가치의 칩스 20개를 포함시켜 교환하는 것을 말한다. 〔1983 Martinet Oral Coll〕

② 카지노에 의해 마련된 판촉용 쿠폰(coupons)으로 고객에게 제공되며, 이 쿠폰으로 마실 것, 테이블에서의 게임, 슬롯머신을 무료로 즐길 수 있으며, 음식 서비스도 디스카운트된다.

Furniture man (화니처 맨)

카드 게임에서 '홀드아웃 머신(holdout machine)'이라고 불리울 정도로 카드 바꿔치기를 전문적으로 하는 속임수꾼을 말한다. 〔2006 고택운 카지노 서베일런스 시스템의 이해 317〕

Fuzz (화즈)

① '오버핸드(overhand)' 셔플로 카드의 팩을 섞는 것에 의해 딜링 카드에 속임수 행위를 만들려는 것으로 이는 덱의 오리지날 순서를 유지하기 위한 기술을 말한다. 〔1971 McQuaid Gambler's Digest 306〕

② 경찰 또는 치안대를 말한다.

G

G (지)

'조지(george)'에 대한 약자이다. 포커 게임에서 딜러의 왼쪽에서 일곱 번째 위치를 지칭한다. [1949 Coffin Secrets 178]

Gaff (개프)

① 다양한 갖가지의 속임수 행위 장치 또는 방법을 말한다. [OED]

② 카드 또는 주사위를 변조하는 행위 또는 어떤 책략의 사용 또는 피해자를 속이는 사기행위 등을 말한다. [1981 Maurer Lang, of the Underworld 186]

③ 부정행위를 돕거나 성취하는 방법 또는 비밀 계획 또는 부정행위에 유리하도록 불법적으로 변조하는 속임수 계획을 말한다. [2006 고택운 카지노 서베일런스 시스템의 이해 318]

▣ **gaffed dice** : 주사위 면체의 점수를 고치거나, 가장자리를 깎거나 또는 구멍을 뚫어 무거운 물체를 삽입(揷入) 시키는 등 불법적으로 변조한 주사위를 말한다. [1981 Maurer Lang of the Underworld 186]

Gallery (갤러리)

포커 게임에서 구경꾼 또는 게임에 참여하지 않는 사람을 말한다. 이는 게임자가 그의 돈을 모두 잃어서 '갤러리(gallery)'로 전락(轉落)된 경우이다. [OED]

Gam (갬)

통상적으로 '갬스(gams)'라고 하며 갬블러에 대한 약칭이다. [DA]

▣ **Gam-Anon** : 강박관념에 사로잡힌 도박꾼들의 부양(扶養) 그룹으로, 그 그룹은 단단히 연합되었지만, 개성이 없는 갬블러들과는 제휴하지 않는다. [1983 Gamblers Anonymous, sharing 97]

Gamble (갬블)

주사위 또는 카드 게임, 룰렛 또는 경기와 같은 찬스에 일어난 사건 [OED]

의 결과에 대한 어떤 가치 또는 위험을 감수하는 금전상의 모험을 말한다.

- **gamble away** : 갬블링에 의한 손실, 통상적으로 갬블링에 의한 큰 금액의 손실을 말한다. 〔OED〕

Gambler (갬블러)

무엇인가 가치 있는 것 또는 금전에 대한 이익을 가질 수 있는 기회의 게임에 참여하는 사람. 즉, 특별한 사건의 결과에 기회를 가지려는 사람을 말한다. 〔OED〕

- **gambler's goods** : 속임수꾼의 장비로 속임수꾼의 표시된 카드, 한쪽으로 치우친 주사위, 색칠, 무게, 거울 등등의 장치 등을 말한다. 〔1890 Quinn Fools of Fortune 229〕
- **gambler's gun** : 순간적으로 갬블러에 의해 짧고 굵게 이익을 가진다는 말로 '데린저(derringer)'식 권총에 비유한다. 〔1968 Adams Western Words〕
- **gambler's point** : 크랩스 게임에서 넘버 4와 10에 관련하여 많은 갬블러들은 어려운 모험이라고 간주한다. 〔1983 Martinet Oral Coll〕

Gambling (갬블링)

카드 또는 주사위 게임, 경마 또는 경기와 같은 행사의 사건 결과에 대한 어떤 가치 또는 금전상의 모험(冒險)을 말한다. 〔OED, DAE〕

- **gambling debt** : 크레딧과 손실로 갬블링에 의해 발생한 채무(債務)를 말한다. 〔OED〕
- **gambling game** : 오락놀이로 종종 게임용 카드 또는 주사위를 수반하여 디자인하였거나 또는 베팅 또는 웨이저링의 목적을 위하여 주로 기도(企圖)되는 게임을 말한다. 〔OED〕

Game (게임)

① 갬블링 게임(gambling game)에 대한 줄인 말 〔OED〕

② 경기 또는 모험을 수반하는 오락을 포함하여, 통상 돈을 위하여 행위가 이루어지는 것을 말한다. 〔OED〕

③ 내기에 돈을 걸어 이기는 데 요구되는 넘버의 점수로 핸드를 끝내 재산을 소유하려는 것. 〔OED〕

- **game count sheet** : 카지노에서 테이블에 부착된 드롭 박스 안에 현금의 총액뿐만 아니라, 게임 또는 시프트가 시작 그리고 종료될 때 테이블 칩스의 가치를 기록하는 회계양식을 말한다. 〔1979 Hilton Hotel Procedures 31〕
- **gamer** : 게임자로서 또는 갬블링 게임의 운영자로서, '게임스터(gamester)'라고도 한다. 여성(女性)게이머인 경우는 '게임스트레스(gamestress)'라고 한다. 〔1973 Clark Oral Coll〕

Gaming (게이밍)

내기에 건 돈에 대한 승산의 게임 활동을 말한다. [OED]

- **gaming activity** : 갬블링에 포함된 활동 범위를 말한다. 이 용어는 일반적으로 합법적인 갬블링 실행 또는 수행에 적용된다. [1973 Binion Recollections 3]
- **gaming commission** : 주정부 또는 지방정부기관으로 합법적인 갬블링 운영규칙을 제정하는 기관 [1977 Regulations 1]
- **gaming community** : 카지노 소유자, 딜러, 매니저, 게임자 그리고 주정부와 지방자치단체 등과 같이 비즈니스로 갬블링에 관계하는 사람들의 공동체 [1977 Cahill Recollections 1]

Gaming control act (게이밍 콘트롤 액트)

갬블링의 공인된 일정형식과 운영에 대한 가이드라인 제시 그리고 갬블링 게임의 제 세금에 대한 주정부의 법령을 말한다. [1957 Nevada Gaming]

Gaming control Boad (게이밍 콘트롤 보드)

주정부 또는 지방정부기관의 '게이밍 커미션(gaming commission)'에 의해 제정된 정책집행기관으로 속임수 행위의 진술 조사, 신원조회 정보 제공 또는 갬블링 시설의 운영자로서 민원을 인허가하는 법률 단체를 말한다. [1957 Nevada Gaming]

Gaming credit instrument (게이밍 크레딧 인수트루먼트)

① '마커(marker)', '크레딧 슬립(credit slip)' 또는 'IOU'에 대한 또 다른 용어(用語)이다. [1979 Hilton Hotel Procedures 29]

② 카지노에서, 게임자 또는 테이블에서 회전된 칩스 또는 현금의 총액 기록에 대한 문서의 양식.

Gaming device (게이밍 디바이스)

갬블링 활동에서 승자 또는 패자의 실제로 결정하는 데 사용하는 여러 가지 게임의 도구로 슬롯머신, 게임용 카드, 주사위, 키노 또는 빙고 블로워(blower) 등을 말한다. 이 용어는 '게이밍 이크위프먼트(gaming equipment)'와는 이러한 도구가 구분하여 사용된다. [1957 Nevada Gaming Regulations 4]

Gaming equipment (게이밍 이크위프먼트)

갬블링 활동을 운영하는 데 필요한 기구 또는 집기로, 특수한 테이블, 칩스락, 코인-카운팅 머신, 회계서류 등과 같은 것을 말한다. 이 용어는 '게이밍 디바이스(gaming device)'와는 이러한 품목이 구분하여 사용된다. [1961 Scarne Complete Guide 17]

Gaming gig (게이밍 긱)

갬블링 또는 게이밍 시설에서 딜러로 종사하는 직업을 말한다. [1979 Newman Dealer's Special 7]

Gaming graduate (게이밍 그라쥬에트)

카지노와 같은 게이밍 시설에서 크랩스, 21-게임, 룰렛 등과 같은 카지노 게임의 딜링 과정을 이수(履修)한 사람을 말한다. [1979 Newman Dealer's Special 7]

Gaming guide (게이밍 가이드)

이용할 수 있는 각각의 갬블링 게임의 간단한 설명을 해주려고 카지노 또는 호텔에 의해 제공되는 팜플렛(pamphlet)을 말한다. [1973 Clark Oral Coll]

Gaming industry (게이밍 인더스트리)

게이밍과 겜블링에 의해 기분 전환을 시키기 위한 필수적인 요소와 장소를 제공하는 사업으로, 카지노와 같은 게이밍 장치, 게이밍 장비, 인력 그리고 레스토랑, 라운지, 쇼룸 등과 같은 모든 부대사업을 말한다. [1972 Kofoed Meanderings 5]

Gaming license (게이밍 라이센스)

갬블링 운영을 관리하기 위하여 지방 또는 주정부기관에 의해 발행된 면허증을 말한다. [1973 Clark Oral Coll]

Gaming operation (게이밍 오퍼레이션)

갬블링에 헌신적인 모험사업, 카지노사업, 갬블링 활동에 참여하기 위한 장소, 갬블링 활동 등이라고 일컫는다. [1978 Harrah Recollections 6]

Gaming permit (게이밍 퍼미트)

갬블링 운영을 관리하려는 사람의 그룹 또는 개인에게 허용하는 지방 또는 주정부기관에 의해 발행되는 증명서를 말한다. [1931 Review Joumal 616]

Gaming table (게이밍 테이블)

게이밍을 위하여 디자인되었고, 조립된 특별한 테이블로 크랩스, 바카라, 룰렛 또는 블랙잭 게임과 같은 특수한 게임에 편의를 도모하려고 특정한 형태의 면적으로 상세하게 조립된 테이블을 말한다. [OED. DAE]

Gap (갭)

포커 게임에서 순서의 범위내에서 빠진 카드로 7, 8, 9, J,에서 '스트레이트(straight)'를 완성하려 할 때 요구되는 카드를 말한다. 여기에서 빠진 카드는 '10'이고 '갭(gap)'이라고 한다. [1968 Wallace Poker 216]

Garbege (가베지)

'트래쉬(trash)'라고도 부른다. 포커 게임에서 카드가 핸드에 가치가 없는 경우에 사용하는 비어(卑語)이다. [1968 Wallace Poker 216]

Garreting (개리팅)

카드 속임수 행위를 하려고, 신체의 윗부분(모자 또는 머리)에 카드를 감추는 연습을 하는 것을 말한다. [1859 Green Gambler's Tricks 100]

Gate (게이트)

크랩스 게임에서 의심스러운 롤이 나타났을 경우, 롤링과 동시에 주사위를 정지시켜 던지는 것을 무효로 하는 것을 말한다. [1981 Mauret Lang of the Underworld 186]

George (조지)

게이밍 시설에서의 고객이 아낌없이 관대하게 종업원에게 '팁(tip)'을 잘주는 게임자에 대한 통용어. 여성 고객인 경우는 '조젯(georgette)'이라고 부른다. [1979 Clark Oral Coll]

Get (겟)

- **get behind it** : 속임수 행동의 지원 또는 속임수꾼과 함께 하는 협력 행위. 즉, 일행과 이해관계가 없는 것처럼 게임 역할을 하며 속임수 행동을 정직한 것으로 보증하는 것이다. [1961 Scarne Complete Guide 680]
- **get behind the stick** : 뱅크 크랩스 게임에서, 테이블에서 문제를 가진 딜러의 교대를 허가하거나, 게임을 시작하려는 크랩스 딜러에게 '핏보스(pitboss)'가 구두로 지시하는 것을 말한다. [1981 Mauret Lang of the Underworld 186]

Ghost hand (고스트 핸드)

포커 게임에서 조잡한 셔플 다음에 따르는 딜링에 반복되어지는 카드의 순서를 말한다. [1968 Wallace Poker 216]

Gimmick (지미크)

속임수 행위와 관련된 용어로 과감히 갬블링의 결과를 비밀스럽게 조작하여 속이기 위한 장치를 말한다. [OEDS, DA]

Girl (걸)

'래디(lady)' 또는 '맙-스퀴저(mop-squeezer)'라고도 부른다. 게임용 카드에서 슈트와 관계없이 '퀸(queen)' 카드를 지칭한다. [1968 Wallace Poker 216]

Glass-work (글라스-워크)

특히 포커 게임에서 뒷면으로 딜링되어진 카드의 값을 읽으려고 부정직 [1968 Adoms Western Words]

한 딜러에 의해 반사되는 장치 또는 거울을 사용하는 행위를 말한다.

- **gleamer** : '게이퍼(gaper)'라고도 불리우는 속임수 행위 장치를 말한다. 포커 게임에서 작은 거울, 위장한 코인, 담배라이터 또는 이와 같은 목적을 가진 물체로 딜링되어진 카드의 앞면 또는 안쪽을 보기 위하여 부정한 딜러에 의해 사용되는 것을 말한다. [1969 Herwitz Yes. You Can Win 113]
- **glimmer** : '샤이너(shiner)'라고도 부른다. 카드 플레잉 안의 속임수 장치를 말한다. 포커 게임에서 거울 또는 표면에 광택이 나는 코인, 담배라이터 등 그가 딜링하는 카드의 아랫면을 보려는 딜러에 의해 사용된다. [1983 Martinez Gamgbling Scene 204]

Go (고우)

한판 또는 게임의 승부에 웨이저를 거는 경우를 말하기도 하고, 트릭 또는 카드의 특정한 숫자에 '콜(call)'하는 것을 말한다. [OED, DA, OEDS]

- **go all in** : '테이블-스테이크' 포커 게임에서 어느 핸드에 한 사람의 칩스를 모두 베팅하여 사용하는 말 [1949 Coffin Secrets 178]
- **go banco** : '시멩 드 퍼(chemin-de-fer)' 게임에서 뱅크에 전체적인 돈의 총액에 동등한 베트를 만드는 경우 [1976 Figgis Gambler's Handbook 121]
- **go better** : 포커 게임에서 이전의 게임자에 의해 베트의 총액을 증가시키려는 경우 [OED]
- **go bust** : 21-게임에서 핸드의 점수가 21점을 초과하여 '루스(lose)'할 때까지 카드를 드로우하는 경우 [1951 Jones Wibur Clark's 5]
- **go down** : '진 러미(gin rummy)' 게임에서 한 사람의 카드를 보여주는 것에 의하여 게임을 종료시키는 경우. [1964 Wykes Illustrated Guide 327]
- **go in** : 포커 게임에서 이기는 자격으로 남아 '팟(pot)'에 있는 돈을 나누려는 경우 [DAE, OEDS]
- **go south** : 갬블링 게임을 그만두거나, 부정직한 자금을 가진 시설 또는 게임 진행 동안 이긴 금액을 감추는 경우를 말한다. [1981 Maurer Lang of the Underworld 186]

Golden glow (골든 글로우)

게임용 카드의 뒷면에 표시하는 데 사용하기 위해 양질로 간주되는 액체의 종류를 말한다. [1968 Wallace Poker 216]

Good man (굿 맨)

① 속임수 행위에 정통한 갬블러를 지칭하지만, 특히 카드덱의 밑바닥 또는 특별히 조작된 카드로부터 딜링이 가능한 카드 딜러를 말한다. [OED]

② 큰 규모의 거액자금(巨額資金)을 가지고 있는 갬블러의 명칭 [1981 Maurer Lang of the Underworld 185]

③ 좀도둑에 붙인 말 또는 아주 작은 금액을 베팅하는 게임자에게 반어법(反語法)으로 사용하는 말이다. [OED]

Goose (구스)

빙고와 키노 게임에서 게임의 콜링에 끌어올려진 모든 볼(ball)을 담고 있는 플라스틱 또는 메달 우리(cage)를 말한다. [1973 Friedman Casino Games 99]

Gorilla (고릴라)

'터프가이(tough guy)'라고도 한다. 통상 블랙잭 게임에서, 카운터에게 어떻게 게임할지를 신호로 받아 베팅만을 전문으로 하는 게임자의 호칭 [1996 George Casino Gaming Dictionary]

Goulash (굴라시)

은밀한 방에서 정규적으로 카드 게임을 운영하는 바(bar)와 레스토랑과 같은 어떤 비즈니스(business) 시설을 말한다. [2006 고택운 카지노 서베일런스 시스템의 이해 318]

Grand (그랜드)

'G-note'라고도 하며, 1,000불짜리 지폐를 말한다. [1996 C.G.D.]

- **grand stand** : 위닝을 과시한다거나 또는 카드 게임이든, 스포츠 경기이든 있음직하지 않은 묘기를 수행하는 경우 [1973 Clark Oral Coll]

Graveyard shift (그레이브야드 시프트)

갬블링 시설에서 모닝타임 이전의 시프트로 통상 새벽 4시부터 정오까지 근무하는 시프트로, 하루의 마지막 시프트로 간주한다. [2006 고택운 카지노 서베일런스 시스템의 이해 319]

Gray (그레이)

'화이트 칩'이라고 하며, 통상적으로 1불 가치의 칩스 명칭이다. [1983 Martinet Oral Coll]

Great cassino (그레이트 카지노)

대형 카지노, 카드 게임의 카지노, 다이아몬드 슈트의 10카드 등에 대한 명칭 [DED]

Great martingale (그레이트 마팅겔)

'마팅겔(martingale)'의 또다른 명칭이다. 특히 룰렛 게임에서 손실 다음의 베팅 금액을 더블(double)로 하는 게임자의 '웨이저링 시스템(wagering system)'을 말한다. [OED]

Greek (그리크)

'grec'로 표기하며, 카드 게임의 속임수꾼 또는 직업적인 갬블러를 지칭한다. [OED]

- **greek bottom** : 게임용 카드의 덱의 밑바닥에서 두 번째 카드를 말한다. [1949 Coffin Secrets 179]
- **Greek deal** : 카드 게임에서 덱의 톱-카드를 주는 척 하면서 [2006 고택운 카지노 서베일런스 시스

동시에 그 덱의 맨 밑에서 두 번째 카드를 은밀하게 딜링하는 기술을 말한다. 템의 이해 318]

- **greek shot** : 크랩스 게임에서 벽 또는 백보드에 부딪쳐 던져진 주사위 두 개 중의 하나의 넘버를 콘트롤하기 위한 교묘한 손기술을 말한다. [1981 Maurer Lang, of the Underworld 186]
- **greekery** : 카드 또는 주사위와 관련된 속임수 행동을 말한다. [OED]

Green (그린)

'쿼터(quarter)'라고도 불리운다. 카지노에서 25달러 가치의 칩을 말한다. [ca. 1961 Hotel Coll]

- **green baize** : 게이밍 테이블을 카버하는 녹색 천 또는 게이밍 테이블을 말한다. [OED]
- **green game** : 카지노에서 25달러의 미니멈 베트를 요구하는 블랙잭 테이블 게임을 말한다. [1983 Martinet Oral Coll]
- **green number** : 룰렛 게임에서 제로(0) 또는 더블제로(00) 넘버를 호칭하는 것으로 '그린 칼러(green color)'로 되어 있기 때문이다. 그 밖에 모든 넘버는 레드 칼러와 블랙 칼러로 되어 있다. [ca. 1961 Hotel Coll]

Greeter (그리터)

카지노에서 카지노 때문에 방문하는 정규적인 고객에게 잘 알려진 사람으로 게임자들을 환영하려고, 카지노가 고용한 유명인사를 말한다. [1974 Friedman Management 114]

Grift (그리프트)

보통 카드 또는 주사위 게임의 속임수꾼을 말하며, 근거지에서 산발적으로 작은 금액을 훔치는 자를 말한다. 또는 속임수꾼에 의해 사용된 사기행각 또는 부정행위를 말하기도 한다. [1974 Scarne Dice 203]

- **grifter** : 속임수꾼 또는 사기꾼으로 특정한 어느 사람을 희생 대상으로 속이는 것으로 작은 금액을 훔치고 나서 재빠르게 이동하는 사람을 말한다. [DAS, OEDS]

Grind (그라인드)

'grind away'이라고도 하며, 갬블링 운영에 관한 수익을 완만하게 그리고 견실하게 만드는 것을 말한다. [1981 Maurer Lang, of the Underworld 186]

- **grind customer** : 줄임말로, '그라인드(grind)'라고 표기한다. 작은 스테이크(stakes)로 갬블하는 게임자를 말하며, '프리미움 카스토머(premium customer)'라고도 한다. [1973 Clark Oral Coll]
- **grind joint** : 작은 스테이크를 베터에 제공하는 방침을 가진 갬블링 운영. 즉, 딜러가 요구되는 소수의 게임을 함께 보유하고 있지만, 수익을 위해 슬롯머신의 계속적인 운영에 의존하는 갬블링 시설을 말한다. [1978 Skolnick House of Cards 40]

Gross gaming revenue (그로스 게이밍 레베뉴)

카지노에서 간접비용을 공제하지 않은 카지노 수입금의 총계이다. 즉, 게임 매출 총액을 말한다. [1978 Alexander Glossary 6]

Group game (그룹 게임)

게이밍 시설에서 빙고 또는 키노와 같이 대규모의 인원이 함께 참여하는 갬블링 게임을 말한다. [1961 Scarne Complete Guide 681]

Gut shot (갓 샷)

'벨리 히트(belly hit)'라고도 불리운다. 포커 게임에 9, 10, J, K로서 스트레이트 랭킹을 위해 순서가 되는 상태의 5번째 카드가 요구되는 핸드를 말한다. [1968 Wallace Poker 216]

Gyp (지프)

갬블링 게임은 물론 사회적으로도 기만(欺瞞)과 교활한 수단을 사용하는 협잡꾼을 지칭한다. [OED]

H

H (에치)

'하워드(howard)'에 대한 약자. 포커 게임에서 8 핸드 게임으로 된 테이블에 딜러의 위치에 대한 호칭을 말한다. [1949 Coffin Secrets 179]

Half-pot limit (하프-팟 리미트)

포커 게임에서 특별한 베팅 리미트로, 팟 안에 통화(通貨)의 반(半)보다 더 큰 베트를 만들려는 게임자를 제재하는 것을 말한다. [1949 Coffin Secrets 179]

Half-stock (하프-스톡)

게임용 카드의 불완전한 덱. 특히, 속임수꾼에 의하여 이동된 카드 한 장 또는 더 많은 수의 카드가 있는 카드의 팩을 말한다. [2006 고택운 카지노 서베일런스 시스템의 이해 319]

Hand (핸드)

① 카드 게임의 시리즈(series) 안에 '한 게임'을 지칭 [OED]
② 카드 게임을 하는 동안 어느 게임자에 의해 잡고 있는 카드 [OED]
③ 카드 게임을 하는 동안 카드의 한 세트(set)를 보유하고 있는 사람 [OED]
④ 크랩스 게임에서 한 슈터에 의해 던져지는 '시리즈(series)'를 말한다. [1981 Maurer Lang, of the Underworld 186]

▣ **hand-betting terminal** : '컴퓨-치터(compu-eheater)'가 베팅하는 장소를 위하여 사용되는 휴대용 컴퓨터 단말기 [1978 New Scientist 8]

▣ **hand-in** : 카지노에서 딜러를 위한 베트를 하여 준 것보다 더 많이 딜러가 직접 가져간 '팁(tip)'을 말한다. [1983 Martinet Oral Coll]

Handle (핸들)

갬블링 산업체에서, 일정한 기간에 게임자와 하우스 간의 환전 거래 금액의 총계를 말한다. [1957 Nevada Gaming Regulations 8]

Hand mucker (핸드 먹커)

룰렛 게임에서 루징(losing) 웨이저를 수거하여 칼라에 따라 칩스를 골라내는 딜러 보조자를 말한다. [1982 Martin Introduction 5]

Hand-off (핸드-오프)

속임수 행위 수법으로 공범자에게 칩스를 건네주는 행위로, 통상적으로 게임자로 활동하는 공범에게 초과 지불하는 부정한 딜러에 의해 이루어지는 행위를 말한다. [ca. 1961 Hotel Coll]

Hand signal (핸드 시그날)

블랙잭 게임에서 게임자에 의한 신호(의사표시)로 그가 원하는 다른 카드 또는 원하여 멈출 것인지를 표시하는 행위를 말한다. [ca. 1961 Hotel Coll]

Hands up (핸드스 업)

뱅크 크랩스 게임에서 위로 덮일 듯이 주사위를 던지기 때문에 레이아웃으로부터 손을 뗄 것을 게임자에게 '스틱맨(stickman)'이 전달하는 말. [1983 Martinet Oral Coll]

Hanger (행거)

카지노 게이밍 테이블에서 지폐가 구부러진 코너 때문에 드롭 박스에 완전히 들어가지 않고 걸려있는 상태를 말한다. 이 경우 딜러는 게임을 잠시 중단하고 지폐를 다시 집어넣어야 한다. [2006 고택운 카지노 서베일런스 시스템의 이해 319]

Hang the Flag (행 더 플래그)

갬블링 게임에서 엄중한 감시 때문에 잠시 부정행위를 하지 말 것을 공범자에게 신호를 하는 어떤 행위를 말한다. [2006 고택운 카지노 서베일런스 시스템의 이해 319]

Hard (하드)

① 블랙잭 게임에서 '에이스(ace)'를 가지고 있지 않은 핸드 또는 '에이스(ace)'를 11점으로 계산하지 않고, 1점으로 계산하는 핸드를 말한다. [1953 Crawford Consistent Winner 347]

② 크랩스 게임에서 주사위가 각자 2, 3, 4, 5점의 '페어(pair)'로 굴려져 4, 6, 8, 10점이 된 상태를 말한다. [1973 Clark Oral Coll]

▣ **hard count** : ① 카지노에서 슬롯머신 또는 테이블로부터 가져온 칩스 또는 코인의 총액. [ca. 1961 Hotel Coll]

② 블랙잭 게임에서 '에이스(ace)'카드가 없는 핸드의 총점 또는 '에이스(ace)' 카드를 가진 핸드에서 11점으로 계산하지 않고 1점으로 계산하는 핸드를 말한다. [1982 Silvestone Player's Guide 140]

▣ **hard count drop supervisor** : 카지노에서 코인을 계산하는 룸을 책임지고 있는 종업원을 말한다. [1982 Review Journa l 10/27:12]

▣ **hard drop** : 카지노에서 게이밍 테이블의 하단에 부착되어 [ca. 1961 Hotel Coll]

있는 드롭 박스에 저장되어 있는 통화와 칩스를 말한다.

- **hard money** : 카지노에서 칩스와 대비되는 통화와 코인을 말한다. [1964 Lemmel Gambling 6]
- **hard play** : 포커 게임에서 노련한 게임자에 의해 사용되어지는 전통적인 베팅 전략으로 콘트롤(control)하는 것을 말한다. [1953 Fairfield LasVegas 15]
- **hard rock** : 베팅을 만드는 방법으로 약간의 찬스를 가지려는 충분한 기술로 관리하는 포커 게임자. [1961 Scarne Complete Guide 681]

Hawk the dice (헉 더 다이스)

뱅크 크랩스에서 게임자에 의한 어떤 속임수 행동을 예방하려고 항상 주사위를 관찰하는 딜러에서 플로어맨 또는 박스맨으로부터의 순서를 말한다. [1983 Martinet Oral Coll]

Heat (히트)

카지노에서 비난과 위협의 형태로 핏보스가 딜러에게 압박을 가하는 행위를 말한다. '히트(heat)'는 보스로부터의 압박으로, 게임자로부터가 아니다. [1979 Clark Oral Coll]

Heavy (헤비)

포커 게임에서 정당하게 있어야 할 돈보다 더 많이 '팟(pot)'에 들어가 있는 것을 표시할 때 사용하는 단어이다. [1949 Coffin Secrets 179]

- **heavy-fisted** : 포커룸에서, 하우스 퍼센티지에 대하여 요구되는 것보다 '팟(pot)'으로부터 더 많은 돈을 떼어내는 딜러를 표현할 때 사용하는 말이다. [1978 Larson Vecabuary 99]
- **heavy hand** : 상상했던 것보다 더 많은 카드가 비밀스럽게 들어가 있는 카드의 핸드를 말한다. [1996 C.G.D.]
- **heavy Texas corner** : 가장자리 또는 모서리를 둥글게 변조한 주사위를 말한다. [1974 Scarne Dice 74]

Hedge (헷지)

갬블링 게이밍에서, 게임자가 손실을 최소화하려는 노력의 일환으로, 웨이저를 배수(배수)로 만드는 경우를 말한다. [OED]

- **hedge bet** : 줄인 말로, '헷지(hedge)'라고 하며, 이는 첫 번째 웨이저의 손실을 보호하려고 한 게임에 만들어진 두 번째 웨이저를 말한다. [1968 Wallace Poker 216]

Heel (힐)

뱅크 크랩스 게임에서 베트에 '오즈(odds)'를 가진 게임자를 표시하는 것으로, 웨이저를 칩스의 상단에 붙여 중앙으로 미끄러뜨려 놓는 것으로 '레이 베트(lay bet)'라고 한다. [ca. 1961 Hotel Coll]

Heel peek (힐 피크)

'백 피크(back peek)'라고도 불리운다. 이는 카드 게임에서의 속임수 행위로, 엄지와 검지 손가락 사이에 덱의 꼭대기를 '스퀴즈(squeeze)' 하여 덱의 톱카드의 가치를 보려는 카드 딜러의 행위를 말한다. [1982 Martin Introduction 27]

Hell (헬)

지하 도박장을 일컫는 용어로 속임수 행위를 정규적으로 가지는 불법 갬블링 장소를 말한다. [DAE]

- **hellite** : 갬블링 하우스의 소유자 또는 운영자로 특히 속임수꾼을 수용하는 곳으로 알려진 시설을 말한다. [OED]
- **hemingway** : 카드 게임이 있는 장소에서 동료 속임수꾼에 대한 '코드 네임(code name)'을 말한다. [1939 MacDougall and Furnas Gambler's Don't 73]
- **hen** : 게임용 카드에서 '퀸(queen)' 카드의 또 다른 명칭이다. [1949 Coffin Secrets 179]

High (하이)

스터드 포커 게임에서 베팅 라운드 안의 카드 등급을 통보하는 것으로 그 라운드의 베팅의 시작은 가장 높은 등급의 카드를 잡고 있는 게임자가 한다. [OEDS]

- **high-belly strippers** : 게임용 카드를 깎거나 다듬었으므로 그 카드의 가장자리가 중간보다 좁은 것을 말한다. 이는 통상, 덱 안에 가장 높은 등급의 카드가 된다. [1961 Scarne Complete Guide 681]
- **high card** : 테이블에서 가장 높은 등급을 가진 카드로 만약 다른 핸드의 카드가 페어 이상의 핸드가 아니라면 그 '팟(pot)'에서 가장 높은 등급의 카드가 이기게 된다. 이 경우 손에 든 패를 전부 보인다. [1973 Binion Recollections 13]
- **high die** : 낮은 넘버보다 높은 점수의 넘버가 자주 굴려지도록 변조된 주사위를 말한다. [1983 Martinet Oral Coll]

High game (하이 게임)

카드에 속임수 행위를 하는 방법으로, 가장 높은 등급의 일정한 카드의 뒷면에 특징을 표시하는 것을 말하며 '카즈메틱(cosmetics)'과 뜻이 같다. [OED]

- **high hand** : 포커 게임의 핸드의 결정을 가장 높은 등급의 카드를 가진 게임자로 정하는 것을 말한다. [1953 Lewis Sagebrush Casinos 38]
- **high-low bet** : 뱅크 크랩스 게임에서 이어지는 '롤(roll)'이 넘버 2 또는 12가 될 것을 예상하는 베트를 말한다. [1963 Steig Common Sense 184]
- **high-noon** : 크랩스 게임에서 '12'점이 굴려진 것을 말하며, '게리쿠퍼'라고도 한다. [1982 Clark Oral coll]
- **high-number bet** : 룰렛 게임에서 19에서 36번까지의 넘버 그룹에 베팅한 웨이저를 말한다. [1968 Thackrey Nick the Greek 157]

■ **high roller** : 커다란 금액을 자주 베팅하는 갬블러를 말한다. '빅 플랜저(big plunger)'와 '카우보이(cowboy)' 그리고 '하이 스테이크(high stakes)'라고도 한다. [OEDS, DAE, DAS]

Hipe (하이프)

'hype'라고 표기하기도 하며, 이는 게임자에게 부족하게 교환해 주는 것으로 특히, 게임자에게 지불하면서 게임자의 스텍으로부터 칩스를 떼어내는 행위를 말한다. [OEDS]

Hit (히트)

갬블링으로 이겨 이익을 가지려는 행위, 21-게임에서 다른 카드를 줄 것을 딜러에게 요구하는 행위, 또는 여러 가지 카드 및 주사위 게임에서 특별한 카드를 드로우하거나 특정한 주사위 넘버가 굴려져 이익을 가지려는 행위를 말한다. [1968 Adoms Western Words]

■ **hit a jackpot** : 슬롯머신 게임에서 커다란 지불로 이기려는 경우 [1982 Clark Oral coll]

■ **hit a log** : 크랩스 게임에서 루징 넘버 안의 결과로 생긴 경우 [1983 Martinet Oral Coll]

■ **hit and run** : 카지노에서 단 하나의 베트를 만드는 행위로 통상 블랙잭 게임 또는 크랩스 게임에서 만약 그 베트가 이기면 그대로 물러난 경우 [1981 Maurer Lang of the Underworld 187]

■ **hit it** : [1983 Martinez Gambling Scene 206]

① 크랩스 게임에서 주사위 상에 원하는 넘버를 굴리려는 경우

② 포커 게임에서 이전의 베트의 사이즈를 증가시키려는 경우 [1978 Brunson How I Made 534]

③ 21-게임에서 또 한 장의 다른 카드를 딜러에게 줄 것을 요구하는 경우로 '힛미(hitme)'라고도 한다. [ca. 1961 Hotel Coll]

■ **hit the jackpot** : 슬롯머신상에 특정한 큰 금액의 지출로 '윈(win)'하거나 또는 머신상에 이겨 지출하는 통상적인 머신을 말한다. [1953 Lewis Sagebrush Casinos 150]

■ **hit and run artist / hit and runner** : 포커 또는 21-게임과 같은 연속적인 게임에 참가한 게임자로서, 단기간에 어떤 베트를 위닝한 뒤에 게임을 그만두는 것을 말한다. [1981 Golad Oral Coll]

■ **hit dice** : 넘버 '7'이 굴려질 수 없도록 변조된 주사위로 '힛스(hits)'라고도 한다. [1961 Scarne Complete Guide 681]

Hold (홀드)

갬블링 시설에서 하우스의 총 수입금을 말한다. '액스(ax)'와 '드롭(dorp)' 그리고 '핸들(handle)'을 참조해 본다. [ca. 1961 Hotel Coll]

■ **hold out** : 게임에서 카드를 나중에 사용할 목적으로 게임용 카드를 감추는 행위를 말한다. [1968 Adams Western Words]

■ **hold up a dealer table** : 카지노 딜러들이 팔짱을 끼고 빈 테이블에 서서 고객을 기다리는 자세를 말한다. [1977 Anness Dummy Up]

Hold check (홀드 첵)

갬블링 시설에서 마커, IOU 또는 일정기간 매니저, 핏보스, 플로어맨이 보유하고 있는 캐시 또는 칩스를 위한 환전으로 고객에 의해 서명한 수표를 말한다. [1961 Scarne Complete Guide 681]

Holdout (홀드아웃)

게임용 카드를 소매, 조끼, 테이블 하단 또는 어떤 딴 곳, 게임에 요구될 때까지 몰래 감추어 사용되어진 속임수 행위 장치의 어떤 종류를 말한다. [1902 Andrews Artifice 14]

- **holdout man** : 딜링된 카드를 바꿔치기하거나 전문적으로 카드를 손바닥 안에 감추는 카드 속임수꾼으로 '핸드 먹커(hand mucker)', '미트맨(mittman)' 또는 '먹커(mucker)'라고도 한다. [2006 고택운 카지노 서베일런스 시스템의 이해 320]
- **holdout shoe** : 딜러가 원하면 언제든지 세컨 딜을 할 수 있도록 장치가 되어 있는 블랙잭 '슈(shoe)'를 말한다. [1984 Darwin Ortiz Gambling Scams 254]
- **holdout table** : 속임수꾼이 카드를 보존하여 그가 원할 때까지 숨겨놓으려고 정교하게 장치해 놓은 카드 테이블. 이러한 테이블의 일부는 카드를 게임자끼리 서로 은밀히 건넬 수 있도록 장치되어 있다. [1984 Darwin Ortiz Gambling Scams 254]

Hole (홀)

① 베팅을 하는 장소를 위한 갬블링 테이블 레이아웃의 위치를 말한다. [1964 Lemmel Gambling 113]

② 주사위가 굴려져 결과의 넘버가 나왔을 때, 크랩스 테이블 레이아웃 넘버에 그 넘버에 돈이 없는 경우를 말한다. [1983 Martinet Oral Coll]

- **hole-card** : 블랙잭과 스터드와 같은 게임에서 게임자 또는 딜러에게 앞면이 아래쪽으로 향하도록 딜링되어진 카드 [DA. OEDS]
- **hole card play** : 블랙잭 게임에서 딜러의 홀-카드를 몰래 힐끗 보는 독특한 기술로 가지는 어떤 숫자 [2006 고택운 카지노 서베일런스 시스템의 이해 320]

Hollow chip (할로우 칩)

딜러 칩처럼 보이게 만든 평평한 컵을 말한다. 이것은 카지노에서 속임수를 사용하는 딜러가 높은 단위의 칩스를 덮어씌우는 데 사용할 수 있으며, 이와 같은 방법으로 하우스로부터 훔쳐 공범자에게 전달하는 것이다. [ca. 1961 Hotel Coll]

Hollows (할로우스)

카드 속임수꾼에 의해 확인될 수 있도록 길이쪽으로 깎거나 또는 다듬어진 게임용 카드를 말한다. [1890 Quinn Fool of Fortune 197]

Holy city (홀리 시티)

포커 핸드로, 통상 '풀하우스(full house)'로 이는 '에이스스(aces)'와 '페이스(face)' 카드로 구성된 것을 말한다. [1949 Coffin Secrets 179]

Honest reader (어니스트 리더)

카드 게임에서 표시되었거나, 다듬어졌거나 또는 어떤 만듦새로 변형되지 않은 정직한 게임용 카드를 말한다. [1968 Wallace Poker 217]

Honor (어너)

카드 게임을 다양하게 만들려고 점수 또는 플레이에 특별한 가치를 가지도록 계획된 게임용 카드를 말한다. [1949 Coffin Secrets 179]

Hook (후크)

① 게임용 카드에서의 '잭(jack)' 또는 '7'의 명칭으로 '피시후크(fishfook)'라고도 한다. [1949 Coffin Secrets 179]

② 크랩스 테이블에서 테이블의 스틱맨이 있는 사이드 레이아웃의 모서리를 지칭한다. [1983 Martinet Oral Coll]

Hop (합)

게임용 카드에서의 속임수 행위로, 다른 게임자가 나누었거나 또는 2개의 '팩스(pacts)'로 덱을 컷트한 뒤에 그 카드-덱을 원래의 순서대로 되돌려놓는 행위를 말한다. '엘리베이터 컷(elevator cut)'과 '스텝 컷(step cut)'이라고도 부른다. [1961 Scarne Complete Guide 681]

▣ **hop bet** : 크랩스 게임에서 주사위의 다음 '롤(roll)'을 예측하여 한번롤에 승부하는 조건(proposition)의 베트를 말한다. [1983 Martinet Oral Coll]

Hopper (하퍼)

슬롯머신 안쪽에 있는 금속상자로 머신 속에 코인을 저장해 두는 곳이며, 그 곳에서 코인이 '위닝(winning)'에 따라 떨어진다. [1957 Nevada Gaming Regulations 33]

▣ **hopper fill slip** : 비어 있는 슬롯머신에 보충하려고 사용된 코인의 금액을 기록하기 위한 서류를 말한다. [1978 Alexander Glossary 7]

Horn bet (혼 베트)

뱅크 크랩에서 2, 3, 11, 12가 될 것이라는 다음 '롤(roll)'의 웨이저로, 통상 베팅하는 최소 웨이저가 적어도 4배가 되는 장소로 '베터(bettor)'가 요구하는 베트를 말한다. [1973 Friedman Casino Games 90]

Host (호스트)

카지노에서 고액을 소비하는 고객을 환대하는 경영자의 대리인으로 크레딧 체크를 정리해 주고, 그리고 식음료와 숙박을 무료로 제공한다. [ca. 1961 Hotel Coll]

Hot (핫)

① 행운의 연속, 운이 좋은 것, 카드, 주사위, 경주마의 넘버 등을 묘사하는 것으로 갬블러를 위해 이긴 돈 등을 일컫는다. [OED]

② 엄청난 베팅이 일어난 경우를 말하기도 한다. [OED]

■ **hot sucker** : 화가 났거나, 베팅에 대하여 불충분한 평가를 받은 카드 게임자를 지칭한다. [1982 Golad Oral Coll]

House (하우스)

게임 행위를 제공하는 갬블링 시설(施設)로서 '스토어(store)' 또는 '조인트(joint)'라고도 불리운다. [DA, OED]

■ **house advantage** : '하우스 엣지(house edge)' 또는 '하우스 오즈(house odds)'라고 불리운다. 갬블링 시설에게 유리한 승산, 갬블에 투자하였던 돈의 퍼센티지로 카지노 또는 갬블링 시설이 수익으로 보존하려는 기대치의 값을 말한다. [1964 Wykes Illustrated Guide 327]

■ **house bank** : 바카라, 크랩스, 블랙잭, 룰렛 등과 같은 게임에서 고객에 의해 만들어지는 모든 베트를 카버하는 갬블링 시설에 의해 보유하고 있는 자금(資金)을 말한다. [1968 Thackrey Nick the Greek 28]

■ **house chips** : 갬블링 시설에서 칩스는 그 시설의 고용인에 의해서 사용되며, 고객에게 판매된 것이 아니다. [ca. 1961 Hotel Coll]

■ **house cut** : '레이크(rake)'라고도 불리운다. 포커룸에서 딜러가 시설을 위해 각 '팟(pot)'에서 가진 수수료를 말한다. [1968 Wallace Poker 218]

■ **house limit** : 갬블링 시설에 의해 수용되어진 최대의 베트로 시설의 내부의 게임에서 게임으로 변화를 주고, 테이블에서조차 게임에 따라 테이블 최소 금액을 정하기도 하는 것을 말한다. [1968 Thackrey Nick the Greek 28]

■ **house money** : 갬블링 시설이 보유하고 있는 자금. 카지노에 뱅크 게임에 사용되는 돈 또는 계속되는 게임에 베팅하여 카지노로부터 이겨 획득하여 가지고 있는 게임자의 돈. [1983 Martinet Orall Coll]

■ **house number** : 룰렛 게임에서 0와 00을 위한 테이블 레이아웃상의 구역을 말한다. [ca. 1961 Hotel Coll]

■ **house percentage** : 갬블링 시설에 유리한 갬블링 게임상의 승산(勝算)으로 지불승산과 실제승산과는 차이가 있다. [1980 Clark Orall Coll]

■ **house rules** : 시설에서 게임을 지배(支配)하는 규칙으로, 특별히 특수한 핸드 또는 베팅의 실행에 대해서는 변동이 있다. [1968 Wallace Poker 217]

Hudson shots (허드슨 샷)

주사위의 속임수 행위로 던지기 시작하여 마지막에까지 같은 넘버가 윗면에 유지되도록 장치된 주사위를 던져 조정하는 것을 말한다. [1981 Maurer Lang of the Underworld 187]

Humps (험프)

속임수꾼의 게임용 카드를 다듬거나, 가장자리를 길게 깎아내려 중간이 넓게 된 카드의 가장자리로, 보통 로우 카드에서 또는 '페이스 카드(face card)'와 같은 하이카드에 적용한다. [1980 Quinn Fools of Fortune 197]

Hunch-player (헌치-플레이어)

특정한 게임에 대하여 이용할 수 있는 정보를 사용하기보다 일시적인 감정으로 베팅을 하는 갬블러를 지칭한다. [1978 Clark Orall Coll]

Hush money (허시 머니)

'아이스(ice)'라고도 부른다. 불법적인 갬블링 운영을 모르는 체 한 공무원에게 지불하는 상납(上納)을 말한다. [OED]

Hustle / Hustler / Hustling (허슬 / 허슬러 / 허슬링)

사취하기 위한 음모, 사기행위 또는 속임수. 특히, 보잘 것 없는 솜씨 또는 크랩스와 같은 게임에서 농간을 부리는 것을 말한다. '허슬러(hustler)'는 이와 같은 행위를 하는 자이고, '허슬링(hustling)'은 허슬러의 행동을 말하며, '라버리(robbery)'의 뜻과 같다. [1985 Polsky Hustlers, Beats and Others 45]

I

Ice (아이스)

①'허시 머니(hush money)'와 같은 뜻이다. [OED]

②특별한 핸드로 딜링하려고 미리 준비한 카드의 덱으로 '콜드덱(cold deck)'이라고 한다. [1968 Wallace Poker 217]

▣ **ice-cold** : 크랩스 게임에서 수가 적은 넘버가 굴려지는 주사위를 주목하는 것 또는 운이 따르지 않는 갬블링에서의 악운을 말한다. [1981 Maurer Lang, of the Underworld 187]

▣ **iceman** : 수혜를 받으려고 공무원에게 뇌물을 전달하는 불법 갬블링 운영자의 대리인의 명칭 [1961 Scarne Complete Guide 681]

Idle card (아이들 카드)

포커 게임에서 하트-플러시 핸드에 스페이드로, 그 핸드에 가치가 없는 추가 카드를 말한다. [1949 Coffin Secrets 179]

Imperfect pack (임퍼팩트 팩)

카드 게임에서 분실하였거나 또는 중복되는 카드를 가진 게임용 카드의 덱을 말한다. [1949 Coffin Secrets 179]

Imprison (임프리존, 앙쁘리종)

룰렛 게임에서 윈(win) 또는 루스(lose)의 결정으로 휠의 다음 스핀을 위해 기다려야만 하는 이미 예치한 베트의 상황을 말한다. ※French [1968 Thackery Nick the Greek 155]

Improv (임프로브)

포커 게임에서 카드를 드로우하는 것으로 핸드의 가치를 증가시키는 것을 말한다. [1949 Coffin Secrets 179]

In (인)

포커 게임에서 요구된 금액의 베팅에 의해 '팟(pot)'에 이기는 적임자임을 알리는 것 [1949 Coffin Secrets 179]

▣ **in the bag** : 공범자의 정보로 속임수꾼에 의해 사용되는 구두 암호로 희생자가 그대로 그의 돈을 가지고 있을 때 속임수 비법을 전달하는 것이다. [1961 Scarne Complete Guide 681]

Index (인덱스)

① 게임용 카드에 2에서 10까지의 숫자 또는 왼쪽 모서리에서 위쪽으로 프린트된 A, K, Q, J로 카드의 가치를 표시한 내용을 말한다. [1968 Wallace Poker 217]

② 카드의 앞면 가치를 표시한 것으로, 속임수꾼에 의해 게임용 카드의 뒷면 지점에 표시한 것을 말한다. [2006 고택운 카지노 서베일런스 시스템의 이해 321]

Indicator card (인디케이트 카드)

21-게임에서 특히 멀티플덱을 가지는 게임이 되는 경우에, 카드사이즈로 된 플라스틱 한 장 또는 뒷면의 디자인이 다른 칼러로 비교되는 덱의 조커를 가지고 딜러에 의해 덱의 아래쪽에 묻는 것이다. 딜링 중에 그 곳에 도달하였을 때 딜러는 그 핸드를 완성시킨 다음 그 덱을 리-셔플한다. [ca. 1961 Hotel Coll]

In-meter (인-미터)

슬롯머신 게임에서 머신 안으로 드롭된 코인의 수량을 기록하는 계산장치를 말한다. [1977 Nevada Gaming Control Internal 25]

▣ **in-meter summary** : 게임자에 의해 각 슬롯머신 안에 들어간 코인의 수량을 기록하려고 카지노의 회계부서가 사용하는 서류양식을 말한다. 그 양식은 통상 머신 안에 들어간 코인의 총계, 지불된 코인의 수량 그리고 머신과 드롭 박스에 남아있는 코인의 수량을 기록한다. [1978 Alexander Glossary 7]

Inside (인사이드)

크랩스 테이블 레이아웃에 슈터가 가진 포인트에 의존하여 넘버 5, 6, 8 또는 9를 가지고 마크된 베팅 지역을 말한다. 예를 들면, 만약 슈터가 포인트가 9라면 인사이드 넘버는 5, 6과 8이 된다. [1983 Martinet Oral Coll]

▣ **inside bet** : 룰렛 게임에서 0와 00 지역을 포함한 컴비네이션(comgbination) 베트 즉, 레이아웃의 어떤 베트를 말한다. [ca. 1961 Hotel Coll]

▣ **inside hand** : 크랩스 테이블 위에 2명의 딜러와 스틱맨과 박스맨 등의 직원을 말하며, 스틱맨의 건너편 중간에 두 명의 딜러 사이에 앉아 있는 박스맨에게 딜러가 조력하는 것을 말한다. [1978 Clark Oral Coll]

▣ **inside man** : 카지노에서 카지노 케이지에 접근할 수 있는 종업원을 말한다. [1963 Taylor LasVegas 100]

Insurance (인슈런스)

블랙잭 게임에서 딜러가 모든 게임자에게 세컨드 카드까지 딜링된 후에 딜러가 가진 앞면의 카드가 에이스일 때, 게임자에게 허용하는 옵션 웨이저로, 게임자는 그의 오리지날 웨이저의 반으로 베트를 만들 수 있으며 딜러가 21을 가졌다면 인슈런스 베트에 대해 2배를 지불받는다. [1953 Crawford Consistent Winner 348]

Intermission ticket (인터미션 티켓)

빙고 게임에서, 특별히 할인된 카드를 게임을 위해 판매한 것으로 이는 긴 활동의 휴식시간 동안 작은 금액으로 게임되어진다. [ca. 1961 Hotel Coll]

Ironclad hand (아이론클래드 핸드)

'아이론 듀크(iron duke)'라고 불리운다. 포커 게임에서 '팟(pot)'에서 윈(win)하는 데 대단히 좋은 찬스를 가진 카드의 핸드를 말한다. [1950 Morehead Culbertson 621]

Issue slip (이슈 슬립)

카지노에서 크레딧 양식의 세 번째 파트 또는 마커, 칩스로 환전한 게임자가 서명한 전표를 말한다. 이는 게임자의 테이블에 있는 드롭 박스 안에 넣는 것으로, 카지노 케이지 직원은 수입과 손실을 가진 테이블에 칩스를 사전에 준비하여 그 차이를 조정할 수 있다. [1978 Alexander Glossary 8]

Itemer (이테머)

'카드 사프(card sharp)'의 공범자로 보통 신호와 '스텍드 덱(stacked deck)'을 운반하는 것을 도와주는 자를 말한다. [1938 Asbury Sucker's Progress 35]

Iteming (아이테밍)

갬블링 게이밍 테이블에서 신호를 위한 공범자 또는 속임수 행위에 다른 보조로 이용하려는 경우를 말한다. [1938 Asbury Sucker's Progress 35]

Ivories (아이보리스)

카지노 또는 게이밍 시설에서 주사위에 대한 또 다른 단어 또는 정상적인 1달러 가치의 '화이트 칩스(white chips)'에 대한 또 다른 말이다. [1973 Clark Oral Coll]

J

J (제이)

게임용 카드의 '잭(jack)'에 대한 약자. [1950 Morehead Culbertson 621]

Jack (잭)

10과 퀸(queen) 사이의 등급으로, 페이스(face) 카드 중에 가장 낮은 가치의 카드를 말하며, '네이브(knave)'라고도 한다. [OED, DAE]

Jack Benny (잭 베니)

'홀뎀(hold'em)' 포커 게임에서 게임자에게 딜링되어진 카드로 3과 9를 말한다. [1981 Golad Oral Coll]

Jackpot (잭팟)

통상 커다란 돈의 총액으로 슬롯머신, 롯데리어, 빙고 또는 키노 또는 게임자에 대해 승산이 적은 게임에서 이긴 금액 즉, 거액의 상금을 말한다. [1941 Fair Spill the Jackpot 48]

- **jackpot meter**: 슬롯머신에서 잭팟의 수량기록과 머신에 의해 지불된 돈의 총 금액을 계수하는 장치를 말한다. [1978 Alexander Glossary 8]
- **jackpot payout**: 위닝 결합에 대해 시설에 의해 약속된 금액을 보유하지 않은 슬롯머신에 잭팟으로 '윈(win)'한 위너에게 지불되는 돈의 추가 금액을 말한다. 그 돈은 머신상에 '릴(reels)'의 적절한 배열을 입증하는 시설의 종업원에 의해 게임자에게 제공된다. [1957 Nevada Gaming Regulations 32]
- **jackpot payout slip**: 대규모의 갬블링 시설에서 종업원에 의해 '잭팟지불'의 총 금액을 기록하려고 슬롯머신 지역에서 사용되는 프린트된 서류를 말한다. [1982 Martin Introduction 24]
- **jackpot light up board**: 슬롯머신 게임장이나 오락실에 머신과 연결되어 걸려 있는 전자 사인판으로 잭팟이 터질 때마다 불이 켜지며 차임벨이 울린다. [2002 고택운 카지노 게임의 실무이론 II 367]

Jackson five (잭슨 파이브)

20달러 지폐 5장으로 백달러를 말한다. 이는 20달러 지폐에 있는 'Andrew Jackson' 미국 대통령의 초상화에서 유래(由來)된 말이다. [1983 Martinet Oral Coll]

Jog (조그)

특별한 순서로 미리 정리한 팩으로 속임수를 위하여 카드를 덱에서 약간 튀어나오게 하여 의도적으로 카드의 위치를 표시하는 것을 말한다. 이는 주로 속임수 행위의 카드 셔플과 컷트에 사용된다. [2006 고택운 카지노 서베일런스 시스템의 이해 322]

- **jog cut** : 카드의 덱을 컷팅하기 위한 속임수 방법으로서, 이는 공모하여 팩의 윗부분에 확실한 카드를 유지하려는 것이다. [1996 C.G.D.]
- **jog stock** : '스텍드 덱(stacked deck)'의 종류를 가지고 중앙에서 조금 벗어나는 컷트를 하여 팩의 높은 쪽부분을 속임수를 위해 사용하며, 이에 공모자는 스텍드된 부분이 필히 높게 덱을 컷트되도록 하는 것을 말한다. [2006 고택운 카지노 서베일런스 시스템의 이해 322]

John (존)

게임용 카드의 '잭(jack)'에 대한 또 다른 명칭 또는 '마크(mark)'라고도 불리우며, '카드 샤프(card sharp)'에 대하여 속기 쉬운 희생자나 순진하고 무식한 게임자를 지칭하며, 특히 자기중심적이고, 거드름을 피우며, 잘난 척하는 사람을 말한다. [1969 Clark Oral Coll]

Joint (조인트)

갬블링 시설을 말하며 '스토어(store)'라고도 한다. 이에 조인트 형태는 시설 운영 방식에 따라 'bust-out joint'와 'carpet joint' 그리고 'juice joint'와 'sawdust joint'로 구분된다. [OED, DAE, DA]

Joker (조커)

표준적인 한 덱 52장 카드에 추가되는 게임용 '엑스트라(extra)' 카드를 말한다. 몇몇의 게임에서, 특히 포커 게임에서 변화를 주려고 조커를 '와일드 카드(wild card)'로 사용한다. [DA, DAE, OED]

Jonah (조나)

① 행운이 따르지 않는 갬블러로, 계속적으로 손실을 겪는 사람을 말한다. 또는 다른 요인에서 불운을 가져오는 것처럼 보이는 게임자를 말한다. [OED]

② 주사위 게임에서, 감언이설 또는 물리적 행동을 가지고 주사위의 '롤(roll)'을 콘트롤 하려고 시도하는 행위를 말한다. [1981 Maurer Lang of the Underword 187]

- **註** : '조나(Jonah)'는 커다란 고기에 의해 삼켜지는 불운을 겪는 성서(聖書)의 '조나의 이야기'로부터 비유된 것 같다. [OED]

Jones (존스)

갬블링 중독을 말하며, 작은 내기라도 자주 갬블을 하는 사람으로 흔히 도박으로 폐인이 된 사람을 지칭한다. [1973 Clark Oral Coll]

Joy girl (조이 걸)

게임용 카드의 덱의 '퀸(queen)'을 말한다. '레디(lady)' 또는 '멉스퀴저(mopsqueezer)' 또는 '호어(whore)'라고도 불리우는 카드 명칭이다. [1973 Clark Oral Coll]

Juice (쥬스)

① 영향을 미치는 사람과 저명인사, 수혜를 받는 세력, 카지노에서 직무로 호텔에 무료 숙박 권한을 가진 부류 등을 일컫는다. [ca. 1961 Hotel Coll]

② 전기 또는 전자식 동력으로, 한쪽으로 치운친 주사위 또는 룰렛 휠을 조종하여 속임수 행위에 사용되는 것을 말한다. [DA, OEDS]

③ 불법 수익의 몫, 갬블링 또는 속임수에 의해 취득한 돈 등을 말하기도 한다. [DAS]

- **juice dealer** : 주사위 또는 룰렛 휠을 콘트롤하는 데 사용하는 전력이 있는 크랩스 또는 룰렛 게임의 운영자를 말한다. [ca. 1961 Hotel Coll]
- **juice joint** : '와이어 조인트(wire joint)'라고도 불리우며, 다이스 테이블 또는 룰렛 휠이 전자석으로 조종된다는 뜻으로 특별히 속임수 행위를 하려고 장치된 갬블링 시설을 말한다. [1981 Maurer Lang, of the Underworld 187]

Jump (점프)

'합(hop)'이라고도 부른다. 크랩스 게임에서 주사위의 다음에 던지는 '롤(roll)'을 말한다. [1983 Martinet Oral Coll]

- **jump the cut** : 속임수 움직임으로 게임용 카드의 덱을 조작하는 것으로, 컷트되어진 팩으로만 나타나게 하는 행위를 말한다. 실제로, 그 팩은 오리지날 순서대로 복구된다. [1968 Adams Western Words]
- **junior jackpot ticket** : 빙고 게임에서 할인된 요금으로 판매한 카드로 가장 낮은 금액으로 위너에 지불되는 카드를 말한다. [1961 Scarne Complete Guide 682]

Junket (정킷)

갬블링 시설에 의해 지불하는 단체로 갬블링하려는 여행이다. 여행을 위한 환전, 객실 그리고 식사 경비 등 갬블러는 카지노 케이지에 특정한 돈의 금액을 보관시켜야 하며, 그 돈은 시설에서 갬블하는 데 사용된다. [1977 Cahill Recollection 396]

Junketteer (정크터)

'정킷 마스터(junket master)'라고 불리우며, 때로는 'junket leader' 또는 'junket representative'로 불리운다. 이는 정킷 조직으로 카지노 운영자에 의해 개별적으로 고용된 사람을 말한다. [1974 Scarne Dice 138]

K

K (케이)

게임용 카드의 팩 안에 있는 '킹(king)' 카드의 약자. 이 카드는 'K-boy'라고도 한다. [ca. 1961 Hotel Coll]

Keno (키노)

'차이니스 로터리(chinese lottery)'라고도 부른다. 80개의 넘버가 매겨진 볼을 가지고 진행되는 게임으로, 게임자들은 키노 터켓 위에 15개 넘버를 골라 만드는 것이다. 게임의 운영자는 승자를 결정하려고 숫자가 매겨진 20개의 볼을 끌어내어 승부를 결정하는 게임을 말한다. [DA, OEDS, OED]

- **keno ball** : 연속적으로 넘버가 매겨진 80개의 볼 중의 하나로 키노 게임에 사용된다. [ca. 1961 Hotel Coll]
- **keno boad** : 카지노 주위 여러 곳과 키노 데스크 뒷벽에 설치한 대형 전시관으로 게임을 위하여 선정된 20개의 넘버가 전시되는 곳을 말한다. [1953 Lewis Sagebrush Casinos 98]
- **keno caller** : 넘버가 매겨진 볼을 선출(draw)하고, 선출된 넘버를 알려주는 키노 운영의 종업원을 말한다. [ca. 1961 Hotel Coll]
- **keno goose** : 줄여서 '구스(goose)'라고 하며, 이는 키노 게임에서 사용되는 80개의 볼을 보유하려고 목재, 플라스틱 또는 철사로 건조한 구체(具體)이다. 그 구체는 튜브가 부착되어 있고, 어느 시점에 한 개의 볼이 통과하면 게임에 대해 '드로윙(drawing)' 넘버가 된다. [DA, DAE]
- **kenoist** : 키노 게임의 운영자. 특히 불법운영자를 말한다. [DA]
- **keno lounge** : 키노 티켓을 기록하고 볼이 드로윙되는 카지노 안에의 어느 지역 또는 룸을 말한다. 보통 앉을 수 있도록 게임자를 위해 의자가 배열되어 있다. [ca. 1961 Hotel Coll]

- **keno runner** : 대형 카지노에서 카지노의 레스토랑과 바, 공중지역 등 키노 라운지의 외곽지역에 대하여 활동하는 종업원을 말한다. 런너는 게임자들로부터 돈과 티켓을 수집하고, 게임자에게 티켓의 카피(copy) 또는 위닝 금액을 배달하기도 한다. [ca. 1961 Hotel Coll]
- **keno writter** : 키노 라운지 안의 종업원으로 '키노 티켓(keno ticket)'을 복제하고, 웨이저를 수납하며, 지불하는 어떤 위닝 티켓을 회수하여 서류화하는 종사원을 말한다. [ca. 1961 Hotel Coll]

Kentucky stepup (켄터키 스텝업)

갬블링 게임에서 어느 게임자가 위닝 핸드를 받는 것을 안전하게 하려고 게임용 카드의 덱을 스택킹하는 속임수 방법을 말한다. [1982 Martin Introduction 24]

Key control ledger (키 콘트롤 렛저)

카지노에서 코인룸, 카운팅룸, 드롭 박스 등과 같은 보안지역에 키를 관리하는 종업원의 기록을 말한다. [1978 Alexander Glossary 9]

Key employee (키 엠플로이)

카지노의 피고용인으로 통상 지분을 가진 소유주이며, 카지노 소유의 자금처분에 관련하여 결정권을 행사하는 권한을 위임받은 사람을 말한다. [1957 Nevada Gaming Regulations 4]

Keyman (키맨)

슬롯머신 기술자로 슬롯머신의 자물쇠를 여는 권한을 가진 카지노의 슬롯머신 부서의 종업원을 말한다. [1975 Clark Oral Coll]

Kibitz / Kibitzer (키빗즈 / 키빗저)

게임을 지켜보며 훈수하는 행위로, 특히 카드 게임에서 게임자에게 청하지도 않은 조언을 제공하는 사람을 말하며, 이런 행위를 하는 사람을 '키빗저(Kibitzer)' 또는 '람버(lumber)'라고 한다. [OEDS, DA]

Kick (킥)

크랩스 게임에서 스틱을 가지고 주사위를 회전시키는 행위로, '스틱맨(stickman)'은 만약 2, 3, 7 또는 2와 같이 행운이 따르지 않는다고 간주되는 주사위의 맨 위의 점수가 보여졌다면, 슈터에게 밀어주기 전에 주사위의 하나를 자주 회전시키는 행위를 말한다. [1983 Martinet Oral Coll]

- **kick back** : 불평을 피하기 위해 '마크(mark)'에게 점수의 일부 또는 전부를 되돌리는 것 또는 갬블링 사업의 안전한 미래를 위해 사업수단으로 게임자가 잃은 돈의 일정한 비율을 되돌려주는 것을 말한다. [1996 C.G.D.]

Kilter (킬터)

'kelter'라고 표기한다.

① 포커 게임에서 A, 3, 5, 7과 9를 받아 가치 없는 핸드로 구성된 것을 말한다. [1968 Wallace Poker 218]

② 홀수 핸드의 어떤 다양성 또는 보기 드문 카드의 결합을 지칭하는 말 [OEDS]

King (킹)

게임용 카드의 팩에 가장 높은 '픽처카드(picture card)' 등급의 카드를 말하며, 대부분의 게임에 '퀸(queen)' 보다는 위의 등급 카드이고, 어떤 게임에는 '에이스(ace)'보다 낮은 등급으로 간주한다. [OED]

▣ **king crab** : '알라스카 핸드(alaska hand)'라고 불리운다. '홀뎀(hole'em)' 포커 게임에서 게임자에게 딜링된 첫 번째 두 장의 카드로 '킹(king)'과 '3(three)' 카드를 말한다. [1981 Golad Oral Coll]

▣ **king george** : '조지(george)'라고 부르며 특별히 팁을 잘 주는 카지노에서의 게임자를 말한다. [1979 Clark Orall Coll]

Kitty (키티)

① '팟(pot)'이라고 불리운다. 포커 게임에서 게임의 머니베트 중 판돈을 말한다. [1953 Crawford Consistent Winner 348]

② 포커 게임에서 게임의 운영자를 위하여 각 '팟(pot)'에서 수금(收金)하는 수수료를 말한다. [OED]

③ '위도우(widow)'라고 부르며, 몇몇의 카드 게임에서 핸드가 시작하는 곳에 별도로 준비한 카드의 작은 '패키트(packet)'를 말한다. 그 패키트는 아마 유리한 입장을 가질 수 있으며, 지정된 게임자의 사용을 위해 유효하도록 만들어질 수도 있다. [1949 Coffin Secrets 180]

Knapping (냅핑)

크랩스 게임에서 주사위를 던지는 기술로서 어느 주사위가 구르거나 회전하지 않는 것을 말한다. 동시에 다른 주사위는 자유롭게 구르도록 놔둔다. [OED]

Knave (네이브)

게임용 카드의 덱 안의 'jack' 카드로 각 슈트의 'court card' 중 등급이 가장 낮은 카드이며, 병사 또는 하인의 뜻을 가진 그림 카드를 말한다. [OED]

Knock (넉크)

포커 게임에서 첵, 패스 또는 컷트없이 카드 딜링을 가지려는 게임자가 원하는 표시로 주먹으로 테이블을 치는 동작을 말한다. [OED]

Knotholes (노트홀)

룰렛 게임에서 0와 00를 가진 아메리칸(American) 휠과 레이아웃의 명칭이다. 룰렛 게임의 지불 승산은 36배이지만, 휠 스핀에 대한 찬스는 매번 38이다. 그러므로 실제 승산은 38배가 되어야 할 것이다. 이에 '노트홀(0와 00)'은 하우스 퍼센티지(house percentage)를 만드는 것이다. [1980 Clark Oral Coll]

Kojak (코작)

'홀뎀(hold'em)' 포커에서 게임자에게 딜링된 처음 두 장의 카드로 '킹(king)'과 '잭(jack)'의 카드를 말한다. [1981 Golad Oral Coll]

Ku Klux Klan (큐 클랙스 클랜)

포커 게임에서 같은 핸드에 세 장의 '킹(king)' 카드를 잡고 있는 것을 말한다. 줄인 말로 KKK라고 한다. 이 말은 미국의 천주교도, 흑인, 유대인 등을 배척하는 비밀 결사단인 3K단에서 인용된 것같다. [1949 Coffin Secrets 180]

L

Label it (라벨 잇)

뱅크 크랩에서 칩스가 베트를 위하여 딜러에게 던져졌을 때, 딜러에 의해 콜링되는 말로 딜러가 요구되어진 베트의 성격을 모르거나, 누가 던진 칩스인지 모르는 경우 사용하는 말이다.

[1984 Martinet Oral Coll]

Ladderman (라더맨)

바카라 게임에서 테이블 근처 높이 올려진 의자로부터 게임의 과정을 지켜보는 종업원으로, 게임 감독의 책임이 있고, 딜러들을 평가하며, 속임수 행위에 대한 감시를 하고 그리고 어떤 분쟁을 해결하는 사람을 말한다.

[1981 Maurer Language of the Underworld 188]

La grande (라 그랑데)

바카라 게임에서 딜링된 처음 두 장의 카드가 9점으로 계산되는 핸드로 영어로는 '네츄럴(natural)'이라고 한다.

※ French
[1968 Thackrey Nick the Greek 140]

Lalapalooza (라라팔루자)

포커 게임에서 다이아몬드로 2, 4, 6, 8, 10 또는 한 슈트에 하나씩 거르는 스트레이트(straight)로 홀수 또는 보기 드문 핸드를 말한다. 통상적으로 '라라팔루자(lalapalooza)'로 선언된 핸드는 그것이 발생한 시기에 첫 번째 '팟(pot)'이 이기게 된다.

[1949 Coffin Secrets 180]

Lamb (램)

불법 겜블링 게임에서 직업적인 속임수꾼의 희생자를 지칭하며, '콜(coll)', '삭커(sucker)' 또는 '마크(mark)'라고 한다.

[1996 C.G.D.]

Lammer button (라머 버튼)

'lammer'라고 줄여 부른다. 카지노에서 테이블로부터 가진 칩스 대신에 돈의 금액을 표시하려 플로어맨에 의해 사용되는 넘버가 매겨진 칩스를 말한다. [1977 Nevada Gaming Control Intenal Control 14]

Langret (랭그리트)

속임수 목적으로 주사위가 무겁거나 깎여져 한쪽으로 치우친 것을 말한다. 이는 거의 3점을 가지고 항상 떨어지거나 또는 4점이 윗면이 된다. [OED]

Lap (랩)

크랩스 게임에서 웨이저에 더 많은 돈을 벌어들이려고, 일시적으로 게임에 그 상태로 놓아두는 것을 말한다. [1974 Scarne Dice 472]

La petite (라 페티트)

바카라 게임에서 딜링된 처음의 2장의 카드가 8점으로 계산되는 핸드 ※French [1968 Thackrey Nick the Greek 140]

Late bet / Late bettor (레이트 베트 / 레이트 베터)

뱅크 크랩스 게임에서 주사위가 던져진 후에 레이아웃 위에 웨이저를 만드는 것을 '레이트 베트(late bet)'라 하고, 이러한 베트를 만들어 게임의 흐름을 일시적으로 중단시키는 게임자를 '레이트 베터(late bettor)'라고 한다. [1983 Martinet Oral Coll]

Lay (레이)

베트를 만들려는 경우 또는 보다 적은 금액을 상대하는 돈을 가장 큰 금액으로 베팅하는 경우를 말한다. [ca. 1961 Hotel Coll]

- **lay and pay** : 블랙잭 게임의 딜링에서 핸드의 결정이 있는 곳에 카드를 앞면으로 돌려놓고, 승자에게는 지불하고, 패자로부터 칩스를 가져오고 나서 레이아웃으로부터 모든 카드를 거두어들이는 것을 말한다. [1977 Anness Dummy Up]
- **lay odds** : 가장 적은 금액을 상대하는 웨이저로 가장 큰 돈의 금액으로 베팅하는 것을 말한다. [OED]
- **lay paint** : 속임수를 행할 목적으로 인디아 잉크, 에닐린 연필 또는 기타 물질을 사용하여 카드 덱을 표시하는 것을 말한다. [1973 Clark Oral Coll]
- **lay card** : 게임에 사용되어 가치가 없는 게임용 카드를 말한다. [1950 Morehead Culberson 624]

Laydown (레이다운)

'쇼우다운(showdown)'이라고도 한다. 포커 게임에서 승자가 결정될 수 있는 모든 베팅의 말미에 카드를 보여주는 동작을 말한다. [OEDS]

Layout (레이아웃)

대부분의 테이블 게임에 '베터(bettor)'들이 다양한 종류의 베트 명칭으로 구성되어 프린트된 녹색천 위에 '빈스(beans)' 또는 '칩스(chips)'를 놓는 지점을 말한다.

[1987 Thomas L. Clark The Dictionary of Gambling and Gaming 116~117]

룰렛-테이블 레이아웃은 직사각형이고, 3개의 컬럼(columns) 상태로 구분되는 특징을 가졌으며, '아드'와 '이븐'을 위한 박스와 마찬가지로 0와 00를 위한(어메리칸 휠로서 유럽피언 휠이 아님) 박스가 추가되어 12넘버씩 줄이 만들어져 있다. 그 박스들은 선택사항으로 어느 곳의 넘버·칼라로 룰렛볼이 어느 곳에 떨어질 것인지를 '캐누(canoe)'가 증명할 것이다. 게임자는 '스트레이트 베트' 또는 '스플릿 베트', '라인 베트', '스퀘어 베트', '스트리트 베트' 또는 컬럼 및 다즌 베트를 선택할 수도 있다. 이러한 베트의 선택은 웨이저 대체통화로 칩스에 의해 라인에 걸치는 것으로 결정되는 것이다.

※ Roullette
- table layout
(American Wheel)

크랩스 레이아웃은 양쪽 사이드의 크랩 테이블에 위치해 있는 것을 지칭하는 것으로, 테이블의 끝쪽은 같도록 되어 있다. 개별의 디자인은 테이블과 테이블이 서로 차이가 있을 수 있다. 또한 '필라델피아 레이아웃(Philadelphia layout)'을 가지는 것으로 게임에 어떤 변동임을 알 수 있다. 레이아웃 중간 부분은 대개 '하드웨이' 베트를 위해 별도로 준비되었고, 가장자리 부분은 '패스 라인', '돈 패스 라인', '필드', '컴', '돈 컴바' 그리고 각자 하나씩 4, 5, 6, 8, 9, 10 그리고 물론 7을 위해 표시된 다양한 형태의 구분을 가지는 선이 그어져 있다. 어떤 테이블은 또한 C와 E로 약자를 가지는 크랩스와 일레븐을 위한 섹션이 표시 되어 있고, 통상 레이아웃에는 배수(odds)도 표시된다.

※ Craps
- table layout

바카라, 블랙잭은 베팅장소(spot)가 편성된 레이아웃을 가진 카드 게임이다. 바카라 테이블은 크랩스 레이아웃과 닮은 편으로, '뱅커(banker)' 또는 '플레이어(player)' 또는 특정한 카드에 상대와 같은 액수를 뱃팅하도록 구분하는 'double-ended'로 되어 있다.

※ Baccart
- table layout (12인용)

블랙잭(21-게임)은 각 게임자의 카드를 위해 부채꼴 모양의 레이아웃에 '스팟(spot)'을 하나씩 가지고 게임되며, 1st베이스, 2nd베이스, 3rd베이스, 인슈런스를 위한 장소, 칩스를 위한 장소를 가지고 있다. 딜러에 대한 게임의 룰(rule)은 녹색천의 일부분에 다음과 같은 문구로 프린트되어 있다. : 'Dealer must stand on 17, and must draw to 16'

※ Blackjack
- table layout

Lead (리드)

포커 게임에서 베팅 라운드에 만들어진 첫 번째 웨이저 또는 첫 번째 게임자로 특정한 카드로 게임하려는 것을 말한다.

[OED]

Leak (리크)

카지노 또는 갬블링 시설에서 속임수 움직임을 감추는 데 실패하는 것 또는 부정 행위에 속하지 않는 소득을 말한다.

[2006 고택운 카지노 서베일런스 시스템의 이해 323]

Leakage (리키지)

갬블링 시설에서 속임수꾼들에게 손실당한 돈의 총액과 갬블링 시설에 의해 횡령한 금액을 말한다. [1963 Taylor LasVegas 99]

Leaner (리너)

크랩스 게임에서 칩스에 부딪쳐서 또는 테이블의 백보드에 부딪쳐서 기울어져 테이블 바닥에 닿지 않은 주사위를 지칭한다. [1983 Martinet Oral Coll]

Leg (레그)

'블랙레그(blackleg)'의 줄임말로, 직업적인 갬블러를 지칭하는 말이다. [OED]

- **leg a hand** : 포커 게임에서 적절한 돈의 금액이 그 안에 있는지 분명하게 하려고 '팟(pot)'을 계속해서 체크하는 것으로 핸드의 게임을 지연시키는 행위를 말한다. [1973 Preston Play Poker 168]
- **lemon** : 머신 게임에서 손실을 표시하는 것으로 슬롯머신의 릴(reel)상에 과일의 그림을 말한다. [DA, OEDS]

Legal tie (레갈 타이)

블랙잭 게임에서 딜러의 카운트와 게임자의 카운트가 같은 경우 또는 포커 게임에서 두 사람의 게임자가 같은 등급의 카드 핸드를 가진 경우를 말한다. [1996 C.G.D.]

Let it ride (렛 잇 라이드)

딜러에게 게임자에 의해 만들어지는 '코멘트(comment)'로 오리지날 베트와 위닝한 베트를 다음 핸드 또는 이긴 핸드에 베팅해 줄 것을 요구하는 말이다. [1981 Maurer Lang of the Underworld 188]

Let them run (렛 뎀 런)

딜링하기 전에 카드의 팩을 컷트하는 것을 거절하는 게임자에 의해 딜러에게 하는 말 [1980 Quinn Fools of Fortune 277]

Levant (리밴트)

부정직한 의도로 만약 그것이 손실을 가지면, 도주할 목적을 가지고 만든 베트 또는 경마에서 진 베트에 대해 지불하지 않는 것을 말한다. [OED]

Levels (레벨즈)

주사위 게임에서 정직한 주사위로 변조되지 않은 주사위 '스퀘어 다이스(square dice)'를 말한다. [1981 Maurer Lang of the Underworld 218]

Liberty Bell (리버티 벨)

최초로 발명된 슬롯머신의 명칭으로, 슬롯 머신은 1895년 미국의 샌프란시스코의 29살 된 기계공 '찰스 훼이(Charles Fey)'에 의해 첫 슬롯머신이 발명되었다. [2006 고택운 카지노 서베일런스 시스템의 이해 324]

Lid (리드)

① 포커 게임에서 팩 위의 '톱-카드(top-card)'를 말한다. [1949 Coffin Secrets 180]

② 게임 테이블 위에 있는 딜러의 칩스를 보관하고 있는 락(rack)을 덮어두려는 플라스틱 또는 금속 카버를 말한다. 이는 일시적으로 클로스된 테이블임을 표시한다. [ca. 1961 Hotel Coll]

Light Texas Corner (라이트 텍사스 코너)

겜블링 게임에서 속임수꾼이 속임수 행위를 할 지점을 표시한 카드로서, 구석이 약간 구부러진 게임용 카드를 말한다. [1974 Scarne Dice 322]

▣ **light work**: 가느다란 선(lines)을 가지고 뒷면을 표시한 게임용 카드 [1961 Scarne Complete Guide 682]

Limit (리미트)

겜블링 게이밍에 가장 높은 금액의 하나로 제공된 게임의 웨이저를 허용하는 것을 말한다. [OEDS]

▣ **limit stakes**: 포커 게임에서 베트(bet)와 레이스(raise)에 대하여 허용된 돈의 최대금액을 말한다. [1968 Wallace Poker 218]

▣ **limit in**: 포커 게임에서 이전의 베팅(betting)의 금액과 조화시키는 것으로, 특별히 강한 핸드를 잡고 있더라도 웨이저의 사이즈를 증가시키지 않는 것을 말한다. [1978 Brunson How I made 536]

Line (라인)

① 뱅크 크랩에서 롤(roll)의 시리즈 또는 핸드가 시작되는 곳에 베팅 장소에 대한 테이블 레이아웃 위의 공간을 말하며, '백 라인(back line)'과 '컴 라인(come line)' 그리고 '프론트 라인(front line)' 및 '패스 라인(pass line)'이 있다. [1953 Lewis Sagebrush Casinos 100]

② 카지노에서 '크레딧 라인(credit line)'의 줄임말이다. 이는 갬블링 시설로부터 일시적으로 차용한 게임자의 총 금액을 말한다. [1973 Clark Oral Coll]

▣ **line bet**: 룰렛 게임에서 6넘버 위에 동시에 베팅하는 것으로, 각 라인에 3넘버를 가진 2개의 라인이 접속되는 지점 위에 칩스를 놓는 것으로 만들어진다. [ca. 1961 Hotel Coll]

▣ **line up**: 불법적인 포커 게임에 참여하고자 초청된 게임자들의 명단을 말한다. [1978 Brunson How I made 536]

Little blind (리틀 블라인드)

포커 게임에서 그의 카드를 보기 전에 딜러의 왼쪽에서 첫 번째 게임자에 의해 만들어지는 베트를 말한다. [1978 Brunson How I made 536]

- **little bobtail** : 포커 게임에서 3카드 스트레이트 플러쉬를 말한다. 어떤 포커 게임자들 중에는 '리틀 밥테일(little babtail)'이 3카드보다는 낮지만, 2페어보다는 더 높은 등급으로 간주한다. [1964 Reese & Watins Secrets 142]
- **little dog** : 포커 게임에서 2에서 7까지의 가치 범위 안에 있는 갖가지 슈트의 페어가 없는 5장의 카드 핸드를 말하며, '리틀 타이거(little tiger)'라고도 한다. [1964 Coffin Secrets 181]
- **little joe** : 크랩스 게임에서 주사위에 2와 2로, 4가 던져진 것을 말한다. 이 말을 'little joe from (Baltimore, Chicago 또는 Kokomo)라고 표현하기도 한다. [OEDS]
- **little joker** : '심블리그(thimblerig)' 안에 공 또는 포커 게임에 손질한 카드로, 속임수에 사용할 목적으로 만든 어떤 물체를 말한다. '심블리그'는 세 개의 골무 모양의 컵을 엎어 놓고, 작은 공을 이동시켜 맞히게 하는 속칭 야바위를 말한다. [DA]
- **little Minnie** : 포커 게임에서 A에서 5까지 스트레이트로 5장의 카드가 순서대로 연속적으로 가지는 경우로 '휠(wheel)'과 'A, B, C, Straight'와 같은 말이다. [1971 Livingston Poker Strategy 220]
- **little natural** : 크랩스 게임에서 주사위를 던질 때 첫 번째에 '7'이 나온 경우를 말한다. [1968 Adams Western Words]
- **little Phoebe** : 크랩스 게임에서 주사위 두 개의 합이 5점이 된 경우를 말한다. [1949 Blanche You can't Win 23]
- **little tiger** : '리틀 캣(little cat)'이라고도 불리운다. 포커 게임에서 3에서 8까지의 범위 안에 갖가지의 슈트의 5장 카드가 페어로 되어 있지 않은 핸드를 말한다. [DA]
- **little wheel** : '바이시클(bicycle)' 또는 '미니 휠(minnie wheel)'이라고도 한다. 로우볼 포커에서, 스트레이트 또는 순서대로 나온 카드, A에서 5까지의 카드 등을 말한다. [1973 Clark Oral Coll]

Live blind (라이브 블라인드)

포커 게임에서 딜러의 왼쪽에서 첫 번째 게임자에게 요구되는 베트로, 모든 다른 게임자들이 베팅 라운드에 활동을 가진 후에 '베터(bettor)'에 의해 올려질 수도 있다. [1976 Sklansky Hold'em Poker]

- **live card** : 카드 게임에서 모든 게임자에게 아직 보여주지 않은 게임용 카드를 말한다. '얼라이브 카드(alive card)'라고도 한다. [1979 Clark Orall Coll]
- **live hand** : 포커 게임에서 '팟(pot)'에 대해 그대로 함께 겨루고 있는 게임자가 잡고 있는 핸드를 말한다. [1953 Crawford Consistent Winner 349]

■ **live one** : 현금을 사용하는 갬블러로 보통 다른 게임자에 의해 쉽게 희생당하는 것으로 여긴다. [1981 Maurer Lang of the Underworld 188]

Load (로드)

① 주사위 안에 구멍을 파고, 무게를 채우는 등의 작업으로 특별한 넘버가 굴려지게 보장하는 것을 말한다. [OED]

② 다른 면보다 더 자주 앞면으로 도착하도록 하기 위하여 주사위 한 면에 무게를 적재하는 것을 말한다. [1981 Maurer Lang of the Underworld 188]

■ **loaded dice** : 다른 넘버보다 더 자주 나오도록 일정한 넘버를 근거로 안쪽에 무게를 넣는 것으로 변조한 주사위를 말한다. [OED]

Loan shark (론 샤크)

'loan-shark'로 표기하며, 돈을 빌려주는 고리대금업자를 말한다. 특히, 갬블러에게 과다한 높은 이자로 빌려주는 데서 연유된 말. [DA, OEDS]

Lobster (랍스터)

갬블링 게임에서 속임수꾼과 사기꾼의 희생자를 말한다. 특히 순진한 카드 게임자를 말하며, '존(John)' 또는 '삭커(sucker)'라고도 부른다. [OEDS]

Lock (락)

'신치 핸드(cinch hand)'라고 부른다. 포커 게임에서 그것을 잡고 있는 사람이 대단히 강하다고 여겨지는 핸드로, '팟(pot)'의 몫을 요구하기에 충분히 강하거나, 대등한 전체의 '팟(pot)'을 말한다. '임모탈스(immotals)'와 '모탈 신치(motal cinch)'의 뜻과 같다. [1949 Coffin Secrets 181]

■ **lock up** : 카지노에서 드롭 박스 또는 칩스락에 현금 또는 칩스를 넣고 딜러가 표현하는 말 [1977 Anness Dummy Up]

■ **lock grip** : 주사위 게임에서 주사위를 콘트롤하며 던지기 위한 준비로 손 안에 단단히 잡는 방법을 말한다. [1974 Scarne Dice 258]

Long (롱)

① 베팅의 초과 지불에 속하는 말 [1983 Martinet Oral Coll]

② 카지노 게임 테이블에서 테이블에 전달된 전도금(前渡金)보다 뱅크가 보유하고 있는 칩스의 실지 수량의 크기를 지칭하는 말. [OED]

③ 게임자에 의해 보유한 한 종류의 칩스의 커다란 수량을 언급하는 말 [1983 Martinet Oral Coll] [OED]

■ **long card** : 상대방이 모든 그의 카드를 슈트로 게임되어진 후에도 핸드 안에 그대로 잡고 있는 슈트의 어느 카드를 말한다. [ca. 1961 Hotel Coll]

■ **long deal** : 아무도 이기거나 지지 않는 카드를 게임자에게 주는 딜러에 의한 부정직한 행위를 말한다. [OED]

■ **long deck** : 블랙잭 게임에서 10점으로 카운트되는 '10가치 [1973 Clark Oral Coll]

-카드'가 4장보다 더 많이 가진 부정직한 카드의 팩을 말한다.

- **long hand** : 크랩스 게임에서 슈터 혼자서 이기고, 패스 라인에 넘버를 가지는 진행이 계속되는 핸드를 말한다. 〔ca. 1961 Hotel Coll〕
- **long roll** : 크랩스 게임의 'long hand'와 같은 말이며, 다른 뜻으로 슬롯머신 게임자들 중에, 25¢(센트) 게임에 10불 또는 5¢(센트) 게임에 2불로 종이포장한 코인을 가지고 있는 모양을 말하기도 한다. 〔1973 Clark Oral Coll〕

Lookout (루크아웃)

카지노에서 게임의 진행과정, 딜러, 게임자들, 테이블 위의 칩스 등을 지켜보는 종업원을 말한다. '루크아웃(lookout)'은 게임에 대한 논쟁을 진정시키고 속임수꾼에 대한 감시를 한다는 뜻이다. 〔DAE, OEDS〕

Looloo (루루)

포커 게임에서 갖가지의 슈트의 2, 4, 6, 8, 10 점수의 카드와 같이 보기 드문 홀수 핸드로 그것이 포커 시즌에 첫 번째로 일어나면 '롤라파루자(lollapalooza)'라고 불리운다. 〔DAE, DA, OEDS〕

- **loose coin** : 카지노에서 슬롯머신으로부터 또는 카지노 케이지에서 포장되지 않은 코인을 말한다. 〔1978 Alexander Glossary 9〕
- **loose player** : 포커 게임에서 그의 핸드 가치를 개의치 않고 매번 베팅 라운드에 오래 견디는 경향이 있는 게임자를 말한다. 〔1973 Clark Oral Coll〕
- **loose slot** : 슬롯머신 게임에서 정상적인 것보다 높은 비율로 지불하도록 되어 있는 슬롯머신을 말한다. 슬롯머신은 통상적으로 머신 안에 들어간 코인의 85%로 지불하도록 되어 있지만, '루스 슬롯(lose slot)'은 게임되어진 코인의 105%에서 95%까지 지불하도록 되어질 수도 있다. 〔ca. 1961 Hotel Coll〕
- **loose table** : 카지노에서 소수의 게임자와 함께 하는 게이밍 테이블 또는 모든 게임자가 위닝하고 있는 테이블을 말한다. 〔1983 Martinet Oral Coll〕

Lose (루스)

갬블링 게임에서 웨이저(베트)로 이기는 것에 실패한 것을 말한다. 일반적인 개념으로 어떤 경기 또는 게임에서 불운(不運)하게 된 경우를 뜻한다. 〔OED〕

- **lose bet** : 뱅크 크랩에서 슈터가 던져진 크랩스 또는 패스를 만들지 못한 베트를 말한다. 〔OEDS〕
- **loser** : 이기는 것에 정기적으로 실패하는 갬블러를 말한다. 〔ca. 1961 Hotel Coll〕

Lottery (로터리)

복권의 판매, 찬스, 상금을 분배하는 몫에 의해 돈을 조달하는 형태로 조달된 돈 안에서 당첨자(勝者)에게 지불한다. 이러한 게임은 '로터리 〔OED, DAE〕

(lottery)' 티켓 또는 '키노(keno)' 티켓과 같이 미리 결정한 숫자가 매겨진 티켓을 파는 것으로 구성된다. 그 밖에 넘버 게임으로 로터리와 비슷한 형태의 불법 베팅으로 '차이니스 로터리(chinese lottery)' 또는 '스위프스테이크(sweepstakes)'가 있다.

- **lottery dealer** : 로터리 티켓을 팔거나 로터리 운영에 관여하는 사람을 말한다. [DAE]

Low (로우)

'챠카락(Chuck-a-luck)'과 같은 주사위 3개를 사용하는 게임으로, 베팅을 하고 주사위를 던져 4에서 10을 포함한 앞면 점수의 합계로 결과가 된 것을 말한다. [1976 Figgis Gambler's Handbook 57]

- **lowball** : 포커 게임에 변화를 주어서 가장 높은 핸드의 카드보다 가장 낮은 핸드의 카드가 이기는 게임을 말한다. [ca. 1961 Hotel Coll]
- **low-belly strippers** : 팩에 남아 있는 것보다 훨씬 좁게 만들려고, 측면을 따라 길게 깎거나 다듬은 몇 장의 카드를 가진 카드의 덱을 말한다. [ca. 1961 Hotel Coll]
- **low den** : 속임수 행위를 허용하는 갬블링 시설을 말하며, 속칭 속임수꾼의 소굴이라고 한다. [1981 Nevada Magazine 6]
- **low dice** : 주사위 게임에서 낮은 숫자만 굴려지도록 변조한 주사위를 말한다. [1979 Clark Orall Coll]
- **low-number bet** : 룰렛 게임에서 1에서 18의 넘버가 매겨진 구역(section)에 베팅하는 것을 말하며, 위닝하면 1배를 (이븐 페이) 지불한다. [ca. 1961 Hotel Coll]
- **low roller / low-stake game** : 작은 금액으로 베팅하는 갬블러를 '로우 롤러(low roller)'라 하고, 총 금액이 작은 돈으로 게임되어진 갬블링을 '로우 스테이크 게임(low stake game)'이라고 한다. [1953 Lewise Sagebrush Casions 136]

Luck (럭)

'레이디 럭(lady luck)'이라고도 한다. 게임의 베팅 찬스에서 만족스러웠거나 또는 운이 나빴던 상황을 일컫는다. [OED]

- **luck out** : 포커 게임에서 마지막 카드를 드로우하는 것으로, 그것을 드로윙하는 게임자가 '팟(pot)'에서 이기는 것을 말한다. [1949 Coffin Secrets 18]
- **lucky buck** : 카지노에서 하우스에게 위험없는 일정한 금액을 게임자에게 제공하여 게임에 임하게 하는 '쿠폰(coupon)' 또는 장려금을 말한다. 쿠폰은 '럭키 벅(lucky buck)'을 잃은 후에 계속해서 갬블링에 끌어들이는 의도로 제공된다. [1974 Powell Verval Dexterity 15]
- **lucky streak** : 어느 곳의 갬블링에서 일어난 연속되는 '윈(win)'으로 높은 승률로 유리하게 승산을 기대하지 않은 경우를 말한다. [1961 Smith & Nobel Quit Winners 267]

Lug (라그)

카지노 또는 갬블링 시설로 갬블러를 충동적으로 데리고 오는 것을 말한다. 〔1996 C.G.D.〕

▣ **lugger** : 시설(하우스)로 갬블러를 데려오는 갬블링 시설의 종업원을 호칭하는 말로 '그리터(greeter)'와 '스틸러(steerer)' 그리고 '로퍼(roper)' 및 '장킷터(junketeer)'와 업무가 같다. 〔1981 Maurer Lang of the Underworld 188〕

Lumber (람버)

'키빗저(Kibizer)' 또는 '우드(wood)'라고 하며, 보통 카드 게임이 있는 곳의 갬블링 게임에서의 구경꾼을 말한다. 〔ca. 1961 Hotel Coll〕

Luminous readars (루메네스 리더스)

엷은 빛깔이 있는 유리(안경)를 통해서만 볼 수 있는 잉크를 가지고 뒷면에 표시한 카드를 말한다. 〔ca. 1961 Hotel Coll〕

M

Machine man (머신 맨)

카드, 주사위 또는 룰렛 게임에서 속임수를 기계적인 장치로 사용하는 속임수꾼을 지칭하는 말이다. [1962 Garcia Marked Cards 38]

Machine payout (머신 페이아웃)

갬블링 시설의 종업원에 의한 것이 아니라, 슬롯머신 자체가 슬롯 머신 게임자에게 코인이 분배되어지는 것을 말한다. [1978 Alexander Glossary 9]

Magic number (매직 넘버)

크랩스 게임에서 주사위에 굴려진 넘버가 '7'이 나온 경우, 포커 게임에서의 넘버 5, 블랙잭 게임에서 처음 딜링된 2장의 카드 합이 21점이 된 경우, 바카라 게임에서 최초의 카드 합이 8, 9점이 된 경우를 말한다. [ca. 1961 Hotel Coll]

Main bank (메인 뱅크)

카지노 또는 포커룸에서 갬블링 시설 안에 통화를 취급하는 업무를 우선하는 곳으로 현금, 칩스, 기타 유통 금액이 저장되는 곳이다. [1979 Hilton Hotel Procedures 22]

Main pot (메인 팟)

포커 게임에서 게임자들이 경쟁하는 돈을 대는 곳으로, 이는 게임자간에 개인별로 만들어질 수도 있고, 특별한 게임에 상대하는 베트(side bets)로 대항하도록 만들어질 수도 있다. [ca. 1961 Hotel Coll]

Make (메이크)

카드 게임에서 다음의 딜링을 위하여 준비하는 카드팩의 셔플을 말한다. 또는 유리함을 가지는 일정한 카드를 유지하려는 것을 말하기도 한다. [OED]

- **make a brush** : 위닝과 가장 커다란 베트를 점진적(漸進的)으로 만들기 위해, 큰 총계 안에 작은 베트를 늘리는 것을 말한다. [1943 Maurer Argot]
- **make a hit** : 갬블링 게임에서 돈을 베팅하여 큰 금액으로 이기고저 시도하는 경우를 말한다. [1983 Martinez Gambling Scene 210]
- **make a point** : 크랩스 게임에서 넘버 7이 나오기 전에 굴려져 정해진 포인트 넘버(4, 5, 6, 7, 8, 9, 10)를 말한다. [1974 Scarne Dice 320]
- **make a run** : 게임 또는 경기에서 '리더(leader)'를 바싹 추격하여 대단히 신속한 아래 위치에서의 움직임을 말한다. [1978 Ainslie Complete Guide 293]
- **make book** : 다양한 가능성에 승산을 제공하는 게임의 베팅에 변화를 수용하는 규칙 즉 운영관리 지침서(指針書)를 말한다. [ca. 1961 Hotel Coll]
- **make good** : 포커 게임에서 팟(pot) 안에 칩스가 적절한 금액으로 놓여진 경우를 말한다. [1890 Quinn Fools of Fortune 215]
- **make up the pack** : 줄인 말로 'make up'이라고 한다. 카드 게임에서 다음 핸드를 위해 핸드의 카드를 끌어모아 셔플 준비를 하는 것을 말한다. [1949 Coffin Secrets 181]

Manque (망고)

룰렛 게임에서 '로우 넘버 베트(low-number bet)'로 1에서 18의 넘버가 매겨진 구역(section)에 베팅하는 것을 말하며, 위닝하면 '이븐 페이(even pay)'를 한다. · French [OED]

Map (매프)

여러 대의 테이블로 구성한 카지노의 블랙잭 게임 피트에서 근무하는 딜러의 업무일지로 시프트 동안의 딜링시간, 교대하여 휴식한 시간이 기록되어 있다. 게임 관리자는 '피트 리포트(pit report)' 또는 '마스터 게임 리포트(master game report)'를 가지고 '매프(map)'와 대조하는 것으로 특정한 딜러가 시프트에서 갑자기 손실을 입은 하우스의 패턴을 추적할 수 있다. [ca. 1961 Hotel Coll]

Mark (마크)

① 카드 게임에서 속임수의 목적으로 잉크, 흠집 또는 앞면의 가치를 인지할 수 있도록 어떤 특징을 가진 게임용 카드의 뒷면을 표시한 것을 말한다. [1914 Lucas Memoirs 109]

② 뱅크 크랩스 게임에서 '퍽(puck)' 또는 '마커(marker)'가 놓인 자리를 말하며, 이는 슈터가 이기려면 반드시 이 넘버와 일치되는 넘버를 던져야 한다는 것을 레이아웃 위에 표시한 것을 말한다. [1983 Martinet Oral Coll]

③ 카지노에서 레이아웃 위에 놓은 게임자의 베팅이라기 보다 딜러의 옆에 칩스와 동등한 가치를 놓는 것으로 게임자에게 일시적으로 대여(貸與)한 것을 나타내는 것을 말한다. [1973 Clark Oral Coll]

■ **mark off** : 카지노에서 쉽게 카운팅하기 위해서 가장 적은 스텍 상태로 큰 스텍의 칩스를 나누는 것을 말한다. 특히 카지노 딜러의 일상 업무로, 칩스의 스텍 운용과 '칩스 락(chips rack)'의 값어치 계산을 쉽게 하기 위하여, 칩스 락 안에 모두 20개 단위로 가장 낮은 금액으로부터 사이를 두고 가장 높은 금액의 칩스를 놓는 것을 말하기도 한다. [1977 Anness Dummy Up]

Marker (마커)

① 카지노에서 고객에 의해 서명된 신용대여전표로서 고객에게 빌려준 금액의 계산서로 IOU라고도 한다. [OEDS]

② 게임하지 않는 사람에 의해 딜링되어지는 포커 게임에서, 딜러의 위치를 나타내는 플라스틱 디스크를 말한다. 그 '마커(marker)'는 베팅 라운드에서 첫 번째 행동을 하여야만 하는 게임자를 결정하는데 사용되며 '벅(buck)' 또는 '퍽(puck)'이라고 부른다. [1968 Wallace Poker 219]

③ 키노(Keno) 게임에서, 키노 티켓 위에 선택한 넘버를 표시하려고 사용되는 잉크, 브러쉬 또는 크레용을 말한다. [ca. 1961 Hotel Coll]

④ 카지노에서 카지노 케이지에 현금, 수표, 어음 또는 신용거래로 보증금을 맡겨놓고 게임을 하는 카지노의 고객을 말한다. [2003 고택운 현대 카지노 산업관리론 F 227]

⑤ 속임수 행위로, 보통 두 가지 이상으로 게임용 카드의 뒷면에 특징을 나타내어 확인할 수 있도록 표시한 카드를 말한다. [OED]

■ **marker button** : 카지노에서 프린트된 숫자를 가진 작은 원반으로, 핏보스 또는 플로어맨에 의해 테이블로부터 이동된 칩스의 가치를 표시하시는 도구로 '라머(lammer)'라고 한다. [1976 Friedman Casino Management 91]

■ **marker card** : 슈 또는 딜링 박스를 가진 게임에서, 카드의 스텍 말미를 향하여 놓여진 게임용 카드 크기의 직사각형 플라스틱 카드를 말한다. 딜러가 슈로부터 '마커 카드(marker card)'를 잡아당겼을 때, 그는 딜링을 그 핸드로 끝내고 나서, 모든 카드를 리-셔플하여 다시 슈를 채운다. [1976 Figgis Gambler's Handbook 236]

■ **marker down** : 카지노에서 게임자의 마커로 가진 지불 또는 크레딧 슬립의 사용에 의한 자금 이체로 핏보스 또는 플로어맨에게 딜러가 전달하는 '콜링(calling)'을 말한다. [ca. 1961 Hotel Coll]

■ **marker log** : 카지노에서 게임자에게 신용대여한 모든 금액과 카지노에 변재한 모든 금액을 기록하려고 사용되어진 것으로 카지노 피트 또는 케이지에 보관하고 있는 회계원장(會計元帳)을 말한다. [1978 Alexander Glossary 10]

■ **marker stub** : 카지노에서 게임자가 슬립에 서명한 후에 대여를 인정하는 것으로, 크레딧 슬립의 일부분을 점선을 따라 찢은 후에 게임자의 테이블 드롭 박스에 보관하는 것을 말한다. [1978 Alexander Glossary 10]

Marking board (마킹 보드)

카지노에서 게임의 점수를 기록하려고 설치한 게시판으로, 특히 키노 게임에서 많은 게임자들이 다른 게임을 즐기면서 쉽게 볼 수 있도록 설치한 대형 점수판을 말한다. [OED]

Martingale (마팅겔)

갬블링 게임에서 손실 후에 베트의 사이즈를 증가시키는 게임자 입장의 베팅 시스템 명칭으로, 가능하다면 작은 금액을 좀더 잃는 것으로 만드는 기대치가 있는 시스템이다. 다시 말하면, 손실을 가진후에 베팅을 두 배로 올리는 것이다. [OED]

Master card (마스터 카드)

카지노에서 테이블과 케이지 간에 모든 칩스의 이동을 기록한 것이 번호 순으로 나열한 카드를 말한다. '림 카드(rim card)'와 '테이블 카드(table card)'라고도 한다. [1957 Nevada Gaming Regulations 33]

Master game report (마스터 게임 리포트)

카지노 게임에서 드롭을 기록하기 위한 회계서류 또는 각 테이블이 보유한 현금의 총 금액을 기록하는 양식을 말한다. [1977 Nevada Gaming Control Internal 12]

- **master rim card** : 카지노에서 특정한 피트에서의 모든 크레딧 활동을 기록하는 회계서류 양식을 말한다. [1978 Alexander Glossary 10]

Matchbook shiner (맷치북 샤이너)

부정직한 카드 게임자들에 의해 사용되는 속임수 행위 장치의 종류의 하나로서, 특히 매치북 성냥 카버의 안쪽에 부착된 작은 거울, 작은 성냥곽 또는 담배라이터 등 게임자 또는 딜러가 딜링하는 동안 반사되어 카드의 앞면을 보려는 장치를 말한다. [1981 Jenkins Johnny Mass]

Matrix player (메트릭스 플레이어)

블랙잭 게임에서 능숙한 카드 카운터를 말하며, 이미 게임되어진 카드를 암기하여 그의 베팅을 적절하게 조절하는 게임자를 지칭한다. [1983 Martinet Oral Coll]

Mechanic (메커닉)

숙련된 속임수꾼으로, 손기술을 전문적으로 사용하여 카드 딜링, 또는 변조된 주사위를 사용하는 자를 말한다. [OEDS]

Mechanical game (메커니칼 게임)

카지노에서 각기 던지는 주사위 또는 일정치 않은 휠의 회전 때문에 게임에 기술이 요구되지 않는 크랩스 또는 룰렛과 같은 게임을 말한다. [ca. 1961 Hotel Coll]

Mechanic's grip (메커닉스 그립)

톱 카드의 바로 아래 카드 또는 맨 아래 카드를 딜링하는 것으로 속임수 행위를 쉽게 하려고 카드덱을 잡는 방법으로, 덱의 긴 측면을 따라서는 세 손가락을 함께 하고, 검지손가락은 덱의 톱 카드와 정면을 감싸 말아 잡거나 또는 두 손가락으로 긴 측면을 따라서 잡고 두 손가락으로 정면을 감싸잡는 방법을 말한다. [2006 고택운 카지노 서베일런스 시스템의 이해 321]

Meter (메터)

슬롯머신 게임에서 게임된 코인의 수량과 일정한 기간 동안 지불된 코인의 수량을 기록하는 계산 장치를 말한다. [1982 Martin Introduction 22]

▣ **meter reading summary** : 카지노에서 게임된 코인의 수량과 일정기간 동안 모든 슬롯머신에 대해 지불한 코인의 수량을 기록한 서류양식을 말하며, 보통 8시간 또는 24시간 단위로 기록한다. [1978 Alexander Glossary 10]

Mexican stand off (멕시칸 스탠드 오프)

포커 게임에서 같은 가치를 가진 두 핸드의 어떤 상태를 말한다. 또는 많은 돈을 이기지도 지지도 않고 갬블링 게임을 그만둔 게임자의 상황을 묘사하는 말이다. [1961 Scarne Complete Guide 682]

Michigan bankroll (미시간 뱅크롤)

줄여서 '미시간 롤(Michigan roll)'이라고도 말한다. 1달러짜리 지폐로 커다란 뭉치로 포장한 커다란 종류의 지폐로 보통 고무줄 밴드로 묶은 것을 말한다. '플래시 머니(flash money)'라고도 호칭한다. [1939 MacDougall Gambler's Don't 68]

Mickey out (미키 아웃)

갬블링 시설에서 문제를 일으키는 게임자 또는 감시자를 제거하려고 그들의 음료수 안에 강력한 설사제(laxative)를 넣는 행위를 말한다. [2006 고택운 카지노 서베일런스 시스템의 이해 325]

Mic the dice (믹 더 다이스)

뱅크 크랩스 테이블에서 그 주사위가 손질(shaved)된 것은 아닌지 또는 다른 방법으로 변형된 것은 아닌지를 판정하려고 '마이크로미터(micrometer)'를 가지고 주사위를 측정하는 것을 말한다. ※ micrometer [ca. 1961 Hotel Coll]

Middle dealer (미들 딜러)

카드 게임에서 팩의 중간 부분에서 부정직하게 카드를 딜링하는 노련한 카드 딜러를 지칭하는 말이다. [1968 Wallace Poker 219]

▣ **middle dozen** : 룰렛 게임 테이블에서 넘버 13부터 24까지 포함한 그룹으로 베트를 한 경우를 말하며, '2nd dozen'이라고 한다. 위닝하면 지불 배수는 2배이다. [2002 고택운 카지노 게임의 실무이론 II 138]

▣ **middle straight** : 포커 게임에서 7, 8, 10, J로 스트레이트를 만들려면 9가 요구되는 카드를 가져, 가운데 카드가 빠진 4장의 스트레이트를 말한다. '인사이드 스트레이트(inside straight)'라고도 한다. [1950 Morhead Culbertson 627]

Milk (밀크)

포커 게임에서 평범한 핸드로부터 최대의 이익을 끌어내려는 행위를 말한다. [1983 Martinez Gambling Scene 210]

▣ **milk the pack** : 포커 게임에서 부정직한 덱으로부터 확신하는 카드로 딜링하는 행위를 말한다. [1938 Asbury Suker's Progress 35]

▣ **milker** : 포커 게임에서 위닝하고 있을 때조차 대단히 보수적으로 게임하는 사람을 일컫는다. [1968 Wallace Poker 219]

Mimic the dealer (미믹 더 딜러)

블랙잭 게임에서 딜러에게 적용되는 같은 룰을 적용하여, 16점 이하이면 카드를 받고, 스플릿은 하지 않으며, 만약 6과 A를 잡으면 카드를 받는 등의 하우스 룰을 따르는 것이다. [ca. 1961 Hotel Coll]

Minimum bet (미니멈 베트)

갬블링 조건상에 베트로 가장 적은 금액의 단위로 허용된 것을 말하며, 줄여서 '미니멈(minimum)'이라고 부른다. [ca. 1961 Hotel Coll]

Minnow (미노우)

포커 게임에서 불충분한 자금을 가지고 '노-리미트(no-limit)' 게임에 참가하는 것으로 자신을 지나치게 과시하는 게임자를 말한다. [1978 Brunson How I Made 538]

▣ **mino hand** : 포커 게임에서 '스트레이트(straight)' 보다 낮은 가치의 핸드로, 등급이 3A 이하의 핸드를 가진 것을 말한다. [1949 Coffin Secrets 181]

Minus count (마이너스 카운트)

21-게임에서의 카드 카운팅으로 덱 또는 슈의 상태가 반대로 게임자에게 유리한 가치를 가진 카드로 남아 있는 수치로 축소된 것을 나타내는 것을 이미 보여준 카드의 값을 말한다. [2003 고택운 카지노 게임의 실무이론 I 141]

Mismarked dice (미스마크드 다이스)

'미스-스팟(mis-spots)'이라고도 한다. 이것은 확정된 면을 제거하거나 또는 점수를 추가시킨 주사위를 말한다. '미스마크드 다이스(mismarked dice)'의 공통 사례는 같은 주사위에 2개의 5점 또는 2개의 2점 가진 주사위가 대부분이다. [1980 Clark Oral Coll]

Miss (미스)

크랩스 게임에서 크랩스를 굴렸거나 또는 포인트에서 지게 된 경우를 말한다. [1974 Scarne Dice 473]

- **miss a pass** : 크랩스 게임에서 이기는 것에 요구되는 포인트 넘버를 던지기 전에 넘버 7이 던져진 경우를 말한다. [ca. 1961 Hotel Coll]
- **miss the flop** : '홀뎀 포커(hold'em poker)' 게임에서 첫 번째 3장의 공동 카드가 테이블 위에 앞면으로 딜링되어진 후에 가치가 없는 2장의 카드를 가진 경우를 말한다. [1978 Brunson How I Made 538]
- **misses** : 정상적인 것보다 넘버 '7'이 자주 더 굴려지도록 변조 또는 변형한 주사위를 말한다. [ca. 1961 Hotel Coll]

Mitt (미트)

포커 게임에서 카드의 핸드, 게임에 어느 게임자가 잡고 있는 카드를 말하며, 또한 사람의 손을 지칭하기도 한다. [ca. 1961 Hotel Coll]

- **mitt joint** : 마크된 카드를 가진 갬블링 시설에서 조심성없는 게임자를 속이려고 사용하는 하우스를 말한다. [OED]
- **mittman** : 카드를 딜링할 때 손바닥에 감추거나 카드를 바꿔치기 하는 것을 전문으로 하는 카드 속임수꾼을 말하며, '핸드 먹커(hand mucker)', '홀드아웃 맨(holdout man)'과 같다. [2006 고택운 카지노 서베일런스 시스템의 이해 325]

Money management (머니 매니지멘트)

갬블러에 의해 베팅을 효과적으로 콘트롤함으로써, 가장 적은 금액은 보다 적은 가망이 있는 조건에 베트를 하고, 가장 높은 금액은 게임자가 이기는 가능성에 최적의 상황에 베팅하는 것을 말한다. [ca. 1961 Hotel Coll]

- **money player** : 갬블러, 고객 게임만을 특별히 플레이하는 사람으로 '하이 롤러(high roller)'를 말한다. [OEDS]

Money plays (머니 플레이스)

카지노에서 칩스보다 현금으로 베팅하기를 고집하는 게임자가 있을 때, 플로어맨 또는 핏보스에게 딜러에 의해 전달되는 '콜링(calling)'을 말한다. 만약 게임자가 이기면, 지불은 칩스로 한다. [ca. 1961 Hotel Coll]

- **money wheel** : 넘버의 지점에 지폐의 종류(단위)를 사용하는 '퍼천 휠(a wheel of fortune)'을 말한다. [ca. 1961 Hotel Coll]

Monkey (몽키)

카드 또는 주사위 속임수꾼들의 희생자로 '삭커(sucker)'라고도 불리운다. 또한 속어로 바카라 게임에서 0점의 가치를 지닌 카드 또는 '페이스 카드(face card)'를 부르는 말이다. [DAS]

- **monkey flush** : 포커 게임에서 순서대로 있지 않은 같은 슈 [1949 Coffin Secrets 181]

트의 세 장의 카드를 말하며, '밥테일 플러시(bobtail flush)' 라고도 한다.

Monitor (모니터)

■ **video monitor** : 통상적으로 비디오 카메라를 이동하여 카지노 활동을 조준하여 CCTV의 비디오 모니터에 연결하는 것을 말한다. [1996 George Casino Gaming Diotionary]

Monte Carlo Wheel (몬테 칼로 휠)

'유럽피언 휠(European wheel)'이라고도 불리운다. 0와 00를 가진 '어메리칸 휠(American wheel)'에 대립하여 제로(0) 하나만을 가진 룰렛 휠을 말하며 이에 36개의 넘버가 추가되어 있다. [1953 Lewis Sagebrush Casinos 104]

Mortal cinch (멀탈 신치)

'멀탈 락(mortal lock)' 또는 '멀탈 낫스(mortal nuts)'라고도 불리운다. 이는 완벽하게 질 수 없다는 느낌을 가진 '베터(bettor)'의 웨이저를 말한다. [1973 Preston Play Poker 168]

Mouth bet (마우스 베트)

구두 웨이저로 칩스 또는 현금으로 걸지 않고 만들어진 베트를 말한다. '마우스 베트(mouth bet)'는 절대적인 동의(同意)를 수반하여 '루저(loser)'는 즉시 그 베트를 지불해야 할 것이다. 또한 마우스 베트는 고객을 잘 아는 카지노 플로어맨 또는 핏보스에 의하여 또는 게임자들로부터 전화로 베트를 가지도록 '북메이커(bookmaker)'에 의해서 수용된다. [1949 Coffin Secrets 182]

Move (무브)

카드 또는 주사위 게임에 속임수를 사용한 손재주(기술)를 말한다. 또한 블랙잭 또는 크랩스 게임에서 위닝 베트를 지불하는 딜러의 행동을 말하기도 한다. [1983 Mortinet Oral Coll]

■ **mover** : 크랩스 게임에서 슈터가 던지기를 시작한 후에 레이아웃 위에 칩스를 놓는 게임자 또한 카드 또는 주사위 속임수꾼을 일컫는다. [ca. 1961 Hotel Coll]

Muck (머크)

파일 안으로 칩스나 카드를 끌어모으는 행위 또는 게임에서 나중에 사용할 목적으로 카드를 손바닥에 감추는 행위 또는 카드 한 장을 바꿔치기하는 기술을 말한다. [1982 Martin Introduction 24]

■ **mucker** : 룰렛 게임에서 칩스를 끌어오는 딜러를 보조하여, 그 칩스를 칼라에 따라 스텍을 만드는 자를 말한다. 또한 카드덱을 딜링할 때 카드를 손바닥에 감추어 바꿔치기를 전문 [1979 Newman Dealer's Special 68]

으로 하는 속임수꾼을 말하기도 한다.

Multiple deck (멀티플 덱)

블랙잭 게임에서 여러 덱을 테이블에서 한 번에 사용하는 것을 말한다. 이는 여러 덱의 카드를 담을 수 있는 '슈(shoe)'를 사용한다. [ca. 1961 Hotel Coll]

- **multiple slot machine** : 슬롯머신 게임에서 매 게임에 하나씩 코인을 넣는 것보다 많은 코인을 받을 수 있는 머신으로, 보통 3개에서 5개, 최고 15개까지 수용하는 머신도 있지만 승자에게 지불은 집어넣은 코인의 수량에 따라 지불방식이 다양하다. [2002 고택운 카지노 게임의 실무이론 II 368]

Muscleman (무슬맨)

불법적인 갬블링 시설에서 격렬한 행동을 하는 희생자를 다루는 것을 직업으로 하는 속임수폭력단의 일원을 말한다. [2006 고택운 카지노 서베일런스 시스템의 이해 325]

Mystery pay off (미스터리 페이 오프)

슬롯머신 게임에서 심볼을 일직선으로 맞추는 결합으로 게임자에게 코인을 지불하는 것을 말한다. 지불 가능성으로는 게임자가 식별할 수 있는 것뿐만 아니라 심볼의 결합이 머신 위에 부착된 것을 말한다. [1973 Clark Oral Coll]

N

Nail (네일)

카드 속임수로 엄지 손톱 또는 핀(pin)을 가지고 게임용 카드에 표시함으로써 그 행위로 카드 뒷면으로부터 인지할 수 있도록 하는 것을 말한다. 또한 포커 게임에서 팟에 이기려고 요구되는 특정한 카드를 드로우(draw)하는 것을 말하기도 한다. 〔1978 Brunson How I Made 538〕

▣ **nail nicking** : 카드 속임수로 손톱으로 카드의 가장자리에 선(금)을 긋는 방식으로 카드에 표시하는 방법을 말한다. 〔2006 고택운 카지노 서베일런스 시스템의 이해 326〕

Natural (네츄럴)

① 일반적으로 카드 또는 주사위 갬블링에서 최고의 결합으로, 주사위의 첫 번째 롤(roll) 또는 카드의 첫 번째 딜링(dealing)에 실현되는 것이다. 〔1949 Blanche You Can't Win 23〕

② 블랙잭 게임에서 첫 번째 두 장의 카드에 '에이스(ace)' 카드와 '10-가치' 카드가 딜링되어진 것을 말한다. 〔OED〕

③ 바카라 게임에서 '플레이어(player)' 또는 '뱅커(banker)'에 딜링되여진 최초의 카드 두 장이 8 또는 9로 카운트되는 점수를 말한다. 〔ca. 1961 Hotel Coll〕

④ 포커 게임에서 와일드 카드의 수혜(受惠)없이 높은 등급의 핸드를 가진 것을 말한다. 〔1949 Coffin Secrets 182〕

⑤ 크랩스 게임에서 첫 번째 롤에서 7 또는 11점이 나온 점수를 말한다. 〔OED〕

Neapolitan martingale (니폴리탄 마팅겔)

갬블링 게임에서 각 핸드를 위하여 게임자가 베팅 금액의 사이즈를 변경하는 웨이저링에 대한 방법을 말하며, 보통 매 4번의 베팅으로 주기(週期)를 가진다. 〔1976 Figgis Gambler's Handbook 32〕

Necktying (넥타잉)

카드 게임 핸드 딜링에서 카드 핸드를 노출시키지 않으려고 위쪽으로 카드-덱의 정면을 약간 기울이는 행위를 말한다. [2006 고택운 카지노 서베일런스 시스템의 이해 326]

Needle (니들)

속임수를 행하는 딜러에 의하여 약간 비틀어지게 준비한 카드 세트이므로 '스텍드(stacked)'된 카드의 덱을 컷트하도록 공모자에게 알려주는 행위를 말한다. 그 밖에 속임수꾼, 포커 게임의 '에이스(ace)' 페어도 '니들(needle)'이라고 한다. [1983 Martinet Oral Coll]

Neighbors (네이보)

룰렛 레이아웃 상에 위닝 넘버에 인접한 넘버를 말한다. 또한 룰렛 휠 안에 매겨진 넘버로 지정된 넘버와 인접한 양쪽 2개의 넘버와 연결하여 5개 넘버로 지정된 넘버와 인접한 양쪽 2개의 넘버와 연결하여 5개 넘버를 말한다. 예를 들면(유럽피안 룰렛 휠) 지정한 넘버가 7이라면 18, 29, 7, 28, 12가 모두 위닝 넘버가 된다. 프랑스어로 '보아젱(voisin)'이라고 한다. [2002 고택운 카지노 게임의 실무이론 II 146]

Nick (닉)

① 크랩스 게임에서 '컴아웃(come out)' 또는 주사위의 첫 번째 롤에서 7 또는 11의 롤을 말한다(natural). [1938 Asbury Sucker's Progress 40]

② nickle의 준말로 카지노에서의 5달러 칩스를 말한다. [ca. 1961 Hotel Coll]

▣ **nick joint** : 희생자를 속이는 행위를 영업 방법으로 하는 갬블링 시설을 말한다. [1978 Nelson Gaming 78]

▣ **nickle** : '레드(red)'라고 부르며, 카지노에서의 5달러 칩스를 말한다. 또한 크랩스 게임에서, 주사위가 각각 5로 2개 굴려진 것으로 '하드웨이(hardway)' 10이라 한다. [1983 Martinet Oral Coll]

Nina (니나)

크랩스 게임에서 주사위 상에 '9'를 굴리려고 언급하는 운문(韻文)으로 표현하는 초보적인 언어를 말한다. 이는 영문의 'nine'을 운문조로 읽는 발음이다. [1950 Morehead Culbertson 630]

Nit and lice (니트 앤 라이스)

포커 게임에서 2종류의 작은 '페어 카드(pair card)'를 말하며, 특히 2의 페어와 3의 페어를 지칭하는 말로 'mites & lice'라고도 한다. [1949 Coffin Secrets 182]

No bet (노 베트)

뱅크 크랩에서 슈터가 그의 '스로우(throw)'를 시작한 후에, 레이아웃에 칩스를 놓거나 또는 불분명한 베트를 만드는 게임자에게 딜러 [1949 Coffin Secrets 182]

또는 스틱맨에 의해 전달되는 말로 베트(bet)로 인정되지 않는다는 뜻이다.

No dice (노 다이스)

'노롤(no roll)'이라고도 한다. 크랩스 게임에서 수용할 수 없는 주사위의 롤이 나타나는 경우, 게임의 운영자에 의한 '콜링(calling)'을 말한다. 예를 들면, 주사위가 게임 중에 표면에 '바운스(bounce)'되지 않았거나 또는 칩스에 기대여 있는 경우이다. [1981 Maurer Lang of the Underworld 189]

- **no limit**: 포커 게임에서 '맥시멈 베트(maximum bet)' 사이즈가 없는 게임을 말한다. [OEDS]
- **nonproducer**: 카지노에서의 게임자로서, 보통 직업적인 갬블러로 시종일관 윈(win)하는 자를 말한다. [1953 Fairfield Las vegas 15]

Number count (넘버 카운트)

블랙잭 게임에서 그들이 사용된 모든 카드의 기록을 사용하는 암기 시스템을 말한다. 이는 아직 딜링되지 않은 일정한 카드로 베팅 전략을 체인지하려는 갬블러에 의해 사용되여지며 하우스를 상대하여 그들의 승률을 개선하려는 것이다. [1973 Friedman Casino Games 31]

Number two man (넘버 투 맨)

카드 게임에서 덱의 맨 위에서 두 번째 카드로 딜링하는 데 정통한 딜러 또는 카지노에서 두 번째 높은 직급의 직원으로 통상적으로 카지노, 3시프트 중의 하나를 책임지고 있는 '시프트 매니저(shift manager)'를 말한다. [1961 Scarne Complete Guide 682]

Nut (나트)

카지노 또는 전문직업 갬블러의 일일 운영 경비를 말한다. 일반적으로 수익금을 현금화하기 전에 산출하려고 청구되는 기업체의 현금 총 금액을 말한다. 또는 갬블링 시설에서, 사기도박꾼이 입힌 손해를 그의 총 이익에서 공제하는 운영비를 말하기도 한다. [OEDS]

- **nut flush**: 포커 게임에서 '에이스-하이(ace-high)' 플러시를 말한다. [1973 Preston Play Poker 168]
- **nut hand**: 포커 게임에서 질 수 없는 핸드를 말한다. [ca. 1961 Hotel Coll]
- **nut man**: 직업적인 갬블러를 지칭하는 말. [ca. 1961 Hotel Coll]
- **nut player**: 포커 게임에서 상당히 보수적으로 방심하지 않고 강한 핸드를 잡았을때 만 고액 베팅을 하는 게임자를 말한다. [1979 Brunson How I Made 539]

O

Objective (오브젝티브)

특정 기간 안에 목적을 달성하려고 조직적인 계획으로 측정할 수 있는 목표에 속하는 전략 계획 용어이다. 예를 들면, '금년대비 내년상반기 회사 성장률은 5%가 목표이다'라고 회사가 계획을 세우는 것을 말한다. [1996 Kendal / Hunt Casino Gaming Dictionary 61]

Odd (아드)

룰렛 게임에서 휠에 스핀된 넘버가 짝수라기보다 홀수라고 여겨져 이를 베팅하기 위한 테이블 레이아웃의 어떤 지역을 말한다. [ca. 1961 Hotel Call]

Odds (오즈)

다른 한 편이 불리함을 가지는 균형에 비해 어느 한 편에게는 베팅 상황이 안정적인 유리함을 가지는 것을 말한다. 그러므로 불리함을 가진 '베터(bettor)'보다 유리함을 가진 '베터(bettor)'는 틀림없이 고액 베팅을 시도할 것이다. 이는 다른 상대에 일어날 수 있는 결과에 대한 비율 또는 확률을 말한다. [OED]

- **odds bet** : 뱅크 크랩스 게임에서 슈터가 포인트 4, 5, 6, 8, 9, 10을 확정한 후 오리지날 라인 베팅에 추가금액을 만드는 것을 말한다. '오즈 베트(odds bet)'의 금액은 오리지날 베트와 포인트의 사이즈에 의해 결정된다. [1982 Martin Introduction 15]

Off (오프)

① 베트 또는 베트의 일부분에 무효 또는 일시정지를 선언한 말이다. 뱅크 크랩스 게임으로 예를 들면, 일정한 베트가 테이블에서 특정한 기간동안 활동하지 않을 것을 딜러가 '어나운스(announce)'한다. [1983 Martinet Oral Coll]

② 갬블링 시설에서 카드, 주사위, 룰렛 휠 등과 같은 갬블링 장비에 관계된 말로 속임수 행위의 목적으로 변조된 장비로 게임에 적절치 못하다는 것을 전달하는 용어이다. [1983 Martinet Oral Coll]

Office (오피스)

갬블링 게임에서 속임수 행위의 한 종류로 공모자와 신호 또는 '제스추어(gesture)'를 비밀스럽게 주고 받는 것을 말한다. [OED]

▣ **office hours** : 포커 게임에서, 스트레이트로 4에서 8점 카드 또는 5에서 9점 카드를 가진 것을 말한다. 또한 투페어로 9, 9와 5, 5의 카드 또는 8, 8과 4, 4의 카드를 가졌을 경우도 '오피스 아우어스(office hours)'라고 한다. [1949 Coffin Secrets 182]

Off-number (오프-넘버)

크랩스 게임에서 크랩(2, 3, 12), 네츄럴(7, 11)이 아닌 포인트로 굴려진 넘버를 말한다. 포인트는 4, 5, 6, 8, 9, 10이 될 수 있다. 슈터의 포인트는 이것 중에 어느 것이던지 포함되며, 그 밖의 점수가 '오프-넘버(off-number)'이다. [1950 Morehead Culbertson 630]

Offset (오프셋)

크랩스 게임에서 베트의 꼭대기 칩스를 곧추 세우는 것으로, 이는 베트에 '오즈(odds)'를 가진 게임자를 표시하기 위하여 사용하는 용어이다. [1973 Clark Oral Coll]

▣ **off-suit** : 기존 또는 다른 카드와 같이 동일한 슈트가 아닌 게임용 카드를 말한다. [1978 Brunson How I Made 539]

▣ **off the top** : 카드 게임에서 셔플한 후 즉시로 덱 또는 슈로 게임을 시작하는 것을 말한다. [1996 C.G.D. 61]

▣ **off the street** : 카지노에 인맥없이 일거리를 얻으려는 것을 비유하는 말로 예를 들면, 'Joe come in off the street'라고 비아냥거리는 표현이다. [1996 C.G.D. 61]

Oldsmobible (올즈모빌)

'홀뎀(hold'em)' 포커 게임에서 같은 핸드에 딜링된 첫 번째 2장의 카드로 8과 9를 가진 경우를 말한다. 이는 '올즈모빌(Oldsmobible)' 자동차의 98년식에서 유래된 말이다. [1981 Golad Oral Coll]

Oligopoly (올리가폴리)

시장경제에서 소수의 대기업이 시장을 독점하여 콘트롤하는 경쟁 환경에 관계되는 경제용어이다. [1996 Kendal / Hunt C.G.D. 61]

Omber (옴버)

원래 스페인의 카드 게임으로, 17~18세기의 대중적인 게임이었다. 덱의 기본 52장에서 8, 9, 10을 제거한 40장의 카드를 가지고 3명이 게임하는 게임의 명칭이다. [OEDS]

On (온)

크랩스 게임에서 '컴-아웃롤(come-outroll)'과 같은 어떤 특정한 ,'롤(roll)'이 있는 동안 특정한 넘버에 운영되는 베트에 관계되는 말이다. [1983 Martinet Oral Coll]

- **on a roll** : 성공을 연이어 가지는 것. 승리 또는 격렬한 활동을 말한다. [1980 BDC 11 : 4 117]
- **on board** : 홀뎀 포커 게임에서 베팅 라운드 동안 테이블의 중앙에 앞면으로 놓여져 있는 공동카드에 관계되는 말이다. '온 덱(on deck)'이라고도 한다. [1981 Golad Oral Coll]
- **on the bank** : 바카라 게임에서 플레이어 사이드라기보다 뱅크의 사이드에 베팅을 만들 수 있는 테이블 레이아웃의 지역을 언급하는 말이다. [1968 Thackrey Nick the Greek 140]
- **on the bar** : 크랩스 게임에서 '돈 패스라인(don't passline)'에 베팅하는 경우에 관계되는 말. [1974 Scarne Dice 320]
- **on the come** : 포커 게임에서 모든 카드가 딜링되기도 전의 스트레이트 또는 아직 채워지지 않은 플러쉬에 베팅을 하려는 경우에 속하는 말. 또한, 크랩스 게임에서 레이아웃의 '컴(come)' 지역에 놓여진 베팅을 말한다. [ca. 1961 Hotel Coll]
- **on the finger** : 한 게임의 베트가 끝나기 전에 돈의 거래 없이 만들어진 베팅의 경우를 말한다. [1978 Larson Vocabulary 98]
- **on the gamble** : 약속된 갬블링 게임 또는 갬블링의 마법에 빠져드는 것을 말한다. [OED]
- **on the rail** : 크랩스 게임에서 테이블 가장자리의 꼭대기에 레이아웃으로부터 주사위가 튀어올라 게임자들이 보유하고 있는 칩스가 있는 홈이 패인 곳(grooves). 즉, '레일(rail)' 위에 있는 주사위를 말한다. [1983 Martinet Oral Coll]
- **on the square** : 카드 게임에서 4각의 끝이 매끄럽게 처리된 덱에 관련된 말로, 손질한 카드가 없고 게임이 정직함을 표시하는 데 사용하는 용어이다. 또한 주사위 게임에서는 일만분지의 일 인치의 오차를 가진 진짜 주사위에 속한다는 말로, 이 게임을 그것들이 사용되는 정직함을 추정할 수 있다는 의미를 가진 용어이다. [1983 Martinet Oral Coll]
- **on tilt** : 부적절한 모양새로, 특히 화를 내거나 또는 실망하는 포커 게임자가 하는 언어(言語)와 주의하지 않고 게임을 시작하는 행위를 말한다. [1978 Brunson How I Made 539]

Once-only book (완스-온리 북)

카지노 피트에서, 모든 돈을 손실한 정규적인 손님의 기록을 말하며, 이를 근거로 그만 두고 집으로 돌아가는 경비를 보조해준다. [1953 Lewis Sagebrush Casinos 152]

- **one-armed bandit** : 슬롯머신의 '핸들(handle)'을 일컫는 말로, 이는 보통 머신에 게임자의 오른손으로 당겨지도록 설 [DA]

치되어 있는 단 하나의 '레버(lever)'이므로 그렇게 불리운다.

▣ **one big one** : 일천달러짜리 지폐를 말한다. [ca. 1961 Hotel Coll]

▣ **one down** : 크랩스 게임에서 테이블에 닿지 않았거나, 떨어지지 않은 주사위 하나가 있을 경우 만들어지는 스틱맨의 구두 콜링을 말한다. [1974 Scarne Dice]

▣ **one down inside** : 크랩스 게임에서 게임자의 사이드라기보다 테이블의 피트 사이드에 떨어져 테이블에 도달하지 않은 주사위가 있을 때, 스틱퍼슨에 의한 '콜링(calling)'을 말한다. [1983 Martinet Oral Coll]

▣ **one-ended straight** : 'one-end straight' 또는 'one-way straight'라고도 불리운다. 포커 게임에서 순서대로 된 4장의 카드로 A, 2, 3, 4 또는 J, Q, K, A 중 어느 한쪽을 가진 것을 말한다. 이에 게임자가 잡고 있는 핸드로서 성공적인 스트레이트를 완성시키려면 특정한 등급(5나 9)의 카드를 받아야 함에 틀림없다. [1949 Coffin Secrets 182]

▣ **one-eyed jack** : 게임용 카드에서 스페이드의 '잭(jack)' 또는 하트의 '잭(jack)'을 말한다. 둘 다 그 배경은 그림으로 되어 있고, 때로는 와일드 카드로 사용된다. [1963 Steig Common Sense 185]

▣ **one-half game** : 네바다 주의 카지노에서 조세목적을 위하여 일정한 게임을 지정하는 것을 말한다. 'one-half game'은 페로, 빅 식스, 퍼천 휠, 샤카락 그리고 그 밖에 사이드 게임과 같이 크랩스, 룰렛, 블랙잭과 전혀 다른 레이아웃을 가진 어떤 게임을 말한다. [1957 Nevada Gaming Regulations 6]

▣ **one high** : 테이블 레이아웃에서 초과지불에 대한 용어로, 이긴 것보다 하나 또는 더 많이 칩스를 추가로 게임자에게 지불한 것을 말한다. [1983 Martinet Oral Coll]

▣ **one mile from home** : 크랩스 게임에서 '위닝 롤(winning roll)'로부터 한 넘버가 빠진 경우를 말한다. [1961 Scarne Complete Guide 683]

▣ **one-number bet** : 크랩스 게임에서 '넘버 7'이 굴려지기 전에 굴려진 특별한 넘버에 대한 웨이저를 말한다.

▣ **one-roll bet** : 크랩스 게임에서 조건 제시 베팅으로 주사위의 한번 롤에 이기거나 지는 단판승부의 롤을 말하며 '하프 베트(hop bet)'라고도 한다. [ca. 1961 Hotel Coll]

▣ **one-to-five game** : 포커 게임에서 미니멈 베트가 1달러이고, 맥시멈 베트가 5달러인 '리미트 스테이크(limit stakes)'를 가진 게임을 말한다. [1981 Golad Oral Coll]

▣ **one-way action** : 카드 게임에서 보통 포커에서 '팟(pot)'에 대해 남은 두 사람이 함께 겨루는 행위를 말한다. [1978 Brunson How I Made 539]

▣ **one-way card** : 게임용 카드의 팩에서 보통 표시된 것으로, 누군가의 카드 뒷면에 균형이 맞지 않은 디자인이 나타난 경우를 말한다. [1961 Scarne Complete Guide 683]

Open (오픈)

카드 게임에서 첫 번째 베트를 만드는 것에 의해 카드가 딜링되어진 후 그 핸드의 게임이 시작되는 경우에 속하는 용어이다. [OEDS]

- **open a snap** : 불법 게임의 운영을 시작하려는 것으로, 특히 하나의 속임수 행위를 하는 장소로 사용하는 것을 말한다. [1968 Adams Western Words]
- **open blind** : 포커 게임에서 베팅라운드에 활동으로 첫 번째 위치에 앉아있다 할지라도, 그 카드를 보지 않고 베팅하는 경우에 대한 용어이다. [1963 Steig Common Sense 186]
- **open the pot** : 포커 게임에서 베팅의 첫 라운드가 시작하는데 사용하는 용어이다. [DAE, DA]
- **open up** : 카지노에서 그 당시에 이미 닫았던 테이블 게임을 다시 시작하려고 사용하는 말이다. [1961 Scarne Complete Guide 683]

Open (오픈)

적법한 갬블링의 투명성에 관련한 것으로 만약 갬블링이 불법인지, 경찰의 단속을 방해하지 않고 갬블링 업체를 운영하는지에 대한 용어를 말한다. [1938 Asbury Sucker's Progress 9]

- **open-ended straight** : 포커 게임에서 4장의 카드를 순서대로 가져, 게임자가 한 장을 더 드로우하여 다섯 번째 카드가 높은 등급의 한 장이거나, 낮은 등급의 한 장이 나오더라도 스트레이트를 만들 수 있는 핸드를 말한다. 예를 들어 8, 9, 10, J를 차례대로 가진 게임자는 7 또는 Q를 드로윙하는 것으로 스트레이트를 채울 수 있다는 뜻이다. [ca. 1961 Hotel Coll]

Opener (오프너)

① 카지노에서 시프트의 시작 또는 게임의 시작하는 곳의 테이블에 양도된 칩스의 금액에 대한 슬립(slip)에 관한 용어 [ca. 1961 Hotel Coll]

② 포커 게임에서 핸드의 등급으로 베팅 라운드를 시작하려면 통상적으로 적어도 '잭(jack)' 페어 이상 가지고 시작하기를 요구하는 것을 말한다. [DA, DAE]

- **open gambling** : 적법한 갬블링 또는 반대가 없는 불법 갬블링 [1931 LasVegas Review-Journal 1/29:31]
- **open game** : 갬블링 게임에서 보통 포커 게임의 참가에 누구든지 기꺼이 받아들인다는 용어이다. [1949 Coffin Secrets 182]
- **open hand** : 카드 게임에서 게임된 핸드의 카드를 앞면으로 놓는 것을 말한다. [1978 Larson Vocabulary 100]
- **open seat** : 바카라, 포커 또는 블랙잭과 같은 게임에서 테이블의 점유되지 않는 장소라는 것을 말한다. [949 Coffin Secrets 182]

Operator (오퍼레이터)

갬블링 게임 또는 갬블링을 위한 장소를 운영 또는 관리하는 사람을 말한다. 또한 속임수꾼과 사기꾼을 지칭하는 용어로도 사용된다. [OED]

- **operating costs**: 관리 측면에서, 업체가 일일 지출되는 경비에 필요한 금액을 말한다(경상비). [1996 Kendal/Hunt Casino Gaming Dictionary]

Option (옵션)

액션의 선택, 규정에 의해 제공되는 선택의 기회 및 범위를 말한다. 보통 블랙잭 게임에서 더블다운, 스플릿팅, 인슈런스, 서렌더 등이 이 범위에 속한다. 포커 게임에서는 조건을 합의하여 게임의 또 다른 변형으로 플레이하는 것을 말한다. [2003 고택운 카지노 게임의 실무이론 I 25]

- **optimization models**: 경제용어로 최대한의 판단 기준에 의해 데이터를 분석하는 통계적인 방법을 말한다. [1996 Kendal/Hunt C.G.D.]

Organization structure (오가나이제이션 스트락처어)

카지노의 조직 관리 차원에서, 공식적인 직무의 관장과 기구 안의 부서의 관계를 구성하는 조직구조에 관한 용어이다. [1996 Kendal/Hunt C.G.D.]

- **orientation**: 카지노에서 직무기능 및 조직에 대하여 신입 직원에게 소개하는 과정을 말한다. [1996 George Casino Gaming Dictionary]

Out (아웃)

포커 게임에서 베팅 또는 이전 베트의 콜(call)로 거절되는 것에 의해 핸드로부터 물러난다는 언급을 말한다. [ca. 1961 Hotel Coll]

- **out in front**: 앞서간다는 뜻으로, 갬블링에서의 위닝(winning) 또는 경기의 선두를 말한다. [ca. 1961 Hotel Coll]
- **out of turn**: 카드 게임에서 정규적인 순서를 아웃사이드로 베팅을 만들거나 또는 카드가 진행되는 경우를 말한다. [ca. 1961 Hotel Coll]
- **on the out**: 갬블링 게임에서 돈을 잃은 경우 또는 포커 게임에서 몇 번의 특별한 카드를 드로우하지 않고 이기는 판으로 있음직하지 않은 부실한 핸드를 언급하는 말이다. [1983 Martinet Oral Coll]

Outside (아웃사이드)

① 룰렛 게임에서 37개 넘버 또는 38개 넘버를 위해 베팅을 놓는 자리로 테이블 레이아웃에 넘버가 프린트된 지역이 아닌 하단 주변 지역을 말한다. 아웃사이드 지역에는 칼럼과 다즌, 레드와 블랙, 아드와 이븐, 하이와 로우 베트를 하는 장소로 구분이 되어 있다. [2002 고택운 게임이론실무II 34]

② 크랩스 게임에서, 레이아웃에 프린트된 넘버상에 왼쪽은 6, 5, 4 순으로 오른쪽은 8, 9, 10 순으로 불리워지나, 이는 슈터의 포인트 또는 넘버에 의하여 판단되어진다. 예를 들면, 만약에 슈터의 포인트가 9라면 아웃사이드 넘버는 10, 4, 5가 된다. [1983 Martinet Oral Coll]

③ 갬블링 시설에서 속임수 행위를 하는 게임자를 지칭하기도 하고, 카지노에서 부정기적으로 테이블을 관찰하려 반원형 바깥 주변에 있는 감시원, 플로어맨, 핏보스를 언급하는 말로 '아웃사이드 맨(outside man)'이라고도 한다. [1983 Martinet Oral Coll]

■ **outside gambler** : 정직한 고액 베팅을 하는 것으로 알려진 갬블링 시설 또는 카지노의 고객을 일컫는 말. [1968 Thackrey Nick the Greek 33]

■ **outside hand** : 2명의 딜러와 1명의 스틱맨이 있는 대형 크랩스 테이블에서 테이블 끝쪽에 있는 게임자부터 딜러의 업무가 완료된 핸드를 말한다. [1987 Clark D.G.G 144]

Outside man (아웃사이드 맨)

① 시설로 게임자를 데려오려고 시설의 외부에서 그러한 임무를 가진 갬블링 시설의 직원을 말하며, 다른 시설로부터 칩스를 회수하는 업무도 한다. 다른 호칭으로 '로퍼(roper)'와 '스티러(steerer)'라고도 한다. [1961 Scarne Complete Guide 683]

② 게임을 계속 유지하려고 테이블에 참가하는 손님이 충분할 때까지 테이블에서 손님으로 활동하는 갬블링 시설의 직원을 말하며 '실(shill)'이라고도 한다. 그 밖에 카지노에서 감시자(spotter)를 지칭한다. [1973 Clark Oral Coll]

■ **outsider** : 직업적인 갬블러가 아니거나, 게이밍 사업에 고용되지 않은 사람을 지칭하는 말이다. [1979 Newman Dealer's Special 7]

Outside work (아웃사이드 워크)

주사위 속임수로, 주사위 한 부분을 깎거나 또는 각 면 위에 있는 넘버의 점을 바꾸는 것과 같은, 주사위의 표면을 다양하게 바꾸는 작업을 말하며 이를 '바 다이스(barr dice)'와 '미스마크드 다이스(mismarked dice)'라고 한다. [1961 Scarne Complete Guide 683]

Over (오버)

① 포커 게임에서 풀하우스에 3J에 대한 2K 또는 2페어를 가진 핸드에서 K페어에 대한 J페어와 같이 더 높은 가치 또는 등급을 대조하는 말이다. [1949 Coffin Secrets 182]

② 블랙잭 게임에서 '버스트(bust)'를 표현하는 데 사용되는 말이다. [1973 Clark Oral Coll]

■ **over the hump** : 누군가 오리지날 자금의 위험없이 게임을 계속할 수 있는 충분한 돈으로 이기는 것을 지칭하는 용어이다. [ca. 1961 Hotel Coll]

■ **overbet** : 판돈의 사이즈에 대해 정상적인 것보다 훨씬 큰 금액을 베팅한 경우를 말한다. [1978 Brunson How I Made 540]

■ **overblind** : 포커 게임에서 딜링된 카드를 보기 전에 딜러의 왼쪽에서 두 번째 게임에 의해 요구되는 베트를 말한다. [1981 Golad Oral Coll]

■ **over board** : 회계관련 용어로, 갬블링 채무를 지불할 수 없거나 또는 갬블링 기간에 그에게 만들어진 대여(貸與)를 상 [1961 Scarne Complete Guide 683]

환하지 못하는 게임자를 말한다.

- **overhand cut** : 오리지날 순서대로 팩을 되돌려놓으려고 카드를 컷팅하는 방법을 말한다. [1968 Wallace Poker 220]
- **overhand shuffle** : 다른 것에서 한 곳으로 약간의 카드를 미끄러지게 하여 게임용 카드팩을 섞이게 하는 방법을 반복하는 행동으로 기존의 카드 위에 약간의 카드를 계속해서 미끄러지게 하는 동작을 말한다. [1968 Wallace Poker 220]
- **overhand stack** : 카드의 셔플링 팩에 대한 방법으로, 오리지날 순서대로 속임수꾼을 위해 보존하는 것을 말한다. [1968 Wallace Poker 220]

Overhead (오버헤드)

회계관련 용어로, 갬블링 시설에서 안정된 기능을 수행하기 위한 매일 매일 필요한 제경비를 말한다. [1996 Kendal / Hunt Casino Gaming Dictionary]

Over lay (오버레이)

① 베팅에서 그들이 한 것보다 더 크게 추가하도록 진전된 경우 또는 그의 게임 자금보다 더 베팅을 한 사람 [1996 Kendal / Hunt C.G.D.]

② 크랩스 게임에서 최대 한도금액을 '돈 패스(don't pass)'에 건 베팅 [1975 Clark Oral Coll]

③ 홀뎀과 스터드 포커 게임에서, 이미 테이블 위에 앞면으로 오픈된 페어보다 더 높은 가치에 랭킹 카드의 페어를 말한다. [1964 Reese & Watkins Secrets 143]

Overpay (오버페이)

딜러로 인해 실수로 또는 게임자에게 지불하여 갬블링 시설을 속이려고 하는 등의 행위에서 만들어진 용어이며, 이는 보통 공범자에게 그가 가진 금액보다 더 지불하거나 또는 '루징 웨이저(losing wager)'에 지불하는 행위를 말한다. [ca. 1961 Hotel Coll]

P

Pace (페이스)

규칙적인 반복운동(rhythm)과 속도를 말하는 것으로, 경마에서 또는 카드 게임에서 베팅에 참조되는 용어이다. [1955 Hillis Pari-Muture Betting 117]

Pack (팩)

게임용 카드의 덱으로, 정상적으로 52장으로 구성되었으며 선택으로 '조커(jocker)'라는 이름을 가진 추가 카드가 있다. 그 팩(pack)은 4 슈트(suits)로 클럽, 다이아몬드, 하트 그리고 스페이드로 나누어지며, 각 슈트는 13등급(ranks)을 가졌고, 2, 3, 4 순서대로 10까지 그리고 J, Q, K, A로 구성되어 있다. 차별화된 게임에서 A는 가장 높은 또는 가장 낮은 등급의 카드로 계산될 수 도 있다. [OED]

Package (패키지)

① 미리 정리한 덱에 관계되는 속임수 용어로 이는 실제 사용되는 게임용 카드와 교환(swapped)된 것이다. [1996 Kendal/Hunt Casino Gaming Dictionary]

② 관광용어로, 운송을 포함하여 숙박 그리고 보통 식사, 환승, 관광 또는 자동차렌트 등 선불한 관광여행을 말한다.

▣ **package tourist** : 날짜를 미리 결정하여 갬블링 리조트에 데려온 사람의 그룹의 하나로, 운송과 숙박 경비의 수수료 가격을 할인해주는 것과 같이 특별한 프리미엄을 제공받는 사람들을 말한다. [1963 Taylor City of Sin 16]

Pad (패드)

카지노에서 테이블의 하단에 부착되어 있는 드롭 박스 속으로 게임 테이블 위에서 슬롯을 통하여 지폐를 밀어주려고 사용되는 목재 또는 플라스틱 주걱(spatula)을 말한다. 또는 겜블링 시설의 종업원에 대한 급여(給與)를 말하기도 한다. [OED]

▣ **pad roll** : 주사위를 던지는 속임수 행위 기술로서 회전없이 던지는 것을 말한다. '위프 샷(whip shot)'이라고도 한다. 〔1981 Demaris Last Mafioso 15〕

Paid outs (페이드 아웃)

카지노에서 키노, 빙고, 슬롯머신 그리고 스포츠북 같은 곳의 위너에게 지불한 총 금액의 기록을 말한다. 〔1978 Alexander Glossary 11〕

Paint (페인트)

게임용 카드에서 잭(jack), 퀸(queen), 킹(king) 카드를 말한다. 또한 칠(daub) 또는 염료(stain)로 속임수꾼에 의해 게임용 카드의 뒷면에 표시하여 사용되는 것을 말하며 '코즈메틱(cosmetics)'이라고도 한다. 〔1982 Martin Introduction 24〕

Painter (페인터)

카드 게임에서 인디아 잉크, 에닐린 연필 또는 그 밖의 물질을 가지고 게임용 카드의 뒷면에 표시를 하는 속임수꾼을 말한다. 이에 그들은 카드의 뒷면으로부터 읽을 수 있다. 〔1965 Fraiken Inside Nevada 75〕

▣ **Paint-skin** : '코트-스킨(court-skin)'으로 불리우며, 게임용 카드의 잭(jack), 퀸(queen), 킹(king)을 지칭한다. 〔1943 Maurer Argot〕

Pair (페어)

① 포커 게임에서 같은 등급의 2장의 게임용 카드 또는 어느 게임자가 잡고 있는 단위의 명칭 〔OED〕

② 룰렛 게임에서 'EVEN'이라고 프린트된 레이아웃의 지역에서의 베팅 장소이며, 'PAIR'는 프렌치어로 짝수를 뜻한다. 〔2002 고택운 게임 실무이론 II〕

▣ **pair splitting** : 블랙잭 게임에서 페어 카드가 딜링되어졌을 때 두 개의 핸드를 만드려는 게임자에게 허용하는 게임의 조건을 말한다. 게임자는 오리지날 베트 금액과 동등한 금액을 만들어, 페어의 각 카드를 뉴-핸드(new-hand)로 만드는 것이다. 〔2003 고택운 게임 실무이론 I〕

Palette (패리트)

시멘-디-퍼(chemin-de-fer) 게임에서 테이블 주위에 카드와 칩스를 이동시키는 운영자(딜러)에 의해 사용되는 것으로 손잡이를 가진 얇고 편편한 사각모양의 도구를 말한다. 〔OEDS〕

Palm (팜)

속임수에 사용할 목적으로 스스로 생각 중인 속임수의 기회가 있을 때까지 손 안에 주사위 또는 카드를 숨기는 행위를 말한다. 〔OED〕

▣ **palmed card** : 나중에 사용하기 위하여 속임수꾼에 의해 게임에 포함되지 않는 게임용 카드를 말한다. 〔1968 Wallace Poker 220〕

- **palm holdout** : 속임수꾼의 손 안에 비밀스럽게 간직한 한 쌍의 변경된 주사위를 가지고 게임에서 사용되는 진짜 주사위와 필요에 따라 교환시키는 행위를 말한다. 〔1977 Carroll Playbody's Illustrated 125〕
- **palm stock** : 특정한 순서로 정렬된 게임용 카드의 다발로, 게임에 사용하려고 속임수꾼이 결정될 때까지 그의 손에 잡고 있는 것을 말한다. 〔1996 Kendal / Hunt C.G.D.〕
- **palm switch** : 게임에 사용되는 주사위에 대해 그것들을 교환하려고 그가 원할 때까지 손 안에 변형된 주사위의 한 쌍을 잡고 있는 주사위 게임자의 속임수 행동을 말한다. 〔1974 Scarne Dice 274〕

Paper (페이퍼)

게임용 카드의 호칭 또는 뒷면에 표시된 게임용 카드를 말하며, 이것들은 뒷면에서 내용을 알 수 있도록 되어 있으며, '스파티드 페이퍼(spotted papers)'라고 한다. 〔OED, DA〕

- **paper game** : 크랩스 게임에서 보통 불법적인 통화로 사용되는 칩스를 일컫는다. 〔1983 Martinet Oral Coll〕
- **paper work** : 뒷면에 표시된 게임용 카드 또는 다른 방법으로 구부리거나 또는 주름을 잡는 것으로 정체(正體)를 알 수 있게 한 작업을 말한다. 〔1968 Wallace Poker 220〕

Pari-mutuel (패리-무추얼)

게임에 건 금액을 베팅에 따라, 전체 금액을 관리비의 수수료만 공제하고, 그 몫을 되돌려주는 것을 말한다. 또한 머신 게임에서 베팅한 금액을 기록하고 있는 머신과 베팅 금액 전체와 같은 금액을 위너에게 지불하도록 되어있는 의미의 용어이다. 〔OEDS〕

Parlay (팔레이)

오리지날 베트의 금액과 함께 위닝한 동등한 베트를 가지고 다음 게임에 베팅하는 것이다. 즉, 이전의 베팅에서 이긴 금액과 첫 번째 베팅 금액을 플러스한 총 금액으로 다시 베팅하는 것을 말한다. 특히 카드 게임, 크랩스 게임 또는 경마에서 연속적으로 베팅하는 경우에서 사용하는 용어이다. 〔OED, DAS〕

Parlor (팔러)

'빙고 팔러(bingo parlor)'에 대한 줄인 말. 빙고 게임을 하는 전용시설 또는 실내장소를 말한다. 〔1953 Lewis Sagebrush Casinos 94〕

Partage / Le partage (빠따즈 / 라 빠따즈)

유럽식 룰렛 게임에서 볼이 0에 들어갔을 때 게임자의 '이븐 머니 베트(even money bet)'의 금액을 분할한다는 용어의 뜻으로, 베팅 금액의 반은 하우스가 반은 게임자가 존속시키는 '룰(rules)'로 21-게임 ※ French 〔2002 고택운 게임 실무이론 II〕

의 '서렌더(surrender)' 옵션룰과 유사하다.

Partner (파트너)

속임수꾼의 공모자로, 포커와 같은 게임에서 그들 자신의 이해 관계를 위한 특유한 플레이에 요구되는 사람을 말한다. 또 다른 용어로 공동 자금의 몫을 가진 2명 이상의 게임자를 뜻하기도 한다. [1978 Brunson How I Made 541]

Pass (패스)

① 크랩스 게임에서 최초로 던진 주사위가 7 또는 11로 슈터가 원한 경우와 이어서 수반한 롤(roll)에 그의 포인트가 만들어진 경우를 말한다. [1996 CGD]

② 크랩스 게임에서 슈터 또는 주사위를 던질 차례가 된 사람이 기권 또는 양보하는 경우를 말한다. [1983 Martinet Oral Coll]

③ 카드 게임에서 카드의 팩을 셔플과 컷트를 하면서 오리지날 순서대로 유지하려는 경우에 사용하는 용어이다. [OED]

▣ **pass in one's checks** : 현금에 대하여 칩스로 상환하는 것과 갬블링 회기 안에 현금을 회수하는 것을 말한다. [DA]

▣ **pass the buck** : 포커 게임에서 딜링하는 차례를 포기하거나 양보(yield)하는 경우에 사용되는 용어이다. [DA]

Passe (빠세)

유럽피안 룰렛 게임에서 19에서 36번까지의 넘버를 베팅하기 위한 레이아웃의 지역에 웨이저를 놓는 자리로 '하이-넘버 베트(high-number bet)'를 말하며, 위닝하면 이븐 페이(even pay)가 된다. ※French [2002 고택운 게임 실무이론II 144]

Passed pot (패스트 팟)

드로우 포커 게임에서 베팅을 시작하기 전에 '폴드(fold)'한 모든 게임자들의 핸드를 말한다. 이 경우 '팟(pot)' 안의 금액은 보통 '앤티(ante)'로 다음 핸드로 옮겨진다. [1968 Wallace Poker 220]

Passers (패시스)

크랩스 게임에서 '넘버 7'이 드물게 굴려지도록 주사위를 변조한 것이다. 이리 하여 많은 '패스(pass)'를 슈터가 만드는 것에 관한 용어이다. [1961 Scarne Complete Guide 684]

▣ **passing** : 크랩스 게임에서 주사위 한 쌍으로 연이어서 많은 위닝 넘버를 '롤링(rolling)'하는 게임자를 말한다. [1964 Lemmel Gambling 189]

▣ **pass line** : 크랩스 게임에서 핸드에 최초의 베트를 만들기 위한 레이아웃의 공간(空間)을 말한다. [1968 Thackrey Nick the Greek 94]

▣ **pass line bet** : 크랩스 게임에서 현재의 슈터가 첫 번째 '롤(roll)'을 7, 11로 던져지는 것에 또는 포인트 4, 5, 6, 8, 9, 10이 만들어지는 롤에 '7'이 나오기 전에 다시 넘버를 만드는 롤에 베팅하는 지점의 명칭이다. [1973 Friedman Casino Games 35]

■ **pass-out**: 포커 게임에서 핸드로부터 물러날 때 사용하는 용어를 말한다. 〔1963 Steig Common Sense 186〕

Pastpost (패스트포스트)

한 게임의 결과가 정해진 후에 베팅 금액의 크기를 늘이거나 또는 웨이저를 놓는 것으로, 특별히 키노 게임이 완성된 후에 블랙잭 게임의 핸드 또는 크랩스 게임에 주사위의 롤이 있은 후를 말한다. 〔1973 Clark Oral Coll〕

■ **past poster**: '패스트포스트(pastpost)'를 하는 속임수꾼으로, 일반적으로 윈(win)하기에 확실한 게임에만 베팅을 한다. 〔1983 Martinet Oral Coll〕

Pat hand (패트 핸드)

특히 블랙잭 게임에서 처음에 딜링된 2장의 카드 합이 17, 18, 19, 20, 21점으로 핸드에 대하여 추가카드가 필요하지 아니하는 핸드의 용어를 말한다. 〔2003 고택운 게임 실무이론Ⅰ 89〕

Patter (패터)

포커 게임에서 상대방을 속이려고 계획된 경험이 많은 게임자에 의해 구도와 신체적인 행동으로 영향을 미치는 행위를 말한다. 포커 게임자의 행동으로 은밀한 신호를 사용하거나, 카드 또는 상황을 반전하려고 다른 게임자에게 정보를 노출시킬 수 도 있다. 〔1981 Golad Oral Coll〕

Pay (페이)

게이밍 테이블에서 베팅(betting)한 만큼 동등하게 만드는 지불수단으로, 위닝한 웨이저를 이전(移轉)하는 활동을 말한다. 〔1981 Jenkins Johnny Moss 23〕

■ **pay back**: 카지노에서 현금 또는 칩스로 채무 또는 마커를 정산하려고 게임자에 의해 종업원에게 전도(轉倒)하는 것을 말한다. 〔1983 Martinet Oral Coll〕

■ **payday game**: 대부분의 게임자가 평상시보다 높은 금액의 포커 금액을 하는 상황을 일컫는 말이다. 〔1981 Jenkins Johnny Moss〕

■ **pay line**: 슬롯머신 게임에서 머신의 앞면에 나타나는 '라인(line)'을 말하며, 이는 '심볼(symbol)'의 접합 기술로 윈 또는 잭팟의 결과로 반드시 멈추어진 것이다. 〔1961 Scarne Complete Guide 684〕

Payment slip (페이멘트 슬립)

카지노에서 게임자에게 지불하는 신용대여에 관한 칩스 또는 현금을 기록하는 데 사용하는 양식을 말한다. 한 장은 게임자가 보관하고, 한 장은 피트에 남기며, 또 다른 한 장은 카지노 케이지에 보관한다. 〔1977 Nevad Gaming Control Internal 5〕

■ **pay off**: 어떤 위닝 웨이저에 대하여 지불되는 돈의 총 금액을 말한다. 〔OEDS〕

■ **pay off odds**: 어떤 베트를 지불하는 비율 즉, 배수를 말한 〔1996 Kendal / Hunt Casino

다. 예를 들어 만약 블랙잭 게임에서 딜러를 이겼다면, 지불 배수는 일 대 일이다. 또한 달러(dollar) 베트는 게임자에게 달러로 받도록 지불한다. Gaming Dictionary]

Payout interval (페이아웃 인터발)

게임자에게 얼마나 빨리 지불하는지에 대한 용어이다. 카지노에서는 지불이 즉시 이루어지지만, 갬블링 형태에 따라 다양하게 지불기간을 정하기도 한다. 예를 들면, 4천만 달러 로터리(복첨)는 20년에 걸쳐 지불하고 있다. [1996 Kendal / Hunt Casino Gaming Dictionary]

- **payoff schedule**: 키노 게임의 운영에서 특정한 웨이저에 대하여 지불되는 금액의 목록을 말한다. [1957 Nevada Gaming Regulations 155]
- **payoff slip**: 카지노 슬롯머신 게임에서 머신에 의해서 지불되는 금액에 추가되는 '잭팟(jackpot)'을 위해 지불되는 금액의 기록을 말한다. [1977 Nevada Gaming Control Internal 19]
- **payout reserve container**: 슬롯머신 게임에서 코인을 담고 있는 '튜브(tube)' 또는 '호퍼(hopper)'를 말하며, 위닝 결합이 생겼을 때 머신에서 코인이 떨어지도록 되어 있다. [1978 Alexander Glossary 7]
- **payout schedule**: 카지노에서 다양한 게임에 만들어진 베팅에 지불되는 금액을 알려주려고 게시(揭示)하는 것을 말한다. [1978 Alexander Glossary 1]

PC (피시)

퍼센티지(percentage)의 약자로, 하우스 어드벤티지와 같은 말이다. 또한 포인트(point)와 같은 말로, 카지노의 퍼센티지 또는 어느 사람에 의해 소유하는 갬블링 운영권을 말한다. [1973 Clark Oral Coll]

- **PC dice**: 속임수 장비로서, 매번 이기는 것은 아니지만, 속임수꾼에게 유리함을 주는 부정한 주사위를 말한다. [1996 CGD]

Peek (피크)

카드 속임수 행위로 팩에서 딜링되지 않은 카드의 꼭대기 일부의 앞면을 훔쳐보거나 또는 그것을 공모자에게 보여주는 행위를 말한다. [1961 Scarne Complete Guide 684]

- **peeker**: 딜링되지 않은 카드를 보거나 공모자에게 보여주는 부정직한 카드 딜러를 말한다. 또한 포커 게임에서, '팟(pot)'에 대한 논쟁에 묵묵히 게임자의 손 안에 있는 카드만 보고 있는 사람을 지칭하는 말. [1968 Wallace Poker 221]
- **peek shot**: 주사위 속임수로, 특별한 넘버로 다른 것보다 더 자주 굴려질 수 있도록 만들어진 한 쌍의 주사위로 던지기를 조정하는 행위를 말한다. [1974 Scarne Dice 255]
- **peeties**: 변조된 주사위를 말하며, 통상적으로 주사위 안쪽에 무게를 넣은 것으로 '로디드 다이스(loaded dice)'라고 한다. [1983 Martinez Gambling Scene 214]

Peg (페그)

① 포커 게임에서 다음에 딜링하는 게임자의 정면에 '마커(marker)' 또는 '바튼(button)'을 놓는 것으로 딜러의 위치를 표시하는 것을 말한다. [1974 Scarne Dice 475]

② 카드 속임수로 핀 또는 예리한 도구를 가지고 카드에 표시를 하여 뒷면에서 인지(認知)할 수 있도록 만드는 것을 말한다. 이는 뒷면을 살짝 부딪쳐서(문질러서) 식별할 수 있다. [1983 Martinez Gambling Scene 214]

Pelter (펠터)

포커 게임에서, 2, 5, 9의 등급과 2에서 9사이에 두 장의 다른 카드를 합하여 구성된 카드의 핸드를 말하며 '킬터(kilter)'라고도 부른다. [1949 Coffin Secrets 183]

Pencil (펜슬)

카지노에서 무료숙박, 식음료, 쇼티켓 등을 무료로 제공할 수 있는 서명(sign) 권한을 가진 사람을 말한다. [1961 Scarne Complete Guide 684]

Percentage (퍼센티지)

① 줄임말로 P.C라고 하며, 갬블링 시설에서 비율 또는 갬블되어진 돈의 몫으로 시설의 운영자가 수익으로 보유하는 몫의 비율을 말한다. [1949 Coffin Secrets 183]

② 부정직한 장비를 사용하는 것으로 또는 갬블링 게임에 속임수로 상대방에게 얻는 유리함을 말한다. [1983 Martinez Gambling Scene 214]

③ '트루 오즈(true odds)'보다 적게 제공하는 베트로 얻어지는 유리함을 말한다. 예를 들면, 뱅크 크랩에서 일정한 조건을 제시하는 베팅의 지불을 들 수 있다. [1983 Martinet Oral Coll]

■ **percentage dice** : 가능성보다 더 자주 일정한 넘버가 굴려지도록 변조된 주사위를 말한다. [1953 Fairfield Lasvegas 15]

■ **percentage game** : 크랩스와 같은 뱅킹 게임에서 게임자에 대하여 시설이 현저하게 유리함을 가지려고 운영자에 의해 기획된 게임을 말한다. [1961 Scarne Complete Guide 684]

■ **percentage player** : 하우스 종업원을 말한다. 보통 포커룸에서, 시설보다 오히려 그에게 할당된 돈을 사용하여 게임에 참여가 허용된 종업원이다. [1982 Martin Introduction 20]

Perfect (퍼펙트)

최상질(最上質)의 카지노 주사위로 1인치에 10,000분의 1 정도의 오차만을 가진 완벽한 정육면체의 주사위이며 '트루 다이스(true dice)' 또는 '스퀘어 다이스(square dice)'라고 한다. [1996 CGD]

■ **perfect low** : '로우볼(low ball)' 포커 게임에서 A, 2, 3, 4, 5로 구성된 핸드의 5장 카드 [1968 Wallace Poker 221]

■ **perfect pack** : 카드 52장의 완벽한 덱으로 표시되었거나 손질되지 않은 카드 덱을 말한다. [1949 Coffin Secrets 183]

Performance (퍼포먼스)

개인적으로 또는 조직적으로 목표를 달성하려고, 업무의 성과를 제고(提高) 시키려는 절차와 관련된 경영상의 용어이다. [1996 CGD]

■ **performance appraisal** : 직무의 규정과 기댓값을 가지고 종업원의 업무수행과 관련하여 사정(査定)하는 경영상의 용어이다. [1996 George Casino Gaming Dictionary]

■ **performance feed back** : 특정한 목표를 향한 종업원의 발전에 대하여 정보를 평가하여 주는 경영 정보 도구(道具)를 말한다. [1996 George Casino Gaming Dictionary]

Philadelpia layout (필라델피아 레이아웃)

뱅크 크랩스 게임에서 '돈 패스(don't pass)'와 '돈 컴(don't come)' 베팅을 위한 영역이 있는 레이아웃을 함께 한 크랩스 테이블을 말한다. 이 유래(由來)는 크랩스 게임에서 슈터를 상대하는 베팅의 기회를 필라델피아 갬블링 시설에서 처음 제공하였기 때문이다. [1961 Scarne Complete Guide 684]

Phony (포니)

철자는 '(phoney)'로 표기하며, 안쪽과 바깥쪽 모두 변조한 주사위 또는 이러한 주사위를 변조하는 사람을 일컫는 말이다. [1961 Scarne Complete Guide 684]

Physical distribution (피지칼 디스트레부션)

소비의 관점에서 공급하는 원칙으로부터 물리적으로 재화(財貨)를 이동시키는 진행에 관한 '마케팅(marketing)' 용어이다. [1996 CGD]

Pick (피크)

① 일반적인 갬블링 게임에서 베터의 인원, 참가자, 베팅 금액의 선택에 의한 정선을 말한다. [1973 Clark Oral Coll]

② 주사위의 각각의 점, 게임용 카드의 '다이아몬드(diamond)' 또는 '스페이드(spade)'의 도형을 말한다. [OED]

■ **pick and pay** : 카지노의 싱글덱 블랙잭 게임에서, 게임자의 카드를 앞면으로 뒤집은 다음 지불하거나 베트를 가져오는 것으로, 다음 게임자에게 진행하기 전에 핸드의 절차를 마치는 딜러가 디스카드를 가져오는 방법으로 'lay & pay' 또는 'take & pay'라고도 한다. [1977 Anness Dummy Up]

Piece (피스)

수익금(수익금)의 몫에 대한 특정한 사회의 통용어이다.

■ **piece of the action** : 갬블링 시설에서 수익의 비율, 몫, 베 [1981 Maurer Lang of the Under-

팅 금액의 분배 또는 베팅 금액 배합에 참여한 것을 말한다. world 190]

■ **piece of cake** : 간단하고 쉬우며, 즐거운 일과 관련하여 표현하는 말이다. [1996 CGD]

Pig (피그)

변조된 주사위로 '로디드 다이스(loaded dice)' 또는 '테트(tat)'라고도 불리운다. '테트'는 4, 5, 6의 세 끝수만 있는 주사위를 말한다. 또한 '하이-로우(high-low)' 포커 게임에서 게임자 혼자 양쪽 방법으로 모두 이기는 핸드를 말하기도 한다. [1983 Martinez Gambling Scene 214]

Pigeon (피젼)

① 카드 게임에서 카드 야바위꾼에 의해 속임수를 당한 희생자를 말한다. [OED]

② 포커 게임에서 드로우(draw)된 카드로 훨씬 크게 핸드를 개선한 경우를 말한다. [1949 Coffin Secrets 183]

③ 로터리(복권) 속임수꾼 조직의 일원 또는 직업적인 갬블러를 말한다. [OED, DAS]

■ **pigpen** : 불법 갬블링 시설을 지칭하는 속어. [1982 Martin Introduction 25]

■ **pig's eye** : 게임용 카드에서의 '다이아몬드' 슈트의 '에이스' [DSUE]

Pike / Piker (파이크 / 파이커)

파이크는 갬블링 게임에서 작은 금액으로 베트를 자주하는 것을 말하며, 이를 행하는 신중한 갬블러를 '파이커(piker)'라고 한다. [DA, OEDS, DAE]

Pile (파일)

현금 또는 칩스의 수량. 특히 정리되지 않은 상태로 포커 테이블의 어느 곳에 쌓여진 베팅 금액을 말한다. [DA, DAE]

Pinch (핀치)

① 불법 게임 또는 불법 갬블링 시설을 기습하여 갬블러를 체포하는 경우를 말한다. [1961 Scarne Complete Guide 684]

② 카지노에서 웨이저의 일부 또는 전부를 불법적으로 이동하려고 시도하는 사람을 예증하는 카지노 용어이다. [1996 CGD]

■ **pinch and press** : 게임자가 그의 카드를 보고난 후에 그의 베트트로부터 빼거나 추가하는 속임수 기술을 말 한다. [1996 CGD]

■ **pinching** : 게임이 완료된 후에 그 베트 금액을 감소시키거나 증가시키는 행위를 말한다. [2006 고택운 카지노 서베일런스 시스템의 이해 328]

Pink eye (핑크 아이)

'레드 아이(red eye)'라고도 불리운다. 카드 형태에 따라 특별히 표시된 카드의 뒷면을 읽으려고 엷은 빛깔의 콘텍트 렌즈를 끼고 있는 상태를 말한다. [1968 Wallace Poker 221]

Pin work (핀 워크)

속임수꾼에 의해 게임용 카드의 뒷면을 긁어 놓은 것을 말한다. 그리하여 그 카드들은 뒷면에서 읽을 수 있도록 한 것이다. 〔1968 Adams Western Words〕

Pip (피프)

주사위의 특정지점, 도미노, 게임용 카드 등의 작고 둥근점을 말하며 '피크(pick)'와 같은 말이다. 〔OED〕

- **pipe salesman** : '스퀘어 존(square Jonn)'이라고도 부른다. 카드룸의 정직한 게임자를 말하며, 보통 정직함을 통해서 게임에 대하여 얼마간의 지식이 있는 사람을 말한다. 〔1982 Review Journal 12/5 : 1〕
- **piping** : 상대방이 잡고 있는 카드의 가치를 공범자에게 신호하는 게임의 관찰자 역할을 하는 속임수 행위 방법을 말한다. 〔OEDS, DAE〕
- **pips** : 카드의 단위를 표시하여 알 수 있도록 디자인한 어느 장소의 부정한 속임수 행위를 말한다. 〔1996 CGD〕

Pit (피트)

카지노에서 게이밍 테이블이 그룹별로 둘러싸여진 지역을 말하며, 「비지니스를 하려고 특별한 지점에 설치한 전유물로 거래를 하는 영업장의 일부이다.」라고 사전적으로 해석하고 있다. 〔DAE, OEDS〕

- **pit bank** : 카지노에서 안전이 보장된 부스(booth) 또는 피트에서의 본부로 크레딧 기록을 보유하려는 데 사용되며, 피트를 에워싸고 있는 테이블의 칩스 총 금액을 조사 기록한다. 〔1982 Martin Introduction 28〕
- **pit boss** : 카지노의 경영 조직 체계에서, 여러 명의 플로어 퍼슨의 활동과 게임을 감독하는 피트에서 가장 상위의 게임 감독자로 경영자를 대신하는 사람을 말한다. 〔1996 CGD〕
- **pit clerk** : 카지노에서 크레딧 게임 규약, 필 슬립, 림 카드 그리고 위조어음 등과 같은 것을 피트에서 기록하여 유지하는 것을 담당하고 있는 직원을 말한다. 〔1978 Clark Oral Coll〕
- **pit credit report** : 카지노에서 게임자들의 크레딧 한도금액과 지불만료가 된 게임자의 총 금액을 기록하는 데 사용되는 문서(양식)를 말한다. 〔1982 Martin Introduction 8〕
- **pit drop** : 카지노에서 시프트처럼 특정한 기간 동안 '다이스 피트(dice pit)'와 같이 어느 피트에서 갬블러들에 의해 베팅되어진 돈의 총 금액을 말한다. 〔1987 Review Journal 10/25 : la〕
- **pit fill record** : 카지노에서 시프트가 시작하는 각 테이블에 칩스의 총 금액을 기록하는 데 사용되는 문서(양식)를 말한다. 〔1979 Hilton Hotel Procedures 31〕
- **pit floorman** : 줄임말로 '플로어맨(floorman)'이라고 호칭한다. 피트 안에서 한 대 또는 그 이상의 테이블을 감독하는 카지노 종업원을 말한다. 〔1978 Alexander Glossary 12〕

- **pit marker custodian** : '핏클럭(pit clerk)'과 같은 말로, 신용대여를 가진 게임자들에 의해 카지노에 돈을 차용한 금액을 '피트 크레딧 리포트(pit credit report)'에 기록하여 보유하는 카지노 종업원을 말한다. [1978 Alexander Glossary 12]
- **pit repayment** : 카지노에서 영수증과 교환하여 핏클럭에게 칩스를 넘기는 것으로 핏클럭으로부터 크레딧 슬립 또는 마커를 복원하는 게임자의 행동과 '피트 크레딧 리포트(pit credit report)'상의 기록으로 계산이 지불되었음을 말한다. [1978 Alexander Glossary 12]
- **pit report** : '마스터 게임 리포트(master game report)' 카지노에서 한 시프트 또는 일일동안 지정된 기간으로부터 모든 돈과 칩스 이동을 기록하려고 사용되는 양식(樣式)을 말한다. [1978 Alexander Glossary 12]
- **pit-stand** : 피트 안에 플로어 퍼슨이 전화 또는 필기하는 데 사용하기 위하여 설치된 스탠드 책상을 말한다. [1996 Kendal / Hunt Casino Gaming Dictionary]

Pitch / Pitcher (핏치 / 핏처)

카드 게임에서 게임용 카드를 딜링하는 전문적인 카드 딜러를 지칭하는 말이다. 그 밖에 다른 말로 경매가를 조정하여 가장 높은 가격에 입찰된 자를 뜻하기도 한다. [1980 Clark Oral Coll]

Pizza (핏자)

바카라 게임에서 셔플링하기에 앞서 형식이 없이 카드를 믹싱(mixing)하는 무작위 방법을 말한다. [1996 CGD]

Place bet (플레이스 베트)

뱅크 크랩스 게임에서 슈터에 의한 포인트로 정해진 넘버에 대한 기다림없이 각자의 넘버 위에 만들어진 베트를 말한다. 또는 슈터가 포인트를 위하여 시도할 때, 던져진 결과의 베트를 말하기도 한다. [1982 Maurer Lang of the Underworld 190]

Place number (플레이스 넘버)

'박스 넘버(box number)'라고도 불리운다. 뱅크 크랩스 게임에서 넘버 4, 5, 6, 8, 9, 10이 표시된 레이아웃의 위쪽 방향에 박스형으로 프린트된 칸 안의 숫자를 말한다. [1974 Scarne Dice 115]

Plaque (플라크)

평평한 직사각 판자형으로 보통 3×6 인치의 치수이며, 이는 미국 이외의 카지노에서 돈 대신 통화로 사용하고 있다. · French [1979 Clark Oral Coll]

Play (플레이)

① 한 게임의 결과에 위험을 감수하고 내기에 돈을 거는 행위로 갬블링을 말한다. [OED]

② 갬블링 시설에서 활동하는 총 금액으로 특히 수익에 관련하여 언급한 용어이다. 〔1978 Clarck Oral Coll〕

③ 포커 게임에서 특별하게 적극적인 활동 또는 베팅 라운드 동안의 창조적인 활동을 말한다. 〔1978 Brunson How I 541〕

④ 게임에 특징이 되는 점 또는 게임에 사용된 특별한 계책. 〔OED〕

⑤ 카드 게임이 진행 중인 일정 기간 동안에 핸드로부터 카드를 가져오는 것과 테이블 위에 앞면으로 놓는 것 등의 활동을 말한다. 〔OED〕

▣ **play a designated limit** : 카드 게임에 허용된 최고 한도금액을 말한다. 〔DAE〕

▣ **play at (card, dice, a game)** : 특정한 게임에 역할, 관계 또는 참여하는 것을 말한다. 〔OED〕

▣ **play away** : 갬블링에 의해 금전의 손실을 가진 경우를 말한다. 〔OED〕

▣ **play back** : 이전의 게임자에 의해 이미 올려진 베트를 더 올리려는 경우로 특히 '스테이크(stakes)' 포커 테이블에서 활동을 선언하는 것을 말한다. 〔1973 Clark Oral Coll〕

▣ **play ball** : 고용된 어떤 사람이 카지노를 속이려고 계획에 참여하는 것으로 '볼 팀(ball team)'과 '베이스볼 팀(baseball team)'이라고도 한다. 〔1983 Martinet Oral Coll〕

▣ **play behind** : 포커 게임에서 테이블에서 가진 어떤 사람의 돈보다 더 커다란 베팅을 선언하는 것을 말한다. 〔1971 Livingston Poker Strategy 222〕

▣ **play best hand** : 포커 게임에서 2명 이상이 공모하여 서로 손짓으로 신호하여 가장 좋은 핸드를 가진 게임자만 남고, 나머지 사람은 물러나는 속임수 행위의 방법을 말한다. 〔1996 Kendal/Hunt C.G.D.〕

▣ **play blind** : 포커 게임에서 카드를 보기 전에 이전의 '베터(bettor)'의 베트를 올리거나 '콜(call)'하는 경우를 말한다. 〔1978 Larson Vocabulary 100〕

▣ **play it alone** : 어떤 사람의 파트너 없이 카드 게임의 활동을 하는 경우를 말한다. 〔DAE〕

▣ **play or pay** : '플레이(play)' 또는 경기에 참가하여 실패하는 경우, 그가 만약 손실을 가졌다면 후원자(backer)의 누군가에게 지불하여야 한다는 용어이다. 〔OED〕

▣ **play over** : 포커 게임에서 게임자가 일시적으로 비운 자리에 앉아 게임자가 돌아올 때까지 게임에 관여하는 것을 말한다. 〔1981 Golad Oral Coll〕

Player (플레이어)

① 한 게임의 결과에 모험을 거는 '베터(bettor)'를 말한다. 〔OED〕

② 바카라 게임에서 카드가 딜링되어지는 테이블 레이아웃의 두 곳 중의 한 곳을 말하며, 그 다른 한 곳은 '뱅커(banker)'라고 한다. 〔1970 Baccarat, The Facts〕

Player hand (플레이어 핸드)

바카라 게임에서 딜링 박스로부터 가장 멀리 있는 레이아웃의 위치를 말하며, 웨이저를 함께 놓을 수 있는 두 곳 중의 한 곳이다. 〔1970 Baccarat, The Facts〕

Player's advantage (플레이어스 어드벤티지)

게임자가 장기간 이기려는 기대치를 가질 수 있는 베팅 금액의 확률에 관한 갬블링 용어를 말한다. [1996 CGD]

Player tracking system (플레이어 트래킹 시스템)

① 슬롯머신에서 모든 코인이 기계로 들어가는 것과 게임자들이 사용하는 베팅 형태를 탐지하는 컴퓨터 소프트웨어 시스템. [2006 고택운 서베일런스 시스템의 이해 328]

② 테이블 게임에서 게임자의 게이밍 활동을 추적하여 평가하는 관리 시스템에 관한 용어이다.

Playing card (플레잉 카드)

각 카드의 세트(set), 팩(pack) 또는 카드 게임을 위해 사용되는 덱(deck)을 일컫는다. [OED]

Playoff (플레이오프)

포커 게임 대회에서 예선의 승자들 간에 최종 승자를 결정하는 연속 경기 또는 단판 경기를 말한다. [OEDS]

- **play of the hand**: 포커 게임에서 핸드를 진행하는 동안 베팅 형태를 진전시키는 행위를 말한다. [1981 Golad Oral Coll]
- **play-table**: 특정한 갬블링 게임을 하기 위하여 설치된 테이블로 갬블링 테이블이라고 한다. [OED]

Ploy (플로이)

술책으로 또는 전략적으로 상대방을 혼란시키거나 당황하게 만드는 행위를 말한다. 특히, 카드 게임 또는 보드(board) 게임에서 일어나는 속임수를 지칭한다. [1971 McQuaid Gambler's Digest 313]

Pluck (플라크)

카드 게임에서의 속임수 행위 또는 다른 말로 팩으로부터 카드를 끄집어내는 행위를 말한다. [OED]

Plug (플러그)

① 모든 게임자와 모든 베트의 활동을 연구하면서, 천천히 게임을 하는 포커 게임자를 지칭한다. [1949 Coffin Secrets 183]

② 카지노 딜러 중에 집요하게 '팁(tip)'을 요구하는 행위를 말한다. [1965 Fraikers Inside Nevada 61]

③ '슬러그(slug)'와 같은 뜻의 용어로 카드 덱의 내용을 높거나 낮게 미리 정리해 놓은 카드 묶음을 말한다. [2006 고택운 카지노 서베일런스 시스템의 이해 328]

Plugger (플러거)

갬블링 시설의 종업원으로 통상 포커 게임에서, 그는 게임에 구성여건 [1890 Quinn Fools of Fortune 239]

으로 충분히 게임자들이 참석할 때까지 테이블에서 작은 금액으로 지불하며 게임을 한다. '플러거(plugger)'는 하우스 머니를 사용하며, 최소한의 금액으로 베팅하고, 핸드를 펼쳐 보이기 전에 그만둔다.

Plunge / Plunger (플런지 / 플런저)

카지노 또는 겜블링 게이밍 테이블에서 커다란 금액의 베팅으로 특별히 빨리 이기려고 시도하거나 또는 손실을 만회하려는 행위와 이를 행하는 사람을 말한다. [OED]

Plus count (플러스 카운트)

블랙잭 게임에 대한 카드 카운팅에서, 낮은 가치 카드의 비율이 10가치 카드를 초과한 것을 카운터(counter)가 알고 있는 경우를 말한다. [2003 고택운 카지노 게임의 실무이론 I 141]

Plus game (플러스 게임)

'사이드 게임(side game)'이라고도 한다. 빅 식스 휠(big six wheel)과 같이 카지노에 의해 제공되는 게임을 말한다. [1953 Lewis Sagebrush Casinos 98]

Pocket (포켓)

① 룰렛 게임에서 볼이 떨어지는 곳으로, 룰렛 휠에 칸막이에 의해 만들어진 넘버가 매겨져 있는 장치의 일부분에 대한 명칭이다. [2003 고택운 - 카지노 게임의 실무이론 II 120]

② 홀뎀과 스터더 포커 게임에서 지정된 카드로 뒷면으로 딜링 되어진 카드 또는 홀 카드(hole card)를 말한다. [OED]

Point (포인트)

① 게임에서 점수의 단위 [OED]

② 베팅 조건에 확률의 변동을 정한 단위 [OED]

③ 카드, 주사위 또는 도미노의 점(pip) [OED]

④ 크랩스 게임에서 넘버가 굴려진 것으로, 이는 '7'이 나오기 전에 4, 5, 6, 8, 9, 10 중에 반복되어져야만 하는 넘버를 말한다. [1974 Scane Dice 76]

⑤ 카지노 또는 한 사람에 의해 개인적인 갬블링 운영의 승률을 말한다. [1983 Martinet Oral Coll]

▣ **point count** : 카드 핸드의 수치 합계 또는 주사위의 롤링에 대한 점수를 말한다. 또한 블랙잭 게임에서 각 카드에 부여한 수치로 계산하는 방법으로 확률의 값을 구하는 카드 카운터에 관한 용어이다. [2002 고택운 카지노 게임의 실무이론 II 142]

▣ **point marker** : 크랩스 게임에서 슈터에 의해 정해진 포인트에 일치하는 박스 넘버 위에 놓여진 퍽(puck) 또는 버튼(button)을 말한다. [1973 Friedman Casino Games 35]

▣ **point number** : 크랩스 게임에서 슈터가 굴려 4, 5, 6, 8, 9, 10으로 나온 넘버이며, 이는 넘버 '7'이 나오기 전에 다시 롤링되어야 하는 넘버를 말한다. [1974 Scarne Dice 80]

■ **point value** : 특정한 게임용 카드 또는 변화하는 게임을 표시하는 도구로 또는 게임의 특정한 움직임에 지정된 포인트의 수치를 말한다.

〔1960 Morehead Cullbertson 636〕

Poker (포커)

대부분의 포커 게임자는 사교적인 범위 내에서 ※'페니포커(penny poker)' 수준으로 포커 게임을 한다. 카지노에서는 약간 우세하게 만들어진 '하우스 룰(house rules)'을 가지고 포커 클럽 회원을 위하여 '포커룸(poker room)'을 제공하기도 한다. 갬블링 시설이 제공하는 '퍼블릭 포커(public poker)'는 ※'포커 클러지'들에게 공유하는 행위에 의해 불리워지는 포커로서, 또한 포커 학교의 멤버로도 비유된다. 포커리스트(pokerist)는 '핑크아이(pinkeye)', '글리머(gleamer)', '스텍드 덱(stacked deck)' 또는 '스내치(snatch)' 게임과 같은 부정한 행위의 요소를 가진 '포커 샤프(poker sharps)'를 상대하여 경계심을 가지는 것에 틀림없을 것이다.

〔1987 Thomas L. Clark The Dictionary of Gambling and Gaming 161〕

※ penny는 미화 센트(cent)를 의미한다.

※ 포커 클러지(poker clergy) : 포커 게임자를 말한다.

게임의 변동은 쉽게 목록화하기에는 그 수가 너무 많다. 이상야릇한 스타일은 '잉글리쉬 포커(English poker)'라고 불리우는 포커가 대표적이다. 대부분의 포커 게임자는 '드로우 포커(draw poker)' 버전으로 딜링하고, '클로즈드 포커(closed poker)'라고도 부르며, 이는 모든 카드가 딜링된 곳에서 상대방에 비밀로 붙이는 것을 말하며, '스터드 포커(stud poker)' 또는 몇 장의 카드가 앞면으로 딜링되는 '오픈 포커(open poker)' 역시 마찬가지이다. '스트레이트 포커(straight poker)'는 특별한 변화가 없는 '드로우 포커(draq poker)'이다. 다른 변수들은 대부분 베팅 리미트로부터 '노-리미트 포커(no-limit poker)'까지의 범위 안에 맞추어진다.

※'위스키(shisky)' 포커, ※'싱글 핸디드(single handed)' 포커, ※'텐 앤 투웬티(ten & twenty)'와 같은 게임은 변형을 보여주는 몇 가지 형태이다.

※ 위스키 포커 : 술마시기 위한 게임

※ 싱글 핸디드 : 한 장만 딜(deal)하는 포커 게임

※ 텐 앤 투웬티 : 베팅 금액을 미리 정하는 게임

'로우 볼(low ball)'은 '하이 볼(high ball)'에 대조되는 게임으로 '세븐 룰(sevens rules)'은 '잭(Jacks)' 또는 '베터(better)'에 반대이며, '핑거 포커(finger poker)'는 크레딧으로 게임되는 것을 말한다. 와일드 게임은 '와일드 카드(wild card)' 또는 '원 아이드 잭(one eyed jacks)'을 자주 가지는 것을 어느쪽이던 나타나게 하여 베팅 라운드에 많은 레이스를 갖도록 하고, 높은 금액을 수반하여 빠르게 유지하는 게임이다.

※'키티(kitty)'에 대한 경쟁으로 게임자가 기회를 가질 수 있는 핸드의 우세 결정에는 보통, '페어(pairs)', '스트레이트(straight)' 그리고 '플러시(flushes)'로서 다양한 카드의 결합으로 구성되며, 때로는 '잭팟(jackpot)'이라고 불리운다.

※ 키티 : 포커 게임의 판돈

'임모털(immotals)'이나 '아이론 듀크(iron duke)' 없이 '블라프(bluff)'를 선택할 수 도 있고, '4플러시(four flusher)'에서 또는 '인

사이드 스트레이트(inside straight)'에 드로우하는 것처럼 '가디나 미라클(gardena miracle)'을 바라보기도 한다. '얼터네이트 스트레이트(alternate straight)', '덧치 스트레이트(dutch straight)', '스킵 스트레이트(skip straight)', '스카치 스트레이트(scotch straight)', 또 다른 '라라파루자(lalapalooza)'는 '스리오브 어 카인드(three of a kind)'를 이기는 데 우세하다.

특정한 카드 결합의 빈도는 ※'머니커(monikers)'들에게 명칭이 주어진다. 단순한 스트레이트는 ① 'from here to there without a pair'로 대조되며, 순수한 명칭으로 ② 'American Airlines', ③ 'mites and lice' ④ 'kuklux klan', ⑤ 'Jesse James' 등을 들 수 있다. '저지 더피(Judge Duffy)'는 3장의 10카드를 지칭하는 말로 과거 갬블링에 대한 유죄판결로 '30일 구류와 30달러 벌금'에 비유된 명칭이다.

어떤 핸드는 구체적인 이벤트나 장소와 결합하여, 그 명칭을 달리 한다. ⑥ '데드맨의 핸드(deadman's hand)'와 ⑦ '산타 바바라(Santa Barbara)', ⑧ '워싱턴 모누멘트(Washington Monument)' 등이 있다.

포커 테이블에서의 사람들은, 책임 또는 특징 있는 그들의 활동 모양에 따라 별명 또는 애칭이 불려질 수 도 있다. ⑨ '세네트 딜러(senate dealer)'는 베터 또는 게임자가 아니다. '어사인드 베터(assignd bettor)'는 ※'포커 페이선스(poker patience)'와 함께 ※'루스 플레이어(loose player)'로 불리워질 수도 있으며, 때로는 ※'레더 에스(leather ass)'라고 불리운다.

※ 머니커 : 게임자
① 계속해서 순서대로 카드가 딜링된 스트레이트를 말한다.
② 하트와 다이아몬드의 A, A
③ 앞면으로 펼쳐진 같은 숫자의 3장의 카드와 손 안의 페어
④ 3장의 King 카드
⑤ 첫 번째 딜링된 2장의 카드가 4와 5로, 45구경 권총에 비유한 말
⑥ 2장의 A와 2장의 8을 가진 핸드
⑦ 첫 번째 두 장에서 A와 K를 가진 경우로, 'big slick'으로 불리운다.
⑧ 5등급의 카드 석장으로 워싱턴 기념탑의 높이 555피트에 연유된 말
⑨ 212p의 용어 설명 참조.
※ 161p 4:7의 용어 설명 참조
※ 핸드에 개의치 않고 매 번 베팅 라운드에 멈추는 경향이 있는 게임자
※ 인내심을 가진 끈기있는 게임자

■ **poker chips** : 포커 게임에서 현금 대신 사용되는 모조화폐로 계산을 하기 위한 '카운터(counter)'이다. 〔DA, DAE, OEDS〕

■ **poker face** : 얼굴 표정이 없는 카드 게임자를 지칭하는 말이다. 포커 게임자들이 '텔스(tells)'에 특별히 신중한 것은 얼굴의 표정 또는 움직임으로 그들이 가지고 있거나 또는 드로우하는 카드에 상대방에게 정보를 줄 수 있기 때문이다. 또 다른 말로, 그의 얼굴 표정을 안 나타내는 것처럼 보이게 조정하는 게임자를 표현하기도 한다. 〔DA, DAE, OEDS, DAS〕

■ **pokerino** : 아주 낮은 금액으로 베팅하는 포커 게임으로 '페니 앤티(penny ante)'와 '페니 포커(penny poker)'로 비유된다. 〔DAS〕

■ **pokerist** : 포커 게임을 하는 사람 즉 포커 게임자를 지칭하는 용어이다. 〔DA〕

■ **poker machine** : 카드를 심벌(象徵)로 제공하는 슬롯머신의 종류를 말한다. 〔1964 OEDS〕

■ **poker patience** : 혼자서 경쟁하는 형태로, 각 열(列)과 종행(縱行)으로 위닝 포커로 결합하는 형식을 갖고저 하는 목표를 말한다. 〔1912 OEDS〕

- **poker school** : 포커 게임을 하려고 함께 모여 있는 사람들의 그룹을 말한다. [1944 OEDS]
- **poker sharp** : 포커 게임 장소에서 솜씨가 좋은 어떤 사람을 말하며, 특히 포커 게임의 속임수를 행하는 자를 지칭한다. [DA]

Pole (폴)

'스틱(stick)'으로 불리운다. 뱅크 크랩스 게임에서, 주사위와 게임의 규칙적인 반복운동(rhythm)을 조정하는 딜러의 신분 즉 '스틱맨(stickman)'일 경우를 말한다. [1983 Martinet Oral Coll]

Policy (팔리스)

경영관리 측면으로, 전략 계획을 수행하는 기준을 만드는 결정에 사용되는 제안 또는 정책을 말한다. [1996 Kendal/Hunt Casino Gaming Dictionary]

Pool (풀)

'팟(pot)' 또는 내기에 베팅하는 곳, 특히 포커 게임에서 지칭하는 말로, '엔티(ante)'와 '키티(kitty)' 그리고 '위도우(widow)'와 비교된다. '풀(pool)'은 베팅 금액을 수용하는 곳으로 통상 테이블의 중간에 가로 놓여 있는 작은 금속 쟁반 안에 웨이저를 넣는 것을 말한다. [OED]

Portfolio analysis (포트폴리오 아날리시스)

시장성 또는 생산성을 유지할 것인지, 화장할 것인지 또는 단계적으로 축소할 것인지를 분석하는 마케팅 서류첩을 말한다. [1996 CGD]

Position (포지션)

① 포커 게임에서 딜러와 이해관계가 있는 특정한 좌석의 위치를 말한다. [1949 Coffin Secrets 183]

② 크랩스 테이블 위에 게임자가 서 있는 장소와 연관한 '베트(bets)'를 배치하는 것을 말한다. [1983 Martinet Oral Coll]

Positioning (포지셔닝)

경쟁력의 어려움을 지각(知覺)함으로써 시장을 구분하여 생산성을 적합하게 맞추는 것에 관한 마케팅 용어이다. [1996 CGD]

Positive deck (포지티브 덱)

덱 안에 남아 있는 카드가 유리한 '플러스 카운트(plus count)'일 때 인용되는 카드 카운터의 용어이다. [1996 CGD]

Positive reinforcement (포지티브 리인퍼스멘트)

자극에 대한 반응으로 강화된 환경에 의해 보상하는 현실을 인용하는 심리학적인 지식에 관한 용어이다. 예를 들면, 슬롯머신은 지불의 형 [1996 CGD]

태에 때때로 중단되는 현실을 강화함으로써 사람들이 베팅을 더하게 한다는 말이다.

Possible (퍼시블)

포커 게임에서 한 장의 추가 카드를 가지고 플러시 또는 스트레이트로 완성되어질 수 있는 핸드를 말한다. 〔1978 Larson Vocabulary 100〕

Pot (팟)

①특별히 포커 게임에서 〔OEDS, DA, DAE〕

a. 테이블의 중앙지역에 있는 모든 베트를 놓는 장소

b. '앤티(ante)'와 '베트(bets)'를 포함하여 베팅되는 '풀(pool)'

c. '잭팟(jackpot)'에 대한 줄임말

▣ **pot hooks** : 포커 게임에서 두 장의 9페어를 말한다. 〔1968 Wallace Poker 221〕

▣ **pot limit** : 포커 게임에서 '풀(pool)' 또는 '팟(pot)'에 이미 베팅한 금액과 동등한 웨이저를 말한다. 〔1949 Coffin Secrets 183〕

▣ **pot odds** : 포커 게임에서 만약 '팟(pot)'이 이긴다면 되돌려받을 수 있는 총 금액과 게임자는 얼마만큼의 금액을 베팅하여야 하는지, 이 둘 사이의 관계를 말한다. 〔1978 Brunson How I Made 542〕

Power (파워)

①겜블링 게이밍이 있는 곳에 또다른 행동의 영향을 끼치는 가능성을 말한다. 〔1966 C.G.D.〕

②'스터드(stud)' 포커 게임에서 테이블 위에서 볼 수 있는 가장 강한 핸드 즉, 앞면으로 펼쳐놓은 가장 높은 카드의 핸드를 말한다. 〔1978 Larson Vocabulary 100〕

▣ **power of the pencil** : 카지노에서 숙식과 그 밖의 고객의 청을 무료로 제공하기 위한 서명(sign) 권한을 말한다. 〔1986 LasVegas Review Journal 1/19〕

Preferential (프레퍼렌셜)

딜러가 카드 덱을 셔플하는 곳의 카드 카운터에 대하여 분명한 카운트를 방해하려는 카지노의 움직임을 말한다. 〔2003 고택운 카지노 게임의 실무이론 Ⅰ 184〕

▣ **preferential shuffling** : 카드 게임에서 게임자에게 유리하게 셔플링하여 불리하게 디바이드(divide)하는 차별화된 행위를 언급한 갬블링 용어이다. 〔2006 고택운 서베일런스 시스템의 이해 193〕

Preferred customer (프리퍼드 카스토머)

정기적으로 일정시간 동안 고액의 베팅을 하는 카지노에 초청을 받은 방문객으로 '하이-롤러(high-roller)'라고 한다. 〔1985 Hopkins Suite Life 32〕

Premium (프리미엄)

포커 게임에서 '로얄 플러시(royale flush)'와 같은 어떤 진기한 핸드에 대하여 특별한 보너스를 수여하는 것이다. 〔1949 Coffin Secrets 184〕

■ **premium customer** : 포커 게임에서 희망하는 손님으로 무료 숙식과 같은 것을 특별히 대우받는 고객을 말한다. [1974 Friedman Casino Management 21]

■ **premium house** : '하이 롤러(high roller)' 또는 큰 금액의 베트를 습관적으로 하는 사람들의 요구를 채워주는 카지노를 말한다. [1996 CGD]

■ **premium player** : 높은 금액의 베트를 구성하는 사람을 언급하는 카지노의 용어로, 보통 '하이 롤러(high roller)'라고 불리운다. [1996 CGD]

Press (프레스)

① 베팅에 의해 이긴 웨이저와 오리지날 금액을 모두 합하거나 또는 위닝한 금액 부분으로 이전의 베팅 사이즈를 증가시키는 것을 말한다. [1974 Friedman Casino Management 38]

② 이미 놓여진 웨이저에 추가하는 금액을 언급하는 갬블링 용어이다.

③ 블랙잭 게임에서 카드가 딜링된 후에 또는 크랩스 게임에서 주사위가 롤링된 후에 칩스를 추가하는 것 같이 한 게임이 발생한 이후 베팅의 크기를 부정하게 추가시키는 행위를 말한다. [1974 Powell Verbal Dexterity 9] [1971 McQuaid Gambler's Digest 313]

■ **press a bet** : 이긴 후에 그 베트를 그대로 증가시키는 것을 언급하는 갬블링 용어이다. [1996 CGD]

■ **press realeas** : 언론에 사실에 입각한 정보를 공개한는 것을 비유하는 마케팅 용어이다. [1996 CGD]

Price (프라이스)

① 카지노 마케팅에서 운영자에 의해 보존하는 베팅된 총 금액과 일정 시간 동안 모든 갬블러에 의해 발생된 손실분의 비율을 나타내는 용어이다. [1996 CGD]

② 주고받은 재화 또는 서비스에 대하여 구매자가 제시한 가치의 값을 말한다. [2003 고택운 현대 카지노 산업관리론 F 187]

Prick (프리크)

카드 속임수꾼 중에 예리한 도구 또는 엄지손톱을 가지고 게임용 카드의 뒷면을 표시하는 사람을 말한다. [1968 Wallace Poker 221]

Prison (프리즌)

■ **in prison** : 유럽식 룰렛 게임에서 윈(win)하거나 루스(lose)하지 않고 다음의 베팅 라운드를 위해 감금하는 웨이저를 언급한 말이다. 이것은 통상 제로(0)가 위너(winner)인 경우, 레이아웃의 이븐 지역(하이 로우, 이븐 아드, 블랙 레드)에 만들어진 베트가 다음 스틴 때까지 동결되는 것이다. [2003 고택운 카지노 게임의 실무이론 II 37]

Private game (프라이베트 게임)

① 카드 또는 주사위 게임에서 통상 특정한 게임자에게 한정되어지며, [1961 Scarne Complete Guide

참여하는 게임자에게 어떤 분담 또는 베팅의 제한 없이 독점하는 게임을 말한다. 685]

② 게임의 운영자에 의해 일정한 게임자들에게 한정되며, 수수료를 수금하는 포커 게임을 말한다. [1978 Brunson How I Made 542]

③ 카지노에, 게이밍 테이블에, 통상 블랙잭 게임에, 때로는 크랩스 게임에서 한 사람의 게임자 또는 소수의 특정한 게임자들을 위해 예약된 게임을 말한다. [1973 Clark Oral Coll]

Procedure (프로시져)

경영관리 용어로 정규적으로 발생하는 계획된 업무 활동을 수행하기 위한 카지노 경영 정책 또는 지침을 말한다. [1996 CGD]

Producer (프로듀서)

갬블링에 의한 소득이 첫 번째 원천(源泉)이 아닌 게임자 또는 한결같이 손실을 보는 게임자를 말한다. 이와 대조적으로 '프로페셔날 갬블러(professional gambler)'는 갬블링으로부터의 소득을 주 수입원으로 가지는 사람을 말한다. 또한 '프로페서(professor)'는 카드 게임과 기타 게임에 대하여 승률(odds)을 계산할 수 있는 갬블러를 말한다. [1983 Martinez Gambling Scane 215]

Profile (프로파일)

게임용 카드에서 다이아몬드의 킹(king), 스페이드의 잭(jack) 또는 하트의 잭(jack) 등의 카드 명칭으로 '프로파일(profile)'이라고 한다. 왜냐하면 이것들은 그림 형상 배경(背景)으로 앞면에 나타낸 카드이기 때문이다. [1963 Steig Common Sense 186]

Profit (프로피트)

총 매출에서 판매된 상품에 부과되는 경비를 공제하는 수입계정에 관한 일반적인 회계관리 용어이다. [1996 CGD]

Programmed slot (프로그램드 슬롯)

슬롯머신 게임에서 커다란 숫자(예 : 스리세븐)로 하는 게임에 특정한 비율의 금액을 가진 지불을 하려고 장치한 슬롯머신을 말한다. [1971 McQuaid Gambler's Digest 314]

Progressive (프로그레시브)

① 게임을 진전시키는 것으로 베트가 증가되는 데 요구되는 베팅시스템에 인용되는 용어이다. [1974 Scarne Dice 57]

② 카드 게임에서 라운드를 바꾸는 것으로 게임에서 게임으로 이동하는 다른 사람을 상대하여 동시에 게임자를 배치하는 플레이의 시스템을 의미한다. [OEDS]

▣ **progressive jackpot** : 슬롯머신 게임에서 각 코인을 가지고 증가시켜 총 금액이 '윈(win)'할 때까지 게임된 것을 지불 [1979 Hitton Hotel Procedures 32]

하는 것을 말한다.

▣ **progressive slot**: 게임된 각 코인을 가지고 증가시켜 잭팟 지불가능성을 가진 슬롯머신을 말한다. 〔1982 Martin Introduction 22〕

▣ **progressive system**: '프로그레션(progression)'이라고 하며, 이는 이긴 후에 베트의 크기를 늘리는 것과 잃은 후에 베트의 크기를 줄이는 게임자의 베팅 시스템을 말한다. 〔1974 Scarne Dice 57〕

Prop (프러프)

'실(shill)' 또는 '스타터(starter)' 또는 '하우스 플레이어(house player)' 또는 '퍼프(puff)'라고 한다. 갬블링 시설에서 게임자가 충분히 참가할 때까지 테이블에서 게임을 하려고 고용된 사람이다. 그러므로 그 게임은 참가자 없이도 계속될 수 있다. 〔OED〕

▣ **prop hustler**: 갬블링 게임에서 이길 승산이 거의 없거나, 전혀 없는 게임에 희생자를 끌어올리는 일을 전문적으로 하는 사기꾼의 호칭이다. 〔2006 고택운 카지노 서베일런스 시스템의 이해 329〕

Proposition bet (프로포지션 베트)

① 크랩스 게임에서 주사위의 다음 롤이 고정되어 있는 웨이저로 이와 같은 베트는 다음 넘버가 '7'이 굴려져야 될 것이다. 〔1973 Friedman Casino Games 33〕

② 블랙잭 게임에서 특별히 또는 '더블 다운(double down)'과 같은 보기드문 베트에 한 장의 추가 카드로 더블 금액의 베트를 말한다. 〔1961 Scarne Complete Guide 685〕

③ 바카라 게임에서 감당하는 점수의 숫자가 득점하는 것으로, 뱅커와 플레이어 두 핸드의 웨이저를 말한다. 〔1970 Baccarat The Facts〕

▣ **proposition cheat**: 모든 베트를 '윈(win)'하는 카드 또는 주사위 속임수꾼, 희생자에게 '윈(win)'하기에는 전혀 가망성 없는 기회를 주는 속임수 행위를 말한다. 〔1961 Scarne Complete Guide 685〕

▣ **proposition player**: 자신의 돈을 가지고 갬블링 시설에서 게임을 하는 사람. 그 곳에서의 게임은 운영자에 의해 부가적(附加的)으로 지불된다. 〔1982 Martin Introduction 20〕

Protection (프로텍션)

기소로부터 면제 또는 뇌물(증회)을 통하여 실행하는 불법 갬블링 운영에 대한 묵인으로 비호하는 것을 말한다. 〔1981 Maurer Lang of the Underworld 249〕

Public poker (퍼블릭 포커)

각 팟(pot)의 비율로 수수료를 받아 시설을 유지하는 포커룸의 게임 또는 정기적으로 게임시간대에 게임자에게 수수료(fee)를 부담시키는 포커 게임을 말한다. 〔1968 Wallace Poker 222〕

Puck (퍽)

'버튼(button)' 또는 '벅(buck)'으로 불리운다. 크랩스 게임에서 '슈 〔1983 Maurer Oral Coll〕

터(shooter)'의 포인트를 표시하는 데 사용하는 '마커(marker)'를 말한다. '퍽(puck)'은 박스 넘버 4, 5, 6, 8, 9, 10 뒤쪽라인 위에 넘버와 어울리는 곳에 놓는다.

Puff (퍼프)

게임을 하려고 다른 사람을 유인하려는 순서로 게이밍 테이블에 플레이를 시키려고 고용된 사람을 말한다. '실(shill)'과 '에젠트(agent)' 용어와 의미가 같다. [OED]

Pull (풀)

게임하는 동안 덱으로부터 카드를 '드로우(draw)'하는 행위 또는 팩으로부터 최초로 카드를 드로우하는 것을 언급한 말이다. [OED]

- **pull down** : 베트의 일부분을 이동시키거나 또는 테이블로부터 위닝하여 가져오는 것을 말한다. [1950 Morehead Culbertson 637]
- **pull for prime** : 딜링 카드에 우선권을 가지는 것으로, 첫 번째 유리함을 가지고 시작하는 게임자를 결정을 하려고 게임시작 전에 카드를 드로우하는 것을 말한다. [OED]
- **pull out** : 갬블링을 중지하는 것, 게임을 그만두는 것, 잠깐 동안·베팅을 거절하는 경우를 말한다. [1974 Scarne Dice 97]

Pulleys (풀리스)

카드 게임에서 공모자에게 상대방의 카드의 가치를 신호(信號)하기 위한 새로운 고안물을 말한다. [1987 Thomas L. Clark The Dictionary of Gambling and Gaming 168]

Pull of the table (풀 오브 더 테이블)

갬블링 게임에서 뱅커 또는 딜러에 의해 유리한 점을 유지하고 있는 테이블을 말한다. [OED]

Pull through (풀 스루)

게임용 카드에서 카드의 순서를 바꾸지 않고, 딜러는 팩의 반을 당겨 다른 반 덱을 그대로 통과시켜 거짓 셔플을 하는 행위에 관한 용어이다. [1961 Scarne Complete Guide 685]

Pump (펌프)

포커 게임에서 이미 게임자에 의해 만들어진 베트를 올린다는 의미의 갬블링 용어이다. [1983 Martinez Gambling Scene 216]

- **pump up** : 커다란 금액의 총계로 이기려는 경우, 거액으로 위닝한 후에 과시하는 느낌을 가지려는 행위를 말한다. [1978 Brunson How I Made 543]

Punch (펀치)

카드 게임에서 뒷면으로부터 그것을 읽으려고 예리한 도구를 가지고 게임용 카드에 표시를 하는 부정행위에 관한 용어이다. [1983 Martinez Gambling Scene 216]

Punter / Punting (펀터 / 펀팅)

punter는 '베터(bettor)'를 말하며, 이는 한 게임의 결과에 돈을 베팅 한 사람이고, 이와 같은 행위를 punting이라고 한다. [OED, OEDS]

- **punto banco** : 바카라, 시멩-디-퍼, 아메리칸 바카라, 네바다 바카라로 알려진 테이블 게임이다. [1996 CGD]

Puppy feet (파피 피트)

게임용 카드에서의 '클럽(clubs)' 슈트 또는 크랩스 게임에서 주사위 두 개의 앞면이 5점으로 각각 보여주는 것을 말한다. [1981 Golad Oral Coll]

Push (푸시)

타이(tie), 스탠드 오프(stand off), 드로우(draw)와 같은 의미로 이는 게임자와 딜러간에 윈/루스 없이 비기는 것을 말한다. 또한 포커 게임에서는 '레이스 베트(raise bet)'로 허용된 최고 한도액이 된 경우를 말한다. [2003 고택운 게임실무이론 I 89]

- **push the pencil** : 카지노에서 고객에 의해 서명된 '마커(크레딧 전표)'에 부정하게 금액을 추가시키는 행위를 말한다. [1974 Scarne Dice 356]

Put (푸트)

'put'이라는 단어의 개념으로, 베팅의 총 금액, 경쟁자의 윈, 장소 또는 행위 등의 개요를 말한다. [OED]

- **put on the jacket** : 카지노에서 직무 또 직책의 이동을 비유하는 말로, '플로어맨(floorman)' 또는 '박스맨(boxman)'이 되려고 딜러가 이동된 것을 말한다. 왜냐하면 딜러는 '재킷(jacket)'을 입지 않기 때문이다. [1983 Martinet Orall Coll]
- **put the ears on** : 크랩스 게임에서 공정한 주사위를 가지고 통제된 슈팅을 만드는 것을 말한다. [1974 Scarne Dice 476]
- **put-up** : 딜러의 지원으로 게임자가 만드는 베트의 어느 상황에 관한 갬블링 용어를 말한다. 이는 특히 딜러에게 팁을 주기 위한 방법의 하나이다. 또한 포커 게임에서 '팟(pot)'에 적절한 돈의 총 금액을 놓는 것을 말하기도 한다. [1977 Anness Dummy Up]
- **put up a deck** : 게임용 카드 덱의 스텍을 말하며, 속임수 목적으로 특정한 순서대로 게임용 카드를 정리해 놓은 상태를 말한다. [1890 Quinn Fools of Fortune 267]
- **put the bite on** : 돈을 빌리기(차용) 원하는 어떤 사람에게 비유하는 속어이다. [1996 CGD]
- **put the finger on** : 비밀리에 경찰에 범죄를 고발(告發)하려는 것을 비유하는 속어이다. [1974 Scarne Dice 254]
- **put the horns on** : 게임자에게 불운을 예언하는 속어이다. [1996 CGD]

Q

Q (큐)

'쿼터(quater)'에 대한 줄임말. 25달러의 칩스를 말한다. 〔1983 Martinet Oral Coll〕

Quadruplets (콰드랍플리트)

카드 게임에서 같은 등급의 게임용 카드 4장을 말하며, 이는 '퍼 오브 어 카인드(four of a kind)로 불리운다. 〔OEDS〕

Quail (크웨일)

'버드(bird)'라고 불리우며, 카지노 크랩스 게임에서 사용하는 25센트 칩스의 호칭이다. 〔1983 Martinet Oral Coll〕

Qualifier (크웰러화이어)

'오프너(opener)'라고 불리운다. 드로우 포커 게임에서 첫 번 베팅 라운드 시작에 요구되는 최소한의 핸드를 말한다. 〔1968 Wallace Poker 222〕

Quart (쿼트)

'밥테일(bobtail)'이라고 불리운다. 포커와 같은 게임에서 같은 슈트로 4장을 연속적으로 받게 되는 것을 말한다. 〔OED〕

Quarter (쿼터)

Q에서 설명한 바와 같이, 25달러의 칩스를 말한다.

- **quarter action** : 최소 베팅이 25달러로 요구되는 게이밍 테이블을 지칭하는 용어이다. 〔1979 Newman Dealer's Special 12〕
- **quarter check** : '쿼터 칩스(quarter chips)'라고도 한다. 25달러 가치의 칩스 또는 체크를 말한다. 〔1978 Brunson How I Made 543〕
- **quarter game** : 25센트 가치의 칩스를 사용하는 크랩스 게임 또는 작은 베팅을 하는 포커 게임을 말한다. 〔1983 Martinet Oral Coll〕

Quarter player (쿼터 플레이어)

'투-비트 플레이어(two-bit player)'라고도 한다. 이는 게임을 오랫 동안 하려는 절차로 웨이저를 작게 만들어 정규적으로 '루스(lose)'하는 사람을 말한다. [1983 Martinet Oral Coll]

Quart major (쿼트 메이저)

카드 게임에서 한 슈트로 잭(jack), 퀸(queen), 킹(king) 그리고 에이스(ace)를 차례대로 게임자가 받게된 경우를 말한다. [OED]

Queen (퀸)

게임용 카드의 덱에서 각 슈트의 그림카드(court card)로서 '잭(jack)'과 '킹(king)'의 가운데 등급을 말한다. [OED]

Queer (쿼어)

게임용 카드를 숨기기 위한 두 가지 장치 '버그(bug)' 또는 '홀드아웃(holdout)'과 같이 카드 또는 주사위 속임수에 사용되어지는 장치의 어떤 종류를 말한다. [1963 Taylor City of Sin 7]

Quint (퀸트)

'스트레이트 플러시(straight flush)'로 포커와 같은 카드 게임에서 한 슈트로 5장을 연달아 받는 것을 말한다. [1950 Morehead Culbertson 638]

- **quint-major** : '로얄 스트레이트 플러시(royal straight flush)'를 말하며 포커와 같은 게임에서 한 슈트로 A, K, Q, J, 10카드가 순서대로 이어지는 것을 말한다. [OED]
- **quint-minor** : 포커와 같은 카드 게임에서 한 슈트로 퀸 카드로 시작하여 J, 10, 9까지 연이어 게임자가 카드를 받은 경우에 사용하는 용어이다. [OED]

Quit (쿠이트)

갬블링 게임에서 통화금액을 칩스로 전환하려고 게임을 잠시 중지하는 것을 말한다. [1949 Coffin Secrets 184]

- **quit losers** : 어떤 곳의 베트 전부 또는 일부에 손실을 가진 후에 갬블링을 중단하려는 경우에 사용되는 용어이다. [1974 Friedman Casino Management 15]
- **quit winners** : 한 번의 베팅 시도로 많은 돈을 소유하는 동시에 갬블링을 중단하는 경우에 사용되는 용어이다. [1974 Friedman Casino Management 15]

R

Rabbit (래비트)

갬블링 게임에서 전혀 갬블 경험이 없는 갬블러의 호칭이다. 〔1949 Coffin Secrets 184〕

- **rabbit ears** : 키노 게임에서 두 개의 투명한 플라스틱 튜브로, 길이가 18인치이고, '블로워(blower)'의 한 형식으로 상단에 고정되어 있으며, 20개의 볼이 바람에 불려 들어가게 되어있는 장치로, '키노 구스(keno goose)'에 비유된다. 〔1973 Friedman Casino Games 99〕
- **rabbit hunting** : 포커 게임에서 딜링된 디스카드를 통하여 게임을 살펴보는 행위를 말한다. 〔1949 Coffin Secrets 184〕

Race (레이스)

① 싱글 키노 게임 〔1973 Clark Orall Coll〕
② 경기, 보통 스피드의 경주, 경주마, 경주견, 자동차 등과 같은 경주용 대상의 등록 또는 이러한 경기의 시리즈(series) 〔OED, DAE〕
③ 경마의 마권 〔OED〕

Rack (랙)

'테이블 칩 트레이(table chip tray)'라고도 불리운다. 게이밍 테이블에 모양의 순서대로 정리하여 칩스를 보관하는 데 사용하는 홈이 패인 케이스 또는 박스를 말한다. 이는 단위별로 게이밍 칩스를 분리하여 차례로 저장을 하기 위함이다. 〔1961 Scarne Complete Guide 685〕

- **rack out** : 통화에 대한 칩스를 보충하려고 갬블링을 중지시키는 것을 말한다. 〔1983 Martinez Gamplete Guide 685〕
- **rack up** : 갬블링에서 거액으로 원한 경우 또는 카지노에서 목제 또는 플라스틱으로 만들어진 케이스로 테이블에서 칩스를 이동시키는 것을 말한다. 〔1983 Martinet Oral Coll〕

Racket / Racketeer (라켓트 / 라켓티어)

불법적이고 불순한 의도를 가지고 구성된 조직으로 속임수 행위를 하는 집단을 말한다. 이는 횡령, 사기, 기만의 뜻으로 부정직하게 돈을 사취하는 사람을 말한다. [OEDS]

Raffle (래플)

추첨식 복권으로, 일정한 상금을 당첨하기 위해 판매되는 넘버가 매겨진 티켓으로 일종의 '로터리(lottery)' 방식을 말한다. [OED]

▣ **raffler** : '래플(raffle)' 게임을 운영하는 어느 사람을 말한다. [OED]

Rag (래그)

포커 게임에서 핸드 구성에 아무 가치가 없는 카드를 말하며 '트래시(trash)'라고 한다. [1978 Brunson How I Made 543]

Rail (레일)

① 크랩스 테이블 위의 높은 쪽에 칩스를 보관하기 위해 홈을 파놓은 것을 말하며 '보드(board)'와 '쿠션(cushion)'이라고도 한다. [1981 Maruer Lang of the Underworld 190]

② 카지노에서 벨베트천으로 감싼 체인 또는 로프로 일반 관찰자(구경꾼)로부터 게임자를 분리하기 위한 것이며 보통 포커 또는 바카라 테이블 지역에 설치되어 있다. [1950 Morehead Cullbertson 638]

Rail bird (레일 버드)

카지노 또는 카드룸에서 게이밍 테이블 주위를 에워싸고 있는 방벽의 바깥쪽에 위치하여 포커 또는 바카라와 같은 게임의 진행을 구경하는 관객을 비유하는 말이다. [1978 Brunson How I Made 544]

▣ **rail hawker** : 크랩스 테이블에 대하여 남의 눈을 피해 움직이는 좀도둑으로 레일 위에 있는 '락(rack)으로부터 손님의 칩스를 가져가는 자'를 말한다. [1979 Newman Dealer's Special 43]

▣ **rail roll** : 뱅크 크랩스 테이블 위에 던져진 주사위 하나 또는 두 개가 레일 위에 튀어 올라오는 것으로, 던져진 것이 무효가 되는 것을 말한다. [1983 Martinet Oral Coll]

Rainbow (레인보우)

'덜티 스텍(dirty stack)' 또는 '바버 폴(barber pole)'이라고도 한다. 카지노에서 서로 다른 단위의 금액을 포함한 칩스의 스텍(stack)을 말한다. [19983 Martinet Oral Coll]

▣ **rainbow hand** : 포커 게임에서 4슈트 모두를 가지고 있는 핸드를 말하며 '핑크(pink)'와 같은 뜻이다. [1950 Morehead Culbertson 638]

Raise (레이스)

포커 게임에서, 이전의 '베터(better)'에 의해 만들어진 베팅 금액을 늘리는 것을 말한다. [OED]

- **raise back**: 포커 게임에서 이미 증가시킨 웨이저를 가진 상대방이 있은 후에 웨이저의 크기를 다시 증가시키려는 경우를 말한다. [1949 Coffin Secrets 184]
- **raise blind**: 포커 게임에서 카드를 보기 전에 웨이저의 사이즈를 증가시키는 것을 말한다. [1968 Wallace Poker 222]
- **raised edge work**: 주사위의 사이즈를 약간 변조하려고 한쪽 가장자리를 따라 열을 가한 주사위를 말한다. 그 때문에 '롤(roll)'의 성격이 변환된다. [1974 Scarne Dice 248]
- **rasing**: 포커 게임에서 상대방에 의해 만들어진 베트를 증가시키는 것을 말한다. [OEDS]

Rake (레이크)

긴 손잡이가 달린 갈퀴 모양의 도구로 게이밍 테이블에서 칩스 또는 돈을 한데 모으려고 뱅커 또는 딜러에 의해 사용되는 것을 말한다. [OEDS]

- **rakes**: 깎았거나 또는 팩에 남아있는 사이즈가 차이가 있게 손질을 한 게임용 카드를 말한다. '컨케이브 카드(concave cards)'와 '컨벡스 카드(convex cards)'와 '스트리퍼(strippers)'로 비교된다. [1938 Asbury Sucker's Progress 13]
- **rake-off**: 포커룸에서 시설의 운영자 수익과 경비를 위하여 위닝의 비율로 딜러에 의해 각 '팟(pot)'에서 수수료를 수거하는 것을 말한다. [1981 Siverstone Player's Guide 142]

Random distribution (랜덤 디스트레부션)

게임 확률에 관한 용어로 수학적인 확률은 모든 것에 어느 곳이고 선택하는 것으로 대등한 기회를 가진다는 뜻이다. [1996 CGD]

Rank (랭크)

카드의 순서와 관계되는 것으로 카드의 앞면 가치를 말하며, 포커 핸드의 페어, 2페어, 3오브 어 카인드 등의 등급을 말한다. [1968 Wallace Poker 222]

- **rank card**: 게임용 카드에서 앞면에 보여주는 점수의 숫자의 카드 가치를 말한다(2, 3, 4, 5, 6, 7, 8, 9, 10, J, Q, K, A). [1981 Silverstone Player's Guide 142]

Rathole (래트홀)

'rat-hole'이라고 표기하며, 이는 특히 포커 게임에서 갬블링을 하면서 현금이나 칩스를 몰래 주머니 속에 넣는 행위를 말한다. [1949 Coffin Secrets 184]

- **rat holer**: 게임자, 특히 포커 게임에서 게임을 하면서 현금 [1949 Coffin Secrets 184]

이나 칩스를 호주머니에 넣는 사람을 지칭힌다.

Rating (레이팅)

카지노에 초대하여 수익을 배당하는 목적을 위해 카지노 고객을 게임자의 잠재적 가치로 측정하는 것에 관한 카지노 용어이다. [1996 CGD]

Rattle (래틀)

'스내크 아이(snake eyes)'로 포인트가 없는 점수로 굴려진 주사위로, 이것은 어느 때는 게임이 종료되며, 어느 곳에서는 게임자가 2배로 지불받기도 한다. [1983 Martinet Oral Coll]

Read (리드)

▣ **Read the players** : 포커 게임 특히 '홀뎀(hold'em)'과 '스터드(stud)'에서 앞면으로 딜링되어진 카드 관찰에 의하여 다른 게임자들이 잡고 있는 핸드에 대하여 정보를 추측하려는 것이다. '리드(read)'는 다른 게임자의 반응, 베팅 모양 등을 살피는 행위이다. [1978 Brunson How I Made 544]

Reader (리더)

① 게임용 카드의 뒷면이 표시되어 있어, 다른 게임자가 잡고 있는 카드가 무엇인지 알려고 속임수꾼이 참조하는 카드를 말한다. [OED]

② 엷은 빛깔의 안경 또는 콘텍트렌즈를 착용하고, 광학필터로만 통해서 볼 수 있는 특별한 염료를 칠한 카드의 뒷면을 읽으려는 것이다. [1971 Livingston Poker strategy 223]

③ 블랙잭 게임 테이블의 장치로 딜러의 홀카드 상황에 '에이스(ace)' 카드를 감지하는 센서(senser) 또는 프리즘을 말한다. [2003 고택운 카지노 게임의 실무이론 I 84]

▣ **redy up** : 속임수 행위를 준비하는 것으로 특히 카드 또는 주사위 게임을 하는 동안의 행위를 말한다. [1961 Scarne Complete Guide 685]

▣ **redy-up** : 공범자에게 신호하는 구두 전달로 속임수 행동을 빠르게 만들려는 것이다. [1974 Scarne Dice 277]

Red (레드)

① '니켈(nickel)'이라고 불리우며, 5달러 가치의 첵 또는 칩스를 말한다. [1973 Clark Oral Coll]

② 카드의 팩에 '하트(heart)'와 '다이아몬드(diamond)'를 지칭하는 말로 '핑크(pink)'라고도 한다. [OED]

③ 룰렛 게임에서 1배수를 주는 베트로 '칼러 베트(color bet)'라고 한다. [2002 고택운 카지노 게임의 실무이론 II 36]

Redeal (리딜)

보통 '파울(foul)' 또는 '미스딜(misdeal)'이 있은 후에 같은 딜러에 의해 게임용 카드를 새로이 셔플하여 재분배하는 것을 말한다. [1950 Morehead Culbertson 639]

Red game (레드 게임)

카지노에서 최소의 베트가 5달러 요구되는 테이블 게임을 말한다. [1983 Martinet Oral Coll]

▣ **red hot** : 여러 번에 걸쳐 연이어 이기는 게임자를 지칭하는 말로 보기드문 위닝 형태를 언급한다.

Reel (릴)

슬롯머신 기계상에 체리, 오렌지, 바, 레몬 등과 같은 심볼이 하나에서 셋 또는 그 이상 휠에 실려있는 것을 말한다. [1973 Clark Oral Coll]

▣ **reel clock** : 슬롯머신 기계에 일정치 않는 형식으로 회전하도록 휠을 가중(加重)시킨 것으로, 부정기적인 시간대의 장소에 '릴(reel)'이 잠기도록 보증한 것을 말한다. [1973 Clark Oral Coll]

▣ **reel setting** : 슬롯머신 게임에 가로로 때로는 대각선으로 지불과 잭팟을 통제하는 릴을 동반한 심볼의 형상을 말한다. [1978 Alexander Glossary 12]

▣ **reel timing** : 슬롯머신 기계상에 '릴 클락(reel clock)'을 혼란시키고 지불에 대한 심볼을 일직선으로 맞추려고 게임자가 시도하는 행위로 특정한 리듬(rhythm)에 핸들을 당기는 시스템을 말한다. [1982 Clark Oral Coll]

Reflector (리플렉터)

① '글리머(gleamer)'와 '샤이너(shiner)'와 같은 뜻이다. 테이블 위에 놓여진 작은 거울 또는 반짝이는 코인으로 딜링된 카드의 아래쪽을 보려고 딜러가 사용하는 도구를 말한다. [1968 Adams Western Words]

② 뒷면에 오목하게 눌러 놓은 게임용 카드로, 보통 손톱자국을 내는 것으로 불빛을 향하여 그 카드를 각도를 잡으면 간파할 수 있다. [1966 C.G.D.]

Relief dealer (릴리프 딜러)

카지노에서 휴식시간을 가지려고 다른 딜러를 대신하여 그의 시프트를 근무하는 정규적인 위치가 없는 딜러를 말한다. [1983 Martinet Oral Coll]

Repeat (리피트)

포커 게임에서 이전의 베팅 라운드와 같은 금액을 베트하려는 경우를 말한다. 참고로 'repeat'는 미국식 어법이고, 'heat'는 영국식 어법이다. [1949 Coffin Secrets 184]

▣ **repeater** : 크랩스 게임에서 연속으로 두 번 굴려진 넘버를 말한다. [1983 Martinet Oral Coll]

▣ **repeaters** : 주사위가 한쪽으로 치우친 것과 같은 모양새로 통상 '7' 넘버만 굴려질 수 있도록 되어 있는 주사위를 말한다. [DAS]

Reraise (리레이스)

'백레이스(backraise)'라고 부른다. 포커 게임에서 레이스한 베팅을 [1949 Coffin Secrets 184]

상대방이 가진 후에 같은 베팅 라운드에 내기에 걸은 총 금액을 증가시키려는 것을 말한다.

Research design (리서치 디자인)

데이터의 수집정보와 분석의 연구에 대한 계획을 말한다. [1996 CGD]

■ **research process** : 구성단계의 순서와 실험의 이행과정을 말한다. [1996 CGD]

Resources (리소우스)

자원(資源)으로 조직의 인력, 자금, 기술, 고객 그리고 시기에 관한 경영전략을 말한다. [1996 CGD]

Re-spin (리-스핀)

룰렛 게임에서 휠에 볼을 다시 회전시키는 것으로, 이는 휠의 실린더가 너무 빨리 회전하여 그 원심력으로 인해 실린더의 가장자리에 볼이 걸려 발생하는 것으로, 이 경우 딜러는 '노-스핀(no-spin)'이라고 멘트한 다음 '리-스핀(re-spin)'한다. [2002 고택운 카지노 게임의 실무이론 II 107]

Responsibilities (레스폰시빌리티스)

종업원에 부여된 직무, 직책 그리고 결과의 실행을 성취하는 책임을 말한다. [1996 CGD]

Restraddle (레스트레들)

포커 게임에서 딜러의 왼쪽에서 세 번째 게임자에게 요구되어진 웨이저로, 이는 그들의 카드를 게임자들이 보기 전에 만들어지는 것으로 딜러의 왼쪽에서 두 번째 게임자의 두 배의 베트에 해당하는 금액을 말한다. [1964 Reese & Watkins Secrets 143]

Restricted license (리스트릭티드 라이센스)

합법적으로 운영되어지는 특정한 갬블링 게임을 위해, 지방자치단체, 주정부 등에 의해 발행된 면허를 말한다. [1957 Nevada Gaming Regulations 5]

Restructuring (레스트럭투링)

인적 자원을 보다 더 효율적으로 배치하기 위한 조직 기구의 변경에 관한 경영전략 용어이다. [1996 CGD]

Result player (리잘트 플레이어)

무엇을 잘못하였는지 입장을 표명하며 게임 후에 손실을 분석하는 갬블러를 말한다. [1961 Scarne Complete Guide 685]

Return (리턴)

갬블링 게임에서 고객에게 지불되는 총 금액의 비율을 말한다. [1996 CGD]

- **return rate** : 슬롯머신 게임에서 지불과 잭팟에 되돌려지는 슬롯머신 안에 게임되어진 돈의 비율을 말한다. [1977 Puzo Inside Las Vegas 168]
- **return on assts** : 판매, 순수익과 총 자산을 근거로 한 재무의 집행 비율을 말한다. [1996 CGD]
- **return on investment** : 주주의 주식으로 순수입과 대등하게 하는 재무상의 비율을 말한다. [1996 Kendal / Hunt C.G.D.]

Revenue (레베뉴)

사업 운영 또는 수입에 의한 금액으로, 카지노의 입장에서 정의하면 갬블러의 손실금 총액에 속하는 재무상의 용어를 말한다. [1996 CGD]

Revolutions (레버루션)

회전하는 움직임을 완성하는 릴(reel) 또는 휠(wheel)의 스핀에 대조(對照)되는 카지노 용어를 말한다. [2002 고택운 카지노 게임의 실무이론 II 144]

Reward power (리워드 파워)

보너스를 분배하기 위해 매니저의 능력을 평가하는 카지노 경영에 관한 용어를 말한다. [1996 CGD]

RFB Comp (알 에프 비 컴프)

'RFB'라고 하며, 카지노에서 최고로 대우해 주는 고객에게 무료로 룸, 식사, 음료를 제공하는 것을 말한다. 이는 게임자가 얼마의 베팅을 하는지와 직접적인 관계가 있으며, 그 진행의 결과에 따라 대우의 등급을 달리한다. [1985 Hopkins Suite Life 35]

Rhythm player (리듬 플레이어)

슬롯머신 게임에서 기계적인 슬롯머신에 주기적인 행위를 시도하는 게임자를 말하며, 이는 자유롭게 휠링(wheeling)하는 방식으로 릴(reel)을 놓아두고 나서 머신에 일직선으로 형상이 구성되어 지불하는 것으로, 그 릴을 가두려고 핸들을 잡아채는 게임자를 지칭한다. [1953 Lewis Sagebrush Casinos 74]

- **rhythm system** : 슬롯머신에서 주기적인 패턴을 장치하여 기계적인 슬롯머신 속임수를 위한 방법으로, 자유롭게 휠링하는 모드(mode) 상태로 놓아둔 다음, 머신 위에 형상이 일직선이 되어 지불 상황일 때, 그 릴(reel)을 잠그려고 핸들을 잡아채는 행위에 속하는 용어이다. [1961 Scarne Complete Guide 685]

Ribbon clerk (리본 클럭)

작은 베팅 금액과 인색한 방식으로 게임을 하는 포커 게임자를 언급하 [1968 Wallace Poker 222]

는 말로 '디제네레이트(degenerate)'의 뜻과 같은 용어이다.

Rich (리치)

① 현재 카드의 일정한 가치의 정상적인 비율보다 크게 가지고 있는 '슈(shoe)'에 관련된 카드 카운터의 용어를 말한다. [2003 고택운 카지노 게임의 실무이론 Ⅰ 141]

② 아직 딜링되지 않은 '9' 이상의 절대 다수의 카드를 가지고 있는 게임용 카드의 팩을 지칭하는 말이다. [1973 Preston Play poker 169]

Ride (라이드)

① 이전의 베팅에서 이긴 부분을 오리지날 베트와 합산한 웨이저를 말한다. [1979 Clark Orall Coll]

② 포커 게임에서 게임자 베트가 없는 베팅 라운드로 이것에 의해 금액에 모험 없는 카드 또는 추가 카드를 받는 것을 모든 게임자에게 허용하는 것을 말한다. [1979 Clark Oral Coll]

③ 블랙잭, 룰렛 또는 크랩스 게임에서 이긴 후에 이어지는 게임에서 일어나는 것으로, 오리지날 베트와 함께 동반하여 이긴 금액을 베팅하는 것을 말한다. [1974 Scarne Dice 80]

④ 희생자(victim)에 관한 속임수 행위를 말하기도 한다. [1979 Clark Orall Coll]

▣ **ride along** : 포커 게임에서 모든 게임자들이 '첵(check)'하였을 경우 또는 베팅 라운드 동안 베팅하기를 거절하는 것으로 많은 금액의 위험없이 '팟(pot)'에 대하여 편하게 남으려는 것을 언급하는 용어이다. [1968 Wallace Poker 222]

▣ **ride pot** : 포커 게임에서 베팅 라운드 동안 연속되는 금액이 부족하여 '팟(pot)'으로부터 칩스를 차용하는 것으로, 이는 게임자가 카드를 펼친 다음 그가 만약 졌다면 그의 지갑으로부터 돈이 나오는 것으로 요구될 것이다. [1949 Coffin Secrets 184]

▣ **ride with the shooter** : 카지노 크랩스 게임에서 같은 슈터가 계속해서 하는 동안 테이블 위에 머무르도록 베트를 만드는 것을 딜러에게 시키는 것을 말한다. 일반적으로 이는 '팔레이(parlay)' 베트라고 한다. [1981 Maurer Lang of the Underworld 190]

▣ **rider** : 카지노에서 갬블은 하지 않는 자로 '정커(junker)'를 카지노에 데려오는 게임자를 말한다. [1974 Friedman Caino Management 136]

Riffle (리플)

카드 게임에서 게임용 카드의 덱을 두 '패키트(packet)'로 나누어, 두 부분을 혼합하여 섞는 카드 셔플링의 방법에 속하는 딜러와 관련된 용어이다. [1996 C.G.D.]

▣ **riffle cull** : 팩에서 몇 장의 카드를 뽑아내기 위한 방법으로 특정한 순서로 정리한 다음, 정리된 '패키트(packet)'의 손상이 없도록 유지하면서 그 덱을 셔플링하는 것을 말한다. [1968 Wallace Poker 222]

■ **riffle stack** : 특정한 순서로 게임용 카드를 정리하려는 것으로, 미리 결정한 순서대로 유지하는 동시에 카드를 믹스(mix)하는 것을 보여주는 것을 말한다. [1968 Wallace Poker 222]

■ **riffle shuffle** : 덱의 반 안에 일부를 게임용 카드의 덱에 혼합시키는 방법으로, 엄지를 사용하여 두 패키트를 부채꼴 모양으로 만드는 동시에 반반을 함께 밀어넣는 동작을 말한다. [OEDS]

Rig (리그)

① 카드 또는 주사위를 변조하는 것, 카드를 스텍킹하는 것, 뇌물 매수에 관계하는 등에 의한 것으로, 일어날 수 있는 문제의 결과를 사전에 조정하는 것을 말한다. [OED, DSUE]

② 계략, 음모 또는 속임수 행위 방법 또는 사기 행위를 하는 사람을 표현하는 말이다. [OED]

③ '버그(bug)', 카드 홀드아웃, 변형된 룰렛 휠, 전자석시설 등과 같이 다양한 속임수 장치를 일컫는 용어이다. [1961 Scarne Complete Guide 685]

■ **rigged game** : 속임수 장치를 사용하거나 또는 어떤 다른 불순한 계획으로 운영자의 입장에서 기만하는 것으로, 속임수 행위를 발생시키는 게임을 말한다. [1978 Harrah Recollections 11]

■ **rigging** : 속임수 행위 장치로서 카드를 보유하는 신체의 장치 또는 전자석 설치와 주사위와 룰렛 테이블의 개폐기(switch)와 같이 카드 또는 주사위를 변조하는 것보다 더 복잡한 장치를 말한다. [1968 Adams Western Words]

Right bet (라인 베트)

① 크랩스 게임에서 '패스 라인(pass line)' 상의 웨이저를 말하며, 주사위로 포인트를 만들 수 있는 믿음을 나타내는 베트를 말한다. [1974 Sarne Dice]

② 크랩스 게임에서 게임자에게 제공하는 배수(승산)의 유리함을 가지려고 정확한 금액으로 만들어진 웨이저를 말한다. [1983 Martinet Oral Coll]

■ **right bettor** : 크랩스 게임에서 게임자의 베트가 슈터로서 그의 포인트를 만든 경우의 '베터(bettor)'를 지칭하는 용어. [1981 Maurer Lang. of the Underworld 191]

Right joint (라잇 조인트)

공정하고 신뢰할 수 있는 갬블링 시설로, 이는 속임수꾼들에게는 민감하고 엄한 행위가 같이 있는 곳이기도 하다. [1979 Clark Oral Coll]

Rim card (림 카드)

'테이블 카드(table card)' 또는 '크레딧 플레이 메모란덤(credit play memorandum)'이라고 불리운다. 카지노에서 크레딧 확정과 게임자에 의한 상환 총 금액을 기록하는 문서(양식)를 말한다. [1957 Nevada Gaming Regulations 33]

Rim credit (림 크레딧)

카지노에서 테이블에서의 게임자에게 확장되어지는 크레딧으로 추가 칩스를 위해 카지노 케이지에서 필요한 게임자의 상황은 무시하며, 그 게임자의 계산은 테이블에서 그의 갬블링이 종료되는 시기에 정산되어야 한다. [1974 Friedman Casino Management 55]

- **rim customer** : 카지노에서 게임자가 테이블에서 갬블링하는 동안 확정된 크레딧을 가지는 것으로, 경영자에 의해 잘 알려진 고객을 말한다. [1974 Friedman Casino Management 54]

Ring (링)

'Wring'으로 표기한다. 속임수를 행할 목적으로 다른 사람 또는 하나의 항목을 교환하는 것으로 경주마, 카드의 덱, 한 쌍의 주사위, 경견, 딜러 또는 어떤 사물을 바꾸는 것에 관한 갬블링 속임수 용어이다. [OED, OEDS]

- **ring in** : 속임수 목적을 위하여, 같은 형태의 또다른 것을 위해 사람 또는 어느 사항을 부정하게 대신 또는 바꾸는 행위를 말한다. [2006 고택운 카지노 서베일런스 시스템의 이해 330]
- **ring in a cold deck** : 게임 안에 '스텍드(stacked)'된 카드의 덱을 비밀리에 집어넣는 행위를 말한다. [DA, OEDS]

Ringger (링거)

① 카드 게임에서 무경험자로 생각되는 포커 게임자이지만, 실제로는 노련한 게임자를 말한다. [1981 Maurer Lang of the Underworld 225]

② '링깅(rigging)'이라고도 불리우며, 카드를 감추는 장치 또는 카드를 말한다. [1968 Adams Western Words]

Ring game (링 게임)

포커 게임에서 모든 좌석이 점유된 테이블, 테이블의 만석, 게임자의 최대 인원을 수용하고 있는 테이블을 말한다. [1978 Brunson How I Made 544]

Rip (리프)

'리프 인(rip in)'의 줄인 말로, 크랩스 게임에서 게임하는 동안 정직한 주사위와 변조된 주사위를 바꿔치기하는 갬블링 속임수 용어이다. [1981 Maurer Lang of the Underworld 191]

- **rip and tear** : 결과에 대하여 걱정하지 않는 속임수를 하려는 경우를 말한다. [2006 고택운 카지노 서베일런스 시스템의 이해 330]
- **ripe** : 속임수를 행하는 자에 대한 잠재적인 희생자(피해자) 대상을 말한다. [1974 Scarne Dice 477]
- **ripped** : 카드의 덱을 두 '패키트(packet)' 상태로 분리하거나 또는 '컷트(cut)'하여 오리지날 순서대로 복원시킨다는 뜻의 용어이다. [2006 고택운 카지노 서베일런스 시스템의 이해 330]

Risk (리스크)

확실한 결과로 있음직한 추정을 가지고 어떤 상황을 만드는 결정에 관한 조건을 말한다. [1996 CGD]

- **risk of run** : 갬블러가 돈을 다 잃었거나 또는 한정된 기간 내에 전체 자금(BR)을 손실하였거나, 또는 특정한 목표를 달성하기 전의 상태를 표현하는 어법을 말한다. [1996 Kendal / Hunt Casino Gaming Dictionary]

River (리버)

단어를 사용한 구절로 표현하는 용어 :

- **riverboat** : 강, 호수와 같이 물 위에 떠있는 카지노의 유형(type)을 말한다. [1966 C.G.D.]
- **river card** : '홀뎀' 포커 게임에서 마지막 베팅 라운드 전에 테이블의 중간에 앞면으로 딜링된 마지막 카드를 말한다. [1978 Brunson How I Made 544]
- **river gambler** : 원래는 '미시시피 강(Mississippi River)'을 오르락내리락하며 작업을 하던 갬블러의 호칭이었지만, 후에 속임수꾼이라 여겨지는 직업적인 갬블러에 대한 멸시적인 용어로 사용하고 있다. [DA]

Road hustler (로드 허슬러)

'크로스로더(crossroader)'와 같은 말로, 게임을 찾아 여러 지역을 여행하며 찾아다니는 카드 또는 주사위 속임수꾼을 말한다. [2006 고택운 카지노 서베일런스 시스템의 이해 330]

Roadmap (로드맵)

① 카지노 블랙잭 게임 피트(pit)에서 테이블에 배치된 각 딜러와 근무시간의 기록이 '플로어 퍼슨(floor person)' 또는 '핏보스(pit boss)'에 의해 유지되는 스케쥴을 말한다. [1983 Martinet Oral Coll]

② 뱅크 크랩스 게임에서 면을 위쪽으로 돌려 이기고자 하는 점수의 넘버를 가진 슈터가 주사위를 놓기 전에 그때 주사위에게 하는 말이다. [1983 Martinet Oral Coll]

Robin-hood cheater (로빈-훗 치터)

속임수를 행하는 자, 특히 카드 게임에서 보통 속임수꾼이 아닌 다른 게임자를 위하여 일정하게 팟스, 게임 또는 포인트에 이기려고 그 자신이 배려하여 다른 대상을 향하게 하는 속임수 행위자를 언급하는 용어이다. [1968 Wallace Poker 223]

Rock (락)

포커 게임에서 게임을 잘하는 대단히 보수적인 게임자를 말한다. 또한 돈을 빌려주는 것을 거절하는 게임자를 말하기도 하고 또는 스터드 포커 게임에서 등을 마주대고 앉은 게임자를 지칭하기도 한다. [1961 Scarne Complete Guide 686]

Roll (롤)

① '뱅크롤(bankroll)'의 준말. 통화의 총 금액, 갬블러의 베팅 금액, 특히 지폐의 수량 또는 표시를 함께 둥글게 말은 상태를 말한다. [OED]

② 갬블링에 특별히 긴장되는 활동이 계속되는 상황을 비유하는 말이다. [1983 Martinet Oral Coll]

③ 크랩스 게임에서 두 개의 주사위가 던져진 후에 위쪽을 향한 면의 점수를 말한다. [1983 Martinet Oral Coll]

④ 유사한 종류의 단위의 코인 패킷으로 종이로 둥글게 포장한 것을 말한다. 슬롯머신 게임자들은 5¢ 단위 1불 또는 2불 '롤', 25¢ 단위 5불 또는 10불 '롤'을 구매한다. [1973 Clark Oral Coll]

⑤ 잠자거나 술이 취하여 있는 사람으로부터 절도행위를 하는 범죄 행위에 관한 용어이다. [1996 CGD]

▣ **roll a hand** : 크랩스 게임에서 요구되는 포인트의 넘버 대신 '7'이 던져질 때까지 연속해서 주사위를 던지는 시간대를 말한다. [1983 Martinet Oral Coll]

▣ **roll the deck** : 포커 게임에서 속임수 행위를 하려는 목적으로 '팩(pack)'의 위쪽에 디스카드를 몰래 집어넣는 행위를 말한다. [1982 Martin Introduction 27]

▣ **roller** : 크랩스 게임에서 '슈터(shooter)' 또는 '캐스터(caster)'로 주사위를 던지는 사람을 말한다. [1950 Morehead Culbertson 640]

Rope (로프)

불법 갬블링 게임에 게임자를 안내하는 행위 또는 갬블링 게임에 희생자(피해자)를 속이려는 행위를 비유한 용어이다. [OED, DA]

▣ **roper in** : 'roper'라고 표기하며, '스티러(steerer)'라고 불리운다. 이는 자주 속임수 행위를 가지는 장소인 불법 갬블링 게임에 게임자를 안내하는 사람을 말한다. [DA, OEDS]

Rotation (로테이션)

카드 또는 크랩스 게임의 진행에서 딜링 또는 비딩(bidding)과 같이 시계 방향 순서로 게임을 진행하는 것을 말한다. 이는 사람의 인원에 따라 규칙적으로 승계한다는 뜻이다. [1950 Morchead Culbertson 640]

Rouge (루즈)

① '더브(daub)' 또는 '스미어(smear)'라고 불리운다. 이는 속임수 행위의 목적으로 게임용 카드의 뒷면을 표시하기 위하여 사용된 '파스텔(pastel)' 물질로 칠하는 것을 말한다. [1978 Larson Vocabulary 100]

② 'rouge et noir'라는 프렌치 카드 게임의 레드 칼라. [OED]

③ 룰렛 게임에서의 '레드(red)' 넘버를 말한다. [OED]

Rough hustle (라프 허슬)

카지노에서 고객을 부추기어 팁을 받으려는 의욕적인 딜러의 활동을 언급하는 용어이다.

[1971 McQuaid Gambler's Digest 308]

▣ **rouht it up**: 포커 게임에서 속도(tempo)를 바꾸거나 또는 정상적인 것보다 더 큰 금액을 베팅하는 것으로 게임의 진행에 활기를 가지는 것을 말한다.

[1981 Maurer Lang of the Underworld 191]

Roulette (룰렛)

룰렛 휠을 가지고 룰렛 테이블에서 게임되는 갬블링 게임으로, 룰렛 볼은 휠이 회전하는 반대방향으로 돌다가 '카누(canoe)'를 걸쳐 룰렛 레이아웃 숫자와 연결된 넘버에 미끄러져 들어가는 것으로, '위너(winner)'를 결정하는 게임이다.

[1987 Thomas L. Clark The Dictionary of Gambling and Gaming]

룰렛 테이블(roulette table)은 룰렛 휠(roulette wheel)을 스핀하는 룰렛 딜러(휠롤러 또는 휠맨)에 의해 운영된다. 그의 보조자는 그루피어(croupier) 또는 핸드 먹커(hand mucker)라고 불리운다. 딜러(키퍼)는 한쪽 방향으로 휠을 스핀하고, 룰렛터(rouletter)가 룰렛 레이아웃(roulette layout)에 룰렛 칩스(roulette chips)를 가지고 베팅을 하는 동시에, 반대 방향으로 홈(groove)에 룰렛 볼(roulette ball)을 회전한다.

이러한 ①'크랭크 게임(crank game)'의 휠(wheel)은 ②'프렛(frets)'에 의해 구분되고, 각 프렛은 유럽피안 휠에 0와 1번부터 36번까지의 넘버가 배열되어 있고, ③'카누스(canoes)'와 함께 조화(調和)시켰다. 아메리칸 휠은 00가 하나 더 있어 38개의 넘버가 있다. 휠 첵(wheel checks)은 칼러로 칩 랙(chip rack)으로부터 게임자에게 분배한다. 이는 게임자가 언급한 가치를 가지고 각 게임자에게 한 칼러만 분배되며, 다른 카지노 게임처럼 칼라에 의해 값어치가 결정되는 것이 아니다.

① 빅 휠, 룰렛, 퍼천 휠 등과 같은 휠 게임으로 움직임이 빠르고 변화가 기상(奇想)한 게임.

② 넘버를 구분하고, 포켓을 만드는 메달(separators)

③ 휠 안에 볼의 방향을 예측하지 못하도록 부착한 금속메달 (ball stop)

대다수의 정규적인 '룰렛터(rouletter)'들은 '시스템스 베터(systems bettors)'이다. ④'번칭(bunching)'에 의한 것같이 카지노를 이기는데 작용력(作用力d)이 있는 베팅을 하는 것이다. 딜러는 일정한 조건하에 게임자에 따라 ⑤'임프리즌(imprison)'을 할 수도 있고, 많은 시스템 가운데 '마팅겔(Martingale)', '알렘버트(Alembert)'와 '프로그레시브 시스템(progressive system)'이 사용된다.

④ 6넘버와 0에 베팅하는 시스템을 말함.

⑤ 위닝 넘버가 0이 되었을 때 베트를 홀딩시키고, 다음 스핀에 승부하는 룰이다.

그 '스퀘어(squares)'는 어느 곳의 넘버 또는 칼러를 선택하기 위한 것으로 어느 곳에 룰렛 볼이 떨어질 것인지는 '카누'가 입증할 것이다. 게임자는 '스트레이트 베트(straight bet)' 또는 '스플릿 베트(split bet)', '라인 베트(line bet)', '스퀘어 베트(square bet)', '스트리트 베트(street bet)' 또는 '컬럼 베트(columan bet)'를 할 수도 있다. 이러한 베트의 선택은 웨이저로 나타내는 '첵(check)'에 의해 라인을 걸치는 것으로 결정된다.

그 밖에 '스니크 게임(sneak game)', 정직하지 못한 '메커니칼 게임(mechanical game)', 자주 '쥬스 딜러(juice dealer)'에 의존하는 게임, 스핀의 결과를 조작하려는 '니들 휠(needle wheel)' 또는 '스퀴즈 휠(squeeze wheel)'이 있다.

- **roulette ball** : 회전하는 룰렛 휠(roulette wheel)에 반대 방향으로 진행하는 볼(ball)을 말하며, 이는 카누(canoe)를 통과하여 넘버에 미끄러져 들어가 머무는 것으로, 베팅 라운드의 위너를 지정한다. [2002 고택운 카지노 게임의 실무이론 II 135]
- **roulette chips** : 금액의 단위가 표시되지 않은 칼라(color) 칩스로서, 각 게임자는 대등한 가치의 칼러 칩스의 한 세트를 지정받으며, 모든 칩스의 가치를 칼러로 알린다. 딜러는 연관된 단위의 가치가 표시된 칩스 또는 코인으로 휠 주위의 '림(rim)' 위에 어느 칩스를 놓는 것으로, 각 칼러의 가치를 계속해서 유지한다. [1953 Ralli Viva Vegas 8]
- **roulette crank** : '룰렛 크레인(roulette crane)'이라고도 불리운다. 이는 룰렛 휠을 조정하기 위한 존재하지 않는(non-existent) 도구를 말한다. 뉴-딜러가 가공(加工)의 수단을 찾으려고 광범위한 연구를 자주하는 행위를 비유하는 말이다. [1973 Clark Oral Coll]
- **roulette dealer / rouletter** : 카지노에서 룰렛 게임을 운영하는 종업원이 룰렛 딜러이고, 룰렛 게임을 하는 게임자를 '룰렛터(rouletter)'라고 한다. [1979 Newman Deraler's Special 5]
- **roulette table** : 룰렛 레이아웃 특징을 나타내고, 룰렛 휠의 목적에 적합하도록 특별히 디자인된 테이블을 말한다. [2002 고택운 카지노 게임의 실무이론 II 134]
- **roulette wheel** : 룰렛 테이블 위에 바퀴 모양의 원형으로 움푹하게 배치되어 있고, 휠의 회전으로 볼이 떨어지는 어느 곳에 넘버가 들어가기도 하고, 또는 카누(canoe) 현상을 나타내는 룰렛 게임의 휠을 말한다. [2002 고택운 카지노 게임의 실무이론 II 134]

Round (라운드)

다음 카드가 딜링되기 전에 베팅에 개개인의 포커 게임자를 위한 기회로서 또는 주사위가 다시 롤링되기 전에 베트를 청산(清算)하려는 개개인의 크랩스 게임자의 게임 또는 베팅을 주기적으로 한번 완성시키는 것을 말한다. [OED]

- **rounds** : 속임수를 행하는 자에 의해 쉽게 알아보려고, 뒷면에 표시한 게임용 카드 또는 속임수꾼에 의해 사용되는 가장자리를 둥글게 한 주사위를 말한다. [1971 Livingston Poker strategy 223]
- **rounder** : '스테이크 머니(stake money)'를 빌린 돈으로 주로 베팅하는 갬블러를 말한다. [1971 McQuaid Gambler's Digest 315]
- **rounding** : 손톱 또는 어떤 다른 예리한 물체를 가지고 가장자리에 다양하게 자국을 만드는 것으로 카드를 표시하는 행 [1968 Wallace Poker 223]

위를 말한다.

Rover (로버)

게임에서 게임으로 종잡을 수 없이 돌아다니는 게임자, 수분 동안 게임을 하고 나서 위치를 옮기는 행위를 말한다. [1968 Wallace Poker 223]

Royal (로얄)

① 포커 게임에서, A, 2, 3, 4, 5 또는 6, 5, 4, 3, 2와 같은 완벽한 '로우볼(lowball)' 핸드를 말한다. [1968 Wallace Poker 223]

② '로얄 플러시(roayl flush)' 또는 어느 슈트의 A부터 10까지의 카드를 말한다. [1971 Livingston Poekr strategy 223]

■ **royal casino** : 카지노에서 잭(jack), 퀸(queen)과 킹(king)의 가치를 11, 12와 13점으로 대신하는 카지노를 말한다. [1971 McQuaid Gambler's Digest 315]

■ **royalty** : 포커 게임에서 '스트레이트 플러시(straight flush)'와 같이 확실하다고 생각되는 핸드를 위해 상금 또는 상품을 수여하는 것을 말한다. [1949 Coffin Secrets 185]

Rubber-band (라버-밴드)

특정한 테이블에 배치되지 않은 딜러가 있는 경우, 휴식이 있은 후에 테이블 게임에 딜러를 재배치하는 관리시스템을 말한다. [2006 고택운 카지노 서베일런스 시스템의 이해 331]

Rug joint (라그 조인트)

'카페트 조인트(carpet joint)'라고도 불리운다. 다양한 게임 엔터테인먼트 그리고 우아한 룸 등의 특징을 가지고 준비되어 있는 카지노를 말한다. [1961 Scarne Complete Guide 686]

Rule (룰)

카지노 또는 게이밍 시설에서 수락할 수 있는 규정을 명시한 일람표, 문서와 구두진술 또는 게임의 규칙을 말한다. [1996 CGD]

■ **rule rap** : 카지노에서 딜러의 변말 또는 빠른 말로 경험이 없는 자에게 게임하는 방법을 설명하는 것을 비유한 말이다. [1979 Newman Dealer's Special 61]

Rumble (럼블)

주사위를 변경하거나 카드를 조작하는 속임수 행위를 만드는 게임자를 발견한 경우를 표현하는 단어이다. 또는 속임수 행위가 이루어진 것이라고 생각되는 경우를 말한다. [1961 Scarne Complete Guide 686]

Run (런)

① 갬블링 게임 또는 카지노를 운영하는 것을 말한다. [DA]

② 일관된 순서로 계속되는 카드의 진행을 말한다. [OED]

③ 위닝(winning) 또는 루징(losing) 베팅 금액을 연속으로 만드는 경우를 말한다. [1983 Martinet Oral Coll]

④ 커다란 금액으로 이긴 후에 곧바로 게임을 그만두는 것을 말한다. [OED]

⑤ 주사위를 테이블 또는 보드(board)의 표면 전방으로 굴리는 것을 말한다. [OED]

- **run a book** : '북메이커(bookmaker)'로서의 활동을 말한다. ※ 북메이커는 사설 마권업자를 뜻함 [OED]
- **run a game** : 모험적인 갬블링 사업을 운영하는 경우 또다른 표현으로 희생자를 속이려고 농간 또는 기만 수단을 사용하는 경우를 말한다. [1973 Clark Oral Coll]
- **run a pot** : 포커 게임에서 상대방에게 허세(bluff)를 부리는 것으로 게임을 이기려는 경우를 말한다. [1949 Coffin Secrets 185]
- **run barefoot** : 크랩스 게임에서 '오즈 베트(odds bet)'없이 기본적인 웨이저만 만드는 경우를 말한다. [1983 Martinet Oral Coll]
- **run down** : 카지노에서 손을 대지 않고 눈대중으로만 테이블의 락(rack) 안에 칩스 금액을 추정계산하는 것을 말한다. [1977 Anness Dummy Up]
- **run down a stack** : 카지노에서 동등한 사이즈의 가장 작은 스텍 상태로 칩스의 스텍 높이를 분리하는 것을 말하며, 'break down a bet' 또는 'count down'과 뜻이 같다. [1983 Martinet Oral Coll]
- **run flat** : 부정직한 갬블링 게임 또는 시설을 운영하는 것을 말한다. [1973 Clark Oral Coll]
- **run in** : 카드덱을 오리지날 순서대로 유지하려는 게임용 카드의 '셔플(shuffle)' 동작을 말한다. [2006 고택운 카지노 서베일런스 시스템의 이해 331]
- **run strong** : 게임 또는 게이밍 시설을 부정직하게 운영하는 것을 말한다. [1961 Scarne Complete Guide 686]
- **run up a hand** : 게임되어진 카드 즉, 디스 카드로부터 위닝 핸드를 만들려는 행위를 말한다. [1902 Andrews Artifice 20]

Runner (런너)

카지노 또는 게이밍 시설에서 베트를 수용하는 사람의 입장(立場)으로 베터로부터 웨이저 또는 다른 자료를 운반하는 사람을 말한다. 이 용어는 공동된 동작이지만 행태를 구분하여 사용된다. '키노 런너(keno runner)'는 게임자와 키노 라운지 사이에 돈과 티켓을 운반하는 카지노 종업원을 말하며, '칩 런너(chip runner)'는 카지노케이지와 테이블 사이에 칩스 또는 첵스(checks)를 운반하는 사람 또는 '퍼린 첵스(foreign checks)'를 다른 카지노에서 상호 운반하는 사람을 말한다. '넘버 런너(number runner)'는 넘버 게임의 운영자와 게임자 간에 돈과 베팅 슬립을 운반하는 사람을 말한다. [1961 Scarne Complete Guide 686]

Running-count (런닝-카운트)

카드 카운팅에서 각 카드에 대하여 이미 부여된 값을 근거로, 주어진 시간에 게임되어진 모든 카드로 카드 카운터가 하는 수치의 값을 말한다. 〔2003 고택운 카지노 게임 실무이론 I 141〕

Running mate (런닝 메이트)

주사위에, 7점으로 항상 귀결되는 곳의 주사위 반대면의 점수넘버를 말한다. 오류되지 않은 주사위를 검사하는 경우, 엄지와 중지 사이에 대각선으로 코너를 잡고 나서, 앞면과 '런닝 메이트(running mate)'를 체크하면 그 두 면은 7점으로 귀결(歸結)된다. 〔1983 Martinet Oral Coll〕

- **running pair** : 포커 게임에서 같은 등급의 연속적인 카드 두 장을 말하며, 또한 홀뎀 게임에서 같은 등급의 연속적인 카드 두 장은 마지막에 딜링된 두 장의 카드를 말한다. 〔1973 Preston Play Poker 169〕
- **runt** : 포커 게임에서 믹스된 슈트와 로우 카드 또는 페어가 없는 카드를 가진 핸드를 말한다. 〔1949 Coffin Secrets 185〕

S

S (에스)

카지노에서 '스윙 시프트(swing shift)'의 약자(略字)로 표기하며, 이는 부정기적인 시간대를 의미하고 있으나, 통상적으로 오후 6시부터 익일 오전 2시 까지의 회기(session)를 지칭(指稱)한다.

Sabot (새보트)

카지노에서의 테이블 게임의 장비 일부분으로 딜링하는 '슈(shoe)'를 지칭(指稱)한다.

〔1996 Kendal / Hunt Casino Gaming Dictionary〕

Salary (샐러리)

노동의 댓가에 대하여 일관되게 지불하는 즉, 급여(給與)에 관한 경리상의 용어를 말한다.

〔1996 CGD〕

Salt away (솔트 어웨이)

※'렛홀(rathole)' 행위로, 게임을 계속 진행하는 동안 하는 부정직한 행위이며, 장래를 생각하여 호주머니에 칩스나 현금을 집어넣는 것을 말한다.

※ 남의 눈에 띄지 않게 칩스나 현금을 감추는 행위(쥐구멍)

〔OED〕

Salle privee

유럽피언 게임에서 고액(high stakes) 게임을 위하여 예약된 카지노 내부의 사용(私用) 특실을 말하며, '프라이베트 게임(private game)'과 같다.

※ French

〔1996 Kendal / Hunt Casino Gaming Dictionary〕

Same bet (세임 베트)

뱅크 크랩스 게임에서 지정된 넘버가 위닝한 후에 같은 지점에 베트를 만들 것을 게임자가 요구하는 것을 말한다.

〔1983 Martinet Oral Coll〕

Same dice (세임 다이스)

뱅크 크랩스 게임에서 딜러에 의해 제공되는 다른 주사위라기보다 테이블에서 튕겨져 나간 후에 되돌려진 주사위를 가지기를 슈터가 요구하는 주사위를 말한다. 〔1983 Martinet Oral Coll〕

Sand (샌드)

'샌드 페퍼(sand paper)'를 가지고 게임용 카드의 가장자리를 표시하는 작업을 말한다. 〔2006 고택운 카지노 서베일런스 시스템의 이해 331〕

- **sandbag**: 포커 게임에서 '첵(check)'을 하고, 베트를 사절하며, 동시에 강한 핸드를 잡고 나서, 다음 베팅 라운드에 레이스(raise)하는 것을 말한다. 〔OEDS〕
- **sandbagger**: 포커 게임에서 '첵(check)'을 한 게임자 그리고 나서 나중에 베트를 올린다. 〔OEDS〕
- **sandwork**: 대단히 섬세한 샌드 페퍼를 가지고, 카드의 뒷면을 표시하는 속임수꾼의 방법을 말한다. 〔2006 고택운 카지노 서베일런스 시스템의 이해 331〕

Santa Barbara (산타 바바라)

'빅슬릭(big slick)'이라고도 불리운다. '홀뎀 포커(hold'em poker)' 게임에서, 첫 번째 두 장의 카드로 게임자에게 딜링되었을 때, A와 K를 받은 것을 말한다. 이는 미국의 캘리포니아, 산타 바바라의 지명에서 유래되었다. 〔1981 Golad Oral Coll〕

Sauter la coupe

딜러의 손바닥 안에 카드를 감추는 속임수 행위 방법을 말한다. 그 카드는 덱의 맨 아랫부분에 놓여지고, 그것으로 딜링하게 될 것이다. · French 〔1987 Thomas L. Clark The Dictionary of Gambling & Gaming 189〕

Sawdust game (소우다스트 게임)

이곳 저곳 장소를 옮겨다니며 이동하는 불법 갬블링 게임으로 '플로팅 크랩스 게임(floating craps game)'에 비유된다. 〔1974 Powell Verbal Dexterity 10〕

Sawdust joint (소우다스트 조인트)

규모가 작거나 또는 꾸미지 않은 갬블링 시설을 말한다. 이는 작은 금액의 베트를 하는 게임자들을 고객화한 갬블링 시설을 언급하는 용어이다. 〔1964 Wykes Illustrated Guide 329〕

Scam (스캠)

갬블링 상대방에 대한 속임수 행위 방법, 사기행위 또는 부정직한 계획, 희생자를 속이려는 행위 또는 방법 등 갬블링 관련 부정적인 용어이다. 〔2006 고택운 카지노 서베일런스 시스템의 이해 331〕

Scare card (스케어 카드)

블랙잭과 포커와 같은 게임에서 부주의하여 카드를 딜링하는 동안 앞면이 보이도록 돌려진 것을 말한다. 추측컨대, 이와 같은 카드는 상대방을 위협할 수도 있다. [1973 Clark Oral Coll]

Scared money (스케얼드 머니)

갬블링 게임에 관여하기 위해서는 부족한 뱅크롤을 말한다. 효과적인 레이스(raise)와 베팅을 하는 용기를 가질 수 없는 자금을 보유하고 있는 사람을 말하기도 한다. [1978 Siberstang Winning Poker 11]

Score (스코어)

① 카드 게임에 점수로 기준과 관계되어 있는 경기 또는 게임에 성과를 표현하는 숫자를 말한다. [OED]

② 정직 또는 부정직한 의미로 커다란 금액의 돈을 이겨서 획득하는 것을 말한다. [1981 Maurer Lang of the Underworld 191]

▣ **score a big touch** : 카드 게임 또는 베팅 형태 안에 속임수 행위로 보통 수상쩍고 부정직한 방법에 의해 커다란 금액의 돈을 획득하는 것을 말한다. [1973 Clark Oral Coll]

▣ **scorekeeper** : 바카라와 룰렛 게임에서, 베팅하려는 어느 곳의 넘버의 모양을 살피려고, 게임에서 각각 일어난 일을 기록하는 게임자를 말한다. [OED]

▣ **scorer** : 게임 또는 컨테스트에 스코어의 기록을 유지하는 사람 또는 컨테스트에 포인트 또는 스코어를 만드는 사람을 말한다. [OED]

▣ **scoring block** : 카드 게임에 사용된 득점 기록표를 말한다. [OEDS]

Scotch straight (스카치 스트레이트)

포커 게임에서 2, 4, 6, 8과 10의 순서대로 되어 있는 짝수 넘버의 카드 다섯 장을 말하며 '더치 스트레이트(dutch straight)'라고도 한다. [1973 Clark Oral Coll]

Scratch (스크랫치)

① 통상적으로 유효한 지폐(돈)를 말한다. [OEDS]

② 블랙잭 게임에서 손가락 또는 카드를 가지고 테이블의 표면을 쓸어내는 동작(brushing)에 의하여 딜러에게 '히트(hit)' 또는 다른 카드를 요구하는 게임자의 동작을 말한다. [2003 고댁운 카지노 게임의 실무이론 I 89]

▣ **scratch paper** : 샌드 페퍼(sandpaper) 또는 예리한 도구를 사용하여 카드 뒷면이 표시된 게임용 카드를 말한다. [1938 Asbury Sucker's Progress 37]

▣ **scratch sheet** : 카지노에서 한 시프트(shift)상의 다양한 게임을 위해 요구되는 딜러들의 명단을 말한다. [1979 Newman Dearer's Special 10]

Screen / Screen out (스크린 / 스크린 아웃)

카드 또는 주사위 게임에서 게임자에 의해 만들어지는 속임수 행위 동작으로 주의를 딴 데로 돌려 산만하게 하는 계획을 말한다. [1961 Scarne Complete Guide 686]

Seat-man (시트-맨)

① 직업적인 카드 딜러 [DAS]

② 게임에 필요한 게임자들이 성원될 때까지 최소금액으로 베팅하며 게임에 참여하는 운영자에 의해 고용된 사람을 말한다. [1961 Hotel Coll]

▣ **seat number** : 바카라와 블랙잭 게임에서 각 게임자를 위하여 베팅하는 공간을 표시하는 '레이아웃(layout)' 상의 넘버를 말한다. [ca. 1961 Hotel Coll]

▣ **seat position** : 포커 게임에서 딜러와 관련되어 있는 게임자의 위치를 말한다. [1968 Wallace Poker 223]

Second (세컨드)

카드 게임에서 톱 카드가 아닌 어떤 다른 카드 또는 팩의 맨 위에서 두 번째의 카드로 딜링하는 행위로서, '바텀 딜러(bottom dealer)'의 행위를 말한다. [2006 고택운 카지노 서베일런스 시스템의 이해 332]

▣ **second base** : 블랙잭 게임에서 테이블 레이아웃의 중간 부분으로 게임자가 앉아있는 위치의 명칭을 말한다. 또한, 크랩스 테이블에서는 '스틱맨(stickman)'의 왼쪽에 있는 딜러의 자리를 지칭한다. [2003 고택운 카지노 게임의 실무이론 I 88]

▣ **second best** : 포커 게임에서 손에 든 패를 전부 보이는 것으로 '루즈(loses)'한 핸드를 말한다. [1949 Coffin Secrets 185]

▣ **second break** : 뱅크 크랩스 테이블에서 스틱맨의 오른쪽에서 시프트(shift) 근무를 시작하는 딜러를 말한다. [1983 Martinet Oral Coll]

▣ **second card** : 속임수 행위로 카드덱의 맨 위에서 두 번째 카드를 딜링하는 게임용 카드를 말한다. [1977 Cahill Recollections 316]

▣ **second deal** : 속임수 행위로서, 톱 카드가 아닌 다른 카드 또는 팩의 맨 위에서 두 번째 카드로 딜링하는 것을 말한다. [1968 Wallace Poker 223]

▣ **second dealer** : 카드덱 또는 팩의 맨 위 카드가 아닌 카드 딜링에 숙달한 딜러를 말한다. [2006 고택운 카지노 서베일런스 시스템의 이해 332]

▣ **second dealing** : 덱의 톱카드가 아닌 다른 카드로 딜링하는 행위를 말한다. [1891 Hoffman Baccarat]

▣ **second hand** : 포커 게임에서 베팅 라운드 동안 게임 활동을 하는 두 번째 게임자를 말한다. [1953 Crawford Consistent Winner 352]

▣ **second nuts** : 포커 게임에서, 가장 좋은 핸드로 패한(loses) 좋은 핸드를 비유하는 용어이다. [1976 Sklansky Hold'em Poker 8]

▣ **second pair** : '세컨드 버튼(second button)'이라고 불리운다. '홀뎀 포커(hold'em poker)' 게임에서 테이블 위에 노 [1976 Sklansky Hold'em Poker 8]

출된 카드 중에 두 번째로 높은 페어 카드를 말한다.

- **second position** : 포커 게임에서 딜러의 왼쪽에서 두 번째 게임자를 말한다. [1949 Coffin Secrets 185]
- **second story** : 포커 게임 특히 '홀뎀' 게임에서 베팅 라운드 동안 레이스하는 것으로, ※'캐트버드 시트(catbird seat)'와 비교되는 말로, 이는 라운드 전에 체크한 후에 레이스한다는 뜻이다. [1981 Golad Oral Coll]

※ 포커 게임의 딜러의 왼쪽에서 마지막 자리.

Seed (시드)

① '불리트(bullet)'라고 하며, 게임용 카드의 '에이스(ace)'를 말한다. [1968 Wallace Poker 223]

② '본(bone)'이라고 부르며, 포커 게임의 1달러 칩스를 말한다. [1930 DAS]

Security (시큐리티)

① 카지노 경찰 [1996 George Casino Gaming Dictionary]

② 범법 행위로부터 카지노를 보호하고 통제하는 부서(部署) [1996 C.G.D.]

③ 자산의 안전을 도모하여 모든 사람들을 보호하고, 다른 사람의 행동거지를 숙고하는 것으로 신체상의 위협을 제거한다. [1996 C.G.D.]

Sell a bet (셀 어 베트)

갬블링 게임에서 그럴듯한 승산 또는 기타 다른 유인책으로 쉽게 이긴다는 것을 보이고, 제의에 의해 베팅하려는 게임자를 부추겨 만드는 베트를 말한다. [1983 Martinet Oral Coll]

- **sell a hand** : 포커 게임에서 보잘 것 없는 핸드를 가진 것처럼 가장(假裝)하는 것으로 베트를 '이븐(even)'으로 올리거나 또는 상대방을 부추기는 것을 말한다. [1978 Brunson How I Made 546]

Semi-bluff (세미-블러프)

포커 게임에서 약간의 가능성이 있는 핸드를 잡고 있는 게임자가 사용하는 베팅전략을 말한다. [1976 Sklansky Hold'em Poker]

Senate dealer (세네트 딜러)

포커 게임의 직업적인 전문 딜러로서, 게이밍 또는 베팅에 관여하지 않는 사람을 말한다. [1973 Preston Play Poker 169]

Send (센드)

갬블링 게임에서, 희생자를 속이는 행위에 주사위를 포함한 속임수 행태의 어떤 종류를 말한다. [1983 Martinet Oral Coll]

- **send it around** : 포커 게임에서 강한 핸드를 잡고 있는 한 베팅 라운드 동안 '첵(check)'하려는 것으로, 다른 게임자가 '베트(bet)'를 하거나 '레이스(raise)' 하기를 바라는 것을 말한다. [1978 Brunson How I Made 546]

■ **send it in** : 포커 또는 크랩스 게임에서 자주 베팅을 하거나 커다란 베트 또는 연속적인 베팅을 말한다. [1981 Maurer Lang of the Underworld 191]

Sequence (시퀀스)

일반적으로 게임용 카드에 연속적으로 넘버가 이어지는 카드의 그룹을 말한다. 포커 게임에서 '스트레이트(straight)'라고 부르며 이는 연속적으로 숫자가 이어지는 5장의 카드 그룹을 말한다. [OED]

■ **sequence flush** : '스트레이트 플러시(straight flush)'라고 불리운다. 포커 게임에서 한 가지 슈트로 연속적으로 숫자가 이어지는 5장의 카드 그룹을 말한다. [1987 Thomas L. Clark The Dictionary of Gambling and Gaming]

Serialized record (시리얼나이즈드 레코드)

카지노에서 테이블과 카지노 케이지 사이에 운반되어지는 칩스 또는 현금을 포함한 거래를 기록하는 데 사용되는 번호 순으로 나열된 서류(양식)를 말한다. '마스터 카드(master card)'와 '림카드(rim card)' 그리고 '테이블 카드(table card)'와 같다. [1957 Nevada Gaming Regulations 33]

Serve / Service (서브 / 서비스)

생활을 위하여 특별히 게임용 카드를 딜링하는 갬블링 용어 또한 학술적으로는 무형의 재화를 생산하는 종류의 하나로 상품으로 간주하기도 한다. [1949 Coffin Secrets 185]

Session (시즌)

빙고, 포커, 브리지 등과 같은 게임의 핸드 또는 여러 가지 게임을 포함한 게임진행의 기간(期間)을 말한다. [1949 Coffin Secrets 185]

Set (세트)

주사위 게임에서의 '스테이크(stake)' 또는 베팅한 금액 또는 카드 및 주사위 게임의 진행기간, 베트를 만드는 것을 말한다. [OED]

■ **set all-in** : 한도금액(limit) 없는 포커 게임에서 상대방에게 베트에 대한 콜을 하는 순서로 '팟(pot)' 안에 전체의 금액을 베팅하여 거액의 베트를 만드는 것을 말한다. [1978 Brunson How I Made 547]

■ **set the combination** : 크랩스 게임에서 '콘트롤드 샷(controlled shot)'을 만들기 전에 누군가의 손으로 주사위를 조작(操作)하는 것을 말한다. [1981 Maurer Lang of the Underworld 191]

■ **set up** : 포커 게임에서 약한 핸드를 가지고 있는 뱃팅으로서 상대방을 부추기는 행위 또는 속임수 행위를 하려고 희생자를 상대로 준비하는 것을 말한다. [1961 Hotel Coll]

■ **set over set** : '홀뎀(hold'm)' 포커 게임에서 다른 게임자가 잡고 있는 '페어(pair)'보다 더 높은 등급을 어느 게임자가 잡고 있는 '페어(pair)'를 말한다. [1981 Golad Oral Coll]

Settlement (세틀멘트)

갬블링 기간의 마감시에 위닝의 수금(收金)과 루스의 지불(支拂) 행위를 정산하는 것으로, 현금대신 칩스로 이행한다. [1950 Morehead Culbertson 643]

Settler (세틀러)

모든 경마 또는 경견에 베팅된 금액으로, 경주가 진행되기 전에 최종 배당승률을 결정하는 마권업을 운영하는 사람을 말한다. [1964 Wykes Illustrated Guide 329]

- **settlers** : 무게가 실린 '로디드 다이스(loaded dice)'를 물속에 넣었을때, 그것에 대한 무게를 간파할 수 있는 방법을 말한다. [1974 Scarne Dice 285]

Set-to (셋트-투)

게임 또는 경기를 시작하려는 경우에 특별히 활기있는 모양을 나타내는 것으로, 공격적인 베팅을 하는 것을 말한다. [ca. 1961 Hotel Coll]

setup (셋업)

갬블링 시설에서 테이블, 카드, 칩스 등과 같이 게임을 실행하기 위해 요구되는 장비를 말하며, 또다른 의미로는 희생자를 속이기 위해 준비한다는 뜻도 된다. [1977 Anness Dummy Up]

Seven (세븐)

- **seven out** : 크랩스 게임에서 포인트가 정해진 후에 패하게 되는 것으로, '넘버 7'이 굴려진 경우를 말한다. '크랩 아웃(crap out)'과 대조된다. [1981 Maurer Lang of the Under-world 191]
- **seven out, line away** : 뱅크 크랩스에서 슈터가 포인트 대신 '7점'이 굴려진 것을 '스틱맨(stickman)'에 의해 알려주는 콜링(calling)으로 패스 라인의 베트가 루스하는 것을 말한다. [ca. 1961 Hotel Coll]
- **seven-eleven** : 카지노에서 모든 돈을 잃은 정규적인 고객을 지원하는 것으로, '플로어맨(floorman)'에 의해 특별대우로 베팅하여 주는 것을 말한다. 게임자는 그에게 주어진 칩스를 가지고 떠나는 것으로 이해할 것이다. 그 밖에 작은 내기 또는 길거리 게임에서 모든 돈을 잃은 게임자를 위해 다른 겜블러들에 의해 제공하는 새로운 자금을 말하기도 한다. [1974 Scarne Dice 478]

Shade (세이드)

갬블링 게이밍이 있는 장소에서의 은밀한 속임수 행위 움직임으로 '스크린(screen)'과 뜻이 같다. [1943 Maurer Argot]

- **shade work** : '바이스클(bicycle)' 카드의 자전거 바퀴의 문양에 살을 추가하는 것 같이, 그림무늬의 어느 부분을 잉크로 [1968 Adams Western

추가하여 만들어진 게임용 카드의 뒷면의 표시행위를 말하며, '커즈메틱(cosmetics)' 용어와 비교된다.

- **shade worker** : 추가로 나타내는 디자인을 변조하는 것으로 카드의 뒷면을 표시하는 카드 속임수꾼을 지칭한다. 〔1983 Martinez Gambling Scene 219〕
- **shading** : 게임용 카드의 뒷면을 표시하는 행위를 말한다. 〔1961 Scarne Complete Guide 686〕

Shake (쉐이크)

주사위 게임에서 주사위를 함께 흔드는 동작으로, 손 안에서 또는 다이스컵 안에서 어느 쪽이던 주사위를 던지려는 준비동작으로 말한다. 〔ca. 1961 Hotel Coll〕

Shaker (쉐이커)

빙고 '팔러(parlor)'에서 게임을 위해 이용할 수 있는 넘버가 매겨져 있는 모든 볼을 보유하고 있는 컨테이너(container) 또는 케이지(cage)를 말한다. 〔1953 Lewis Sagebrush Casinos 93〕

Shapes (세이프)

주사위를 깎거나(shaving), 열을 가하거나(heating) 또는 조각(carving)하는 것에 의해 크기(size)를 변경한 주사위를 말하며, '스트롱 세이프(strong shapes)'와 '위크 세이프(weak shapes)' 용어와 같은 뜻으로 참조된다. 〔ca. 1961 Hotel Coll〕

Shark (샤크)

카드 또는 주사위 게임과 같은 갬블링의 특정한 형태에 노련한 게임자 또는 갬블링 게임에서의 속임수꾼 또는 과대한 이자로 갬블러들에게 대여해 주는 고리대금업자를 말한다. 〔OED〕

Sharp (샤프)

'카드 샤프(card sharp)'의 준말로, 카드 게임의 속임수꾼 또는 카드 게임을 속이려는 행위를 말하며, 또 다른 의미로는 카드 또는 주사위 같은 게임에 갬블링의 특정한 형태에 노련한 게임자를 말한다. 〔OED〕

- **sharping** : 가능성 있는 게임에서의 속임수 행위 또는 속임수와 관련된 빈틈없는 행동을 말한다. 〔OED〕
- **sharp practice** : 갬블링 게임에서 비열하게 상대방의 유리함을 가지려는 행위를 말한다. 〔OED〕
- **sharp and flats** : 속임수꾼과 그들의 희생자들에 관련하여 언급하는 말장난을 비유한 말이다. 〔OED〕

Shears (시어스)

게임용 카드의 사이즈를 바꾸거나, 다듬기 위한 도구 또는 속임수 행위를 하기 위한 목적으로 사이즈를 변경한 게임용 카드를 말한다. 〔ca. 1961 Hotel Coll〕

Sheriff's card (세리프스 카드)

미국의 네바다(Nevad), 클락 카운티(Clark County), 메트로 폴리탄 폴리스 디파트멘트(Metro Politan Police Department)가 발행하는 증명서로 이는 카지노 게이밍에 종사하는 사람들이 신원조사에 통과하였음을 표시하는 증명서이다. [1983 Clark Oral Coll]

Shift (시프트)

카지노에서 통상업무를 일일 8시간씩 3부로 나누고, 그 중 한부를 '시프트(shift)'라고 한다. 보통 M(morning), D(day), N(night)으로 표기하며, 게이밍 회계관리는 시프트 별로 시작과 마감을 한다. [2002 고택운 현대 카지노 산업관리론 상 321]

- **shift card** : 게임용 카드의 딜링에서 반대의 순서대로 두 장의 카드가 딜링된 것을 말한다. [1983 Martinez Gambling Scene 219]
- **shift the cut** : 오리지날 순서로 팩을 복원하려고 카드의 덱을 컷팅하는 동안 만드는 속임수 행동을 말한다. [1966 C.G.D.]
- **shift boss** : 카지노에서 8시간 동안 모든 게임을 감독 관리하는 경영자를 대신하는 사람을 말한다. [1983 Martinet Oral Coll]
- **shift coverage** : 카지노에서 친분이 있는 돈 있는 부자 고객을 돌보는 직무상의 카지노 호스트가 가진 권한 적용범위를 말한다. [1980 Clark Oral Coll]

Shill (실)

'스타터(starter)' 또는 '하우스 플레이어(house player)'라고도 불리운다. 이는 게임이 원활하게 진행될 수 있는 게임자들이 구성될 때까지 테이블에서 최소한의 베팅을 하려고 고용된 겜블링 시설의 고용인을 말한다. 또 다른 의미로는 불법 게임 운영자의 연루자로, 겜블링 시설에 고용되어 게이밍 테이블에 참여하는 자를 말하기도 한다. [1968 Wallace Poker 224]

Shim (심)

슬롯머신에서 머신의 측면에 구멍을 뚫은 후에 슬롯머신의 '릴(reel)'을 조정하려고 사용된 견고한 철사의 길이를 말한다. [ca. 1961 Hotel Coll]

Shinner (샤이너)

딜링되어진 게임용 카드의 앞면을 보는 데 사용되는 표면이 반사(반사)되는 물체를 말한다. '샤이너(shinner)'는 볼록 거울의 원리를 이용하여 장치한 종이성냥 또는 반짝이는 코인, 라이터 등이 있으며 '글리머(glimmer)'라고도 한다. [2006 고택운 카지노 서베일런스 시스템의 이해 332]

Shoe (슈)

바카라, 블랙잭, 페로 등과 같은 게임에서 사용되는 카드를 한 덱 이상 보유하기 위한 딜링 박스(dealing box)를 말한다. [2003 고택운 카지노 게임의 실무이론 I 82]

▣ **shoestring gambler** : 겜블링 게임에서 적은 금액의 돈으로 모험을 하는 어떤 사람을 말한다. [OEDS]

Shoot (슈트)

주사위를 굴리는 행위 또는 크랩스 게임을 행하는 것을 표현하는 용어이지만, 이를 다른 구절에 인용한다면 : [OEDS]

▣ **shoot the moon** : 하이-로우(high-low) 포커 게임에서 하이 핸드와 로우 핸드 양쪽을 위한 베팅으로 이기려는 취지의 입장을 표명하는 것을 말한다. [1968 Wallace Poker 224]

▣ **shoot the pot up** : 포커 게임에서 유별나게 커다란 베트를 만드는 경우에 사용하는 말이다. [1973 Preston Play Poker 224]

Shooter (슈터)

크랩스 또는 ※'백개몬(backgamon)'과 같은 게임에서 주사위를 던지는 사람을 말하며, '캐스터(caster)'와 비교된다.

※ 유럽식 주사위 게임

[1974 Friedman Casino Management 29]

Short (쇼트)

충분한 시간, 돈, 능력, 정직함 등이 총체적으로 부족한 갬블링 상황을 언급하는 용어이다. 또 다른 표현으로는 크랩스 게임에서 테이블 길이에 못미치게 굴려진 주사위에 적용하는 말이다. [1983 Martinet Oral Coll]

▣ **short the pot** : 포커 게임에서 보통 다른 게임자들에게 내색하지 않는 움직임으로 요구된 베팅 금액보다 '팟(pot)'에 적은 금액을 베팅하는 것을 말한다. [1981 Jenkins Johnny Moss]

Shortcake (쇼트케익)

게임자에게 ※'쇼트체인지(shortchange)' 하는 행위로, 특히 크랩스 게임에서 게임자가 '오즈 베트(odds bet)'를 가진 후에 당연히 지불받아야 할 금액보다 적은 금액을 게임자에게 지불하는 것을 말한다.

※ 고의로 거스름돈을 부족하게 주는 행위를 말한다.

[ca. 1961 Hotel Coll]

▣ **short-call** : 포커 게임에서 베팅의 일부분을 말한다. 이는 요구되는 금액과 경쟁하기에 충분하지 못한 자금으로 게임자가 베트를 하며 만들어지는 '콜링(calling)'을 말한다. [1949 Coffin Secrets 173]

▣ **short-change artist** : 흔히 크랩스 게임에서의 딜러를 지칭하며, 보통 게임자에 의한 오즈 베트(odds bet)의 일부를 그대로 두고 지불하여야 할 금액보다 적게 게임자에게 지불하는 자를 말한다. [1983 Martinet Oral Coll]

Short deck (쇼트 덱)

블랙잭 게임에서 통상 10점의 가치를 지닌 카드를 제거한 부정직한 카드의 팩을 말한다. 이는 '롱 덱(long deck)'과 '롱 슈(long shoe)'와 대조된다. [ca. 1961 Hotel Coll]

▣ **short game** : 룰렛 또는 키노 게임과 같이 빠르게 진행되는 [1979 Clark Orall Coll]

게임을 지칭하는 말이다.

▣ **shorthanded game** : 블랙잭 또는 포커 게임에서 추가되는 게임자 또는 게임자들을 위한 룸(room)을 가진 테이블 게임을 말한다. [1978 Brunson How I Made 547]

▣ **short money** : 카드 또는 주사위 게임 테이블에 게임자가 정상적으로 가져온 것보다 더 적은 '뱅크롤(bankroll)' 상태에 관하여 언급하는 용어이다. [1948 Oncken Review Journal 4/25]

▣ **short pay** : 머신의 기능 고장으로 지불해야 할 시상 금액보다 적게 지불되는 슬롯머신에 적용되는 말이다. [1978 Alexander Glossary 13]

▣ **short roll** : 슬롯머신 게임센터에서 종이로 포장하여 묶은 20개의 '닉켈(nickels)' 또는 '쿼터(quarters)'를 말하며, 또 다른 의미로 뱅크 크랩스에서 테이블의 반대쪽 끝에 도달하는 것에 실패한 주사위가 던져지는 것을 뜻하는 용어이기도 하다. [1983 Martinet Oral Coll]

Shorts (쇼트스)

'쇼트 머니(short money)'에 참조되는 단어로, 불충분한 뱅크롤을 말한다. 또 다른 뜻으로 포커 게임에서 10등급 또는 더 낮은 등급의 핸드의 카드 페어를 말한다. [1979 Clark Oral Coll]

▣ **short stack** : 카지노에서 기본적인 단위인 20개의 칩스보다 적은 칩스의 스텍을 말한다. [1983 Martinet Oral Coll]

▣ **short stop** : 갬블링에 의해 적은 금액으로만 손실을 가질 수 있는 게임자를 비유하는 말이다. [1981 Maurer Long of the Underworld 191]

Shot (샤트)

① 갬블링을 제시하는 조건에 특별한 기회 또는 위험한 요소를 말한다. [OED]

② 불법적이거나 또는 갬블러에 의해 만들어진 속임수 행위의 움직임 [ca. 1961 Hotel Coll]

③ 주사위의 '롤(roll)'을 조종할 수 있는 슈터 또는 변조되지 않은 주사위의 '롤(roll)'을 조종하는 방법 등을 말한다. [1981 Maurer Lang of the Underworld 191]

▣ **shotgun** : 블랙잭 게임에서 딜러의 왼쪽에서 첫 번째 위치를 말하며 '휠스트 베이스(first base)'라고 부른다. [1979 Newman Dealer's Special 56]

Shove over some money (샤브 오버 섬 머니)

카지노에서 게임자로서 활동하는 공범자에게 딜러가 칩스를 주는 속임수 행위 방법의 명칭으로 '볼 팀(ball team)'의 용어와 뜻이 같다. [1961 Smith & Noble Quit Winners]

Show (쇼우)

카드 게임에서 카드를 딜링하거나 카드 앞면을 보여주는 행위 또는 포커 게임에서 모든 베팅이 종료된 후에 카드의 핸드를 노출시키는 것을 말한다. [OEDS] [ca. 1961 Hotel Coll]

Showdown (쇼우다운)

포커 게임에서 팟의 승자를 결정하려고 모든 베팅이 완성된 후에 핸드들을 대조(對照)하는 것을 말한다. 〔DA, DAE, OEDS〕

Shuffle / Shuffler (셔플 / 셔플러)

일정치 않은 형을 만들려고 게이밍 카드 또는 타일을 섞는 동작을 말한다. '셔플러(shuffler)'는 항상 딜러를 지칭하는 것은 아니고, 핸드에 카드가 딜링하기 전에 카드의 팩을 셔플하는 사람 또는 기계(machine)를 지칭하기도 한다. 〔OED〕

Shuffling and Dealing (셔플링 앤드 딜링)

보통 뱅커(banker) 또는 딜러(dealer)라고 불리우는 종업원이 운영자가 되어 대다수의 카지노가 행해지고 있는 한편, 게임자 중에 한 명이 수행하는 어떤 카드 게임에서 카드를 섞고(shuffling), 분배(dealing)하는 동작을 말한다. 〔1987 Thomas L. Clark The Dictionary of Gambling & Gaming 199〕

사교 게임(social game)의 게임자들은 첫 번째 딜러를 선정하려고 '높은 점수를 위한 컷트'를 하기도 하며, 새로운 딜러가 정해진 후에는 돌아가면서 딜러 역할을 한다. 포커 게임의 딜러는 딜러를 선택할 수도 있다. 블랙잭 게임의 딜러에 대한 플레이는 딜러의 '힛팅 룰(hitting rule)'에 의해 규정될 수도 있고, '페로(faro)'와 같은 게임에서는 '딜링 박스' 또는 '슈'가 필요하다. 딜러들을 좀 익살맞은 표현으로 언급한다면 '드로워스(throwers)', '브로드 토서스(broad tossers)' 또는 '브로드 핏처스(broad pitchers)'라고도 한다.

'세네트(senete)' 딜러와 대조(對照)하면, 특별한 움직임 또는 부정직한 행동을 자주 자행(自行)하는 비도덕적인 딜러를 말한다. 이는 ※'스퀘어 딜(square deal)'을 하는 '스퀘어 딜러'와 혼동해서는 안 되는 사람이며, 블랙잭 게임의 '카드 먹커' 또는 '넘버 투 맨(number two man)'으로, '세컨 딜러(second dealer)'로 불리워지며, 하우스에 의해 관리되는 딜러일 수도 있다.

※ 고지식한 딜러로 정직한 딜러를 지칭한다.

'세컨 딜러'와 '서브웨이 딜러(subway dealer)' 그리고 '피커스(peekers)'는 '스텍드 덱(stacked deck)'으로부터 '바텀 딜(bottom deal)'을 하려는 목적으로 자주 공모(共謀)를 가지는 것이다. 또한 카드의 내용을 감지할 수 있는 여러 가지 방법이 있다. 어떤 '카드샤프(card sharps)'는 '코즈메틱(cosmetics)'에 의존하여 '더버(dauber)'를 사용한다. 이러한 것은 '세이드 워크(shade work)', '루메네스 리더스(luminous readers)', '라인 워크(line work)', '글레이지드 카드(glazed cards)'와 '컷아웃 워크(cutout work)'로 만들어 지지만, '스템프드 덱(stamped deck)'에 연관되어지기도 한다. '미카닉(mechanics)'은 '슬리브 머신(sleeve machine)' 또 다른 '홀드아웃(holdout)' 또는 '핀 워크(pin work)', '엣지 워크(edge work)'와 같은 '트림스(trims)'에 의존하며, 그 밖에 '펄즈 컷(false cut)', '라스베가스 리플(LasVeagas riffle)', '오버핸드 셔플(overhand shuffle)', '패스트 셔플(fast shuffle)'을 만들려는 '미카닉스 그립'을 사용하거나 또는 컷팅을 뒤엎는 어떤 다른 방법을 알아낼 수도 있다. '셀러(cellar)' 딜러는 '스텍드 딜(stacked deal)'을 하려고 '바텀 스틱(bottom stack)'에 의존하고, '피커(peekers)'는 '매치북 샤이너(matchbook shiner)', '글리머(gleamer)' 또는 다른 '글래스 워크(glass work)'에 의지하기도 한다. 또한 그들은 '힐 피크(heel peek)', '버블 피크(bubble peek)' 또는 '프론트 피크(front peek)'를 실행하기도 한다.

Shut (셧)

- **shut out** : 포커 게임에서 상대방과 경쟁할 수 있는 베팅보다 더 큰 베트를 만들려는 것을 말한다. 또는 어떤 '포인트(point)'의 점수로부터 상대방을 견제하는 행위를 말하기도 한다. [1978 Brunson How I Made 647]
- **shutout** : 어떤 포인트의 점수로부터 상대방을 견제하는 팀(team) 또는 어떤 게임자(player)의 플레이를 언급하는 용어이다. [OEDS]

Shy (샤이)

'라이트(light)' 또는 '쇼트(short)'라고 한다. 포커 게임에서 '팟(pot)' 안에 베팅하는 행위에 관한 말로, 이전의 베트보다 더 적은 베팅을 하는 것을 말한다. [DA, DAE, OED]

- **shylock** : 대출 상환에 적용하는 이자율을 제시하는 것으로 고리대금업을 말한다. [OEDS]

Sice (샤이스)

크랩스 게임에서 주사위에 표시된 6점, 6점으로 던져진 주사위 또는 포인트와 넘버가 6인 것을 말한다. [OED]

Side arms (사이드 암스)

포커 게임에서 같은 등급의 카드 '페어(pair)'이지만, 같은 핸드 안의 또 다른 페어보다 가치가 낮은 것을 말하며, '세컨드 페어'라고도 한다. [1949 Coffin Secrets 186]

Side bet (사이드 베트)

주요 부분을 이루는 베팅 조건에 부차적(副次的)인 웨이저로, 구경꾼 또는 게임에 직접 참가하지 않은 자가 게임의 과정 우선순위 마지막에 베팅하는 것을 말한다. [OED]

Side card (사이드 카드)

① 핸드에 가치가 없는 카드 [1963 Steig Common Sense 187]

② 3장의 카드 순서에 2, 5, 5가 되는 불운으로, 하나의 '세트(set)'에 속하지 않는 카드 [DA, DAE]

③ 포커 게임에서 '쇼우다운(showdown)'한 것에 무승부가 된 경우이지만, 무승부에 포함된 카드 이외에 가장 높은 등급의 카드를 말한다. [1949 Coffin Secrets 186]

④ '킥커(kicker)'라고 불리우는 높은 등급의 카드로서 보통 '에이스(ace)' 카드를 말하며, 드로우포커 게임에서 카드를 버리는 과정 동안 계속 유지하는 카드를 말한다. [1978 Brunson How I Made 647]

Side game (사이드 게임)

카지노에서 '빅식스(big six)', '휠 오브 퍼천(wheel of fortune)' 또는 '챠카락(chuck-a-luck)'과 같은 마이너 뱅킹 게임을 말한다. 또 다른 표현은 포커 영업장에서 대부분이 중요하다고 여기지 않는 어떤 게임을 언급하는 용어이다. [1982 Clark Oral Coll]

▣ **side money** : 포커 게임에서 '메인 팟(main pot)'과 별도인 칩스 세트 또는 어떤 현금으로 통상 게임자가 빌린 돈을 말하며, 운영자 또는 하우스에 갚아야 할 돈 또는 상환하기 위해 사용되는 돈을 말한다. [1949 Coffin Secrets 186]

▣ **side partner** : 일반적으로 카드 게임에서 속임수꾼과의 공범자를 말한다. [OED]

▣ **side stripper** : 게임용 카드를 속임수에 사용할 목적으로 카드 측면을 손질한 것을 말한다. [1890 Quinn Fools of Fortune 197]

Sight (사이트)

게임자가 레이스의 총 금액을 따라갈 수 없을 때, 포커 게임에서 레이스의 일부분을 '콜링(calling)'하는 것을 말한다. 그 게임자는 부족한 레이스에 의해 채워진 '팟(pot)'에 대해서만 게임이 인정된다. [OEDS, DA, DAE]

Sign (사인)

'오피스(office)'라고 불리우며, 갬블링 게임 동안 공모자 또는 파트너에게 보내는 신호를 말한다. 보통 정보전달자의 정보 또는 요구되는 행동을 언급한다. [1961 Scarne Complete Guide 687]

Signal (시그날)

몸짓, 시선 또는 구두 표현으로 공모자(共謀者)간에 또는 상호교통 할 수 있는 전달수단(communication)을 말한다. [1953 Crawford Consistent Winner 353]

▣ **signing up** : 카드 게임 특히 포커 게임에서 공모한 속임수꾼에게 그의 손 안에 잡고 있는 카드의 가치를 공범자에게 신호하여 결탁하는 방법을 말한다. [2006 고택운 카지노 서베일런스 시스템의 이해 332]

Silent partner (사이렌 파트너)

포커 게임에서 속임수꾼이 커다란 '팟(pot)'을 가지는 한편 동시에 작은 '팟(pot)'에 대해 여러 가지로 위닝 핸드를 받게 하여 혐의를 피하려고, 속임수꾼이 이용하는 순진한 게임자를 지칭한다. [1968 Wallace Poker 224]

Simple game (심플 게임)

각 게임자가 '풀(pool)' 안에 기본이 되는 금액을 놓고 기회에 의해 승자를 선택하는 카드 또는 주사위 게임의 어떤 종류를 말한다. [1950 Morehead Culbertson 645]

Single (싱글)

뱅크 크랩스 게임에서 '이븐 머니(even money)'로 지불하려는 것 또는 만들어진 '웨이저(wager)'에 동등한 금액을 지불한다는 의미이다. [1978 Clark Oral Coll]

- **single deck** : 블랙잭 게임에서 '더블-덱(double-deck)'과는 종류가 다르게 사용되는 게임용 카드의 한 팩으로 하는 게임을 말한다. [ca. 1961 Hotel Coll]
- **single - 0** : 파트너 없이 혼자 작업하는 속임수꾼 또는 룰렛 게임에서 제로만 있는 유럽스타일을 말한다. [2006 고택운 카지노 서베일런스 시스템의 이해 332]
- **single point** : 뱅크 크랩스 게임에서 '컴라인(comeline)' 위에 만들어지는 종합적인 베팅을 가진 사람이 아니라, '패스 라인(pass line)'에만 베팅한 게임자를 언급한 말이다. [1968 Thackrey Nick the Greek 27]
- **single stakes** : 룰렛 게임에서 레드, 블랙, 아드 또는 이븐과 같은 베팅 지역에 '이븐 머니(even money)'로 지불하는 웨이저를 말한다. [2002 고택운 카지노게임의 실무이론 II 35]
- **single throw bet** : 크랩스 게임에서 주사위의 다음 '롤(roll)'을 깊이 생각하여 베팅하는 금액을 말한다. [ca. 1961 Hotel Coll]

Sit (시트)

- **sit in** : 게임에서 좌석을 정하는 것, 포커 게임에 참가하는 것 또는 짧은 시간 동안 다른 게임자를 위해 대신 하는 것을 말한다. [1978 Larson Vocabulary 101]
- **sitting** : 카드 게임에서 대단히 강력하여질 수 없는 핸드의 카드를 말한다. [OEDS]
- **sitting duck** : 속임수꾼에게 상대하기 쉬운 표적 또는 계획적인 속임수 행위에 대한 피해자를 말한다. [1973 Clark Oral Coll]

Six-number bet (식스-넘버 베트)

룰렛 게임에서 한 단위의 베트(single wager)로 6넘버를 커버하는 베팅으로 위닝시 지불배수는 5배이다. [2002 고택운 카지노 게임의 실무이론 II 36]

Six-number line (식스-넘버 라인)

룰렛 게임에서 '식스-넘버 베트(six-number bet)'의 칩스를 놓기 위한 테이블 레이아웃의 공간을 말한다. [2002 고택운 카지노 게임의 실무이론 II 36]

Sixth street (식스스 스트리트)

'세븐-카드 스터드(seven-card stud)' 게임에서 게임자에게 여섯 번째 딜링된 카드 또는 '홀뎀(hold'em)' 포커 게임에서 테이블의 중앙에 앞면으로 딜링된 네 번째 카드를 말한다. [1981 Golad Oral Coll]

- **six tits** : 포커 게임에서 세 장의 '퀸(queen)' 카드. [1983 Martinet Oral Coll]
- **sixty days** : 크랩스 게임에서 '넘버 6'에 대한 용어. [1981 Maurer Lang. of the Underworld 191]

Size (사이즈)

카드 게임에서 무늬는 무시하고 카드의 숫자로만 가치를 적용하는 것을 말한다. 또한 칩스에 대한 지불수단으로 칩스의 크기를 맞추는 것을 표현하는 용어이기도 하다. [DA, DAE]

Skeet (스키트)

'킬터(kilter)' 도는 '펠터(pelter)'라고 불리운다. 포커 게임에서, 9, 5, 2와 8 또는 그 이하의 2장 카드를 잡은 핸드로 '페어(pair)' 또는 '플러시(flush)'도 없는 핸드를 말한다. [1949 Coffin Secrets 186]

Skim (스킴)

카지노의 총 재원에서 공식적인 결산을 하기 전에 수익금을 몰래 빼내는 것으로 이는 세금을 피하기 위한 회계관리로 갬블링 운영에 관한 용어이다. [2006 고택운 카지노 서베일런스 시스템의 이해 332]

Skin (스킨)

모험적인 갬블링에 희생자를 속이려는 행위 또는 카드 게임에서 딜링하는 방법으로 팩으로부터 각 카드를 들어올리기보다 팩의 꼭대기에서 미끄러트리는 것으로 카드를 딜링하는 행위를 말한다. [1978 Anslie Complete Guide 298]

- **skin out** : 펼쳐서 카드 핸드를 보이는 것으로, 특히 포커 게임의 '쇼우다운(showdown)'을 말한다. [DAE, OEDS]
- **skin the deck** : 포커 게임에서 나중에 사용하려는 손바닥 안의 카드 또는 카드를 감추려는 행위를 말한다. [ca. 1961 Hotel Coll]
- **skin the hand** : 포커 게임에서 '쇼우다운(showdown)'을 하기 전에 초과된 핸드의 카드를 제거하는 행위를 말한다. [ca. 1961 Hotel Coll]
- **skin gambler** : 보통 카드 또는 주사위 게임에서 속임수 행위를 주수입원(主收入源)으로 의존하는 사람을 말한다. [DA, OEDS]
- **skin game** : 희생자를 속이려고 함께 공모하여 작업하는 게임의 어떤 종류를 말한다. [OEDS]

- **skinning** : 새로운 카드팩에서 카드를 제거하여 그것을 변형 시키는 행위를 말하며, '스테드 덱'과 '스트립퍼'에 비유된다. [1987 Thomas L. Clark D.G.G. 203]
- **skinning-house** : 속임수 행위에 전념하는 갬블링 시설을 말한다. [1938 Asbury Suker's Progress 9]
- **skinny dugan** : 크랩스 게임에서 넘버 7의 또 다른 명칭을 말한다. [1983 Martinet Oral Coll]

Skipper (스킵퍼)

빌린 돈을 지불하지 않고 갬블링 시설을 떠나는 사람을 말하며, '셀서(selsher)'를 뜻하며, 또한 '스킵 스트레이트(skip straight)'라고도 한다. [1963 Steig Common Sense 187]

Skip straight (스킵 스트레이트)

'시킵퍼(skipper)'라고 불리운다. 포커 게임에서 2, 4, 6, 8, 10처럼 변형된 등급의 어느 카드의 핸드를 말한다. [DAE]

Skunk (스컹크)

커다란 차익(margin)으로 게임에 이기거나 또는 어떤 점수나 성적을 갖지 못한 상대방을 게임에서 큰 차이로 패배시키는 행위 또는 희생자를 속이는 행위를 언급하는 내용이다. [DA, DAE, OEDS] [1979 Clark Orall Coll]

Slambang (슬램뱅)

신속하게 또는 빠른 속도의 형태로 실행된 속임수 행위의 움직임 또는 조심성 없이 재빠르게 희생자를 속이는 행위를 말한다. [1981 Maurer Lang of the Underworld 191]

Sleeper (슬립퍼)

① 테이블 레이아웃에 소유자가 불명하게 남겨진 베트 [DA]
② 크랩스 게임에서 슈터의 핸드가 종료된 후에 레이아웃에 남겨진 주인 없는 웨이저 [1983 Martinet Oral Coll]
③ 회수에 존재하지 않은 위닝 '키노(keno)' 티켓을 말한다. [1979 Clark Orall Coll]

Sleeve holdout (슬리브 홀드 아웃)

포커 게임에서 팔에 부착된 것으로 속임수꾼의 소매에 카드를 보유하려고 디자인한 기계적인 장치를 말한다. [1938 Asbury Sucker's Progress 66]

Slick (슬리크)

카드 속임수꾼을 위하여, 일정하게 게임용 카드의 뒷면을 매끄럽게 함으로써 다른 카드보다 쉽게 미끄러트릴 수 있도록 한 것을 말한다. [1978 Larson Vocabulary 101]

- **slick-ace deck** : 다른 카드에 비교하여 쉽게 미끄러지도록 뒷면을 부드럽게 만든 '에이스(ace)'가 있는 게임용 카드의 팩(pack)을 말한다. [1968 Wallace Poker 224]

■ **slick box** : 주사위 속임수로 원하는 숫자를 던지려고 주사위를 조작할 수 있도록 내부가 원만하게 되어 있는 주사위 컵(cup)을 말한다. [1981 Maurer Lang of the Underworld 191]

■ **slick dice** : 한 면 또는 그 이상의 면이 연마(polish)되어 주사위가 굴러간다기보다 표면에 미끄러지도록 만든 주사위를 말한다. [1943 Conboie LIncoln Slim 253]

Slip (슬립)

카드 게임에서 나중에 사용하기 위해 손바닥 안에 숨겨진 카드 [OED]

■ **slip the cards** : 덱을 '컷트(cut)'한 후에 덱의 꼭대기에 있는 카드의 뭉치를 쌓아놓는 동작을 말한다. [OEDS]

Slip dispense (슬립 디스펜서)

'위지 머신(whiz machine)'이라고 불리우며, 카지노 케이지에서 케이지와 카지노의 많은 피트 사이에 거래되는 기록에 사용하는 일련번호가 있는 서류가 계속적으로 공급할 수 있도록 채워주는 기계를 말한다. [1982 Martin Introduction 9]

■ **slippery anne** : 게임용 카드에서 스페이드(spade)의 퀸(queen)에 대한 또 다른 명칭 [1950 Morehead Culbertson 645]

■ **slit bet** : 룰렛 게임에서 인접한 두 개의 넘버 위에 베팅하는 것으로 '스플릿 베트(split bet)' 또는 '투 넘버 베트(two number bet)'라고 한다. [ca. 1961 Hotel Coll]

Slobberhannes (슬로버핸즈)

'유커(eucher)'와 닮은 카드 게임으로, 상대편의 실수를 이용하여 이기는 게임이다. 아마도 독일의 '슬로버젼(slabberjan)' 카드 게임에서 변형된 것 같다. [OEDS]

Slot (슬롯)

① '슬롯머신(slot machine)'에 대한 준말로 코인으로 운영되는 갬블링 장치이다. 보통 손잡이가 있으며, 손잡이를 단 한번에 당겨 게임자에 대해 이기거나 지는 장치를 한 기계를 말한다. [1968 Thackery Nick the Greek 165]

② 코인을 받아들이기 위하여 있는 슬롯머신 안의 트인 구멍을 말한다. [OED]

③ 게이밍 테이블에서 게임자 또는 딜러에게 지정한 위치를 말한다. [1950 Morehead Culbertson 646]

④ 딜러가 드롭 박스 안에 보관하려고 슬립과 현금지폐를 넣는 곳으로 게임 테이블 위에 있는 좁은 구멍(aperture)을 말한다. [ca. 1961 Hotel Coll]

■ **slot booth** : 카지노 또는 갬블링 시설 안의 작은 구내 시설로, 종업원이 코인을 교환해 주며 게임자들의 슬롯머신 활동을 관찰하기도 한다. [1977 Nevada Gaming Control Internal 20]

■ **slot booth bank** : 큰 금액의 '잭팟(jackpots)' 지불 또는 게임자들에 대한 환전을 하려고 종업원에 의해 사용할 수 있 [1982 Martin Introduction 1]

도록 슬롯부스에 저장되어 있는 현금을 말한다.

- **slot cheater** : '슬롯 치트(slot cheat)'라고도 불리우며, 슬롯머신에서 코인을 훔치는 사람을 말한다. [1973 Binion Recollections 33]
- **slot count sheet** : 수행원에 의해 '호퍼(hopper)'에 추가한 금액과 지불한 금액, 머신 안에 들어간 코인의 수량을 기록하려고 갬블링 시설에서 사용되는 서류(양식)를 말한다. [1978 Alexander Glossary 14]
- **slot drop** : 특정 기간 동안 게임자들에 의해 슬롯머신 안에 들어간 코인의 수량을 말한다. [1977 Nevada Gaming Control Internal 25]
- **slot fill** : 게임자에게 슬로머신 안의 모든 코인이 지불되어진 후에 수행원에 의해 '호퍼(hopper)'에 코인을 채우는 것을 말한다. [1982 Martin Introduction 22]
- **slot fill slip** : 수행원에 의해 슬롯머신에 추가된 코인 금액과 시간을 기록하려고 갬블링 시설에서 사용하는 서류를 말한다. [1957 Nevada Gaming Regulations 33]
- **slot joint** : 게이밍 테이블이 없거나 또는 소수를 가진 곳에 슬롯머신으로 채워진 갬블링 시설을 말한다. [1974 Clark Oral Coll]

Slot machine (슬롯머신)

머신상에 나타나는 심볼(symbols)의 특별한 배열이 있을 때, 코인의 일정한 수량으로 지불되기도 하고, 게임자의 코인을 저장할 수도 있는 기계식 또는 전자식 게이밍 장치를 말한다. 어떤 겜블링 시설은 '슬롯(slot)'만 설치하였으므로 '슬롯 조인트(slot joint)'라고 부르기도 한다. 대부분의 카지노 슬롯머신 구성원은 환전하는 '에프런 걸(apron girl)' 또는 '체인지 퍼슨(change person)'이 게임자에게 코인을 공급해 주고, '슬롯 메커닉(slot mechanic)'은 머신 운영을 관리한다. [OEDS, OED, DAE]

- **slot machine fruit** : 체리, 레몬, 오렌지 또는 자두와 같은 과일로 슬롯머신에 사용되는 심볼의 종류를 말한다. 그 밖에 심볼로 벨, 바, 7 같은 것을 통합하여 나오게 한다. [1941 Fair Spill the Jackpot 67]
- **slot machine load** : 게임을 위하여 대중에게 제공하기 전에 비어있는 슬롯머신에 기본적으로 채워놓는 코인의 수량을 말한다. '슬롯 필(slot fill)' 용어 참조. [1978 Alexander Glossary 14]
- **slot mechanic** : 슬롯머신을 다시 준비(reset)하고 보수(補修)하며 유지관리하는 사람을 말한다. [ca. 1961 Hotel Coll]
- **slot mix** : 갬블링 시설에서 단위, 형식, 거래모형, 당첨금, 스케쥴 등에 의하여 분배되는 것을 말한다. [2002 고택운 카지노 게임의 실무이론 II 370]

Slow crap (슬로우 크랩)

크랩스 게임에서 4 또는 10의 포인트를 말한다. 포인트 4와 10은 크랩스 게임으로는 거의 좋지 않은 포인트로 어느 쪽이든 '슬로우 크랩(slow crap)'이라고 부른다. 왜냐하면 슈터가 이러한 포인트를 만들기 전에 '세븐-아웃(seven-out)' 될 수가 있어 찬스가 길어지기 때문 [1983 Martinet Oral Coll]

이다.

- **slow death** : '빙고(bingo)'에 대한 또 다른 용어이다. [1948 Oncken Review Journal 3128:13]
- **slow game** : 포커 게임에서 소수의 라지 베트 또는 레이스가 있는 게임의 시기(session)를 말한다. [1978 Brunson How I Made 548]
- **slow play** : 포커 게임에서 베팅 라운드 뒤에 커다란 레이스를 만들기 위하여 강한 핸드를 잡고 있는 동안 작은 베트를 만드는 전략을 말한다. '첵-레이스(check-raise)'와 '샌드베깅(sandbagging)' 용어 참조. [1981 Golad Oral Coll]

Slug (슬러그)

① 속임수를 행할 목적으로 머신에 사용하려고, 코인의 모양으로 만든 코인 또는 원반 즉, 위조 코인을 말한다. [1953 Lewis Sagebrush Casinos 74]

② '롤(roll)'을 변경하려고 주사위 안에 금속으로 무게를 넣은 것을 말한다. [1981 Maurer Lang, of the Underworld 192]

③ 카드 게임에서 속임수를 행할 목적으로 카드덱을 로우(low) 또는 하이(high) 카드뭉치로 미리 정리해 두는 것을 말한다. 이는 셔플을 하면서 정돈된 카드 패키트(packet)가 방해받지 않도록 한다. [1983 Martinez Gambling Scene 220]

- **slugger** : 특히 슬롯머신 게임에서 코인으로 운영되는 머신에 모조 코인을 사용하는 사람을 지칭하는 말이다. [1931 Review Journal 2124:3]

Slur (슬러)

주사위 게임에서 던졌을 때 굴러 떨어지기보다 주사위를 미끄러트리는 어떤 곳에 속임수 행위의 방법을 말한다. [OED]

Small nickel / Small one (스몰 니켈 / 스몰 원)

'스몰 니켈(small nickel)'은 50달러 지폐 또는 50달러 가치의 칩스 또는 현금을 말하며, '스몰 원(small one)'은 100달러 지폐 또는 100달러 가치의 칩스 또는 현금을 말한다. [ca. 1961 Hotel Coll]

Small play / Small table (스몰 플레이 / 스몰 테이블)

적은 액수로 하는 갬블링 행위를 '스몰 플레이(small play)'라 하고, 저액의 리미트를 가진 테이블로 적은 금액을 수용하는 게이밍 테이블을 '스몰테이블(small table)'이라 한다. [1981 Maurer Lang of the Underworld 192]

Smart bettor (스마트 배터)

활동에 따라 갬블링 조건에 비율과 다양한 승산을 인식하고 있는 게임자를 말한다. '스마트 머니(smart money)' 용어 참조. [ca. 1961 Hotel Coll]

Smart money (스마트 머니)

특별한 베팅 조건에 이기는 방법에 대한 내부 지식을 추측으로 가지고 [ca. 1961 Hotel Coll]

있는 갬블러를 말한다. 그 형태가 분명치 않을지라도, '스마트 머니(smart money)'는 관행으로 보통 보기 드믄 형식과 습관을 말한다.

Snake (스네이크)

게임에서 나중에 확인할 수 있도록 게임용 카드를 구부리거나 웨이브(wave) 모양을 만드는 카드의 속임수 행위를 말한다. [OEDS]

- **snake a game**: 부정직한 카드 게임을 만드는 것으로, 보통 '페로(faro)' 게임에서 카드를 표시하고, 카드를 '스텍킹(stacking)' 하거나 또는 딜링 박스, 슈를 개조하는 행위를 말한다. [DAE]
- **snake bet**: 룰렛 게임에서 레드 넘버 1에서 출발하여 레드 넘버 34까지 통상 같은 칼러로 레이아웃에 12개의 넘버가 꼬불꼬불 이어지는 모양의 베트를 말한다. [2003 고택운 카지노 게임 실무이론 II 145]
- **snake eyes**: 크랩스 게임에서 각 주사위에 한 눈(pip)씩 보여주는 것으로, 한 쌍의 주사위에 2점이 던져진 것을 말한다. [1949 Blanche you Can't Win 23]
- **snake pocket**: 크랩스 게임에서 주사위로 부정한 행위를 하거나 숨기기 위해 바지(pants) 라인에 만들어진 비밀주머니를 말한다. [2006 고택운 카지노 서베일런스 시스템의 이해 333]

Snap (스냅)

'스냅퍼(snapper)'라고도 한다. 블랙잭 게임에서 10점 가치의 카드와 에이스 카드를 받은 경우의 '블랙잭(blackjack)'을 말한다. [1979 Hughes Dealing 41]

- **snap off**: '홀뎀(hold'em)' 포커에서 다섯 번째로 딜링된 카드 또는 앞면으로 딜링된 마지막 카드에 요구되는 것을 가지는 것으로 핸드에 윈(win)하는 것을 말한다. [1976 Sklansky Hold'em Poker]
- **snap house**: '데드 폴(dead fall)' 또는 '월프 하우스(wolf house)'라고 불리운다. 갬블링 게임에서 희생자를 속이려는데 보이지 않게 몰두하는 갬블링 시설을 말한다. [1938 Asbury Sucker's Progress 185]

Snapper (스냅퍼)

'네츄럴(natural)'이라고도 불리운다. 블랙잭 게임에서 게임자 또는 딜러에게 딜링된 첫 번째 2장의 카드로, 10가치의 카드와 에이스 카드를 말하며 또한 주사위 게임의 공범자도 '스냅퍼(snapper)'라고 한다. [ca. 1961 Hotel Coll]

Snatch (스내치)

포커 영업장에서 약정(約定)한 것보다 게임의 운영자에 대하여 '팟(pot)'의 수수료를 더 높게 가져가는 것을 말한다. [1981 Golad Oral Coll]

- **snatch game**: 포커 영업장에서 하우스 딜러가 그에게 주어진 권리보다 갬블된 수수료 금액을 더 높게 책정하는 게임

Sneak (스니크)

카드 게임자가 카드를 추가하거나 또는 그의 핸드에서 카드를 제거하는 것으로 만들어진 속임수 행위 움직임을 말한다. [1950 Morehead Culbertson 646]

- **sneak game** : 특히 '프로텍션(protection)'에 개념이 없는 불법 갬블링 게임 또는 시설(施設)을 말한다. [1981 Maurer Lang, of the Underworld 192]

Snow (스노우)

포커 게임에서 훤히 들여다보이거나 또는 지나치게 허세를 부리는 행위, 카드가 딜링되어 완성되기 전에 한결같이 상대방을 위협하는 행위를 말한다. [1963 Steig Common Sense 187]

- **snow the cards** : 오버핸드(overhand) 방식의 게임용 카드의 덱 또는 핸드에 셔플하는 행위로, 맨 밑에서 꼭대기로 한 장 또는 몇 장의 카드를 움직이는 동작을 여러 번 반복하는 행위를 말한다. '파즈(fazz)'와 '밀크(milk)' 용어 참조. [1949 Coffin Secrets 186]
- **snowball** : 포커 게임에서 가치가 없거나 또는 게임할 수 없는 핸드를 말하며, 보통 사용하지 못하는 '스트레이트(straight)' 또는 '플러시(flush)'를 지칭한다. [1973 Preston Play Poker 169]
- **snowballs** : '캔타로우프(cantaloupes)'라고 불리운다. 크랩스 게임에서 4, 5와 6의 넘버만 보이도록 잘못 만들어진 주사위를 말한다. [1983 Martinet Oral Coll]
- **snow-balling** : 베팅의 최소금액을 점점 확장하여, 후에 성공적인 베트가 되려고 게임자가 실행하는 베팅을 말한다. [1891 Monte Carlo 232]

Social game (소셜 게임)

갬블링 게임에서, '페니 앤티(penny ante)' 포커와 같은 작은 금액으로 게임되는 보통 카드 게임을 말한다. [1981 Maurer Lang of the Underworld 227]

Soft (소프트)

① 확실한 윈(win) 또는 속임수 행위를 통하여 쉽게 획득하는 돈에 관련된 용어를 말한다. [1974 Scarne Dice 84]

② 10점과 대등하지 않은 카드 또는 다른 카드와 에이스를 포함한 블랙잭 게임의 핸드에 관한 용어를 말한다. [1953 Crawford Consistent Winner 353]

③ 크랩스 게임에서 주사위 두 개가 3-1, 4-2 등과 같이 더블이 되지 않게 굴려진 경우로 4, 6, 8 또는 10의 넘버에 관한 용어이다. [1983 Martinet Oral Coll]

④ 노-리미트(no-limit) 포커 게임처럼 고액 베팅의 통화로 지폐 또는 수표를 말한다. [OEDS]

⑤ 카지노에서 게이밍 테이블의 드롭 박스에 보관되어 있는 '필(fill)'과 '크레딧(credit)' 슬립을 말한다. [ca. 1961 Hotel Coll]

Soft count (소프트 카운트)

① 블랙잭 게임에서 핸드에 유리하게 적용하여 1점 또는 11점으로 '에이스(ace)'를 카운트하는 핸드를 말한다. [2003 고택운 카지노 게임의 실무이론 I]

② 카지노 케이지에 시프트 종료시의 필/크레딧과 드롭 박스에서 가져간 통화의 기록을 말한다. [ca. 1961 Hotel Coll]

Soft doubling (소프트 더블링)

블랙잭 게임에서, 게임자의 베팅전략으로 그가 '에이스(ace)'와 10점보다 적은 등급의 카드를 잡고 있는 경우, 한 장의 추가카드를 받아 그의 베트를 더블(double)할 수도 있다. [ca. 1961 Hotel Coll]

Soft drop (소프트 드롭)

카지노에서의 '필(fill)' 슬립에 대한 영수증으로, 케이지로부터 테이블로 가져온 칩스의 금액을 기록한 것을 말한다. 그 영수증은 거래되는 테이블에 부착된 드롭 박스에 넣는다. [ca. 1961 Hotel Coll]

Soft eighteen (소프트 에잇틴)

블랙잭 게임에서 7점의 가치가 있는 카드 또는 다른 카드와 '에이스'를 포함한 카드 합의 수치(18)를 말한다. 합벅적인 갬블링 시설에서 딜러가 '소프트 에잇틴(soft eighteen)'을 잡고 있는 한 다른 카드를 받지 아니한다. '소프트 세븐틴(soft seventeen)' 참조. [1973 Friedman Casino Games 19]

- **soft hand** : 블랙잭 게임에서 게임자에 의한 선택사항으로 1점 또는 11점 가치를 가질 수 있는 '에이스(ace)'가 포함되어 있는 핸드를 말한다. [1973 Friedman Casino Games 18]
- **soft play** : 승률 또는 기회에 지불을 배려하지 않은 즉흥적인 베팅 시스템을 말한다. [1953 Fairfield Las Vegas 15]
- **soft player** : 단순하고 고지식한 경험이 부족한 갬블러 [1961 Scarne Complete Guide 688]
- **soft seventeen** : 블랙잭 게임에서 6점의 가치를 가진 카드 한 장 또는 이상의 카드와 'Ace' 카드를 말한다. 에이스는 1 또는 11점으로 계산할 수 있기 때문에, 어떤 합법적인 갬블링 시설에서는 딜러의 첫 번째 두 장의 카드가 A와 6이라면, 또 다른 카드를 받아야 하는 '룰(rule)'이 있는 곳도 있다. [2003 고택운 카지노 게임의 실무이론 I 29]

Spades (스페이드)

카드의 팩 안의 4슈트 중의 하나로, '스페이드(spde)'로 지적하며, 나뭇잎과 같은 모양으로 된 검은 형상의 특징을 나타내고 있는데, 원래는 검(劍)을 뜻한다. 그 밖에는 '하트(heart)', '다이아몬드(diamond)' 그리고 '클럽(club)'으로 구성되어 있다. [OED]

Spatual (스패출)

'세민-디-퍼(shemin-de-fer)'와 같은 게임에서 테이블의 주위에 카드를 이동시키려고 딜러에 의해 사용되는 얇은 목재 도구로 '스쿠퍼(scooper)'라고 하며, '래이크(rake)'와 '스틱(stick)'에 비교된다. 〔1976 Figgis Gambler's Handbook 238〕

speedy (스피디)

커다란 베트를 만드는 포커 게임자를 말하며 재빠른 '페이스(pace)' 따라 게임을 진행한다. 〔1981 Golad Oral Coll〕

Spell (스펠)

게임자가 연속적으로 베팅 금액을 '루스(lose)' 하거나 '윈(win)' 하는 동안의 기간을 말한다. '콜드(cold)'와 '핫(hot)' 용어 참조. 〔1983 Martinet Oral Coll〕

Spike (스파이크)

포커 게임에서 '에이스(ace)'에 대한 또 다른 명칭 또는 '로우볼(lowball)' 포커 게임에서 같은 등급의 2장의 카드를 말한다. 〔1968 Wallace Poekr 225〕

Spin expert (스핀 엑스퍼트)

크랩스 게임에서 주사위를 조종(操縱)하여 던질 수 있는 사람을 말하며, 이는 주사위를 던지는 동안 수평으로 회전하게 하여 처음 던지기 시작할 때의 앞면이 그대로 머물게 하는 기술을 가진 숙련가이다. 〔ca. 1961 Hotel Coll〕

Spinner (스피너)

포커 게임에서 연속적인 위닝(winning), 같은 게임자에 의한 위닝 핸드의 시리지를 말한다. 또한, 던져진 주사위 하나가 정지하기 전에 코너에서 잠시 동안 회전하는 것을 말하기도 한다. 〔1983 Martinet Oral Coll〕

Splash move (스플래시 무브)

특히 카드 게임에서 갬블링 시설 또는 상대방이 의심을 품고 있는지 알아보기 위하여, 실제로는 부정행위를 하지 않으면서 하는 척하는 행동을 말한다. 〔2006 고택운 카지노 서베일런스 시스템의 이해 333〕

Split (스플릿)

① 블랙잭 게임에서 같은 등급의 두 장의 카드를 가진 핸드로 게임자가 분리하는 것을 결정하여 그의 첫 번째 베팅 금액과 동등한 가치의 금액을 베팅하는 것으로, 두 개의 핸드를 만들고 나서 분리한 핸드를 기본으로 각 카드를 받게 된다. 〔2003 고택운 카지노 게임의 실무이론 I〕

② 하이-로우 포커 게임에서 팟(pot) 안의 총 금액을 반(半)으로 나누는 것을 말한다. 〔1981 Golad Oral Coll〕

③ 크랩스 게임에서 칩스 하나로 두 개 또는 그 이상의 베트를 카버하 〔1983 Martinet Oral Coll〕

려고 사용되는 것을 말한다.

Split bet (스플릿 베트)

'스플릿 플레이(split play)'와 같은 말로, 룰렛 게임에서 넘버 사이의 라인 위에 칩스를 놓는 것으로 만들어지며, 레이아웃의 인접한 두 넘버 위의 베팅 금액을 말한다. '투 넘버 베트(two number bet)'라고도 하며 위닝시 지불 배수는 17배가 된다. [2002 고택운 카지노 게임의 실무이론 II]

- **split-edge work** : '소우-투스 엣지 워크(saw-tooth edge work)'라고 불리우며, 이는 부드러운 표면 위에 주사위의 '롤'에 영향을 주려고 주사위의 가장자리를 톱니 모양으로 깎아 만드는 것을 말한다. [1974 Scarne Dice 242]
- **split pair** : 블랙잭 게임에서 등급이 같은 2장의 카드로, 두 개의 핸드를 위해 그 카드를 근거로 분리되는 것을 말한다. [1973 Friedman Casino Games 24]
- **split pot** : 포커 게임에서 동등한 가치의 위닝 핸드를 가진 게임자들을 위해 공평하게 '팟(pot)'을 분배하는 것을 말한다. [ca. 1961 Hotel Coll]
- **splitter** : 다른 것보다 자주 나타나도록 어떤 면을 변형시킨 주사위를 말한다. [1981 Maurer Lang of the Under-world 227]
- **split week** : 포커 게임에서 중간 카드를 놓쳐버린 '스트레이트(straight)'의 4장 카드를 말한다. (예 : 10, J, K, A의 경우 Q가 스트레이트를 만들기 위해 필요하다.) [DAS]

Spooking (스푸킹)

블랙잭 게임에서 딜러 핸드의 카드가 블랙잭인지 아닌지를 확인할 때(홀-카드), 뒤에서부터 딜러의 점수를 보고 딜러의 테이블에 있는 파트너에게 신호를 보내는 행위를 말한다. [2006 고택운 카지노 서베일런스 시스템의 이해 333]

Spoon (스푼)

슬롯머신의 지불 활강사면(chute) 안에 오목한 물체 또는 스푼 모양의 장치를 끼워 넣으므로서, 위닝 결합에 지불되는 것처럼 코인을 계속해서 나오게 하는 것을 말한다. [ca. 1961 Hotel Coll]

- **spooning** : 숟가락 모양의 도구를 '페이아웃 트레이(payout tray)'에 끼워 넣어 기계가 동전을 쏟아내게 하는 슬롯머신의 절도 행위를 말한다. [2006 고택운 카지노 서베일런스 시스템의 이해 333]

Sport (스포츠)

① 갬블링 활동 또는 갬블러, 특히 걱정없이 잘되어가는 것을 표현하는 사람을 말한다. [DAE]

② 직업적인 갬블러들 중에서 경험이 부족하거나 또는 속임수꾼을 상대하여 쉽게 희생되는 고지식한 갬블러를 말한다. [1973 Clark Oral Coll]

- **sport bet** : '풋볼(football)' 게임 또는 경마 같은 게임의 스포츠 경기의 결과에 베팅하는 것을 말한다. [ca. 1961 Hotel Coll]

Spot (스팟트)

① 게임용 카드, 주사위 또는 도미노(domino)의 점(pip) [DA, DAE]

② 게임용 카드의 덱, 키노 티켓에 선택한 넘버, 블랙잭 또는 바카라 게임에서의 테이블 레이아웃 베팅 공간 또는 게임용 카드의 'Ace', 유리한 베팅 기회 등을 말한다. [1981 Maurer Lang of the Underworld 227]

③ 제공하는 승률, 점수 또는 그 밖에 웨이저를 베팅하려고 시도하는 '베터(bettor)'를 유도하는 것을 말한다. [1961 Scarne Complete Guide 688]

④ 갬블링 게임에 속임수 행위 움직임 또는 부정행위를 간파(看破)하는 것을 말한다. [1974 Scarne Dice 249

■ **spot bettor** : '스팟트 플레이어(spot player)'라고 불리우며, 이는 가장 유리한 기회에만 베팅을 하는 사람을 지칭하는 말이다. [1981 Maurer Lang. of the Underworld 227]

■ **spot card** : 점수가 있는 게임용 카드로 A부터 10까지 넘버가 매겨진 카드를 말한다. [1949 Coffin Secrets 186]

Spotted papers (스팟티드 페이퍼스)

줄임말로 '페이퍼스(papers)라고 하며, 카드가 뒷면으로 있는 동안 감지할 수 있도록 뒷면에 표시를 가진 게임용 카드를 말한다. [DAE]

■ **spotter** : 속임수꾼 또는 불법 행위를 감시·관찰하는 갬블링 시설의 종업원으로 '서베일런스(suveillance)' 운영요원 또는 피트의 플로어 퍼슨, 핏보스 등을 말하지만, 한편 속임수꾼의 공모자를 지칭하기도 한다. [2006 고택운 카지노 서베일런스 시스템의 이해 334]

Spread (스프리드)

① 카드 속임수 방법 중에서 카드 또는 정보를 교환하는 행위 또는 속임수꾼과 공모한자의 카드를 신호에 사용하는 것을 말한다. [1968 Wallace Poker 225]

② 포커 게임에서 모든 베팅 라운드가 완성된 후에 '팟(pot)'를 겨루기 위해 그대로 게임자의 카드를 펼쳐 보이는 것을 말한다. [1953 Craford Consistent Winner 354]

③ 블랙잭 게임 딜러의 실무절차 중의 하나로, 다른 딜러와 교대할 때 테이블 위에 반원형으로, 앞면을 아래쪽으로 카드를 부채꼴 모양으로 펼치는 것을 말한다. [ca. 1961 Hotel Coll]

④ 카지노에서 게임자에게 정확하게 지불하는 순서로, 게임자가 베트를 '윈(win)' 한 후에 종류(단위)가 다른 칩스를 펼쳐서 분리하는 것을 말한다. '바버폴(barber pole)'과 '덜티스텍(dirty stack)' 용어와 비교. [1983 Martinet Oral Coll]

Spring (스프링)

포커 게임에서 경험도 없이 커다란 베트를 만드는 것을 말한다. [1961 Scarne Complete Guide 688]

■ **spring table** : 카드를 숨기려고 특별히 구성한 카드 테이블 [1987 Thomas L. Clark The Dic-

을 말한다. 이것은 게임하는 표면 아래에 스프링(spring)이 부착되었다는 뜻으로 테이블이 갈라지거나 벌어지는 틈을 이용하는 것이다. tionary of Gambling and Gaming 213]

Spur (스퍼)

어떤 예리한 도구 또는 손톱을 가지고 카드의 가장자리를 자국을 내어 표시를 하는 부정한 방법을 말한다. '코너-벤드(corner -bend)' 용어와 비교 참조. [OED]

Square (스퀘어)

① 모든 4면이 평평하여, 카드의 가장자리가 좁거나 짧게 손질되어진 것이 아닌 것을 증명하는 카드 팩의 정돈을 말한다. [1973 Clark Oral Coll]

② 주사위의 면 또는 가장자리가 깎여지지 않은 것을 확인하려고 '마이크로미터(micrometer)'로 주사위를 측정하는 것을 말한다. [1983 Martinet Oral Coll]

■ **square bet** : 룰렛 게임에서 4넘버가 인접한 곳에 금액을 놓는 것으로, 이는 한 단위의 칩스로 4넘버를 카버하는 베팅을 말한다. '코너 베트(corner bet)' 또는 '퍼 넘버 베트(four number bet)'라고 하며, 위닝에 대한 지불 배수는 8배가 된다. [2002 고택운 카지노 게임의 실무이론 II]

■ **square count** : 베팅 금액에 정직하고 공정한 지불 계산을 말한다. [1983 Martinet Oral Coll]

■ **square dealing** : '스퀘어 딜(square deal)'이라고 하며 게임자에 대하여 카드를 공정하게 분배하는 것을 말한다. [OED]

■ **square deck** : 가장자리가 손질되지 않은 정직한 카드의 덱, 간파할 수 있는 상태로 만들어진 직사각형의 덱 또는 모든 4면이 평평하게 정리된 덱을 말한다. [1973 Clark Oral Col]

■ **square dice** : 내부 또는 외부적으로 어떤 변형(變形)도 갖지 아니한 주사위, 정직한 주사위를 말한다. [DA]

■ **square game** : 정직한 카드 게임, 주로 표시되지 않았고 손질하지 않은 카드를 사용하는 특징이 있는 게임 또는 교환함 또는 속임수 행위 없이 실행되는 갬블링 게임이라고 언급하기도 한다. [DA]

■ **square john** : 잘 속는 사람(dupe), 속임수꾼의 희생자, 특히 완벽하게 순진하고, 고지식한 사람을 비유하는 말이다. [1962 Garcia Marked Cards 163]

■ **square pair** : 크랩스 게임에서 주사위의 한 쌍에 2개의 4에 대한 또 다른 용어로 '하드 에잇(hard eigth)'이라고 하며, 4-페어를 말한다. [1983 Martinet Oral Coll]

Squeeze (스퀴즈)

① 카드 게임에서 카드 앞면의 내용을 읽으려고 천천히 손 안의 카드를 펼치는 동작을 말한다. 특히, 바카라 게임은 '스퀴즈(squeeze)' [2002 고택운 카지노 게임의 실무이론 II 239]

행위가 빈번하다.

② 손 안에 카드의 팩을 잡고 카드의 앞면 가치를 몰래 보려는 순서로 새끼손가락과 엄지 사이에 톱-카드의 끝을 함께 미는 동작을 말한다. (21-게임의 싱글덱 게임) [1973 Clark Oral Coll]

③ 주사위 테이블의 전자석, 룰렛 휠 또는 퍼천 휠(fortune wheel)의 마찰 핸들, 페로의 딜링 박스 또는 바카라 슈의 레버 등과 같이 갬블링 장비의 일부분으로 운용에 사용되는 장치 또는 콘트롤하는 여러 가지 종류를 말한다. [1961 Scarne Complete Guide 688]

▣ **squeeze bet / raise** : 포커 게임에서 약한 핸드 또는 폴드(fold)하는 베트를 다른 게임자에게 강제로 시킬 의도로 만들어진 베트 또는 증가시키는 베트를 말한다. [1968 Wallace Poker 225]

Stack (스텍)

① 카지노에서 같은 단위의 20개의 갬블링 칩스를 원주형(圓柱形)으로 쌓아 그룹으로 놓여진 것을 말한다. [1977 Anness Dummy Up]

② 속임수를 행할 목적으로 딜(deal)을 하기 전에 카드의 팩을 순서대로 정리한 것을 말한다. [DAE]

▣ **stacked deal** : 카드 게임에서 '스텍드 덱(stacked deck)'을 가지고 만들어지는 딜링을 말한다. [ca. 1961 Hotel Coll]

▣ **stacked deck** : 순서대로 미리 정리된 게임용 카드의 팩(pack)을 말한다. [1961 Scarne Complete Guide 688]

Stake (스테이크)

① '뱅크롤(bank roll)'이라 불리운다. 갬블러가 이용할 수 있는 돈의 총 금액을 말한다. [1968 Wallace Poker 225]

② 돈의 총 금액 또는 베팅 가치가 있는 어떤 것 또는 갬블링 게임의 결과에 대한 베팅 금액 등을 말한다. [OED]

③ 베트를 만든 금액 또는 갬블러에게 제공한 대여금 또는 재무적 지원금을 말한다. [1973 Clark Oral Coll]

▣ **stake money** : 갬블링을 위해 계획된 돈의 총액. 특히 갬블러에게 대여하기 위해 의도된 금액을 말한다. [OED]

▣ **stake play** : '테이블 스테이크(table stake)'라고 불리운다. 포커 게임에서 핸드의 게임이 시작된 후에 추가 금액을 제시할 수 없고, 그 핸드가 시작하였을 때는 그의 정면 테이블에 있는 돈의 총 금액만 게임자가 베팅할 수 있도록 요구되어지는 것을 말한다. [1968 Thackrey Nick the Greek 217]

▣ **stakes player** : 포커 게임에서 핸드가 시작하였을 때, 게임자의 앞에 있는 돈의 금액만 한정하여 베팅하는 게임의 참가자를 말한다. [1982 Martin Introduction 20]

Stamped cards (스템프드 카드)

부정한 게임용 카드로, 프린팅 과정에 뒷면에 표시를 넣었고, 그 표시를 읽는 방법을 묘사한 열쇠(해법)와 함께 속임수꾼에게 판매한 카드를 말한다. [1890 Quinn Fools of Fortune 230]

Stadn (스탠드)

① 블랙잭과 드로우 포커 와 같은 카드 게임에서 다른 추가 카드를 요구하지 않고 한번 잡은 카드를 지닌 핸드로 게임을 하는 것을 말한다. [OED]

② 크랩스 게임에서 주사위를 던지는 차례를 거절하는 것을 말한다. [1983 Martinez Gambling Scene 221]

- **stand dead** : 카지노 딜러에 관한 용어로 비어 있는 테이블에서 갬블하러 오는 손님을 서서 기다리는 자세를 말한다. [1983 Martinet Oral Coll]
- **stand pat** : 블랙잭과 드로우 포커 같은 게임에서 별개의 추가 카드 없이 게임하는 핸드를 말한다. [DA, DAE, OED]
- **stand stiff** : 블랙잭 게임에서 '스테이(stay)'하려고 추가 카드를 거절하는 것으로, 12점에서 16점의 가치의 핸드를 잡고 있을 때를 말한다. [1973 Clark Oral Coll]
- **stand up** : 카지노에서 '박스맨(boxman)'이 된 후에 카지노 피트의 '플로어맨(floorman)'이 되는 것으로, '박스맨'은 테이블에 앉아있고, 한편 '플로어맨'은 2대 이상의 테이블을 서서 관찰하는 데서 연유된 말이다. [1983 Martinet Oral Coll]
- **stand off** : '푸시(push)'라고 불리우며, '타이(tie)'라고 한다. 이는 아무도 이기거나 지지 않은 어느 곳의 게임의 결과 즉 무승부를 말하는 것으로, 보통 모든 베팅을 치우는 것으로 베터는 그의 돈을 돌려받는 것이다. 블랙잭 게임에서는 딜러와 게임자가 동점인 경우, 바카라 게임에서는 '플레이어' 사이드와 '뱅커' 사이드가 동점인 경우를 말하며, 크랩스 게임에서는 첫 번째 '롤'에서 '에이스스(aces)'가 나온 경우를 뜻한다. [DA, OED]

Starter (스타터)

'실(shill)' 또는 '프로프(prop)'라고 불리운다. 테이블에 앉아 게임에 참가하여, 모든 게임자가 성원이 될 때까지 게임을 하려고 갬블링 시설이 고용한 사람을 말한다. [1977 Puzo Inside Las Vegas 152]

Stay (스테이)

블랙잭 게임에서 추가 카드 받기를 거부한다는 용어 또는 포커 게임에서 베팅 필요조건이 상충(相衝)하는 것으로 팟(pot)에 대한 논쟁이 남아 있는 경우를 말하기도 한다. [DA, OED]

Steam / Steamer (스팀 / 스티머)

'스팀(steam)'은 돈을 잃은 후에 베팅의 크기를 증가시키는 경우 또는 부정행위를 못하게 하는 엄중한 감시를 말하기도 한다. '스티머'는 손실분을 만회하려고 시도하는 것으로 루징(losing) 후에 베트의 사이즈를 증가시키는 사람을 말한다. [1978 Brunson How I Made 549]

Steer / Steerer (스티어 / 스티러)

'스티어(steer)'는 보통 불법적 갬블링 게임 또는 시설에 가능성 있는 게임자를 안내하는 것을 말하며, '스티러(steerer))'는 불법적인 게임에 가능성있는 게임자를 안내하고 수수료를 받는 사람으로 '로퍼(roper)'라고도 한다. [OEDS, DAE, OED]

- **steer game** : '스티러(steerers)'에 의해 데려온 희생자를 상대로 또는 희생자가 잃은 금액의 비율로 수수료를 제공하는 부정직한 갬블링 게임을 말한다. [1961 Scarne Complete Guide 688]
- **steer joint** : 게임자를 사취할 목적으로 운영하는 불법 갬블링 시설을 말한다. [1981 Maurer Lang of the Underworld 192]
- **steer money** : 불법 게임을 하는 장소에 가능성 있는 게임자들을 안내해 주고 개인적으로 수수료 또는 보수로 지불받는 돈을 말한다. [1983 Martinet Oral Coll]

Stick (스틱)

① 크랩스 게임에서 사용하는 목재 또는 등나무 용재(用材)로 '슈터(shooter)'에게 주사위를 이동시키는 데 사용된다. 또는 '스틱맨(stickman)'의 줄임말로 사용한다. [1981 Maurer Lang of the Underworld 192]

② '실(shill)'이라고 불리우며, 게임에 다른 사람을 유인(誘引)하려고 게임에 참가하는 갬블링 시설의 종업원을 말한다. [ca. 1961 Hotel Coll]

③ '스탠드(stand)'와 같은 말로, 블랙잭과 포커 게임에서 요구되는 다른 카드 또는 추가 카드 없이 딜링되어진 어느 카드만 가지고 게임하는 것을 말한다. [1973 Clark Oral Coll]

- **stickman** : 뱅크 크랩에서 다양한 게임자들에게 테이블에 대하여 주사위를 이동시키는 딜러를 말한다. 그 딜러는 테이블 레이아웃의 중앙의 '프로포지션 베트(proposition bet)'를 취급하고, 굴려진 숫자를 '콜링(calling)' 해준다. [1981 Maurer Lang of the Underworld 192]

Stiff (스티프)

① 딜러들에게 '팁(tip)'을 주지 않는 카지노의 게임자를 말한다. [1977 Anness Dummy Up]

② 불운한 게임자 또는 계속적으로 '루스(lose)'하는 어떤 사람 [1981 Maurer Lang, of the Underworld 192]

③ 블랙잭 게임에서 보통 '에이스(ace)'가 없이, 합의 점수가 12에서 16점이 되는 핸드를 말한다. [1964 Lemmel Gambling 192]

④ 주사위 게임에서 '루징(losing)'으로 결합되는 것을 말한다. [1981 Maurer Lang, of the Underworld 192]

▣ **stiff hand** : 블랙잭 게임에서 합의 숫자가 12에서 16점이 되어 게임자의 전략을 결정해야 하는 핸드, 또는 포커 게임에서 전문적인 기술을 필요로 하는 핸드로, 베팅 라운드 동안 게임하기에 어려움이 있는 핸드를 말한다. [2003 고택운 카지노 게임의 실무이론 I]

▣ **stiff sheet** : 카지노에서의 한 시프트에 대한 재무회계 리포트로, 각 게임의 윈/루스, 게임된 총 금액의 기록을 말한다. [ca. 1961 Hotel Coll]

Still pack (스틸 팩)

게임용 카드로 게임 핸드에 교체되어 사용되어지는 카드가 2덱이 있을 때, 아직 게임에 사용하지 않은 덱(deck)을 말한다. [1949 Collin Secrets 187]

Sting (스팅)

불법적인 속임수 행위 또는 부정행위, 보통 부정한 수단과 속임수 방법을 통하여 속임수 행위를 하는 누군가를 말한다. [OEDS]

Stock (스탁)

① '타론(talon)'이라고 하며, 카드 팩에 딜링되지 않은 부분을 말한다. 또는 특별한 게임에 사용하는 카드의 세트, 한 덱 또는 그 이상의 불완전한 덱을 말하기도 한다. [OED]

② 카드의 덱을 쌓는 경우 또는 순서를 미리 결정하여 정리한 덱을 말한다. [OED]

▣ **stocking** : 셔플하는 동안 카드의 덱을 미리 정리하는 행위 [OED]

Stonewall jackson (스톤월 잭슨)

줄임말로 '스톤월(stonewall)'이라고 하며, 딜러에게 '팁(tip)'을 절대 주지 않는 게임자 또는 포커 게임에서 보수적인 게임자로 작은 금액의 베팅을 하는 사람으로 이전의 금액을 좀처럼 '레이스(raise)'하지 않는 게임자를 말한다. [1971 Livingston Poker Strategy 225]

Store (스토어)

'카지노(casino)' 또는 '하우스(house)' 또는 '조인트(joint)' 또는 '샵(shop)'으로 불리운다. 작은 규모의 범위에 속하는 갬블링 시설로 적법한 카지노로 위장하여 특히 휴일의 오락장으로 불법 영업을 하는 시설을 말한다. [ca. 1961 Hotel Coll]

▣ **store dice** : '캔디스토어 다이스(candystore dice)' 또는 변조된 것으로, 무게와 크기가 정밀하지 않은 싸구려 느낌이 드는 주사위를 말한다. [1981 Maurer Lang of the Underworld 192]

Straddle (스트래들)

포커 게임에서 두 번째 또는 세 번째로 요구되는 베트를 만드는 베터의 베트(double bet)를 말한다. [DA, DAE, OEDS]

▣ **straddler** : 포커 게임에서 자동으로 요구되는 게임에 딜러의 왼쪽에서 두 번째 게임자 또는 딜러의 왼쪽에서 첫 번째 게임자에 의한 '블라인드 베트(blind bet)'를 말한다. 그 '스트래들러(straddler)'는 '블라인드 베트'의 금액을 더블로 요구한다. [OED]

Straight (스트레이트)

포커 게임에서 5장의 카드가 연속적으로 카드의 등급이 이어지는 것으로 슈트가 같으며 '스트레이트 플러시(straight flush)'라고 한다. [OEDS, DA, DAE, OED]

▣ **straight bet** : 룰렛 게임에서 넘버 위에 단독으로 놓여진 베트를 말한다. '싱글 넘버 베트(single number bet)'이라고 하며, 위닝 지불 배수는 35배가 된다. [2002 고택운 카지노 게임의 실무이론 II 33]

▣ **straight up** : '이븐 머니(even money)'로 지불되는 베트로 만들어진 웨이저에 속하는 말로 '플래트 베트(flat bet)'에 비유된다. [OED]

Strapped money (스트래프트 머니)

카지노 케이지에서 특정한 단위의 그룹으로 통화를 종이밴드로 둘러 쌓은 다발을 말한다. 줄임말로 '스트랩(strap)'이라고 한다. [1983 Martinet Oral Coll]

Street bet (스트리트 베트)

'스리-넘버 베트(three-number bet)'라고 부르며, 줄임말로 '스트리트(street)'라고 한다. 룰렛 게임에서 테이블의 레이아웃을 가로질러 있는 3개의 인접한 넘버 위에 베팅하는 것으로, 한 곳에 칩스를 놓아 3넘버를 카버한다. 위닝시 지불 배수는 11배가 된다. [2002 고택운 카지노 게임의 실무이론 II 33]

String bet (스트링 베트)

① 포커 게임에서 망설이며 보잘 것 없이 만들어지는 베트로, 이는 허세를 부리는 것으로 계획되었거나 또는 다른 베터로부터 반응을 자극하기 위함이다. [1968 Wallace Poker 225]

② 크랩스 게임에서 슈터가 주사위를 던지기 전에, 한 순간에 연속적인 웨이저로 만들어지는 정상적인 '컴바인드 베트(combined bet)'를 말한다. [1983 Martinet Oral Coll]

Stringing (스트링 깅)

슬롯머신 게임에서, 동전에 끈을 메달아 기계에 집어넣었다 당겼다하는 동작으로 머신에 코인을 넣은 효과를 가지는 부정행위로 '요요 [2006 고택운 카지노 서베일런스 시스템의 이해 334]

(yoyo)'라고도 한다.

Strip (스트립)

① 게임용 카드가 다른 것보다 조금 좁은 모양으로 만들어진 것으로, 손으로 다듬은 '트림드 카드(trimed card)'를 말한다. [1996 Kendal/Hunt Casino Gaming Dictionary]

② 미국의 Nevada, Clark County, LasVegas Boulivard 지역의 명칭으로 Tropicana와 Hacienda 호텔 부근을 기점으로 Sahara Avenue까지를 경계로 LasVegas City 남쪽 일대를 말한다. [1968 Thackrey Nick the Greek 12]

- **stripper deck**: 카드의 사이드 또는 가장자리를 손질하는 것에 의해 사이즈를 변경한 한 장 또는 그 이상의 게임용 카드의 '팩(pack)'을 말한다 '브리프(brife)'와 '벨리 스트립퍼(belly stripper)' 그리고 '로우 벨리 스트립퍼(low belly strippers)' 용어와 비교된다. [1968 Wallace Poker 225]
- **stripping**: 보통 재빠른 동작으로 꼭대기에서 적은 패킷(packet)을 당겨서 팩의 아래쪽에 놓는 동작에 의해 카드의 덱을 셔플하는 동작으로 카지노 딜러의 실무용어로 '컷팅(cutting)'이라고 한다. [2003 고택운 카지노 게임의 실무이론 I 85]

Strong (스트롱)

주사위 또는 한 벌의 주사위에 관한 용어로, 적절한 주사위에 대해 불공정한 유리함을 가지려고 변형하는 것을 말한다. [1981 Maurer Lang of the Underworld 192]

- **strong hand**: 포커 게임에서 게임자가 잡고 있는 것이 '팟(pot)'을 이길 수 있는 높은 확률을 가진 핸드를 말한다. [OED]
- **strong shape**: 자연 그대로가 아닌, 두드러지게 깎였거나 사이즈를 변조한 주사위를 말한다. [1974 Scarne Dice 235]
- **strong work**: 카드 뒷면의 표시를 분명하고 뚜렷하게 가진 카드의 부정직한 덱을 말한다. [ca. 1961 Hotel Coll]

Submarine (서브마린)

통상 줄여서 '서브(sub)'라고 하며, 카지노에서 훔친 칩스를 숨기는데 사용하는 부정직한 딜러의 벨트 또는 에프론 아래에 부착한 비밀주머니를 말한다. [1977 Puzo Inside LasVegas]

Subway dealer (서브웨이 딜러)

카드 게임에서 팩의 아래쪽 또는 중간에서 카드를 분배하는 속임수 행위를 하는 카드 딜러를 말한다. '베이스 딜러(base dealer)'와 '셀러(cellar)'에 비유된다. [ca. 1961 Hotel Coll]

Suck (사크)

포커 게임에서 '콜러(caller)'가 약한 핸드를 잡고 있는 동안 이전의 '베터(bettor)'에 의해 만들어진 작은 금액을 '콜(call)'하는 것을 말한다. [1949 Coffin Secrets 187]

▣ **suck out on** : '스터드(stud)' 또는 '홀뎀(hold'em)' 포커에서 이기기 어려울 정도로 약한 핸드를 개선한 카드로, 마지막 딜링 라운드에서 받게 되는 경우를 언급하는 말이다. 〔1981 Golad Oral Coll〕

▣ **sucker** : 사기 행위 또는 속임수 행위에 쉽게 넘어가는 어리석은 사람을 말한다. 또는 속임수, 트릭(trick)을 지칭하기도 한다. 〔OEDS, DAS〕

▣ **sucker bet** : 이기기에는 게임자의 승률이 대단히 낮은 베팅 또는 열악한 비율의 '프로포지션 베트(proposition bet)'를 말한다. 〔1981 Maurer Lang of the Underworld 192〕

▣ **sucker holdout** : 주사위 게임에서 슈터가 주사위를 약손가락과 손바닥 사이에 잡고 동시에 다른 주사위를 던지는 것을 말한다. 〔1981 Maurer Lang of the Underworld 192〕

Suicide king (슈어사이드 킹)

게임용 카드에서 하트(heart)의 킹(king)에 대한 또 다른 명칭으로, 이는 킹 카드의 그림에 머리에 검을 가지고 있는 데서 그렇게 불려지는 것 같다. 〔1968 Wallace Poker 226〕

Suit (슈트)

카드의 한 그룹으로 디자인되어 사용하는 상징(symbol)으로, 보통 게임용 카드는 스페이드(spades), 하트(hearts), 다이아몬드(diamond) 그리고 클럽(clubs)의 4슈트로 구성되어 있다. 〔OED〕

▣ **suit-mark** : 게임용 카드를 구분하는 데 사용하려고 스페이드 또는 다이아몬드, 하트, 클럽에 어떤 표시를 하는 것을 말한다. 〔OED〕

▣ **suit system** : 각 카드의 뒷면에 슈트를 표시하는 것으로 카드에 속임수를 하기 위한 방법을 말한다. 〔ca. 1961 Hotel Coll〕

Summertime hand (섬머타임 핸드)

포커 게임에서 루스(lose)하였지만, 대단히 강한 핸드로 그 팟(pot)을 윈(win)하기에 기대할 수 있었던 핸드를 말한다. 〔1949 Coffin Secrets 187〕

▣ **super-bluff** : 포커 게임에서 '스트롱 핸드(strong hand)'를 가진 게임자를 상대하여 '블라프(bluff)'로 성공한 경우. 〔1949 Coffin Secrets 187〕

▣ **super george** : 카지노에서 딜러에게 지나치게 많은 '팁(tip)'을 주는 게임자를 말한다. 〔ca. 1961 Hotel Coll〕

Surrender (서렌더)

카지노의 블랙잭 게임에서 첫 번째 두 장이 딜링되어진 후에 핸드로부터 철수하는 것을 게임자에게 허용하는 옵션으로, 이는 그의 핸드를 포기하는 것으로 게임자는 보통 웨이저의 반을 건네주게 된다. 〔2003 고택운 카지노 게임의 실무이론 Ⅰ 29〕

Svengali deck (스벤갈리 덱)

게임자들을 속이기 위하여 또는 손재주의 연습을 실행하기 위하여 사용되는 게임용 카드의 팩(pack)을 변형시킨 것을 말한다. [OED]

Sweat (스웨트)

카드 게임에서 위험을 피하고, 조심스럽고 주의깊게 게임에 윈(win)하려는 것을 말한다. 또한 포커 게임에서 카드의 앞면을 읽으려고 핸드 안의 카드를 개별적으로 천천히 펼치는 동작을 말하기도 한다. [2006 고택운 카지노 서베일런스 시스템의 이해 334]

- **sweat card** : 카지노의 블랙잭 게임에서 딜링하기 전에 덱을 컷트하는 데 사용되는 조커 또는 플라스틱 직사각형 카드를 말한다. [1977 Annees Dummy Up]
- **sweater** : 카드 게임의 과정을 지켜보는 구경꾼 또는 카지노에서 게임자가 윈(win)을 자주하거나 많이 할 때 딜러에게 화를 내는 플로어맨 또는 핏보스를 말하며, '블리더(bleeder)'라고 부른다. 또한 고객을 속이는 카지노 실무자 또는 딜러를 지칭하기도 한다. [1974 Fridman Casino Management 46]

Sweep (스위프)

카지노에서 게임자를 위해 어떤 점수의 가치를 지적하고 핸드에 있는 모든 카드를 가져가는 것을 말한다. [OED]

- **sweep the layout** : 크랩스 또는 룰렛과 같은 게임에서 손으로 휩쓸어가는 동작으로 테이블에서 모든 루징(losing) 베트를 치우는 동작을 말한다. 크랩스 게임에서는 슈터에 의해 세븐아웃이 되었을 때 이 용어가 적용되고, 룰렛 게임에서는 위닝 넘버를 표시한 마커 주위를 제거하고 모든 칩스를 쓸어오는 경우를 말하며, 블랙잭 게임에서는 딜러가 10점 카드를 보여준 후 A가 나왔다면, 이 용어가 적용되고 '인슈런스(insurance)' 찬스가 없는 경우를 말한다. [1983 Martinet Oral Coll]

Sweeten (스위튼)

카드 또는 도미노(dominos)게임에서 베팅 금액을 정당하게 증가시키는 것 또는 포커 게임에서 오픈하지 않은 팟(pot)에 금액을 증가시키는 행위를 말한다. [OED]

- **sweetner** : 속임수꾼 또는 전문적인 도박꾼을 끌어들이는 사람 [OED]

Swing (스윙)

하이로우 포커에서 동시에 가장 높은 핸드와 가장 낮은 핸드를 가지고 있어 윈(win)하려는 목적을 표명하기에는 '팟(pot)'에 반반의 확률이 있는 것을 말한다. 또 다른 뜻으로는 카지노 또는 시설로부터 사취하 [1983 Martinet Oral Coll]

는 딜러와 관련하여 사용하는 용어이기도 하다.

- **swing hand** : 하이로우 포커에서 동시에 가장 높은 핸드와 가장 낮은 핸드를 가지게 되어 팟에 반반의 위닝 가능성을 가진 핸드를 말한다. [1978 Brunson How I Made 550]
- **swingging** : 카지노 종업원에 의해 실행되어진 경우로 칩스를 절취하는 진행과정을 말한다. [2006 고택운 카지노 서베일런스 시스템의 이해 335]

Switch (스윗치)

속임수 행위를 할 목적으로 부정직한 카드, 주사위, 칩스 등을 정직한 것과 바꿔치기하는 행위를 말한다. [1981 Maurer Lang of the Underworld 192]

- **switch man** : 게임에 부정직한 카드, 주사위 등을 집어넣는 게임자를 말한다. [ca. 1961 Hotel Coll]

System (시스템)

일정기간 동안의 베팅 금액에 대한 전략으로 이는 뛰어난 게임의 찬스에 '확률(probabilities)'을 계산한 것으로 결정적인 결함에 빠진 사람들에 의해 생각해 내고 순간적으로 연구되어진 것이 아닌 것을 말한다. [OEDS]

- **system bettor** : 감정에 의해 지배되는 것을 피하려고 시도하는 베팅 금액에 대해 미리 결정한 순서에 의해 의지하는 사람을 말한다. [1983 Martinet Oral Coll]
- **system tally** : 크랩스 테이블에 주사위의 롤, 룰렛에 회전된 넘버, 키노 또는 빙고 게임에 콜링된 결과의 숫자, 페로 또는 바카라에 게임된 카드와 같이 게임의 연속적인 기록을 말한다. 프린트된 양식으로 그들의 관찰을 기록하기 위해 게임자들에게 종종 제공하며, 그 결과는 자주 베팅의 형식으로 베트터(bettor)가 결심하는 데 사용되어진다. [1968 Thackery Nick the Greek 185]

T

Tab (탭)

갬블링 시설에 의해 게임자에게 제공하는 것을 승인한 '크레딧(credit)' 즉, 신용대여를 말한다. '크레딧 슬립(credit slip)'의 용어 비교 참조. [OED]

Table (테이블)

게이밍 테이블 위에 게임용 카드 또는 돈을 대는 장소로서, 테이블 표면 위의 레이아웃에는 '펠트(felt)' 또는 다른 천(cloth)으로 덮혀져 있으며, 디자인은 갬블링 게임의 베팅에 도움이 되도록 그려져 있다. '그린 클로스(green cloth)' 용어 참조 [OED]

- **the table** : 일반적으로 갬블링 활동이 있는 게이밍 테이블로 게임자들을 수용하는 곳이다. [1972 Kofoed Meanderings 204]
- **table bank** : 카지노에서 시프트의 전도자금 또는 게임의 시작에 게이밍 테이블에 배당된 칩스와 등기물 또는 돈의 총액을 말한다. [1978 Alexander Glossary 15]
- **table bankroll** : 카지노에서 현금, 칩스의 금액과 게이밍 테이블의 '크레딧 마커(credit marker)' 그리고 테이블에 부착된 '드롭박스(drop box)'안의 금액을 말한다. [1979 Hilton Hotel Procedures 29]
- **table card** : 카지노에서 자금의 이동 또는 게임자와 '핏 클럭(pit clerk)' 또는 '크레딧 매니저(credit manager)'간에, 딜러와 카지노 케이지, 핏보스와 게임자 등등 사이에 게이밍 테이블에서 이루어진 거래를 기록하려고 사용되는 다양한 서류의 양식을 말한다. '크레딧 플레이 메모(credit play memo)'와 '마스터 카드(master card)' 그리고 '림 카드(rim card)' 참조. [1957 Nevada Gaming Regulations 33]
- **table chip tray** : '렉(rack)이라고 불리우며, 게이밍 테이블 [1978 Alexander Glossary 15]

에 모양의 순서대로 칩스의 스텍을 유지하려고 사용되는 것으로 홈통이 열려 있는 케이스 또는 박스를 말한다. 이는 목재, 금속(알루미늄) 또는 플라스틱 플랫폼식으로 보통 12에서 14인치 높이의 줄이 있고, 3피트의 길이와 2 또는 3인치 깊이로 모양을 순서대로 게이밍 칩스를 저장하는 홈통이 설치되었다.

- **table down** : 카지노에서 게임을 마감하는 것을 게임자에게 말한 후에 핏보스에게 블랙잭 게임 딜러에 의해 전달되는 멘트로 이후 모든 게임자는 테이블을 떠나며, 핏보스는 '테이블 칩스 트레이(table chips tray)'를 안전하게 한다. 〔ca. 1961 Hotel Coll〕
- **table fee** : 미국의 주정부가 면허를 준 카지노에 갬블링 테이블의 운영에 대하여 부과하는 세금을 말한다. 이는 테이블의 총 매출 금액의 2% 정도로, 변화하는 세율을 적용하는 형식으로 징수한다. 〔1953 Woo The Why, How and Where 7〕
- **table game** : 테이블 위에서 가지는 모험적 갬블링으로, 보통 레이아웃(layout)과 함께 크랩스, 투웬티-원, 룰렛, 바카라와 같은 4가지 게임 테이블로 설치된 것을 말하며, 이와 반대로 테이블 게임이 아닌 모험적 갬블링은 슬롯머신, 키노, 빙고, 로터리 등이 있다. 〔1957 Nevada Gaming Regulations 33〕
- **table holdout** : 테이블의 하단에 부착한 '스프링(spring)' 또는 '클립(clip)'으로 속임수꾼이 그것을 사용하기 위하여 기회가 올 때까지 게임용 카드를 보유하여 사용할 수 있다. 〔2006 고택운 Casion Gambing Scams〕
- **table hopper** : 카지노에서 테이블에서 테이블로 이동하는 갬블러를 말한다. 각 테이블에서 한 번 또는 두 번 베팅을 하고 나서 이동하는 행위로 '히트 앤드 런(hit and run)'의 용어와 같다. 〔ca. 1961 Hotel Coll〕

Table inventory form (테이블 인벤토리 폼)

카지노의 영업회계 관련용어로, 시프트(shift)가 시작되는 각 게이밍 테이블에 대한 칩스의 선불(영업준비금) 또는 전도금의 기록에 관한 형식을 말한다. 〔2003 고택운 현대 카지노 산업론 下〕

- **table load** : '테이블 인벤토리'와 같은 말로, 카지노에서 테이블의 오픈 또는 시프트의 시작에 '테이블 칩스 랙(table chips rack)' 안의 칩스 금액을 말한다. 〔1978 Alexander Glossary 15〕
- **table lock box** : '드롭 박스(drop box)'라고 불리운다. 카지노에서 게이밍 테이블의 하단에 부착된 박스로 칩스와 교환한 현금을 테이블의 '슬롯(slot)'을 통하여 떨어지도록 된 박스를 말한다. 〔1979 Hiton Hotel Procedures 31〕

Table maners (테이블 매너스)

① 카지노에서, 딜러에게 나타나는 기민한 태도로, 그의 개인적인 습관, 몸짓, 표정 등이 포함된다. 〔1979 Clark Oral Coll〕

② 포커 게임에서, 게임하는 동안의 갬블러의 행동거지를 말하며, 이는 그가 잡고 있는 카드에 대하여 정보를 무심코 나타내는 게임자의 매너리즘이 비밀을 드러내는 신호가 된다. [1981 Golad Oral Coll]

Table money (테이블 머니)

직업적인 갬블러가 게이밍에 사용하기 위해 별도로 준비한 자본금의 총액 또는 카지노에서 게이밍 테이블에 있는 딜러의 '랙(rack)' 안의 칩스 총액을 말한다. [1974 Scarne Dice 190]

- **table rack** : 게이밍 테이블에 종류의 순서대로 칩스의 스텍을 보관하려고 사용되는 개봉된 홈통을 가진 플랫홈(platform) 또는 케이스 박스를 말한다. [1978 Alexander Glossary 15]
- **table stake** : 포커 게임에서 각 게임자가 주어진 핸드를 진행하는 동안은 그의 앞에 있는 돈만 사용할 수 있는 게임의 방법을 말한다. [1949 Coffin Secrets 187]

Take (테이크)

① 갬블링 운영으로부터의 수익 또는 수입을 말한다. 회계상의 '테이크(take)'는 총 수입 또는 순수익 어느쪽에도 참조(參照)된다. [1981 Maurer Lang of the Underworld 192]

② 사기행위로 또는 속임수 행태의 기만 수단으로 획득한 돈을 말하기도 한다. [OEDS]

③ '레이크(rake)'라고도 불리우며, 공공의 카드룸에서 하우스를 위한 수익으로 유지하고 있는 각 '팟(pot)'의 수수료를 공제하는 것을 말한다. [OED]

- **take a bath** : 갬블링 투기에서 대량으로 '루스(lose)'한 경우를 비유하는 말이다. [1981 Maurer Lang of the Underworld 192]
- **take and pay** : 카지노의 싱글덱 블랙잭 게임에서 핸드를 판정하려고 게임자의 카드를 뒤집고, 패자(loser)의 금액을 수거하고 나서, 승자(winner)에게는 지불하는 것으로, '레이 앤 페이(lay and pay)'와 '픽 앤 페이(pick and pay)'라는 용어와 같다. [ca. 1961 Hotel Coll]
- **take a shot** : 베팅 금액을 만들거나 또는 어떤 지점에 베팅을 하는 것, 통상적으로 주사위 또는 카드 게임에서의 속임수 행위, 갬블링 투기에서 속임수 행위를 하는 사람 또는 유리함을 가지려는 행위를 말한다. [1983 Martinet Oral Coll]
- **take down** : 뱅크 크랩스 게임에서 주사위를 던지기 진에 레이아웃으로부터 웨이저를 제거하려는 것을 말한다. [ca. 1961 Hotel Coll]
- **take in** : 카지노에서, 핸드로부터 특정한 카드를 가진 테이블에서 앞면이 위로 향한 카드를 포착하는 경우 또는 계획적인 갬블링으로 희생자를 속이거나 기만하는 것을 말한다. [1973 Clark Oral Coll]
- **take it** : 주사위 게임에서 슈터가 '오즈(odds)'를 만드는 것으로 이기는(win) 베트를 말한다. [1981 Maurer Lang of the Underworld 193]

■ **take it off the top** : 회계관련 용어로 수익을 정산하고 분배하기전에 총 수입금으로부터 금액을 공제하는 것을 말한다. 〔2003 고택운 현대 카지노 산업론 하〕

■ **take odds** : 게임에서 발생 가능성이 낮은 기회에서 가지는 확률로 다시 말하면, 그 지불은 만약 게임자가 이긴다면, 오리지날 베팅보다 더욱 크게 가지게 된다. 〔2006 고택운 카지노 서베일런스 시스템의 이해 335〕

■ **take out** : 카지노의 게이밍 테이블에서 또 다른 딜러가 차지하는 장소를 말한다. 〔1983 Martinet Oral Coll〕

■ **take the load** : 포커 게임에서 이전의 베터(bettor)가 '레이스(raise)'하여 만드는 커다란 베트를 말한다. 〔1968 Wallace Poker 226〕

■ **the take off** : 포커룸에서 각 '팟(pot)'에서 공제하는 금액으로 시설의 운영자에 의해 가져가는 것을 말한다. 〔1996 Kendal / Hunt C.G.D.〕

Tall pot (톨 팟)

포커 게임에서 테이블 중앙에 있는 커다란 돈의 총 금액, 그 '팟(pot)'의 승자를 위하여 칩스를 높은 스텍으로 만든 것을 말한다. 〔1968 Thackrey Nick the Greek 194〕

Tally (탤리)

①'탤리 카드(tally card)'라고도 불리우는 득점을 기입한 카드이다. 〔DA, OED〕

②바카라 게임에서 게임된 카드의 사이드 명칭을 기록할 수 있도록 게임자에게 하우스가 제공하는 종이로 된 메모 용지를 말한다. 〔1950 Morehead Culbertson 650〕

■ **talon** : 핸드에 카드가 돌려진 후에 남아 있는 카드의 '패킷(packet)'을 말한다. 〔OED〕

Tap (탭)

'스테이크(stake)' 포커 테이블에서 게임자의 칩스 전체 금액을 베팅하는 것을 말한다. 〔1949 Coffin Secrets 188〕

■ **tap out** : 포커 게임에서 베팅 금액 전체를 '루스(lose)'한 경우, 주사위 게임에서 한 사람의 돈을 풀어 놓는 것. 상대방 한 사람이 돈을 모두 이기는 경우로, 예를 들면 게임의 마지막에 초점을 맞추는 것 또는 상대방 한 사람이 가진 베트만큼 공정한 돈의 금액을 말하며, 그 밖에 카지노에서 휴식하기 위해 또 다른 딜러와 교대하는 경우를 표현하는 용어도 된다. 〔1981 Maurer Lang of the Underworld 193〕

■ **tap the bank** : 카지노의 블랙잭 또는 바카라 게임처럼 하우스가 운영되는 테이블 게임에서 특별한 게임으로 지정된 모든 돈을 윈(win)하는 경우로, '브레이크 더 뱅크(break the bank)'라고도 한다. 〔DA〕

Team (팀)

뱅크 크랩스 또는 라지 바카라 게임에서, 한 시프트 동안 특정한 테이블에 배치된 딜러의 멤버를 말한다. 통상적으로 3명의 딜러가 업무에 임하고, 동시에 4번째 딜러는 20분간 휴식하는 형식이다. 〔1974 Powell Verval Dexterity 23〕

■ **team player** : 카지노를 절취하려고 카지노의 종업원이 만든 속임수 행위의 조직 멤버를 말한다. [1983 Martinet Oral Coll]

Tear up (티어 업)

수표 관련 속임수로 실제로는 가짜 수표와 바꿔치기 하고 나서, 상대의 손실을 수용하는 척하면서 그것을 찢어버리고 상대가 지불정지를 하기 전에 원래의 수표를 현금으로 바꾸는 것을 말한다. [2003 고택운 현대 카지노 산업론 하]

Telegraph (텔레그랩)

① 카드 속임수에서 신호 또는 그 밖의 행위를 하려고 공범자들에 의해 사용되는 타전(打傳) 또는 가락을 말한다. [1981 Maurer Lang of the Underworld 193]

② 카드 게임에서 미리 약속된 신호의 뜻을 가지고 행하는 속임수 [1890 Quinn Fools of Fortune 237]

③ 어리석은 속임수 행위를 사용하여, 희생자에 의해 간파될 수 있는 어떤 행위를 말한다. [1888 Kunard Card Tricks 172]

■ **telephone booth** : '콜링 스테이션(calling station)'이라고도 한다. 포커 게임에서 거의 모든 베트에 '콜(call)'을 하는 게임자로 이는 '블러프(bluff)'를 어렵게 한다. 이와 같은 게임자는 대부분의 게임에서 환영받지 못한다. [1968 Wallace Poker 226]

■ **telephone numbers** : 갬블링에 이긴 큰 규모의 금액으로 특히 장기간에 걸친 승산으로 이긴 금액을 말한다. [ca. 1961 Hotel Coll]

Tell (텔)

반복되는 몸짓, 안면경련 또는 게임자에 의한 습관적인 신경과민 행동으로부터 게임자의 카드에 대하여 어떤 정보를 습득할 수 있는 것을 말한다. [1976 Wallace Poker 57]

■ **tell box** : 슈 게임에서 딜러가 톱 카드보다 다른 카드가 딜링되도록 카드를 뽑을 수 있도록 만들어진 부정직한 '딜링박스(dealing box)'를 말한다. [OED]

Tender hand (텐더 핸드)

포커 게임에서 드로우 포커에 드로우(draw) 한 후에 2페어가 중간에 있는 것처럼 게임자가 게임에 대하여 이상스럽게 느껴지는 핸드를 말한다. [1949 Coffin Secrets 188]

Ten percent house (텐 퍼센트 하우스)

속임수 행위를 묵과하여, 희생자(희생자)로부터 가진 위닝의 10퍼센트를 모든 속임수꾼이 부담하는 갬블링 시설을 말한다. [2007 고택운 Casino Gambling Scams]

Ten-stop machine (텐-스톱 머신)

슬롯머신 게임에서 각 '릴(reel)'에 20개의 심볼(symbol)을 가진 부정한 슬롯머신으로, 위닝 결합의 형태에 정확하게 운영되는 곳은 10개의 심볼뿐인 것을 말한다. [2006 고택운 카지노 서베일런스 시스템의 이해 335]

Texas sunflowers (텍사스 선플라워스)

크랩스 게임에서 '하드 텐(hard ten)'에 대한 또 다른 용어로, 주사위의 위로 향한 면이 2개의 5점으로 던져진 결과를 말한다. [1983 Martinet Oral Coll]

Theoretical hold (지어레티칼 홀드)

슬롯머신 게임의 회계관리 용어로, 슬롯머신 안에 게임된 금액의비율로 운영자 수익금으로 보존되는 것을 말한다. 공인된 시설에서의 그 비율(percentage)은 '릴 세트(reel set)'와 지불 스케줄에 의해 평가된다. 왜냐하면 비율은 게임의 수량 및 성질(대형 잭팟의 허용, 기능 불량 등)을 상대하여 결정되기 때문에 실제적인 홀드와 이론적인 홀드는 자주 금액에 차이가 있는 것처럼 보인다. [1978 Alexander Glossary 15]

Third (서드)

- **third base** : 블랙잭 게임에서 딜러의 오른쪽에 있는 게임자에 대한 테이블의 위치를 말한다. [1973 Clark Oral Coll]
- **third card** : 바카라 게임에서 핸드의 어떤 값을 결정하려고 딜링되어지는 마지막 카드를 말한다. [1982 Martin Introduction 17]
- **third card rule** : 바카라 게임에서 핸드의 어떤값을 결정하려고 룰에 의해 딜링되어지는 마지막 카드를 말한다. [ca. 1961 Hotel Coll]
- **third dozen** : 룰렛 게임에서 넘버 25부터 36번까지 12개 넘버를 카버하는 '아웃사이드(outside)' 베팅으로 위닝하면 지불 배수는 2배이다. [2002 고택운 카지노 게임 실무 이론 II 35]
- **third hand** : 포커 게임에서 딜러의 왼쪽에서 세 번째로 위치한 게임자를 말한다. [1953 Crawford Consistent Winner 355]
- **third nut** : 포커 게임에서 세 번째로 가장 가능성 있는 핸드를 말한다. '넛스(nuts)' 용어와 비교된다. [1978 Brunson How I Made 546]
- **third days / thirty dirty miles** : 포커 게임에서 3장의 10점 카드를 가진 핸드를 말한다. [1963 Steig Common Sense 188]

Three (스리)

- **three cousins and a stranger** : 3명이 속임수를 공모하여 네 번째 게임자를 희생시키는 카드 속임수 형태의 어떤 종류를 말한다. [1973 Clark Oral Coll]
- **three fates** : 포커 게임에서 3장의 '퀸(queen)' 카드에 대한 또 다른 용어이다. [1949 Coffin Secrets 188]
- **three-for-two coupon** : 카지노에서 판매를 촉진하는 장려 차원에서 가능성 있는 게임자들에게 제공하는 전표로, 만약 그가 2달러의 기본 베트로 이겼다면 게임자는 3달러 가치의 전표를 받으며 보통 크랩스, 블랙잭 또는 퍼천 휠(fortune wheel) 게임에서 제공된다. [ca. 1961 Hotel Coll]

- **three line play**: 게임자가 3개의 코인을 집어넣을 수 있는 어느 곳의 슬롯머신에 속하는 용어로, 어떤 상태의 위닝 결합 또는 릴(reel)을 가로질러 심볼 3개 모두 수평라인을 만들기 위한 게임을 말한다. '멀티플리어(multiplier)'와 같다. [ca. 1961 Hotel Coll]
- **three-number bet**: '스트리트 베트(street bet)'라고 한다. 룰렛 게임에서 레이아웃을 가로질러 있는 세 개의 넘버를 카버하기 위해 놓은 웨이저를 말한다. 윈(win)에 대한 지불은 통상 11배가 된다. [2002 고택운 카지노 게임의 실무이론 II 33]
- **three of a kind**: '트립스(trips)' 또는 '트리플(triplets)'이라고도 한다. 포커 게임에서 동등한 가치의 게임용 카드 3장을 말한다. [1949 Coffin Secrets 188]

Three pluck one (스리 플라크 원)

속임수 형태로 포커 게임에 자주 있는 행위이다. 커다란 금액의 위닝을 하지 못하게 3명의 공범자가 공모하는 행위를 말한다. [1973 Clark Oral Coll]

- **three-way craps**: 크랩스 게임에서 넘버 2, 3 또는 12점의 주사위가 다음에 던져져 굴려질 것이라고 예측하여 베팅하는 것을 말한다. [1974 Scarne Dice 79]

Throw (스로우)

주사위 게임에서 슈터에 의해 주사위가 던져지는 것 또는 카드 게임에서 어떤 사람의 핸드로부터 카드가 사용되는 것(디스카드)을 말한다. [OED]

- **throw a game**: 결과를 변경하여 만드는 것으로, 게임을 진행하여 정직함과는 거리가 먼 승자를 결정하는 게임을 말한다. [OEDS]
- **throw off**: 카드 게임에서 디스카드(discard) 상태를 말하며, 게임의 진행에서 카드를 걷어내는 것 또는 그것을 디스카드 파일에 앞면이 아래로 향하게 하여 놓는 것이다. [DAE]
- **throw off a sucker**: 속임수 행위 형태로, 자신이 속임수를 가진 후에 주의를 딴 데로 돌리는 것을 말한다. 이는 속임수꾼을 위해 다른 문제를 만들거나 또는 기민하게 문제를 해결하려는 문제의 주장을 하지 않고 피해자가 믿을 수 있을 때까지 통상 희생자를 동반하는 공모자를 말한다. [OED]
- **throw up a hand**: 포커 게임에서 핸드에서 포기하는 것, 베팅을 거부하면서 그것에 의해 '팟(pot)'에 대한 경쟁으로부터 스스로 물러나는 것을 말한다. [1968 Wallace Poker 226]

Thumb-cut (점브-컷트)

칩스의 스택을 분리하기 위한 방법으로 특히 카지노의 딜러들에 의해 엄지손가락으로 컷트하는 것으로 '드롭 컷트(drop cut)'를 말한다. [ca. 1961 Hotel Coll]

Tie (타이)

두 사람 또는 그 이상의 경기 참여자 사이에 게임의 점수가 동등하여 그 경기에 승자가 없는 것을 말한다. 또는 상대방의 점수와 대등하여 승자가 없는 결과를 말하기도 한다. [OED]

Tiger (타이거)

포커 게임에서 페어 없이 2에서 7의 등급카드로 구성된 보기 드문 핸드로 특히 모두 같은 슈트일 경우를 말한다. [OED, DA]

Tight (타이트)

속임수 행위의 관련 용어로 전문적인 사기도박꾼조차 알아차리지 못하는 속임수 기술을 묘사하는 용어 또는 속임수 행위자가 자신의 부정행위 비밀이 지속되기를 바라는 속임수꾼을 비유하는 용어이기도 하다. [2006 고택운 카지노 서베일런스 시스템의 이해 335]

■ **tight play** : 포커 게임에서 대단히 강한 핸드를 잡고 있을 때만 베팅을 하는 게임자를 언급하는 용어이다. [1976 Sklansky Hold'em Poker]

Timber (팀버)

'데드우드(deadwood)'라고 불리운다. 포커 게임에서 디스카드 파일(pile) 안의 카드, 게임 진행에 사용된 카드를 말한다. [1978 Larson Vocabulary 102]

Time (타임)

포커룸에서 룸과 장비의 사용에 대한 대가로 일정한 간격으로 각 게임자로부터 하우스 딜러 또는 다른 종업원에 의해 수수료를 수거하는 것을 말한다. [1978 Brunson How I Made 552]

■ **time-and-a-half** : 블랙잭 게임에서 딜링된 첫 번째 두 장의 카드로 10과 A를 가진 게임자에게 1.5배를 지불하는 것을 말한다. [1977 Anness Dummy Up]

■ **time buy-in** : '타임 컷트(time cut)' 또는 '타임 게임(time game)'이라고 불리운다. 카드룸에서 게임에 참가하는 각 게임자에게 요구되는 '수수료(fee)'를 말한다. [1977 Nevada Gaming Control Internal 35]

Time order (타임 오더)

보통 딜러 또는 핏보스에 의해 요구되는 사항으로, 카지노에서 다음 휴식 기간의 정규적인 시간인 특정한 시간에 특정한 음식을 주문하여 레스토랑에 준비를 시키는 것을 말한다. [1977 Anness Dummy Up]

Tin (틴)

공식적으로 법을 집행하는 경관은 아니지만 무기를 휴대하고 있는 카지노의 '보안 요원(security guard)'을 말한다. [ca. 1961 Hotel Coll]

■ **tinhorn gambler** : 줄여서 '틴혼(tinhorn)'이라고 표기한다. 작은 금액으로 게임을 하는 갬블러로, 특히 시끄럽고 허세를 부리는 사람을 말한다. [DA, DAE, OEDS]

Tip (팁)

'토크(toke)'라고 불리우며, 서비스를 잘 수행해 준 대가로 고마움을 표시하려고 주는 돈으로 딜러, 칵테일 웨이츄레스 또는 시설의 다른 종업원에게 주어진다. [OED]

■ **tip the hand** : 카드 게임에서 아래로 향한 카드의 앞면 가치를 공범자에게 신호를 보내는 속임수 행위를 말한다. [OEDS]

Toke (토크)

카지노 딜러 또는 다른 종사원에게 봉사를 해준 서비스의 감사 표시로 주는 '팁(tip)'을 말한다. 특별히 팁을 주는 사람에게 행운을 가져다 주는 것으로 알고 있기 때문이다. [1983 Martinet Oral Coll]

■ **toke-box** : 카지노 피트의 저장소로 딜러들이 그들의 팁 또는 테이블에서 가져온 선물을 놓는 장소를 말한다. 시프트 마감시 딜러들에 의해 선정된 사람이 그 팁을 나누고, 참가한 딜러들에게 그 돈을 분배한다. [1977 Anness Dummy Up]

■ **token** : 슬롯머신을 운영하기 위하여 또는 코인으로 운영되는 유사한 게이밍 장치에 돈을 넣는 데 사용되는 '메달 디스크(metal disk)'를 말한다. [ca. 1961 Hotel Coll]

■ **toker** : 갬블링과 동시에 카지노 딜러들에게 감사의 형태로 돈을 주는 사람을 말하며, '조지(George)'와 같은 뜻이고, '톰(Tom)'과는 비교된다. [1979 Newman Dealer's Special 4]

Tom (톰)

'스티프(stiff)'라고도 불리운다. 갬블링 시설에서 딜러들에게 팁(tip) 또는 감사의 표시를 전혀 하지 않는 갬블러를 지칭하는 용어이다. 그 밖에 '글리크(gleek)'라는 카드 게임에서 '잭(jack)' 카드에 대한 명칭이기도 하다. [1977 Gambling Times 21]

Toni (토니)

'tony'라고 표기한다. 크랩스 게임에서 한쪽이 치우치는 주사위가 게임에 투입한 것을 공모자에게 전달하려고 속임수꾼에 의해 사용되는 코드(code) 단어를 말한다. [1981 Maurer Lang of the Underworld 193]

Tool (툴)

일반적으로 어떤 속임수 행위의 장치 또는 속임수 행위를 하는 데 사용되는 작은 도구로 표시된 카드, 변조된 주사위, '텔박스(tell box)', '홀드아웃(holdout)', '버그(bug)', '글림(glim)'등과 같은 [1983 Martinet Oral Coll]

것을 말한다. 또는 뱅크 크랩스 게임에서 레이아웃 주위에 있는 주사위를 이동시키려고 딜러에 의해 사용되는 나무 스틱을 말하기도 하며, 그 외에 사기를 당하거나 희생당하기 쉬운 사람을 표현하는 단어이기도 하다.

Top (톱)

① 회계관련 용어로, 제급여, 운영비, 기타경비를 공제하기 전에 갬블링 시설에 의해 벌어들인 수입의 총금액 [1961 Scarne Complete Guide 689]

② 뇌물을 주고받고 불법 갬블링 운영을 보호하는 공무원 고위층을 지칭하는 단어이다. [1974 Scarne Dice 181]

③ 'tops and bottom'의 줄임말로, 주사위의 각 면에 점(pip)의 숫자를 변경한 것을 말한다. [1981 Maurer Lang of the Underworld 193]

- **top and bottoms** : 포커 게임에서 에이스 2장, 듀스 2장 그리고 다른 한 장을 가진 핸드를 말한다. [1978 Larson Vocabulary 102]
- **top card** : 카드의 팩(pack)에서 첫 번째 카드를 말한다. [ca. 1961 Hotel Coll]
- **top-card draw** : 팩으로부터 한 장의 카드를 각 경쟁자가 뽑아 펼쳐보이는 방식으로 가장 높은 카드가 이기는 것을 말한다. 이는 첫 번째 딜러를 결정하려고 게임을 시작할 때 자주 사용된다. [1949 Coffin Secrets 188]
- **top of the class** : 크랩스 게임에서 세 번째 베이스 딜러의 포지션(position)의 왼쪽에 있는 첫 번째 게임자를 지칭하는 말이다. 그 세 번째 베이스 딜러는 '박스맨(boxman)'의 왼쪽에 서 있고, 주사위는 시계방향으로 게임자에서 게임자로 차례로 돌아가게 되어 있다. [1983 Martinet Oral Coll]
- **top pair** : '홀뎀(hold'em)' 포커에서, 테이블의 중앙에 표면이 위로 향하게 놓여진 '커몬 카드(common card)'의 등급이 가장 높게 가진 페어의 '홀-카드(hole-card)'를 말한다. [1976 Sklansky Hold'em Poker]
- **top stock** : 카드의 작은 패키트를 미리 결정한 순서대로 정리하고 나서, 딜링하기 전에 팩의 맨 위에 놓는 것을 말한다. [OED]

Total handle (토탈 핸들)

'핸들(handle)'이라고 불리우며, 갬블링 기업체에서 일정기간 동안 핸드에서 환전한 돈의 총 금액을 말한다. 그러나 카지노에서는 각 테이블에서 일정기간 동안 베팅한 금액의 총계를 '핸들 웨이저(handle wager)'라고 한다. [1983 Martinez Gambling Scene 224]

Tough (터프)

- **tough money** : 직업적인 갬블러들 중에 갬블링을 위해서가 아니라 생활 경비로 사용하려고 남겨두는 자금을 말한다. [1981 Miller Jargon 294]
- **tough player** : 뛰어나고 대단히 성공한 카드 게임자. 보통 직업적인 포커 게임자를 말한다. [1968 Wallace Poker 227

■ **tough spot** : 포커 게임에서 고정된 베팅 리미트를 가진 게임을 말한다. 그래서 '블러핑(bluffing)'이 어렵거나 또는 불가능하다. [1981 Golad Oral Coll]

Trailer (트레일러)

속임수 공모 행위로, 속임수 행위를 가진 후 그 장소로부터 피해자가 떠나도록 유도하는 자 또는 속임수 행위가 있는 동안 피해자의 주의를 다른 곳으로 돌리게 하는 속임수꾼을 위한 공범자를 말한다. [1981 Maurer Lang of the Underworld 231]

Trap (트랩)

운영자가 뱅커로서 요구를 충족하는 갬블링 게임으로, 다른 어느 사람을 상대하는 베트를 고객에게 허용하기보다 모든 베트를 카버하는 것을 말한다. 또한 '치팅(cheating)' 행위가 만연(漫然)하는 갬블링 시설을 언급하는 용어이기도 하다. [1977 Cahill Recollections 315]

■ **trapper** : 속임수꾼으로, 베팅한 상태에서 사람들에게 잡담을 시도하는 사람을 말하며, 그들은 거의 확실하게 잃게 된다. [1981 Jenkins Johnny Moss]

Trey (트레이)

게임용 카드에서 어떤 슈트의 등급이 3점인 카드, 주사위에 3점(pip) 상태로 카드의 덱을 딜링하거나 또는 디바이드(divide)하는 것을 말한다. [OED]

■ **trey-ace** : 2개의 주사위를 던져 꼭대기 면에 각자 3점과 1점을 보여주는 것을 말한다. [OED]

■ **trey-point** : 주사위의 윗면을 향한 면이 3점인 경우를 말한다. [OED]

Trim (트림)

희생자를 속이려고 속임수 목적을 위하여 게임용 카드의 가장자리 또는 끄트머리를 다양한 방법으로 깎거나 다듬는 행위를 가진 것을 말한다. [1961 Scarne Complete Guide 689]

Triple threat (트리플 스레트)

카지노에서 크랩스(craps), 블랙잭(blackjack) 그리고 룰렛(roulette) 게임 딜링에 정통한 딜러를 말한다. [1979 Newman Dealer's Special 19]

■ **triple time** : 뱅크 크랩스 게임에서 주사위에 굴려진 점수가 12일 때 테이블 레이아웃의 '필드(field)' 지역에 만들어진 웨이저로 3배를 지불하는 것을 말한다. [1983 Matinet Oral Coll]

Trough (트로프)

뱅크 크랩 테이블에서 게임자가 칩스를 세팅할 수 있는 장소로, 크랩스 테이블의 벽 위에 올려진 주위의 '레일(rail)'을 말한다. [1983 Martinet Oral Coll]

True dice (트루 다이스)

'갤리퍼(calipers)' 또는 '퍼펙트 다이스(perpect dice)' 또는 '스퀘어 다이스(square dice)'라고도 한다. 이는 일만분의 1의 오차를 가진 크기로 통일되어 있고, 변조되지 않은 정상적인 주사위를 말한다. 〔ca. 1961 Hotel Coll〕

True odds (트루 오즈)

주사위를 던져 나오는 것처럼 게임의 결과에 대한 수학적인 확률을 말한다. 카지노에서 보통 주사위 한 쌍을 가지고 굴려진 특별한 숫자의 가능성에 관한 용어로, 지불 배수에 상대적이며 베팅한 결과를 산출하여 금액을 지불하는 것을 말한다. 〔OED〕

Trumpet (트럼펫)

뱅크 크랩스 게임에서 '혼 베트(honn bet)'에 대한 또 다른 용어로 다음의 롤이 2, 3, 11 또는 12가 될 것이라고 예측하는 웨이저를 말한다. 그 베터(bettor)가 베팅하는 최소 금액이 적어도 4배수가 요구되는 것이 정상적이다. 〔1983 Matinet Oral Coll〕

Tsiter (사이터)

카드 게임에서 상대방의 뒤에 서 있는 카드 속임수꾼의 공범자이며 그의 혀를 차는 소리로 신호를 보내는 행위를 하는 자를 말한다. 〔ca. 1961 Hotel Coll〕

Tube (튜브)

'칩 랙(chip rack)' 홈 통 안에 있는 칩스로 딜러에게 쉽게 접근하여 공급하도록 정돈되어 있다. 또한 카지노 슬롯머신 부문에선 투명 플라스틱 실린더에 코인을 정돈하는 것으로 10, 50, 100달러 금액의 배수로 슬롯머신 '호퍼(hopper)'를 채우는 데 사용된다. 〔1974 Clark Oral Coll〕

Turkey (터키)

'스티프(stiff)'라고 불리운다. 카지노에서 딜러에게 팁을 주는 것을 거절하는 갬블러이며, 게임의 과정 동안에 가지는 딜링에 어려움을 주는 자를 말한다. 〔1975 Clark Oral Coll〕

Turn (턴)

① 일반적인 포커 게임에서 베팅 또는 패스하려는 게임자에게 주어지는 기회를 말한다. 〔1949 Coffin Secrets 188〕

② '홀뎀(hold'em)' 포커 게임에서 테이블의 중앙에 표면이 위로 향하게 딜링되어진 4번째 카드를 말한다. 〔1978 Sklansky Hold'em Poker〕

③ 뱅크 크랩스 게임에서 딜러의 다른 사이드에 있는 게임자에게 주사위를 패스할 때 주사위를 던지는 방향이 바뀌는 것을 말한다. 〔1983 Martinet Oral Coll〕

■ **turn-ins** : 카지노 안의 다양한 게임에 종사하는 '쉴(shill)' 〔1978 Alexander Glossary 16〕

에 의해 시프트의 종료시 카지노 케이지에 반환되는 돈 또는 칩스를 말한다.

Twenty-one / Blackjack (투웬티-원 / 블랙잭)

흔히 '블랙잭'이라고 불리우는 '카드 게임'으로, 때로는 '빈테던(vingt-et-un)'으로도 불리운다. 이는 6 또는 7개의 '홀스(holes)'와 '하우스 뱅크(house bank)'를 위해 게임하는 '블랙잭 딜러'와 함께 하는 '테이블 게임(table game)'이다. '그린베이즈(green baize)' 위에 21점에 도달하려고 또는 '버스트(bust)'를 하지 않고 21점에 가깝게 만들어 하우스를 상대하려는 각각의 게임자가 베팅을 할 수 있는 간단한 '레이아웃(layout)'이 있다.

[1987 Thomas L. Clark The Dictionary of Gambling & Gaming 241]

게임자와 딜러는 각각 두 장의 카드를 받는다. 게임자들은 '홀-카드(hole-card)'의 가치에 의존하여 추가 카드를 한 장 또는 그 이상 가지는 것을 선택하거나 '스탠드 패트(stand pat)' 할 수도 있다. 또한 게임자들은 하이카드에 대한 승산으로 '페인트 미(paint me)'라는 단어와 함께 그가 원하는 것을 표현할 수도 있고 또는 '핸드 시그날(hand signal)'을 사용하기도 한다. 만약 '카드 카운트(card count)'가 '하드 세븐틴(17점)' 또는 '에잇틴(18점)'이라면 그는 '스탠드 스티프(stand stiff)'할 수도 있고, 만약 그것이 '소프트 카운트(soft count)'라면 그는 아마도 '힛 미(hit me)'라고 말하며 오버되지 않기를 바랄 것이다.

'한치 플레이어(hunch player)' 또는 '카드 카운터(card counter)'에게 '캘리포니아 블랙잭(California blackjack)'은 자주 도움이 된다. 왜나하면 만약 딜러가 에이스(ace)를 보여주는 카드를 가졌다면 '콜 퍼 인슈런스(call for insurance)'를 할 수도 있고, 그 밖에 동시에 게임하는 두 개의 핸드를 게임자에게 주는 '페어-스플릿팅(pair-splitting)'과 동시에 '더블 다운(double down)'을 할 수도 있기 때문이다.

'카드 카운팅(card counting)'은 딜러의 어드벤티지를 절감시키므로 '카드 카운터(card counter)'는 '리스트 오브 익스클루드 퍼슨(list of excluded person)'에 들어가 있지 않았지만, 카지노로부터 차단되어 질 수 있으며, 또한 '블랙 북(black book)'이라고도 불리운다. 이러한 전략을 최소화하려고, 블랙잭 딜러는 '컷 카드(cut card)'를 가진 멀티플덱 또는 슈(shoe) 안에 '인디케이터 카드(indicator card)'를 사용하기도 한다.

Twin fins (트윈 핀스)

크랩스 게임에서 주사위가 2개의 5가 굴려진 것으로, '하드 텐(hard ten)'에 대한 또 다른 용어이다.

[1983 Martinet Oral Coll]

Twist (트위스트)

포커 게임에서 추가 카드의 여러 가지 모양 또는 일정한 조건이 맞는 경우 게임자에게 드로우(draw)되어질 수 있는 카드 또는 게임자가 또다른 카드를 받는 특전을 위하여 특정한 총 금액을 기여(寄與)하는 것을 허용하는 경우 등에 관련한 용어로, '자이안트 트위스트(giant twist)', '옵셔날 카드(optional card)'와 뜻이 같다. 〔1968 Wallace Poker 227〕

Two (투)

두 점을 가진 어떤 슈트의 카드를 말한다. 카드 게임에서 '에이스(ace)'는 가장 높은 카드이고, '투(two)'는 가장 낮은 카드이다. 그러나 '투(two)'의 카드는 어떤 게임에서는 자주 '와일드 카드(wild card)'로 사용되기도 한다. 〔OED〕

- **two bits** : 25달러 또는 달러의 '쿼터(quarter)'를 지칭한다. 〔OEDS〕
- **two-bit player** : 정규적으로 작은 금액의 베팅을 만드는 사람 〔1983 Martizez Gambling Scene 225〕
- **two number bet** : 룰렛 게임에서 '스플릿(split)' 베트로 한 단위의 베트로 두 넘버를 카버하며, 위닝 지불 배수는 17배이다. 〔1981 Maurer Lang, of the Underworld 231〕
- **two way bet** : 뱅크 크랩스 게임에서, 게임자에 의해 만들어지는 베트로, 만약 이기면 딜러와 함께 몫을 가지는 것을 말한다. 또는 주사위의 다음 '롤(roll)'이 '6-3' 또는 '5-4'의 결합이 되는 것에 베팅하는 것을 언급하는 용어이기도 하다. 〔1983 Martinet Oral Coll〕
- **two-way hand** : 블랙잭 게임에서 '에이스(ace)' 카드와 10가치 카드보다 작은 다른 카드를 가진 어떤 핸드를 말한다. 예를 들어 'A-6', 'A-7'과 같은 핸드로 두 가지 방법으로 계산할 수 있다. 〔1968 Thackery Nick the Greck 115〕
- **two-way joint** : 속임수 행위 장소로 가지는 갬블링 시설을 말한다. 〔1961 Scarne Complete Guide 689〕
- **two-way work** : 주사위의 한 쌍으로, 하나는 정확한 것이고, 다른 하나는 무게, 오점(汚點), 쉐이빙(shaving) 또는 다른 모양으로 변조(變造)한 것을 말한다. 〔1974 Scarne Dice 237〕

U

Uncalled bet (언콜드 베트)

포커 게임에서 게임자에 의한 '웨이저(wager)'를 게임자 누구도 경쟁하지 않은 것을 말한다. 그리하여 그 '베트(bet)'를 만든 게임자에게 '팟(pot)'을 주는 뜻의 용어이다. [1981 Jenkins Johnny Moss]

Uncap the birds (언캡 더 버드)

뱅크 크랩스 게임에서 '핏보스(pit boss)'에 의해 지시한 사항으로, 게임 진행에 '25센트' 가치의 칩스를 허용할 것을 딜러 또는 박스맨에게 전달하는 것을 언급한 용어이다. [1983 Martinet Oral Coll]

Under (언더)

- **under the gun** : 포커 게임에서 딜러의 왼쪽에서 첫 번째 게임자를 지칭하는 말 또는 베팅 라운드 진행에 첫 번째로 행동을 가져야 하는 게임자를 말한다. [1949 Coffin Secrets 188]
- **underbet** : 포커 게임에서 어떤 정상적인 것보다 더 작게 베팅하는 것으로, 이는 게임에 다른 게임자들을 유지시키려는 전략적 베팅의 부분 전술이 된다. [1978 Brunson How I Made 553]
- **undercut** : 포커 게임에서 그 덱의 맨 밑에서부터 꼭대기에 미리 조절한 카드의 '패킷(packet)'을 이동시키는 행위에 관한 용어를 말한다. 또는 속임수 행위 목적으로 덱 안에 미리 준비한 카드 다발을 넣는 것을 말한다. [1968 Wallace Poker 227]
- **underfull** : 포커 게임에서 '풀 하우스(full house)'로 한 등급의 카드 3장과 다른 2장을 가진 것을 말하지만, '빅 풀(big full)'로 알려진 A카드 3장과 K카드 2장을 지칭하는 용어는 아니다. [1978 Brunson How I Made 553]
- **underpay** : 카지노에서 칩스의 정확한 숫자보다 적게 지불 [1983 Martinet Oral Coll]

하는 것으로, 게임자를 속이는 것을 말하거나 딜러 중에 지불할 의무가 있는 게임자에게 실수로 적게 지불하는 행위에 관한 용어이기도 하다.

■ **underplay** : 포커 게임에서 강한 핸드를 잡고 있는 동안 작은 베트를 만드는 것으로, 이는 게임에 더 많은 게임자들을 머무르게 하려는 행위에 관한 용어이다. [OED]

Unit (유니트)

갬블링 게임의 베팅(betting)에 칩스의 단위와 종류 또는 금액의 수량을 고정시키는 것을 말한다. [1970 Baccarat, The Facts]

■ **unit progression** : 베팅 시스템으로, 일정한 베팅 상황에서 베팅 금액을 고정적으로 증가시키는 것을 말한다. [1949 Blache You Can't Win 23]

Unload (언로드)

카드 속임수 행위에서 어떤 다른 모양에 그것들을 충당하거나 또는 '무릎(lap)'에 원치 않는 카드를 떨어뜨리는 행위로 이를 언급하는 용어이다. [ca. 1961 Hotel Coll]

Unmarked cards (언마크드 카드)

속임수 행위 목적을 위한 카드 뒷면의 표시 행위로부터 자유스러운 게임용 카드의 덱을 지칭한다. [1973 Clark Oral Coll]

Unpaid shill (언페이드 실)

카지노에서 작은 베트를 만들어 오랫동안 게임을 하는 게임자를 말하며 '플리(flea)'라고 한다. 또는 자신이 스스로 게임하는 것을 좋아하며 '데드 게임(dead game)'을 펼치는 게임자를 표현하는 용어이기도 하다. [1961 Scarne Complete Guide 690]

Up (업)

① 포커에서 가장 높은 등급으로 된 '2페어(two pair)'를 언급하는 말 [1949 Coffin Secrets 188]

② 포커에서 '풀 하우스(full house)'의 상태에 같은 등급의 3장 카드를 언급하는 말이다. [1981 Golad Oral Coll]

③ 포커 게임에서 '플러시(flush)'핸드로 가장 높은 카드를 가진 것을 언급하는 말이다. [OED]

④ 포커 게임에서 '팟(pot)' 안에 '앤티(ante)'를 놓은 위치, 베팅한 금액, 레이스(raise)를 보다 위로 진행한다는 의사표시를 언급하는 말이다. [DA, DAE]

■ **up-card** : 앞면으로 딜링되어진 어떤 카드를 말하며, 블랙잭, 스터드, 홀뎀 등과 같은 게임에서의 카드이다. [OEDS]

■ **uphills** : 높은 점수로만 앞면이 위로 향하여 도착하도록 변조한 주사위를 말한다. [OED]

■ **up jumped the devil** : 크랩스 게임에서 슈터가 포인트보다 '7'이 굴려졌을 경우 사용하는 표현이다. [1981 Maurer Lang of the Underworld 193]

V

Vacant pot (베이컨트 팟)

뱅크 크랩스 게임에서 '레이아웃(layout)'에 '프로포지션(proposition)'베팅 지역에 칩스가 없는 것을 언급하는 용어이다.

[1983 Martinet Oral Coll]

Van John / Van-tu-ann

모두 블랙잭 게임에 대한 '프렌치(French)' 명칭이나, '반존(van John)'은 부도덕한 형식의 게임을 뜻하며, '벤츄엔(van-tu-ann)'은 21-게임의 명칭으로 더 알려진 게임으로 'Vingt un'이라고 하지만 표기는 'Vantoon'으로 한다.

※ French
[OED, DA, DAE]

Variation timer (버리에이션 타이머)

기계적인 슬롯머신 게임에서 메커니즘으로 '통상 스프링에 의해 작동되며, 세팅한 릴(reel)의 리듬이 변화되기 때문에 머신에 지불 구성을 고정시켜 리듬세팅으로부터 게임자를 보호하는 장치를 말한다.

[1968 Thackrey Nick the Greek 173]

Variety pack (버리아티 팩)

'펀 팩(fun pack)'이라고 불리운다. 뱅크 크랩스 게임에서 정규적인 게임자에게 필요한 칩스의 차별화한 단위를 언급하는 것으로, 보통 작은 베팅의 게임자에게는 낮은 단위의 칩스를 큰 수량으로 구성하는 것을 말한다.

[1983 Martinet Oral Coll]

Velvet (벨베트)

갬블링에 의해 이긴 돈으로, 통상 불법적인 어떤 게임에서 이긴 돈의 커다란 금액을 말한다.

[DA, OED]

Verval bet (버발 베트)

'마우스 베트(mouth bet)'라고 한다. 구두로 만들어지는 '웨이저(wager)'를 말한다. 이는 그 베트의 결과가 알려질 때까지 베팅된 금액으로 산출되는 것이다. [1963 Steig Common Sense 188]

Vest holdout (베스트 홀드아웃)

'브레스트 워크(breast works)'라고도 불리운다. 코트 아래 휴대하고 있는 기계적인 장치로 게임용 카드를 보유하려고 속임수꾼에 의해 사용되는 장치에 관한 용어이다. [OED]

Vice-president (바이스-프레지덴트)

포커 게임에서 '쇼우다운(showdown)'할 적에 두 번째로 좋은 핸드를 잡은 게임자에 대한 용어이다. [1949 Coffin Secrets 188]

Vigorish (비거리시)

'쥬스(juice)'라고도 불리우는 이 용어는 어떤 웨이저, 팟 또는 카드룸에서 보존하는 베트, 게임 뱅커, 크랩스 딜러 그리고 게임자에 의해 취급하는 베트 등에 비율로 가지는 수수료(percentage)를 말한다. 이 단어는 원래 '위닝(winning)'이라는 뜻으로 러시아로부터 전래된 '이다시(yiddish)'말이다. [1981 Maurer Lang, of the Underworld 193]

Vigt-et-un

'Vingt un'이라고 불리운다. 21-게임 또는 블랙잭에 대한 '프렌치(French)' 명칭으로, 숫자를 초과하지 않고 카드 합이 21점을 가지는 데 목적이 있는 카드 게임이다. ※French [OEDS]

Void (보이드)

블랙잭 게임에서 게임의 핸드가 종료되었음을 선언하는 것을 말한다. [1983 Martinet Oral Coll]

W

W (더블유)

카지노에서 휠(wheel) 게임에 대하여 '드롭 박스(drop box)'에 명시하는 약자(略字)를 말한다. 예를 들어 '룰렛 게임(roulette game)'은 R/W로, '퍼천 휠(wheel of fortune)'은 F/W로 표기한다. [1982 Martinet Oral Coll]

Wager (웨이저)

'베트(bet)'라고도 한다. 어떤 게임에 결과를 얻으려고 대거나 거는 돈을 말하며, 이는 카드 게임의 핸드, 주사위의 롤 또는 경마에서처럼 베트를 만드는 금액이다. [OED]

Walk (워크)

보통 '위닝(winning)'함과 동시에 갬블링 게임 또는 카지노를 떠나는 것을 말한다. [1977 Anness Dummy Up]

- **walk over** : 특별한 카드와 주사위로 속임수 행위를 하려는 것을 말한다. [DA]
- **walk money** : 돈을 잃은 손님에게 제공하는 현금을 말한다. 그 돈은 그 지역을 떠나려는 게임자를 도와주려고 의례적(儀禮的)으로 주어지는 것이다. [ca. 1961 Hotel Coll]

Wand (원드)

스틱(stick), 로드(rod), 위프(whip), 폴(pole) 또는 툴(tool)이라고도 불리운다. 뱅크 크랩 게임에서 레이아웃 주위에 있는 주사위를 이동시키려고 딜러가 사용하는 등나무 또는 목제의 도구를 말한다. [1983 Martinet Oral Coll]

Warm (웜)

크랩스 게임에서 주사위에 관한 말로 하우스보다 게임자에게 더 유리하게 되어 있는 주사위를 말한다. [1983 Martinet Oral Coll]

Wash (워시)

게임용 카드의 팩(pack)을 셔플(shuffle)하는 동작 과정 중의 한 단계를 말한다. [1963 Steig Common Sense 188]

▣ **wash cards** : 카지노에서 클럽 소다수를 가지고 플라스틱 카드를 재사용할 수 있도록 깨끗하게 하는 것을 말한다. [ca. 1961 Hotel Coll]

Wave (웨이브)

속임수 동작으로, 카드를 딜링하거나 그 팩을 컷팅하는 동안 그것을 입증할 수 있는 카드의 가치를 알도록 속임수꾼에 의해 게임용 카드를 약간 구부려 만드는 것을 말한다. [1983 Martinet Oral Coll]

Way (웨이)

크랩스 게임에서 멀티플(multiple) 웨이저를 놓는 것으로, 하나 또는 그 이상에서 선택하도록 베팅하는 방법이다. [1979 Clark Oral Coll]

Weak (위크)

카드 게임에서 값어치가 없는 카드의 핸드 또는 값어치가 있는 카드를 가지고 있는 게임자를 언급하는 용어를 말한다. [OED]

▣ **weak hand** : 포커 게임에서 게임을 위닝하기에는 낮은 확률을 가진 핸드를 말한다. [OED]

▣ **weak roll** : 뱅크 크랩스 게임에서 주사위를 던져 레이아웃의 맞은편 끝쪽에 두 개의 주사위가 도달하는 것에 실패한 것을 말한다. [1983 Martinet Oral Coll]

▣ **weak suit** : 카드 게임에서 특별한 슈트의 카드를 아주 적게 가진 핸드를 말한다. [OED]

Wedges (웻지스)

속임수꾼이 앞면을 보지 않고 높은 등급의 카드를 인지할 수 있도록 카드의 가장자리를 깎거나 손질하여 다듬은 게임용 카드를 말하며, '스트립퍼스(strippers)'와 비교된다. [1943 Maurer Arget]

Weed (위드)

① 돈이나 칩스를 가지고 있는 '실(shill)'의 스테이크 또는 위닝한 '실(shill)'로부터 돈을 반환하는 것을 말한다. [1981 Maurer Lang, of the Underworld 172]

② 돈을 다루거나 카운트할 때, 손바닥에 감추거나 다른 곳으로 옮기는 것을 말한다. [1981 Maurer Lang, of the Underworld 172]

Weigh (웨이)

카지노에서 코인으로 구성된 돈의 총금액을 말한다. 보통 같은 단위로 무게에 의해 결정되는 가치를 말한다. [1977 Nevada Gaming Control Internal 22]

■ **weigh count** : 카지노에서 그들의 무게에 의하여 결정하는 것으로 같은 단위의 코인 수하물의 가치를 계산하는 것을 말한다. [1978 Alexander Glossary 16]

Welsh / Welsher (웰시 / 웰서)

갬블링 채무 지불을 거절하는 것 또는 갬블링 채무를 지불하는 것에 실수를 하는 사람을 말한다. '웰서(welsher)'는 모든 것을 가져가고 지불하지 않는 건달 같은 사람을 빗대어 지워진 명칭이다. [OED]

Wheel (휠)

룰렛 휠에 대한 준말, 빅식스 휠에 대한 준말 또는 갬블링을 위해 사용되는 숫자에 의해 표시된 것으로 멈추는 장치를 가진 바퀴모양의 원형으로 회전하는 장치를 말한다. [DAE]

■ **wheel checks** : 카지노에서 특별히 디자인된 칩스로, 그것에는 단위의 가격이 없으며 룰렛 휠에서만 사용된다. 각 게임자의 칩스의 칼러는 다르며, 게임자에 의해 신고한 칩스의 단위로 게임한다. [1981 Silverstone Player's Guide 143]

■ **wheel dealer** : 카지노의 '룰렛 테이블(roulette table)'에서 게임을 실행하는 종업원으로 '휠 맨(wheel man)'이라고 한다. [ca. 1961 Hotel Coll]

■ **wheelman** : 룰렛 테이블을 운영하는 자에 대한 또 다른 명칭으로 '휠 롤러(wheel roller)'라고도 한다. [1979 Newman Dealer's Special 12]

■ **wheel of fortune** : '빅식스 휠(big six wheel)'이라고도 한다. 원형의 보드 또는 휠로서 보통 금속 말뚝에 의해 나누어진 54개의 스페이스를 가지고 수직으로 서 있다. 게임자는 테이블 레이아웃에 디자인된 6스페이스 위에 베팅할 수 있으며, 이러한 스페이스(spaces)들은 휠에 표시된 같은 모양의 스페이스와 일치하도록 보장되어 있다. 표시된 휠(wheel)의 스페이스의 숫자에 따라 변화를 가하여 스페이스마다 다르게 지불한다. [DAE]

■ **wheel roller** : '휠 딜러(wheel dealer)'와 '휠 맨(wheel man)'이라고 불리우며, 룰렛 테이블 운영자에 대한 또 다른 명칭을 말한다. [1961 Scarne Complete Guide 690]

■ **wheel well** : '보울(bowl)'이라고 불리운다. 룰렛 테이블에 오목한 느낌이 드는 곳에 룰렛 휠을 안전하게 설치하는 것을 언급하는 말이다. [1983 Martinet Oral Coll]

Whip (프이프)

원드(wand), 로드(rod) 또는 폴(pole), 툴(tool)이라고 부르며, 뱅크 크랩스 게임에서 '스틱(stick)'으로 3피트 길이에 끝쪽은 곡선 모양이며, 테이블 레이아웃 주위에 주사위를 이동시키려고 딜러가 사용 [1983 Martinet Oral Coll]

하는 도구이다.

▣ **whip shot** : 주사위 게임에서, 드롭(drop), 피케이(peekay) 또는 허드슨샷(hudson shot)처럼 여러 가지로 조종하여 던지는 것을 말한다. 이는 주사위를 가지고 있는 사람이 원하는 점수의 숫자를 꼭대기에 보이면서 쥐고 나서, 그 주사위를 수평으로 회전시키며 시작하는 것으로, 던진 것의 마지막에 위로 향한 점수의 숫자가 그대로 도착하게 하는 방법을 말한다. [1961 Scarne Complete Guide 690]

Whirl bet (프얼 베트)

흔히 '월드 베트(world bet)'라고도 불리운다. 뱅크 크랩스 게임에서 주사위의 다음 롤(roll)의 베팅이 2, 3, 7, 11 또는 12가 되는 것을 말한다. [ca. 1961 Hotel Coll]

White on white (화이트 온 화이트)

카드의 속임수로, 카드의 가장자리 하얀색 위에 희고 작은 표시를 하는 것을 말한다. 이는 가장자리의 나머지 부분은 광택이 없기 때문에 표시하기가 용이하다. [2006 고택운 카지노 세베일런스 시스템의 이해 336]

White / Whiteskin (화이트 / 화이트스킨)

'화이트(white)'는 화이트 칼라로 된 칩스를 말하며 많은 카지노에서 500달러 가치의 칩스로 사용하며, '화이트스킨(whiteskin)'은 포커 게임에서 그림카드가 아닌 10점 카드 또는 그 이하의 카드를 지칭하는 용어이다. [1943 Maurer Argot]

Whiz machine (피지 머신)

'whizz machine'이라고 표기하며, 카지노 케이지에서 카지노 안의 많은 피트(pit)에 대한 '필 슬립(fill slips)'과 '크레딧 슬립(credit slips)'을 기록하려고 사용하는 복식 카피 서류를 구멍을 내어 연속적으로 넘버를 부여하는 기계적인 작동을 말한다. [1982 Martin Introduction 9]

Whorehouse cut (홀하우스 컷)

포커 게임에서 딜링을 하기 전에 카드의 덱을 컷팅하기 위한 불규칙적인 방법으로, 보통 덱의 중간으로부터 '패키트(packet)'를 당겨 팩(pack)의 나머지 위에 놓는 것을 말한다. [1971 Livingston Poker Strategy 226]

Wide-open (와이드 오픈)

은폐없이 노출시키는 불법 갬블링 시설 또는 유명하고 별난 것으로 간주되는 활동 또는 장소를 언급하는 말이다. [OEDS]

Widow (위도우)

'키티(kitty)'라고 불리운다. 다양한 카드 게임에, 핸드가 시작되는 곳 [DAE, DA]

에 별도로 준비한 카드의 작은 패킷(packet)을 말한다. 이것은 흔하게 구매된 것일 수도 있고, 게임에 관계하도록 디자인된 것을 사용할 수도 있는 카드 팩에 관련된 용어이다. 또 다른 뜻으로 게임자에 대한 원기 회복(식·음료 등)을 위해 사용된 포커 테이블의 팟(pot)에서 빠져나간 총 금액을 말하기도 한다.

Wild (와일드)

카드 게임의 변화를 주려고 'deuce' 또는 'one-eyed jacks'처럼 게임자가 선언한 가치를 가지는 카드 또는 특정한 카드를 언급하는 용어이다. [1976 Figgis Gambler's Handbook 236]

- **wild card** : 변화를 주는 카드 게임에 게임의 진행동안 변화를 가하도록 특정한 가치가 부여된 카드이며 그리고 규정된 리미트를 포함하여 홀더에 의해 선장한 어떤 가치를 가지는 것을 말한다. [OED]
- **wild game** : 와일드 카드를 특징으로 삼는 카드 게임 또는 빠르게 움직임을 갖는 포커 게임으로 보통 높은 금액의 베팅과 많은 베트의 레이스가 특징인 게임을 말한다. [1968 Wallace Poker 228]

Win (윈)

① 카지노에서 한 시프트처럼 특정한 기간동안에 가져오는 돈의 총 금액을 말한다. '게인(gains)'이라고 하며, 갬블링 조건에서 이긴 것을 표현하는 단어이다. [ca. 1961 Hotel Coll]

② '빅토리(victory)'의 뜻으로 특히 주사위, 룰렛, 카드, 경마 등의 게임에 승리를 달성하는 것을 말한다. [OED]

③ 카드 게임에서 보다 높은 가치가 되어 '트릭(trick)'을 가지고 다른 카드를 이기는 것을 말한다. [OED]

- **win out** : 경마의 경기, 주사위, 카드, 룰렛 등의 게임에서 승리를 달성하는 것을 언급하는 용어이다. [1943 Maurer Argot]

Window (윈도우)

딜러의 신체 위쪽부분과 왼쪽 팔 윗부분 사이의 공간을 말한다. 이 부분을 통하여 딜러가 블랙잭을 가지고 있는지 그 여부를 '홀-카드(hole-card)'로 확인할 때, 딜러의 카드를 볼 수 있다. 그 밖에 딜러가 슈에서 카드를 드로우(draw)할 때 언뜻 보이는 열려진 공간(空間)을 말하기도 한다. [2006 고택운 카지노 서베일런스 시스템의 이해 336]

Window card (윈도우 카드)

포커 게이밍에서, 테이블에서 다른 게임자들에 의해 보여진 카드를 말하며, 이는 카드를 잡고 있는 게임자에 의해 자주 고의적으로 또는 순간적으로 보여주는 행위이기도 하다. [1978 Brunson How I Made 554]

- **window dressing** : 포커 게임에서, 베팅 전략 목적을 위하여 손안에 가지고 있는 동안 게임자에 의해 고의적으로 보여 [1968 Wallace Poker 228]

주는 카드를 언급하는 용어이다.

- **window's open** : 대번에 알 수 있는 부적절한 모양의 것으로 게임의 외부에서 바꿔치기된 부정한 주사위를 전달하는 표현하는 말이다. [1981 Maurer Lang of the Underworld 194]
- **winline** : 뱅크 크랩스 게임에서, '패스라인(pass line)'에 대한 또 다른 용어로, 핸드가 시작하는 곳에 최초의 베트를 하기 위해 지정된 테이블 레이아웃에 베팅지역을 말한다. [1974 Scarne Dice 145]

Winner (위너)

주사위 게임, 카드 게임 또는 룰렛 게임 등에서 승리를 거둔 어떤 사람 또는 갬블링에서 이득을 얻은 사람을 지칭한다. [OED]

- **winners** : 주사위 게임에서, 허용된 기회보다 더 자주 이기도록 변조한 주사위를 말한다. [1981 Maurer Lang of the Underworld 194]
- **winning hand** : 포커 게임에서, '쇼우다운(showdown)' 하는 경우 또는 게임의 종료시 가지는 최고의 핸드를 말한다. [ca. 1961 Hotel Coll]
- **winning streak** : 여러개의 연속되는 경기, 갬블링 상태에서 승리를 달성하는 것을 말한다. [1978 Brunson How I Made 545]

Wire / Wired (와이어 / 와이어드)

'와이어(wire)'는 카드 또는 주사위 게임에 속임수꾼들 사이에 보내는 신호로서 속임수에 관한 용어이고, '와이어드(wired)'는 블랙잭 게임에서 10점으로 계산하는 카드와 에이스(ace)가 있는 질 수 없는 핸드를 언급하는 용어이기도 하지만, 속임수 용어로는 블랙잭이나 룰렛 게임에서 카지노를 이기기 위하여 마이크로 컴퓨터를 숨기고 있는 게임자를 지칭한다. [1981 Maurer Lang of the Underworld 194]

Wolf trap (월프 트랩)

'브레이스 하우스(brace house)' 또는 '데드폴(deadfall)' 또는 '스냅 하우스(snap house)'라고 불리운다. 이 용어는 희생자를 상대로 속임수 행위를 가지는 것에 전념하는 갬블링 시설을 일컫는 말이다. [1938 Asbury Sucker's Progress 185]

Wood (우드)

'키빗저(kibitzer)' 또는 '람버(lumber)'라고 불리운다. 카드, 체스 등등의 게임을 구경하는 사람으로 참가하지는 않았지만 게임의 진행 상태를 평(훈수)을 하는 사람을 말한다. 또한 카지노 크랩스 게임에서 게임자가 자신의 칩스를 스텍으로 놓는 크랩스 테이블의 꼭대기 주위에 레일 모양으로 홈이 파진 곳을 말하기도 한다. [1983 Martinet Oral Coll]

Wooden hand (우덴 핸드)

포커 게임에서 경쟁되거나 또는 개선(改善)되기에 가능성이 없는 핸드를 말한다. 디스카드(discard) 또는 소용없는 카드는 '데드우드 [1978 Larson Vocabulary 102] (deadwood)'라고 부른다.

Work (워크)

속임수 행위를 할 목적으로 장치나 도구 또는 손으로 게임용 카드 또는 주사위를 변조, 변형하는 방법, 기술, 운영형태 등을 일컬어 표현하는 용어이다. [2006 고택운 카지노 서베일런스 시스템의 이해 336]

- **work the juice**: 주사위 테이블, 룰렛 휠, 퍼천 휠 등을 부정하게 전자석(electromagnet)으로 운영하는 것을 말한다. [1981 Jenkins Johny Moss 27]
- **worker**: 속임수꾼 또는 '허슬러(hustler)'로 종종 작은 규모로 다른 사람을 속이려는 기회를 찾는 사람을 말한다. 또한 뱅크 크랩스 게임에서 테이블 레이아웃에 베팅을 실행하는 사람을 지칭하기도 한다. [1983 Martinet Oral Coll]
- **working**: 뱅크 크랩스 게임에서 테이블 레이아웃의 '웨이저(wager)'에 관련된 용어로, '하드웨이(hardway)' 베트처럼 핸드의 '컴아웃(comeout)' 롤에서 정상적으로 회수하는 특별한 베팅의 경우를 말한다. [ca. 1961 Hotel Coll]

Working host (워킹 호스트)

카지노에서 오너(owner)의 대리인으로 호감있는 고객을 환영하며 특별한 호의로 쇼티켓, 룸에 대한 준비를 해주어 그들을 도와주는 종업원을 말한다. '카지노 호스트(casino host)', '그리터(greeter)' 용어를 참조한다. [ca. 1961 Hotel Coll]

Working stack (워킹 스텍)

뱅크 크랩에서 딜러의 손아래 바로 밑에 있는 스텍으로, 게임자의 위닝(winning) 몫을 지불하려고 주사위의 롤(roll)이 있는 후에 사용되며, 다른 게임자의 로스(loss)분과 함께 다시 채우는 실행에 관한 용어이다. [1973 Clark Oral Coll]

- **working the telegraph**: 속임수 행위의 방법에 따라 희생자(victim)의 상대방에게 희생자의 카드 가치를 공범자에게 신호하는 것을 말한다. [OEDS]

Wrap (랩)

카지노에서 코인들을 수집하여 종이튜브에 금액단위로 둥글게 포장하는 것을 말한다. '니켈(nickles)'은 1달러 또는 2달러 단위로 포장하고, '쿼터(quarters)'는 5달러, 10달러 단위로 포장하며, 이와 같이 카지노의 '웨이룸(weigh room)'에서 코인을 분리 처리하고, 종이튜브(tubes)로 둥글게 포장하는 작업을 한다. [1982 Martin Introduction 23]

Wrong bet (렁 베트)

뱅크 크랩스 게임에서 테이블 레이아웃의 '돈 패스(don't pass)' 지역 [1974 Scarne Dice 77]

에 베팅한 것을 말한다. 게임자가 '패스(pass)'가 아닌 주사위이기를 기대하는 것을 표시하는 것에 대해 비유하는 용어이다.

Wrong bettor (렁 베터)

'렁 플레이어(wrong player)' 또는 '렁기(wrongi)'라고 불리운다. 카지노 크랩스 게임에서 포인트가 정해지지 않았거나 정해졌더라도 '포인트(point)'는 '7'이 굴려지기 전에는 굴려지지 않으므로, 루스(lose)하는 주사위에 베팅을 하는 사람을 말한다.

[1981 Maurer Lang of the Underworld 194]

XYZ

X (엑스)

게임용 카드에서 낮은 등급 카드에 대한 '심볼(symbol)' 또는 핸드에 중요하지 않은 어떤 카드를 말한다. 또한 10달러 지폐를 호칭하는 용어이기도 하다. [OEDS]

- **the X** : 도시, 지방, 지역 안의 갬블링을 '콘트롤(control)' 하는 것을 말한다. [1981 Maurer Lang of the Underworld 194]
- **have the X** : 지역 안에서 갬블링을 '콘트롤(control)'하는 경우로, 특히 마을에서 하는 것을 말하며, 그 밖에 다른 게임자도 시종일관 이기기에 충분한 즐거움이 있는 경우를 표현하는 비속어(卑俗語)이기도 하다. [1981 Maurer Lang of the Underworld 194]

Yarborough (야보로우)

'브리지(bridge)'와 '휘스트(whist)'와 같은 카드 게임에서 가치 없는 핸드를 말한다. 보통 9보다 높은 등급의 카드가 없는 하나의 핸드를 언급하는 용어이다. [OED]

- **yard / yard and a half** : 일백달러 금액과 일백오십달러의 금액에 대한 표현 [OEDS]

Ye old eleven (리 올드 일레븐)

크랩스 게임에서 주사위와 함께 굴려진 11점의 숫자를 말한다. 이는 '요레븐(yoleven)'과 차이를 나타내기 위한 콜링이다. [1983 Martinet Oral Coll]

- **yoleven** : 크랩스 게임에서 넘버 '일레븐(eleven)'에 대한 구두(口頭) 콜링을 말하며, 줄여서 '요(yo)'라고도 한다. 이는 '세븐(seven)'과 그 넘버를 구분하는 발음법으로, 대부분의 크랩스 게임의 시끄러운 환경에서 미스테이크를 방지하기 위함이다. [1983 Martinet Oral Coll]

Younger hand (영거 핸드)

'엘더 핸드(elder hand)'라고 불리우는 첫 번째 게임자의 왼쪽으로 있는 게임자들을 말하며, 그들은 딜러의 오른쪽에 있는 게임자이다. 〔OED〕

Zero (제로)

'어메리칸 룰렛 휠(American roulette wheel)'로 휠의 38개 슬롯중의 하나이며, 테이블 레이아웃의 베팅 지점과 일치하도록 되어있다. 〔2002 고택운 카지노 게임의 실무이론 II 147〕

Z-game (제트-게임)

카드룸(cardroom)에서 점진적으로 진행하는 포커 게임에서 가장 낮은 스테이크(stake)를 말한다. 〔1949 Coffin Secrets 188〕

▣ **zing it in** : 줄임말로, '징(zing)'이라고 한다. 규모가 큰 베트를 하려는 것으로, 특별한 갬블링 조건으로 틀림없는 '위너(winner)'로 약속한 것처럼 보이는 것을 말한다. 〔1981 Maurer Lang of the Underworld 194〕

Zombie (좀비)

포커 게임에서 '텔스(tells)' 없이 하는 게임자로 감정을 보여주지 않는 사람이며, 특유한 습관도 없이 그의 핸드의 가치를 평가하도록 다른 게임자에게 허용하는 게임자를 지칭하는 용어이다. 〔ca. 1961 Hotel Coll〕

Zoo joint (쥬 조인트)

시설 또는 시설의 집단, 축제가 있는 곳에 정기적으로 속임수 행위를 가지는 장소로 비밀을 털어놓고 하는 게임을 인정하는 장소로서 동물원을 비유한 용어이다. 〔1977 Cahill Recollections 6〕

Zuke (쥬크)

'그레튜어티(gratuity)'라고 한다. 이는 봉사를 해준 댓가로 카지노 딜러 또는 다른 종업원에게 제공해준 텁(tip)을 말한다. 이는 팁을 주는 사람에게 큰 재물과 행운을 가져다 준다는 것으로 이해되는 특별한 서비스라는 용어로, 딜러들에게 거의 독점적으로 사용된다. 〔1973 Clark Oral Coll〕

자료출처

- 고택운 · 오수철 「블랙잭 게임/이론과 실무」 백산출판사 2000.
- 고택운 · 김정국 「카지노 게임의 실무이론 II」 한올출판사 2002.
- 고택운 · 고헌환 「현대 카지노 산업관리론 上」 한올출판사 2002.
- 고택운 「카지노 게임의 실무이론 I」 한올출판사 2003.
- 고택운 · 양일용 · 고헌환 「현대 카지노 산업관리론 下」 한올출판사 2003.
- 고택운 「카지노 서베일런스 시스템의 이해」 백산출판사 2006.
- 고택운 「카지노 갬블링 스캠」 한올출판사 2007.
- Adams, Ramon F. Western Words : 「A Dictionary of the American West」 Norman : University of Oklahoma Press, 1968.
- Alexander Grant and Company. 「A Glossary of Terms Used in the Industry」 I&O Publishing Company, 1978.
- Anness, Diane. 「Dummy Up and Deal : A Glossary of the Las Vegas 21 Dealers Language」 University of Nevada Unpublished M.A. thesis, Anthropology, 1977.
- Asbury, Herbert. Sucker's Progress : 「An Informal History of Gambling in America from the Colonies to Canfield」 New York ; Dodd, Mead & Company, 1938.
- Anonymous. 「Hoyle's Improved Edition of the Rules for Playing Fashionable Games」 at Cards, &c. New York, 1830.
- Baccarat,「The Facts of Las Vegas」 ; Gambler's Book, 1970.
- Binion, Lester Ben. 「Some Recollections of a Texas and Las Vegas Gambling Operator」 Reno ; University of Nevada Oral History Project, 1973.
- Blanche, Ernest. 「You Can't Win」 : Facts and Fallacies About Gambling. Washington D.C. ; Public Affairs Press, 1949.

- Brown, Garret. 「How to Beat the Game」 New York, 1903.
- Cahill, Robbins E. 「Recollection of Work in State Politics, Texation, Gaming Control, Clark County Administration, and the Nevada Resort Association」 Reno ; University of Nevada Oral History Project, 1977.
- Caroll, David. 「Playboy's Illustrated Treasury of Gambling」 New York ; Crown Publishers Inc, 1977.
- Cassidy, Frederic G. 「Dictionary of American Regional English, Vol.1」 Boston ; Harvard University Press, 1985.
- Clark, Thomas L. 「Oral Collection」 Las Vegas, 1971-1987.
- Coffin, George S. 「Secret of Winning Poker」 North Hollywood, Cal. ; Wilshire Book Company, 1976.
- Coggins, Ross. 「The Gambling Menace」 Nashville ; Broadman Press, 1966.
- Cook, Fred J. Gambling, Inc ; 「Treasure Chest of the Underground」 New York ; The Nation Company, 1960. Special Issue, The Nation
- Crawford, John R. 「How to be a Consister Winner in the Most Popular Card Games」 New York ; Doubleday and Co, Inc, 1953.
- Drazazgo, John. 「Wheel of Fortune」 Springfield. IU ; Charlec C. Thomas, 1963.
- Evans, Gerrit M. 「How Gamblers Win」 New York ; Gerritt M. Evans & Co, 1865.
- Figgis, E Lenox. 「Gambler's Handbook」 Feltham, England ; Hamlyn Publishing Group Limited, 1976.
- Fisher, Steve. 「No House Limit」 : A Novel of Las Vegas. New York ; E. P. Dutton, 1958.
- Fraiken, Glenn L. 「Inside Nevada Gambling」 : Adventures of a Winning System Player. New York ; Exposition Press, 1965.
- Friedman, Bill. 「Casino Management」 Seeaucus, NJ ; Lyle Stuart, Inc, 1974.
- 「Gambling Times」 Hollywood, Cal ; S.R.S. Enterprises, 1977-82.
- Garcia, Frank. 「Marked Cards and Loaded Dice」 Englewood Cliffs, N.J ; Prentice-Hall Publishers, 1962.
- Gardner, Jack. 「Gambling」 : A Guide to Information Sources. Detroit ; Gale Research Co, 1980.

▣ Golad Brad. 「Oral Collection」 Las Vegas, 1984.

▣ Green, J. H. 「Gambler's Tricks with Cards, Exposed and Explained」 New York ; Dick & Fitzgeral, Publishers, 1859.

▣ Harrah, William F. 「My Recollection of the Hotel-Casino Industry and an Auto Collecting Enthusiast」 Reno ; University of Nevada Oral History Project, 1978.

▣ Herwitz, Raymond A. 「Yes, You Can Win … But Don't Bet the Rent Money」 : The Story of Nevad Gaming. New York ; Vantage Press, 1989.

▣ Hilton Hotel. 「Systems and Procedures Documentation」 Unpublished, 1979.

▣ Hughe, Thomas F. 「Dealing Casino Blackjack」 Las Vegas ; by the author, 1979.

▣ Jones, Jack. Wilbur Clark's Desert Inn, Las Vegas, Nevada : 「Souvenir Gaming Guide」 Las Vegas ; Silver State Publishing Co, 1951.

▣ Kofoed, Leslie S. 「Kofoed's Meandering in Lovelock Business, Nevada Government, the U. S. Marshal's Office, and the Gaming Industry」 Reno : University of Nevada Oral History Project, 1972

▣ Lewis, Oscar. 「Sagebrush Casinos」 : The Story of Legal Gambling in Nevada. Garden City, N.Y. ; Doubleday and Company, 1953

▣ Livingston, A. D. 「Poker Strategy and Winning Play」 New York ; J. B. Lippincott Co, 1971.

▣ Martin, Robert. 「Introduction to Casino Management」 : General Glossary, College of Hotel Administration, University of Nevada, Las Vegas, Unpublished, 1982.

▣ Martinet, Thomas A. 「Oral Collection. Las Vegas」 1983-1987.

▣ Martinez, Tomas M. 「The Gambling Scene(Why People Gamble)」 Springfield, Ill ; Charles C. Thomas, 1983.

▣ Maurer, David W. 「Language of the Underworld」 Lexington ; University Press of Kentucky, 1981.

▣ Mc Quaid, Clement, ed. 「Gambler's Digest」 Chicago ; Follet Publishing Co, 1971.

▣ Mencken, H. L. 「The American Language」 : Supplement II. New York ; Alfred A. Knopf, 1948.

▣ Morehead, Albert H. and Mott-Smith, Geoffrey. 「Culbertson's Hoyle」 : The New Encyclopedia of Games with Official Rules. New York ; The Greystone Press, 1950.

■ Nevada Gaming Control Board. 「Internal Control Questionnaire 1」 Carson City ; State of Nevada, 1977.

■ 「Nevada Gaming Regulations」 Carson City ; Nevada Gaming Commission and State Gaming Control Board, 1935-1982.

■ 「Nevada Magazine」 Special Issue : Fifty Years of Gaming. Carson City ; State of Nevada, 1977.

■ 「Nevada Revised Statutes」 : Vol 4, Gambling and Sports. Carson City ; Legislative Counsel Bureau, 1963.

■ Newman, Mike. 「Dealer's Special」 Las Vegas ; Gambler's Book Club Press, 1979.

■ Parollini, Jim. 「Oral Collection」 Las Vegas, 1982.

■ Powell, J. V. 「Verbal Dexiterity and the Gambler's Art」 : A Socio-Linguistic Study of Language Skills and Strategies in Las Vegas Gambling. Vancouver, Canada ; University of British Columbia Dept. of Anthropology and Sociology, 1974.

■ Quinn, John Philip. 「Fool of Fortune」 Chicago ; G. L. Howe & Co, 1890.

■ 「Regulations of the Nevada Gaming Commission and State Gaming Control Board」 Carson City ; State of Nevada, 1977.

■ Reese, Terrence and Watkins, Anthony T. 「Secret of Modern Poker」 New York ; Sterling Publishing Co, 1964.

■ Scarne, John. 「Searne's Complete Guide to Gambling」 New York ; Simon and Schuster, 1961.

■ Silverstone, Sidney M. 「A Player's Guide to Casino Games」 New York ; Grosset and Dunlap, 1981.

■ Sklansky, David. 「Hold'em Poker」 Las Vegas ; Gambler's Book Club, 1976.

■ Steig, Irwin. 「Common Sense in Poker」 New York ; Galahad Books, 1963.

■ 「Surveillance System Guidelines」 Carson City, Nev ; Gaming Control Board Bulletin ; March 20, 1979.

■ Thackrey, Ted, Jr. 「Gambling Secrets of Nick the Greek」 New York ; Rand McNally, 1968.

■ Wallace, Frank R. Poker : 「A Guaranteed Income for Life」 Crown Publishers, Inc, 1968.

▣ Wentworth, Harold and Flexner, Stuart Berg. 「Dictionary of American Slang」 New York ; Thomas Y. Crowell, Co, 1967.

▣ Wilson, Allan N. 「The Casino Gambler's Guide」 New York ; Harper & Row, 1965.

▣ Wong, Stanford. 「Professional Blackjack」 Las Vegas ; Gambler's Book Club, 1975.

▣ Wykes, Alan. 「The Complete Illustrated Guide to Gambling」 Garden City, New York ; Doubleday & Co, Inc, 1964.

▣ Young, Ralph. 「Oral Collection」 Las Vegas, 1982.

저/자/소/개

고택운

경기대학 관광학과 졸업
제주대학교 경영대학원 연구과정수료
한국 워커힐 카지노
미국 C.C.L 서레브레이션 카지노(크루즈 라인)
바하마 파라다이스 아일랜드 카지노
프에르토 리코 로얄 카지노
미국 라스베이거스 리베라카지노
한국 제주 하얏트 리젠시 카지노
전 카지노협회 위촉강사
전 문화관광부 카지노관련 자문위원
전 베트남 하롱베이 로얄 카지노 상임고문
현재 : 제주관광대학 카지노 경영학과 초빙 전임조교수

<주요저서 및 논문>

「카지노게임의 실무이론」 독서당(1992)
「블랙잭게임 이론과 실무」 백산출판사(2000)
「카지노게임의 실무이론 II」 한올출판사(2002)
「현대카지노 산업관리론 상」 한올출판사(2003)
「카지노게임의 실무이론 I」 한올출판사(2003)
「현대카지노 산업관리론 하」 한올출판사(2003)
「카지노 서베일런스 시스템의 이해」 백산출판사(2006)
카지노사업의 수익타당성분석 연구보고서(1993)
카지노사업의 환경분석 및 관광산업에 미치는 영향평가의 연구(1999)
강원랜드 스몰카지노 운영방안 및 사회적 부작용 최소화방안(1999)
카지노 보안시스템 운영방안(2000)
베트남 로얄 카지노의 관리시스템 및 운영방안(2002)
외 다수 용역보고서 연구원으로 참여

카지노실무용어해설

2007년 3월 10일 인 쇄
2007년 3월 15일 발 행

著 者 고 택 운
發行人 (寅製) 秦 旭 相
發行處 白山出版社
서울시 성북구 정릉3동 653-40
등 록 : 1974. 1. 9. 제1-72호
전 화 : 914-1621, 917-6240
FAX : 912-4438
http://www.baek-san.com
edit@baek-san.com

값 15,000원
ISBN 978-89-7739-965-5